Konfetti

Material für Lehrerinnen und Lehrer

Erarbeitet von Mechthild Pieler,
Astrid Gebert, Wilhelm Holthus,
Rita Mölders und Gerti Sinzinger

Verlag Moritz Diesterweg
Frankfurt am Main

Bildnachweis:
S. 84, 122, 125, 127, 128, 129, 133: Rike Rufer, Berlin.
Alle restlichen Fotos von Astrid Gebert, Wilhelm Holthus, Rita Mölders, Hans Pieler, Mechthild Pieler und Gerti Sinzinger.
S. 109 mit freundlicher Genehmigung der Firmen Hipp GmbH & Co. Vertriebs KG, Pfaffenhofen; e-plus Mobilfunk GmbH, Köln, Braun AG, Kronberg, Kaufhof Warenhaus AG, Köln, Quelle Unternehmenskommunikation, Nürnberg, SAT.1 SatellitenFernsehen GmbH, Berlin.

ISBN 3-425-9030-5

Satz und Reproduktion: Fotosatz Otto Gutfreund, Darmstadt
Druck und Bindearbeiten: Zechnersche Buchdruckerei, Speyer
Illustrationen: Anke Faust, Nieder-Olm
Umschlagillustration: Sabine Tiemer

Printed in Germany

987 654 32

Inhaltsverzeichnis

I. Allgemeines

Einleitung

Liebe Kolleginnen und Kollegen,

vermutlich interessieren Sie sich für *Konfetti*, weil Sie die Hoffnung haben, dass Sie mit diesen Materialien endlich die Binnendifferenzierung verwirklichen können, die Ihnen seit langem wichtig ist. Sie ist notwendig, weil die Kinder heute mit sehr unterschiedlichen Voraussetzungen in die Schule kommen. Die Entwicklungsunterschiede der Schulanfänger einer Klasse können mehrere Jahre betragen. In jeder ersten Klasse wird es viele Kinder geben, die ihren eigenen Namen schreiben können und vielleicht sogar einzelne Kinder, die schon lesen können. Aber es wird auch Kinder geben, die die deutsche Sprache nur sehr unvollkommen beherrschen, wenig Erfahrungen mit Schrift haben oder die so schüchtern und sprachgehemmt sind, dass sie viele Wochen brauchen, bis sie sich in der neuen Lerngruppe sicher fühlen und sich zutrauen, vor anderen zu sprechen.

Es ist Aufgabe der Grundschule, allen Kindern mit ihren unterschiedlichen Vorkenntnissen und Vorerfahrungen vom gegenwärtigen Stand ihrer individuellen Entwicklung aus Lernerfolge zu ermöglichen. Unser Anliegen als Autoren-Team von Konfetti ist es, dass Sie mit den von uns entwickelten Materialien den unterschiedlichen Voraussetzungen der Kinder Ihrer Klasse beim Lesen- und Schreibenlernen gerecht werden und einen Unterricht realisieren können, in dem *alle* Kinder beim Schriftspracherwerb im gemeinsamen Lernen ihren eigenen Lernprozess verwirklichen können.

Das vorliegende *Lehrerhandbuch* will kein Rezeptbuch sein, sondern Anregungen geben und Sie bei der Arbeit mit Konfetti unterstützen. Aus den Praxisbeispielen können Sie sich diejenigen heraussuchen, die zu ihrer Klassensituation und zu Ihrem Unterrichtsstil am besten passen. Auf keinen Fall gehen wir davon aus, dass alle unsere Vorschläge in einer Klasse in einem Schuljahr umgesetzt werden.
Denjenigen unter Ihnen, die sich zum ersten Mal mit dem Konzept des „Schriftspracherwerbs nach dem Spracherfahrungsansatz" beschäftigen, wird manches neu und ziemlich ungewohnt sein. Es bedeutet für Sie vermutlich genauso wie für die meisten Eltern eine große Umstellung vom Gewohnten und wirft Fragen auf: Warum sollen Kinder im Anfangsunterricht zuerst schreiben und erst später lesen, wenn sie das, was sie selbst mit Hilfe der Anlauttabelle aufschreiben, zunächst selbst noch gar nicht lesen können? Ist dieses Konzept wirklich pädagogisch sinnvoll? Gefährdet es nicht die späteren Rechtschreibleistungen, wenn Kinder nicht von Anfang an dazu angehalten werden, rechtschreibrichtig zu schreiben? Lernen nach diesem Ansatz wirklich alle Kinder lesen und später auch rechtschreibrichtig schreiben?

Im **Teil I** unseres Lehrerhandbuches werden deshalb nicht nur die verschiedenen Konfetti-Materialien im Einzelnen vorgestellt und in ihrer Funktion beschrieben, sondern es wird auch die pädagogische Konzeption ausführlich dargestellt und erläutert.

In **Teil II** wird die pädagogische Arbeit mit Konfetti beschrieben. In jedem der einzelnen Kapitel werden zunächst grundlegende Informationen gegeben. Anschließend werden Praxisbeispiele, detaillierte Spielvorschläge, Materialien für die Freiarbeit und vielfältige Erfahrungsberichte vorgestellt.

In **Teil III** setzen wir uns darüber hinaus mit einigen Grundlagen der pädagogischen Arbeit im ersten Schuljahr auseinander, die sich nicht nur auf den Schriftspracherwerb beziehen, sondern auf die Aufgaben des Anfangsunterrichtes generell.

Der **Anhang** schließlich enthält diverse *Kopiervorlagen*, aus denen Sie Materialien für die Freiarbeit herstellen können.

Wir danken allen, die uns bei der Entwicklung und Fertigstellung der Materialien mit ihren Ideen und Unterrichtserfahrungen unterstützt haben.

Wenn Sie, liebe Kolleginnen und Kollegen, aufgrund Ihrer Erfahrungen mit Konfetti Ergänzungs- und Änderungsvorschläge haben, die bei einer Überarbeitung berücksichtigt werden sollten, schicken Sie uns diese bitte an die Verlagsanschrift.

Wir wünschen Ihnen und den Kindern Ihrer Klassen Freude und viele Erfolgserlebnisse beim Schreiben- und Lesenlernen mit Konfetti.

Ihr Autoren-Team

Berlin/Dortmund, im Juli 1998

Anlauttabelle DIN A 4
Kurzversion

Als farbiges Schülermaterial und als Kopiervorlage im Anhang (KV 6)

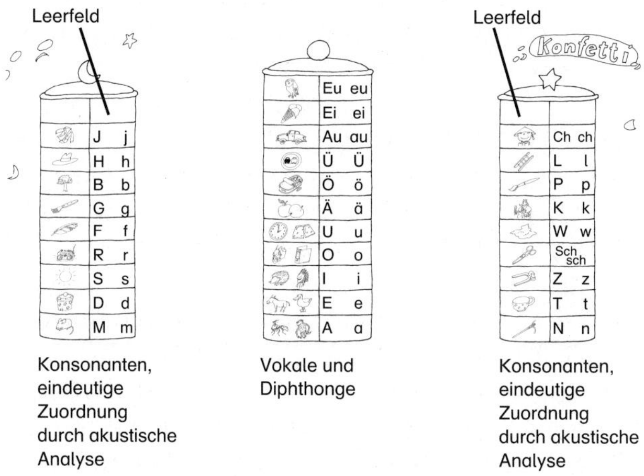

Anlauttabelle DIN A 4
Langversion

Als farbiges Poster und als Kopiervorlage im Anhang (KV 8)

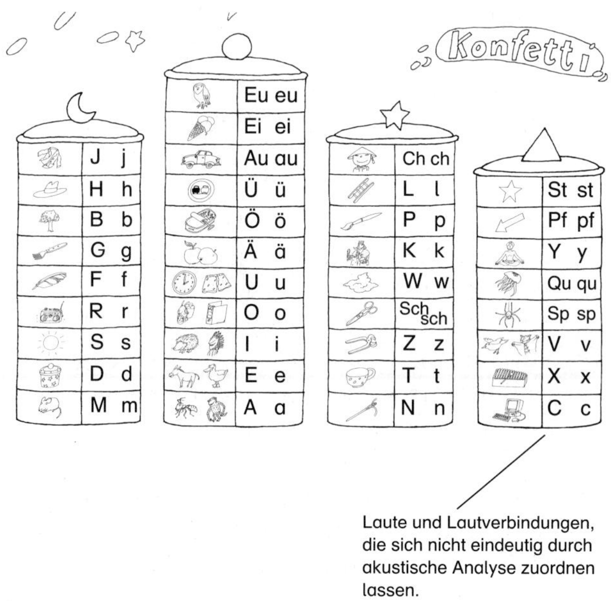

Konfetti-Material im Überblick

Konfetti-Anlauttabelle

Die Anlauttabelle ist das zentrale Arbeitsmittel der Konfetti-Materialien. Mit ihr erlernen die Kinder von Anfang an die Laut-Buchstaben-Zuordnung.

Zur Gestaltung:

- Die Buchstaben sind auf *mehrere Türme* verteilt, um die Buchstabenmenge für die Kinder übersichtlich zu gestalten.
- Jeder Turm hat eine eigene *Farbe und ein Symbol.* Das hilft beim Auffinden der Buchstaben, z. B.: „Diesen Buchstaben findest du im roten Sternenturm."
- Die *Informationen zu den Buchstaben* werden immer nach dem gleichen Prinzip gegeben: Zuerst die Abbildung, dann der Großbuchstabe, danach der Kleinbuchstabe.
  Das bietet auch Kindern mit Wahrnehmungsschwächen eine zuverlässige Ordnungs- und Orientierungshilfe.

Zur Anordnung der Buchstaben:

- Alle Vokale und Diphthonge stehen in einem Turm.
- Ähnlich klingende Konsonanten (z. B. /D/und /T/,/B/und/P/) stehen nie zusammen in einem Turm.
- In der *Kurzversion* sind nur die Zeichen vorhanden, die eindeutig durch Lautieren zu erfassen sind.
- In der Kurzversion gibt es zwei *Leerfelder,* damit die Buchstaben eingetragen werden können, die zwar für die Klassensituation wichtig sind, aber in dieser Version nicht vorkommen, z. B. <Y> für ein Kind namens Yasemin.
- In der *Langversion* werden alle Buchstaben und Buchstabenverbindungen abgebildet, die für den Schriftspracherwerb erforderlich sind. Die Zeichen, die nicht (durch Lautieren) eindeutig zuzuordnen sind, also schon in den Bereich „Anbahnung von Rechtschreibstrategien" reichen, stehen in einem Extra-Turm.

Bingo

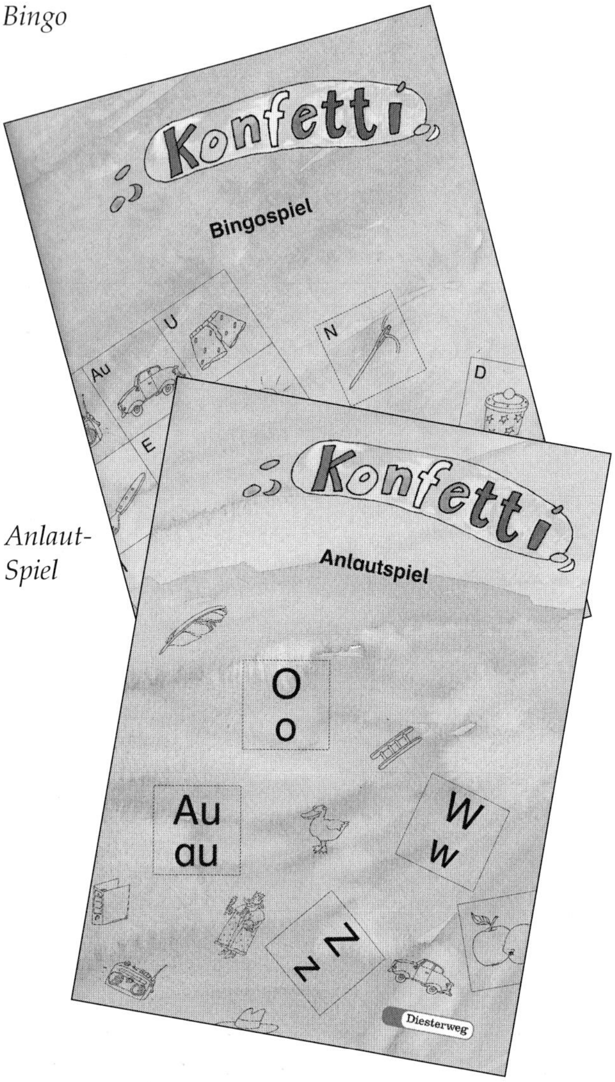

Anlaut-Spiel

Spiele zur Anlauttabelle

Zur Anlauttabelle gibt es ein *Anlaut-Spiel* und ein *Bingo*.
Die Spiele sind für die Arbeit in Kleingruppen und als Lernangebot für Freiarbeitsphasen hilfreich.
Beim Spielen üben die Kinder

- die passenden Bezeichnungen für die Abbildungen auf der Tabelle und
- das Zuordnen von Anlauten und Buchstabenzeichen.

Mit der Spielesammlung wird die Einführung der Tabelle unterstützt. Gleichzeitig werden soziale Fähigkeiten (zusammen spielen, sich absprechen, Regeln einhalten oder verändern) geübt.
Die Spiele sind auf die Einführungsphase der Anlauttabelle abgestimmt. Später kann das Bingo durch Ergänzungsmaterial (Vorlagen im Lehrermaterial, KV 67–69) für andere Lerninhalte abgeändert werden.

Konfetti-Lehrerinnenmaterial

Grundlage für die Arbeit mit den Konfetti-Materialien ist die individuelle Förderung eines jeden Kindes und die Hinführung zum Lernen in der Gruppe.
Hierfür gibt das Lehrerinnenmaterial Hinweise und Anregungen, z. B.

- Tipps für die Gestaltung der ersten Schultage
- Gestaltung der Lernumgebung
- Schritte zur Öffnung des Unterrichts
- Spiele und Übungen zur Förderung basaler Fähigkeiten
- Spiele zur Interaktion und Kommunikation.

Zur Arbeit mit den Konfetti-Materialien gibt es ausführliche Beschreibungen und Erfahrungsberichte:

- Einführung der Anlauttabelle
- Übungen zum Lautieren von Wörtern
- Einsatz der Konfetti-Kartei
- Schreiben von Eigentexten
- Erstes Lesen
- Übergänge zum normgerechten Schreiben.

Die diagnostische Begleitung der einzelnen Kinder ist ein zentraler Punkt. Auf folgende Punkte wird ausführlich eingegangen:

- Möglichkeiten der Diagnostik
- Informationen zur Schreibentwicklung
- Feststellen und Dokumentieren von Lernentwicklungsprozessen
- Fehler als Lernchance
- Vorschläge für individuelle Lernangebote.

Konfetti-Kartei

Für die Arbeit mit dem Konfetti-Material ist die Konfetti-Kartei mit 160 Bildkarten, 38 Schreibrichtungskarten, 28 Lautierkarten und 11 Wortschatzkarten ein wichtiges Arbeitsmittel. Die Karten dienen der selbstständigen, individualisierenden und differenzierenden Arbeit mit Lauten, Buchstaben und Wörtern in Verbindung mit den Konfetti-Heften. Für die Arbeit in der Klasse wird jeweils eine Konfetti-Kartei benötigt. Zu den einzelnen Kartensätzen:

160 Bildkarten

Bildkarten:

Sie werden eingesetzt bei
- der akustischen Analyse (Lauttraining)
- dem Verschriften einzelner Wörter
- dem Verfassen eigener kleiner Texte.

Schreibrichtungskarte (Vorder- und Hinterseite)

Schreibrichtungskarten:

Die Schreibbewegungen der einzelnen Buchstaben werden selbstständig erarbeitet und geübt. Aus dem verkleinerten Lineaturfenster ist die Lage des Buchstabens in der Lineatur zu erschließen.

Lautierkarte

Wortschatzkarte

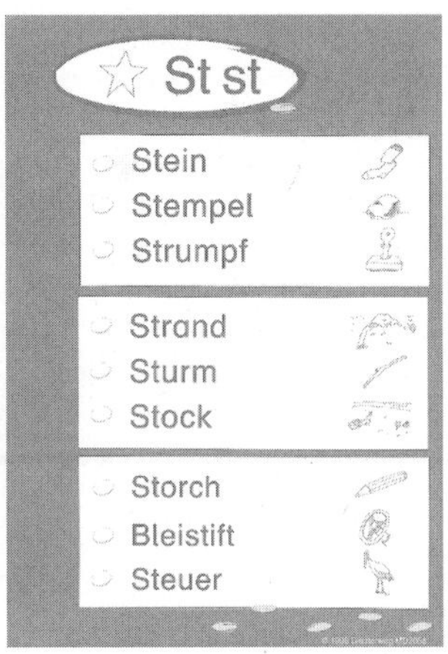

Lautierkarten/Wortschatzkarten:

Die Lautierkarten dienen dem akustischen Training mit Selbstkontrolle. Anlaut, Inlaut und Auslaut sollen eindeutig diskriminiert und identifiziert werden. Die 11 Wortschatzkarten sind ein Zusatzangebot für das Training schwieriger Lautverbindungen entsprechend dem Konfetti-Heft 3.

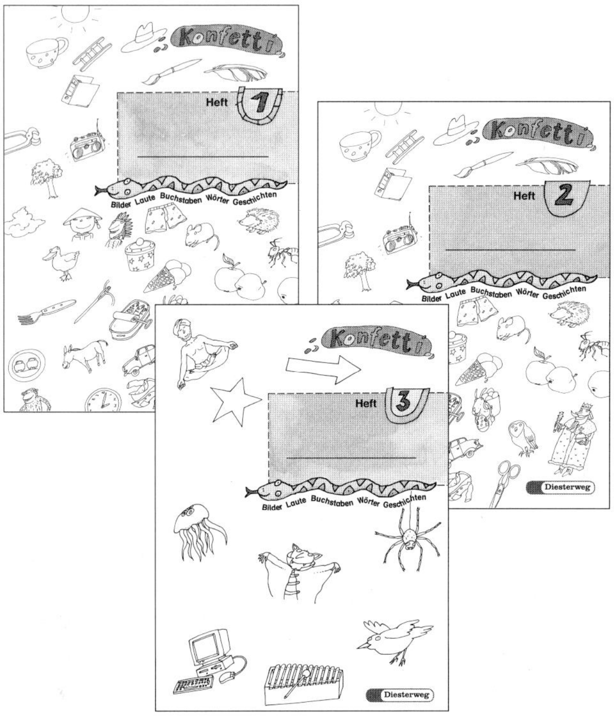

Konfetti-Hefte

Die Konfetti-Hefte 1, 2 und 3 bieten (in Verbindung mit der Konfetti-Kartei) vielfältige attraktive Angebote zum Schreiben
- von Buchstaben (Schreibbewegungen der Groß- und Kleinbuchstaben lernen und üben)
- von Wörtern (Verschriften einzelner Wörter)
- von ersten kurzen Texten (Bildimpulse als Schreibanregung).

Rätsel, Suchbilder und Zuordnungsaufgaben zur Schulung feinmotorischer Fähigkeiten und zur Förderung der Schreibmotivation runden das Angebot ab.
Die Kinder bearbeiten im Unterricht zunächst Konfetti-Heft 1, dann Konfetti-Heft 2 und schließlich Konfetti-Heft 3.

Konfetti-Hefte 1 und 2:

Jedem Laut stehen drei Seiten (in Konfetti-Heft 2 zwei Seiten) zur Verfügung:
- Lineatur für das Schreiben von Groß- und Kleinbuchstaben
- Leerfeld für das Verschriften von Wörtern
- außerdem: Rätsel, Suchbilder, Labyrinthe und Erzählbilder. Sie markieren den Übergang von einem Buchstaben zum nächsten.

Konfetti-Heft 3:

Im Unterschied zu den ersten beiden Heften werden die Buchstaben, deren Schreibweisen zu erlernen und zu üben sind, vorgegeben: <X x> - <C c> - <St st> - <V v> - <Q q> - <Y y> - <Sp sp> - <Äu äu> - <Pf pf> - <ß>. Nach der „Schreibseite" (wie in Konfetti-Heft 2) folgen anschließend vorgegebene Übungen zur Erschließung des jeweiligen Buchstabens. Außerdem wird eine Doppelseite zum Graphem <ie> angeboten.

Konfetti-Heft 1

Konfetti-Heft 2

Konfetti-Heft 3

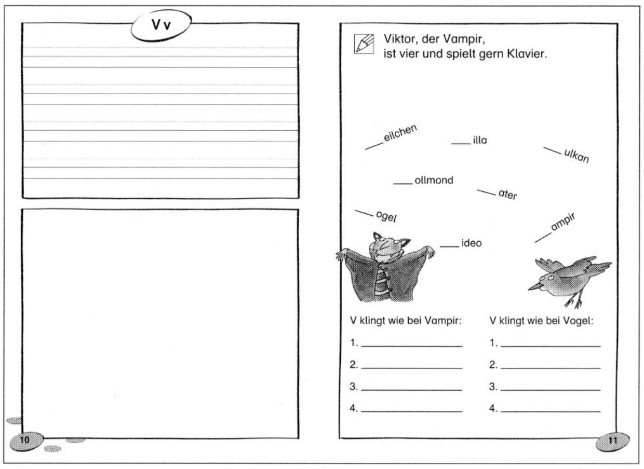

Es wird von Anfang an mit allen Buchstaben gearbeitet.

Leichter, kurzer Text mit großer Schrift

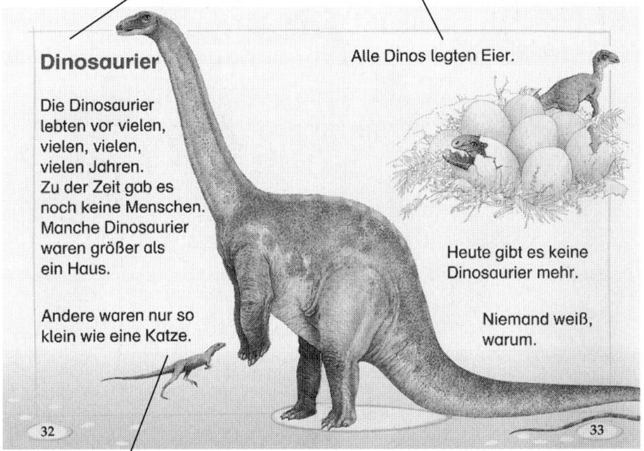

In sich abgeschlossener Text, der eine oder zwei Seiten umfasst.

Die farbige Gestaltung der Seiten erleichtert das Auffinden einzelner Kapitel.

Tandemseite:
Jeweils zwei miteinander befreundete Kinder erzählen von ihren Familien, Hobbies etc.

Konfetti-Lesebilderbuch

Beim Konfetti-Material wird die Durchgliederung der Sprache über das Schreiben erarbeitet. Eine Fibel ist deshalb überflüssig. Erforderlich sind aber Leseangebote, die einerseits die geringe Leseroutine berücksichtigen und andererseits die Lesemotivation festigen. Dafür ist das Lesebilderbuch gedacht:

- Es macht die Kinder mit dem Umgang mit Büchern vertraut.
- Es motiviert zum Schmökern in unterschiedlichen Themenbereichen.
- Es zeigt den Kindern, wie ihre Lesefähigkeit wächst. (Die Seiten, die ich vorher noch nicht lesen konnte, verstehe ich jetzt.)

Inhalte und Textformen sind so ausgewählt, dass das Buch sowohl zum individuellen Lesen als auch für die gemeinsame Unterrichtsarbeit genutzt werden kann, z. B.

- zum Schreiben eines analogen oder weiterführenden Textes
- als ergänzende Informationsquelle für Unterrichtsgespräche oder -vorhaben
- als Vorlagen zum szenischen Gestalten.

Umfang und Aufbau der Texte berücksichtigen, dass sowohl für allererste Anfänger/innen als auch für fortgeschrittene Leser/innen „Lesefutter" gebraucht wird. Es gibt

- Seiten, auf denen nur einzelne Wörter in großer Schrift zu erlesen sind und
- Texte in unterschiedlichen Schwierigkeitsgraden zu einem Thema.

Illustrationen und Fotos ergänzen die Textinformationen.

Das Lesebilderbuch bietet Texte und Bilder zu folgenden Themenbereichen: Tiere – Sport – Essen und Trinken – Dinosaurier – Bücher, Filme und Computer – Weltall – Wünsche und Träume – Autos – Hexen und Gespenster.

Konfetti-Lesehefte

Schreiblehrgang

Konfetti-Lesehefte

Die 5 Konfetti-Lesehefte sind als Zusatzmaterial für die Kinder gedacht, die schon einen größeren Textzusammenhang bewältigen können. Das Anspruchsniveau variiert, so dass auch hier Kinder mit unterschiedlichen Lesefertigkeiten arbeiten können.
Für Leseanfänger/innen ist es etwas Besonderes, ein ganzes Buch ausgelesen zu haben.
Folgende Titel werden angeboten:
- Guten Appetit
- Traumtiere
- Ärger im Mäppchen
- Rudi ist weg
- Wo ist der Hammer?

Konfetti-Schreiblehrgänge

Die Schreiblehrgänge haben in der Konzeption von „Konfetti" einen anderen Stellenwert als bei herkömmlichen Lehrgängen. Da das Schreibdrucken mit Hilfe der Anlauttabelle einen großen Raum einnimmt, sollte die verbundene Schrift möglichst spät (gegen Ende des Schuljahres) eingeführt werden. Wie Praxiserfahrungen belegen, ist eine Durchführung auch erst im 2. Schuljahr sinnvoll: Da die Kinder ihre Feinmotorik durch das viele Freie Schreiben oft bereits sehr weit ausgebildet haben, erübrigen sich dann entsprechende Vorübungen bzw. Schwungübungen.

Zur Einführung der Schreiblehrgänge bieten sich grundsätzlich zwei Wege an:
- Nachdem alle Kinder einen bestimmten Lernstand erreicht haben, wird eine gemeinsame Einführungsphase angeschlossen. Die Kinder lernen zunächst die verbundene Schrift an ihrem Namen kennen und sammeln Autogramme in ihrem Bekanntenkreis. Danach werden die ersten Bewegungsabläufe und Buchstabenverbindungen gemeinsam erarbeitet. Anschließend kann jedes Kind die folgenden Übungen im eigenen Tempo bearbeiten. Sind alle Buchstaben erarbeitet, setzen die Kinder kurze Druckschrifttexte in Schreibschrift um.
- Alternativ kann auch jedes Kind individuell mit dem Schreiblehrgang beginnen, d. h. wenn es z. B. die Konfetti-Hefte 1–3 abgeschlossen hat. Natürlich benötigt das eine oder andere Kind dabei die Unterstützung durch die Lehrerin. Auch hier empfehlen sich im Anschluss weitere Übungen zur Umsetzung von Druckschrift in Schreibschrift.

Konfetti-Sachbilderbuch

Das Konfetti-Sachbilderbuch enthält Texte zu den Themen „Sonne, Mond und Sterne“, „Natur“, „Schnecken“, „Herbst“, „Körper“, „Zähne“, „Bauen“, „Wasser“ und „Kinder in anderen Ländern“. Es versteht sich nicht als herkömmliches Sachkundebuch, sondern orientiert sich in seiner Gestaltung eher an Kinderbüchern, die auf die Sachinteressen der Kinder eingehen. Im Unterricht ist das Sachbilderbuch auf vielfältige Weise einsetzbar, u. a.:

- als Nachschlagewerk (Sachlexikon) bei der Behandlung von den Themen, zu denen das Sachbilderbuch Informationen anbietet
- als unterstützendes Hilfsmittel und Lexikon im Verbund mit dem Themenordner bei der Bearbeitung der Konfetti-Themen
- als Nachschlagewerk bei aktuellen Anlässen
- als zusätzliches Angebot in freien Lesephasen
- als individuelles Zusatzangebot für Kinder mit besonders ausgeprägtem Sachinteresse.

Das Sachbilderbuch ist unabhängig von anderen Materialien zu verwenden, entfaltet seine Möglichkeiten jedoch erst voll im Verbund mit dem Konfetti-Themenordner, da vielfältige Wechselbezüge hergestellt werden.

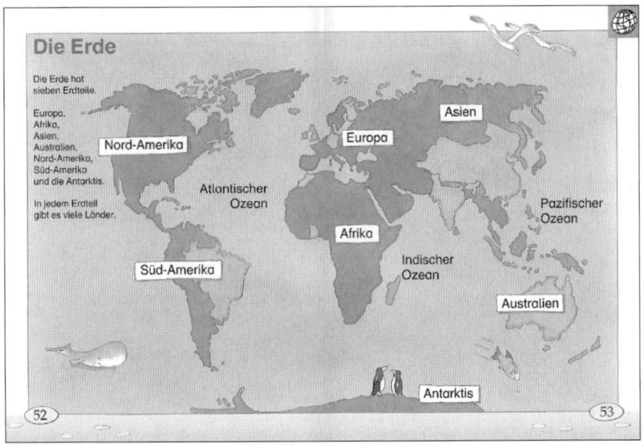

Der Konfetti-Themenordner

Der Themenordner bietet Sachinformationen und Ideen für methodische Inszenierungen im Unterricht zu fünf Themen, die exemplarisch für das projekt- und themenorientierte Arbeiten im Lernbereich Sachkunde ausgewählt wurden. Ein weiteres wichtiges Element des Themenordners sind die Impulskarteien zu den angebotenen Themen, die selbstständiges differenzierendes Lernen in geöffneten Unterrichtsformen ermöglichen. Angeboten werden folgende Projektthemen, denen eine Progression im Schwierigkeitsgrad bzw. in der Menge der zu erfassenden Texte auf den Impulskarten zu Grunde liegt:

Thema 1: Herbst
Thema 2: Körper und Zähne
Thema 3: Bauen und Konstruieren
Thema 4: Schnecken
Thema 5: Wasser

Blinzel-Test

1. Schau deinen Partner an!
2. Bewege deine Hand vorsichtig vor seinen Augen.
3. Beobachte seine Augen.
4. Was siehst du?
5. Schreibe es auf!

Dieses Material wird für die Arbeit mit Konfetti in einer Klasse benötigt:

	für den Schriftspracherwerb	**für Projektarbeit**
Material im Klassensatz:	Anlauttabelle, Konfetti-Lesebilderbuch, Konfetti-Hefte 1, 2 und 3, Konfetti-Schreiblehrgang in VA, LA oder SAS	Konfetti-Sachbilderbuch
Ein Exemplar pro Klasse:	Anlautposter, Spiele zur Anlauttabelle, Konfetti-Kartei	Themenordner
Zusatzmaterial:	Konfetti-Lesehefte	

Zur pädagogischen Konzeption der Konfetti-Materialien

Grundlage der Konzeption der Konfetti-Materialien für den Schriftspracherwerb ist der Spracherfahrungsansatz. Bei diesem Ansatz (vgl. Literaturhinweise im Lehrerhandbuch) wird der Schriftspracherwerb als ein Lernprozess gesehen, der ähnlich wie beim Erlernen der Sprache von den Kindern eigenaktiv mitgesteuert wird. Wenn Kinder sprechen lernen, können sie innerhalb weniger Jahre ohne Schulbuch, Unterricht und Lehrplan ein so komplexes System wie unsere Sprache verstehen und benutzen. Dabei eignen sie sich nicht nur einen umfangreichen Wortschatz an, sondern auch viele komplizierte Grammatikregeln.

Dieser Aneignungsprozess verläuft nicht mechanisch. Ein Kind, das die Sprache erlernt, imitiert nicht die Sprache seiner Mitmenschen, sondern gestaltet seinen eigenen Sprachlernprozess von Anfang an aktiv mit. Zwar braucht das Kind zum Sprechenlernen die sprachlichen Anregungen aus seiner Umwelt, aber die Sprache selbst benutzen kann es nur, wenn es Regeln und Strukturen selbst erfasst.

Beispiel: Tina sagt zum Hund „Wau-Wau". Als ihr die Mutter einen Teddy mit den Worten gibt: „Schau ein Teddy!", antwortet Tina „Wau-Wau". Sie hat Merkmale des Hundes – z. B. sein weiches Fell – auf den neuen „Gegenstand" übertragen. Erst wenn sie durch verschiedene Erfahrungen genauer gelernt hat, wie sich die Merkmale eines Hundes von denen eines Teddys unterscheiden, wird sie beide Begriffe trennscharf benutzen.

Entscheidend an diesem sehr verkürzt dargestellten Modell ist die Vorstellung, dass der Spracherwerb ein Denkprozess ist, bei dem das Kind selbstständig Erfahrungen sammelt, sie ordnet, systematisiert und korrigiert. Das Kind erlebt die Situation nicht nur, sondern zieht auch Schlussfolgerungen. Die Ergebnisse seines Denkprozesses können zwangsläufig nicht immer gleich richtig sein, weil dem Kind nicht alle Bezugspunkte zur Verfügung stehen. Die Lösung des Kindes ist jeweils die ihm im Augenblick mögliche Lösung. Erst wenn neue Erfahrungen gemacht und neue Einsichten gewonnen werden, können auch andere „normgerechtere" Lösungen vom Kind gefunden werden. Viele Geschichten aus Kindermund illustrieren dies: „Ach so, Lisa magt mich!" Wir schmunzeln darüber, weil wir die Folgerichtigkeit des Kindes verstehen, gleichzeitig aber wissen, dass in diesem Fall die Regel überdehnt wurde.

Ähnlich wie beim Spracherwerb ist auch das Erlernen der Schriftsprache ein vielschichtiger Vorgang. Er gelingt nur dann, wenn die Einübung technischer Fertigkeiten eingebettet ist in die Vorstellungen darüber, wie Schrift aufgebaut und strukturiert ist, und welche Bedeutung ihre Verwendung hat. Die Entwicklung solcher Vorstellungen sind eigenaktive Prozesse. Diese Prozesse können durch die Schule begleitet, gefördert, aber auch verhindert werden, sie können jedoch nicht als Lehrziele vorgegeben werden. Die Entwicklung seiner kognitiven Prozesse wird im Wesentlichen vom Kind selbst gesteuert. Neue Ideen, Anregungen, Lerninhalte etc. werden immer so weit integriert, wie es auf dem Hintergrund bereits vorhandener Konzepte für das Kind einen Sinn ergibt. Das Kind übernimmt nicht die Bedeutung eines Lerninhalts, sondern definiert ihn selbst auf dem Hintergrund seiner bisherigen Vorstellungen. Da jedes Kind unterschiedliche Vorstellungen hat, ist jeder Lernweg verschieden.

Daraus folgt, dass es beim Schriftspracherwerb weniger darum geht, den Lernstoff möglichst kleinschrittig für alle aufzubereiten, sondern eine Lernsituation zu schaffen, in der alle Kinder ihre eigenen Lernprozesse aktiv mitgestalten können und die Lehrerin jedes Kind individuell begleiten kann.

Für einen so verstandenen Unterricht wurden die Konfetti-Materialien erarbeitet. Sie bilden keine Folge einzelner Unterrichtseinheiten ab, sondern sind als Lernangebote konzipiert, die in den Bereichen, die für den Schriftspracherwerb eine entscheidende Rolle spielen, Impulse für die weitere Arbeit geben. Dabei geht es uns vor allem um folgende Schwerpunkte:

- Selbststeuerung der Lernprozesse
- Orientierung beim Lernen
- Offene Themen und Inhalte
- Unterstützung der allgemeinen Lernfähigkeit
- Prozessorientierte Förderung.

Selbststeuerung der Lernprozesse

Selbst gesteuerte Lernprozesse können im schulischen Unterricht nur dann stattfinden, wenn die Aufgabenstellungen jeweils so gefasst sind, dass unterschiedliche Lernwege akzeptiert werden können, und zwar auch dann, wenn sie auf Umwegen zum Ziel führen. Wenn, wie bisher

meist üblich, der Schriftspracherwerb vom Lesen ausgeht, ist eine Offenheit der Aufgabenstellungen, die individuelle Lernwege zulässt, kaum möglich.
Soll ein Wort oder ein Text erlesen werden, dann gibt es nur einen Lösungsweg. Das Kind muss ein bestimmtes Verfahren fehlerfrei benutzen, um sich den Sinn eines unbekannten Textes zu erschließen.
Anders ist es, wenn der Schriftspracherwerb vom Schreiben ausgeht. Der Inhalt dessen, was das Kind aufschreiben will, ist ihm bereits vor dem Schreiben bekannt. Die Bedeutung des von ihm selbst Aufgeschriebenen bleibt ihm auch dann erhalten, wenn es beim Aufschreiben des Textes eigene Schreibweisen anwendet. Die Anlauttabelle bietet jedem Kind die Möglichkeit, beim Schreiben den Umgang mit Schrift über eigene Lernwege zu entdecken, ohne dass der Bezug zum Inhalt verloren geht. Voraussetzung hierfür ist allerdings, dass in dieser Phase des Lernprozesses noch keine rechtschreibrichtigen Texte erwartet werden. Deshalb ist von den ersten Schulwochen an das Aufschreiben eigener Wörter und Texte ein wichtiger Bestandteil des Unterrichts. Den Inhalt der Texte bestimmen die Kinder weitgehend selbst. Da die Kinder zu Anfang ihrer Schulzeit noch wenig Kenntnisse vom Aufbau der Schrift haben, kann es beim Aufschreiben zunächst nicht darum gehen, dass die Kinder so schreiben, wie es den Rechtschreibnormen entspricht. Intention ist vielmehr, dass sie einen Text phonetisch richtig aufschreiben und sich damit auseinandersetzen, wie Sprache und Schrift aufeinander bezogen sind.

Ich gucke zu im Zirkus (Anna-Lena)

Beispiel: Wenn Anna-Lena z. B. unter ihr Foto schreiben will: „Ich gucke zu im Zirkus“, dann muss sie sich mit für den Schriftspracherwerb wichtigen Fragen beschäftigen: Welche Laute höre ich? Welche Schriftzeichen gibt es für diese Laute? Wie schreibe ich diese Schriftzeichen auf? Antwort auf diese Fragen findet Anna-Lena selbstständig vor dem Hintergrund dessen, was sie bisher vom Aufbau der Schrift verstanden hat. Ihr Text gibt darüber Auskunft und macht deutlich, welche Laute sie erkennt und welche Regeln ihr bewusst sind, z. B. Schreibrichtung, Wortlücken. Mit jedem neuen Text sammelt sie neue Erfahrung. In Verbindung mit dem, was sie in anderen Lernsituationen über die Schrift kennenlernt, wird auch ihre Vorstellung vom Aufbau der Schrift zunehmend differenzierter.

Aus dem Schreiben heraus entwickelt sich das Lesen. Meistens haben die Kinder von einem Tag auf den andern das Prinzip der Schriftsprache so weit erfasst, dass sie das Verfahren vom Laut zum Zeichen von allein umdrehen und eine Folge von Schriftzeichen in Sprache umsetzen können. Das Aufschreiben eigener Texte ist ein komplexer Vorgang, bei dem die Kinder nicht vom Einfachen zum Schwierigen voranschreiten, sondern in jeder Phase mit verschiedenen Aspekten des Schriftspracherwerbs konfrontiert sind. Die Kinder können die komplexe Aufgabe bewältigen, weil sie Lerntempo, Lerninhalt und Lernweg selbst steuern und dadurch die Anforderungen mit dem in Einklang bringen können, was sie kognitiv erfasst haben.

Orientierung beim Lernen

Wenn Kinder über selbstgesteuerte Lernprozesse die Schriftsprache erlernen, heißt das nicht, dass sie sich selbst überlassen bleiben und die Lehrerin abwarten kann, was passiert. So wie die Kinder sprechen lernen, weil sie eine Umgebung haben, an der sie sich orientieren können, so brauchen auch Kinder, die die Schriftsprache erlernen, in der Schule eine Lernumgebung mit unterstützenden Angeboten, die ihnen Orientierung geben. Nur auf diese Weise können die Kinder ihre eigenen Vorstellungen erweitern, überprüfen und verändern.

Von Anfang an sind als Begleitung zum Schreiben eigener Texte Lernangebote wichtig, die den Kindern den formalen Gebrauch von Sprache bewusst machen. Die Betrachtung der Sprache unter formalen Gesichtspunkten ist für fast alle Schulanfänger eine völlig neue Sichtweise, weil für sie bis dahin Sprache in erster Linie unter inhaltlichen Aspekten von Bedeutung war.

Beispiel: Wenn von einer Limonade die Rede ist, dann ist für Kinder zunächst wichtig, wo und wann es sie gibt und wieviel es davon gibt. Unwichtig ist, wie lang das Wort „Limonade" ist, wie viele Laute zu hören sind u.ä. Diese formalen Aspekte sind für die Kommunikation unerheblich. Die inhaltliche Bedeutung hat Vorrang vor der Wahrnehmung formaler Merkmale. Gefragt, welches Wort länger ist, „Kuh" oder „Streichholzschächtelchen", antworten viele Kinder: „Kuh". Weil die Kuh größer ist, muss sie nach Meinung der Kinder auch das längere Wort haben.

Das Umdenken verlangt von den Kindern viel Abstraktionsvermögen. Deshalb ist es wichtig, wenn die Übungen in einem Rahmen stattfinden, der für die Kinder einen Sinn macht und überschaubar ist.

Gut geeignet sind hierfür spielerische und handwerkliche Lernangebote, weil die Kinder das Gliedern der Sprache dabei mit einem konkreten Ziel verbinden können. Etwas später, wenn die Anlauttabelle eingeführt ist, ist das gemeinsame Lautieren von Wörtern eine Orientierungshilfe. Die Kinder sehen dabei an einem Vorbild, wie beim Gliedern eines Wortes vorzugehen ist.

Auch die Arbeit mit der Konfetti-Kartei und den Konfetti-Heften ist für die Kinder eine Orientierungshilfe. Kartei und Hefte sind so aufgebaut, dass Aspekte des Schriftspracherwerbs, die vor allem Routine erfordern, besonders hervorgehoben und geübt werden. Dazu gehören die Übung der Feinmotorik, das Sichern des Bewegungsablaufes beim Schreiben und die Laut-Buchstaben-Zuordnung. Darüber hinaus gibt es Rätselbilder, die die Wahrnehmung schulen und Erzählbilder, die zum Schreiben eigener Texte anregen.

Die Arbeit mit der Kartei und den Heften ist keine Voraussetzung für das Schreiben eigener Texte, sondern ein ergänzendes Lernangebot. Die Kinder können sie im eigenen Tempo durcharbeiten und teilweise auch die Inhalte – nicht die Aufgabenstellungen – selbst festlegen. Durch die Arbeit an den Heften haben die Kinder einen Überblick darüber, was sie schon können bzw. gelernt haben. Das ist vor allem für ihr Selbstvertrauen wichtig. Vom dritten Konfetti-Heft an lernen die Kinder zusätzlich zur Lautstrategie auch auf Rechtschreib-Phänomene zu achten, indem sie sich mit den Buchstaben beschäftigen, die akustisch nicht eindeutig zu identifizieren sind, z. B. <Qu>, <X> und <Y>.

Offene Themen und Inhalte

Schreiben und Lesen lernt man nicht in einer Woche. Es ist ein langer und manchmal auch frustrierender Weg, für den Kinder nur dann die erforderliche Motivation aufbringen können, wenn sie erfahren, dass der Gebrauch der Schrift in ihrem Leben sinnvoll ist.

Wodurch Schrift für die Kinder bedeutsam wird, kann von außen nur begrenzt bestimmt werden. Ähnlich wie die Entwicklung seiner kognitiven Prozesse kann die Wahrnehmung allein vom Kind selbst gesteuert werden. Bedeutsam ist für das Kind das, was auf dem Hintergrund der eigenen Geschichte und Lebenssituation einen Sinn macht. Von außen können jedoch die Bedingungen dafür geschaffen werden, dass die Kinder von Anfang an die Gelegenheit haben, Schrift als Mittel ihres Handelns zu erleben.

Zu diesen Bedingungen gehört, dass die Kinder in der Phase des Schriftspracherwerbs das, was sie schreiben und lesen, weitgehend selbst bestimmen können und nicht durch zu einengende Vorgaben festgelegt werden. Kinder brauchen beim Schreiben eigener Texte den Freiraum, Thema und Inhalt weitgehend selbst wählen zu können. Vor allem in der Anfangsphase müssen die Themen der Kinder Vorrang haben vor den Themen, die der Lehrerin wichtig sind.

Beispiel: Wenn Tim lieber etwas über den letzten Fernsehfilm aufschreibt, statt eine Seite für das Tierbuch, dann ist das in Ordnung. Offensichtlich beschäftigt ihn der Film im Moment mehr.

Vergleichbares gilt für die Lesetexte. Wenn alle Kinder gemeinsam einen Text lesen, ist die Wahrscheinlichkeit, dass alle Kinder mit dem Inhalt etwas anfangen können, nicht sehr hoch. Sinnvoller ist es, wenn sich die Kinder selbst etwas aus einem Angebot aussuchen können. So ist auch das Konfetti-Lesebilderbuch zu verstehen. Kinder, die noch viel Mühe mit dem Erlesen von Texten haben, können sich darin ein Thema aussuchen und den Text lesen, der ihren Lesefertigkeiten entspricht.

Unterstützung der allgemeinen Lernfähigkeit

Bei so komplexen Lernprozessen wie dem Schriftspracherwerb, der den Kindern ein hohes Abstraktionsvermögen abverlangt, müssen für eine erfolgreiche Lernentwicklung viele Faktoren zusammenwirken. Fehlen einige dieser Faktoren, kann es zu Störungen im Lernprozess kommen.

Dabei spielen auch grundlegende Faktoren eine Rolle, die nicht unmittelbar mit dem Schriftspracherwerb zusammenhängen, vor allem basales und sozial-affektives Lernen.

Basales Lernen

Beim basalen Lernen geht es darum, die Wahrnehmungsfähigkeit der verschiedenen Sinne so weit zu differenzieren, dass ein sicheres Zusammenspiel aller Sinne möglich ist. Diese Integration sensorischer Wahrnehmungen ist eine Grundlage dafür, dass die Kinder komplexeren Anforderungen gewachsen sind. Konzentrationsfähigkeit, Abstraktionsvermögen und Organisationsvermögen können sich besser entfalten, wenn die Kinder eine stabile Beziehung zu ihren Wahrnehmungs- und Bewegungsmöglichkeiten aufgebaut haben.

Aus den therapeutischen Erfahrungen mit lese- und rechtschreibschwachen Kindern lässt sich ablesen, dass sich die Leistungen der Kinder durch gezielte Förderung im Bereich des basalen Lernens verbessern. Aber auch ohne einen speziellen therapeutischen Hintergrund ist die breite Förderung des basalen Lernens bei Schulanfängern notwendig, weil der Prozess der sensorischen Integration zu Schulbeginn noch nicht abgeschlossen ist. Zwar wird in der Schule ein Teil der Wahrnehmungsförderung über die kontinuierliche Beschäftigung mit den Lerninhalten abgedeckt, meistens dominieren dabei jedoch Aufgaben, die die visuelle Wahrnehmungsfähigkeit erfordern. Deshalb ist im Konfetti-Lehrerband eine Sammlung von Spielen und Materialien enthalten, die die Wahrnehmungsfähigkeit aller Sinne und ihre Verbindung untereinander fördern.

Sozial-affektives Lernen

Kinder müssen sich ihrer selbst sicher sein, um gut lernen zu können. Der Schuleintritt bringt jedoch vielfältige Verunsicherungen mit sich. Er erfordert von den Kindern die Bewältigung von Beziehungs- und Verhaltenssituationen, für die sie in der neuen Umgebung noch kein Repertoire zur Verfügung haben. Fragen, die die Kinder in sozialer bzw. emotionaler Hinsicht beschäftigen, sind z. B.: Wie sind die neuen Kinder? Finde ich einen Freund oder eine Freundin? Wie komme ich mit der Lehrerin aus? Was ist, wenn die Eltern von mir enttäuscht sind? Was passiert, wenn ich etwas nicht kann oder keine Lust habe?

Werden die Kinder mit solchen Fragen allein gelassen, ist das Risiko groß, dass die Lösungen, die sie finden, nicht konstruktiv sind und negativen Einfluss auf ihre Motivation und Leistungsbereitschaft haben. Umgangs- und Beziehungsformen für das Zusammenarbeiten in großen Gruppen können die Kinder nicht von sich aus entwickeln. Sie brauchen Orientierungen dafür, wie sie ihre sozialen und emotionalen Bedürfnisse in die Gruppe einbringen können: Interaktions- und Kommunikationsspiele, Regeln und Rituale, Gesprächskreise und Unterrichtsthemen, die sich auf die Person der Kinder beziehen. Im Konfetti-Lehrerhandbuch wird in diesem Zusammenhang besonders auf die ersten Schulwochen eingegangen, weil in dieser Zeit des Einlebens Hilfen für die Orientierung besonders wichtig sind.

Prozessorientierte Förderung

Jede Lehrerin muss mit dem Problem umgehen, dass die Lernentwicklungen der Kinder sehr unterschiedlich verlaufen, weil sich die Kinder im Hinblick auf ihr Vorwissen, ihr Lerntempo und ihr Lernverhalten stark unterscheiden. Unabhängig davon nach welcher Methode unterrichtet wird, müssen deshalb in jedem Unterricht die Anforderungen differenziert werden. Beim Spracherfahrungsansatz können – anders als bei einem Lehrgang – die Differenzierungsmöglichkeiten individuell auf die Lernentwicklung der einzelnen Kinder abgestimmt werden.
Bei einem Lehrgang ist der Lernstoff in einzelne Lernschritte aufgeteilt, die aufeinander aufbauen. Wie bei einer Treppe ist die Erarbeitung einer Stufe immer die Voraussetzung für das Erreichen der nächsten. Auch wenn innerhalb einer Stufe mit Differenzierungsangeboten auf unterschiedlichen Niveaustufen gearbeitet werden kann, bleibt generell das Prinzip erhalten, dass sich alle Kinder dem Lehrgang und seinen vorgegebenen Zeitabläufen anpassen müssen. Dieses Prinzip muss beim Unterricht in Lehrgangsform weitgehend auch für die Förderung einzelner Kinder übernommen werden. Die Förderangebote müssen sich an den Zielen des Lehrgangs orientieren und haben kompensatorische Funktion. Folgerichtig beziehen sich die Fördermaßnahmen auch nur auf leistungsschwächere Kinder, weil die leistungsstarken Kinder die Lehrgangsziele bereits erreicht haben und deshalb keine weitere Förderung notwendig erscheint. Die leistungsschwächeren Kinder müssen sich dabei immer anstrengen, hinterher zu kommen, und für die leistungsstarken Kinder gibt es zu wenig Herausforderung. Beides ist für den Schriftspracherwerb wenig effektiv. Sinnvoller ist eine Förderung, die sowohl leistungsstarken als auch leistungsschwächeren Kindern ein individuelles Weitergehen ermöglicht.

Ich möchte gern einen Vogel haben
Lisa, 2. Schulwoche

Ich bin auf dem Schulhof
Sarah, 2. Schulwoche

Ein *Beispiel* soll das verdeutlichen:
Beide Eigentexte stammen aus der zweiten Schulwoche. Aufgabe war es, zu einem Foto, das die Lehrerin von jedem Kind gemacht hatte, einen eigenen Text zu schreiben. Sarahs Text zeigt, dass sie schon sehr weitreichende Vorstellungen über Schriftaufbau und Schriftstruktur hat. Sie kann eine Reihe von Lauten hören, sie mit passenden Buchstaben wiedergeben, hält Wortgrenzen und Schreibrichtung ein und hat eine vage Idee von Groß- und Kleinbuchstaben. Lisas Vorstellungen sind dagegen noch nicht so genau. Sie weiß, dass es Buchstaben gibt und malt die auf, an die sie sich erinnert, alle in einer Linie. Um den nächsten Lernschritt machen zu können, braucht Lisa Lernangebote, die ihr die Beziehung zwischen Lauten und Buchstaben vermitteln. Sarah ist über diesen Schritt schon hinaus: Für sie sind Lautierungsübungen hilfreich, bei denen sie übt, die Laute eines Wortes genauer zu unterscheiden. Bei der Arbeit mit den Konfetti-Materialien gibt es bei den Lernzielen keine lehrgangsorientierte Stufenfolge. Deshalb gibt es auch nicht den Zeitdruck, dass Lisa so schnell wie möglich an das Niveau von Sarah aufschließen muss, um gemeinsam im Lernstoff vorangehen zu können.

Jedes Kind kann mit seinem eigenen Lerntempo an dem Punkt arbeiten, der im Moment für seine Lernentwicklung beim Schriftspracherwerb wichtig ist. Dabei erübrigt sich auch der „Defizitblick", mit dem festgestellt wird, was Kinder noch nicht können. Wichtiger ist vielmehr herauszufinden, was sie können, denn nur darauf kann der nächste Lernschritt aufbauen.

Was ist anders?

Unterschiede zwischen dem lehrgangsorientierten Schriftspracherwerb und dem Schriftspracherwerb nach dem Spracherfahrungsansatz

Lehrgang

1. Buchstabeneinführung

Die Kinder lernen die Buchstaben nach und nach kennen.

2. Vom Lesen zum Schreiben

Die Kinder lernen zuerst Lesen. Sie schreiben nur die eingeführten Buchstaben.
Das freie Schreiben kommt nach Abschluss des Leselernprogrammes.

3. Gleichschrittige Lernentwicklung

Es wird davon ausgegangen, dass für alle Kinder die gleichen Lernprozesse wichtig sind.
Die Lernziele werden in einer vorgegebenen Reihenfolge und in einem vorgegebenen zeitlichen Rahmen erarbeitet.

4. Vorgegebenes Sprachniveau

Das sprachliche Niveau des Schriftspracherwerbs muss sich an der Anzahl der eingeführten Buchstaben orientieren.

5. Vorgegebene Inhalte

Die Inhalte sind durch die Lesetexte weitgehend vorgegeben und können nur begrenzt auf die individuelle Situation der Kinder abgestimmt werden.

6. Fehler als Störung

Fehler werden als Störung des Lernprozesses angesehen und deshalb vermieden.

Spracherfahrungsansatz

1. Buchstabeneinführung

Die Kinder lernen von Anfang an alle Buchstaben kennen (Anlauttabelle).

2. Vom Schreiben zum Lesen

Die Kinder lernen zuerst Schreiben. Sie schreiben von Anfang an freie Texte.
Das Lesen erfolgt danach bei jedem Kind zu einem anderen Zeitpunkt.

3. Individuelle Lernentwicklung

Die Lernprozesse orientieren sich an den individuellen Voraussetzungen der Kinder.
Die individuelle Lernentwicklung des einzelnen Kindes bestimmt die Reihenfolge der Lernziele und den zeitlichen Rahmen für die Erarbeitung mit.

4. Differenziertes Sprachniveau

Die Kinder können sich beim Erlernen der Schriftsprache auf ihr eigenes Sprachniveau beziehen.

5. Situationsbezogene Inhalte

Die Inhalte können sich auf die Situation und Erfahrungen der einzelnen Kinder beziehen.

6. Fehler als Lernhinweis

„Fehler" werden als Spiegel der momentanen Lernentwicklung verstanden. Sie haben diagnostischen Wert, weil sie darauf hinweisen, welche weiteren Lernschritte notwendig sind.

Erfahrungsbericht

Seit einem Jahr begleite ich 23 Kinder (12 Jungen und 11 Mädchen) eines ersten Schuljahres als Klassenlehrerin. Die Schule, in der ich unterrichte, liegt am Rande einer Großstadt, aber der dörfliche Charakter des Ortes beeinflusst das schulische Leben doch stark. So wachsen die meisten Kinder in einer wohlbehüteten Umgebung auf, die viele Angebote bereithält. In der für normale Verhältnisse ungewohnt ‚kleinen' Klasse[1] befinden sich ein griechisches Mädchen und ein türkischer Junge. Beide Kinder sind im Ort aufgewachsen, haben keine Verständigungsschwierigkeiten und sprechen in der Schule und zu Hause deutsch. Bei aller Gemeinsamkeit bringen die Kinder jedoch ganz unterschiedliche Voraussetzungen und Interessen mit in die Schule.

Maike[2] kann bereits seit der Kindergartenzeit schreiben und (auch selbstverfasste Texte) lesen. Die Mutter äußert in einem Gespräch noch vor Schulanfang die Bedenken, dass Maike in den ersten Monaten durch Unterforderung und Langeweile keine Lernfortschritte erzielt, „denn solange muss Maike ja auf die anderen Kinder warten". Ich erkläre ihr in einigen Sätzen den offenen Ansatz und kann sie erst einmal beruhigen.

Daniel kann mit Lauten oder Buchstaben zum Schulbeginn keine Vorstellungen verbinden. Für ihn ist der Eintritt in die Schule ein schwerer Schritt. Schon bald fällt er dadurch auf, dass er vor vielen einfachen Aufgaben oft wie vor einem Rätsel steht. Er ist nach kurzer Zeit völlig überfordert und nutzt jede sich ihm bietende Möglichkeit zur Ablenkung.
Es ist wichtig, konkret auf seine Probleme einzugehen, ihm Zeit zu lassen, nachvollziehbare Lernwege anzubieten. So gewinnt auch er langsam das Gefühl, dass Schule Spaß machen kann.

Lisa steht durch ihre Eltern unter großem Leistungsdruck. Die Mutter und der Vater kontrollieren und kritisieren jeden ihrer Schritte. Dabei trauen sie ihrer Tochter nur wenig zu und äußern ihre Sichtweise mir gegenüber sehr deutlich – selbst in Lisas Anwesenheit:
„Passen 'Se bloß auf und trauen Sie Lisa nicht über den Weg. Die belügt Sie nach Strich und Faden!" Solche Aussagen und auch formulierte Fragen („Räumt Lisa hier eigentlich auch nicht ihre Sachen auf? Und wie sieht es aus mit den Hausaufgaben?") sind für mich Anlass genug, für Lisa erst einmal einen Raum zu schaffen, in dem sie sich entfalten und ihr Selbstvertrauen zurückgewinnen kann. Anfängliche Probleme im Umgang mit anderen Kindern der Klasse konnten dadurch aufgefangen und letztlich beseitigt werden.

Lukas ist äußerst wissbegierig und stark motiviert, alles Neue schnell aufzunehmen. Dabei hat er stets kreative Ideen und ist in seiner Spontanität kaum zu bremsen. Er schreibt schon zu Beginn kleine Geschichten auf und sammelt sie für ein eigenes Buch. Oft übersieht Lukas bei den eigenen Bedürfnissen die Wünsche der anderen Kinder.

Alexander steht unter einem sehr starken Medikamenteneinfluss (die Mutter war während der Schwangerschaft alkoholabhängig). Er lebt bei einer Pflegefamilie, die sich sehr gut um ihn kümmert und auf seine Situation eingehen kann.
Alexander hat den Schulkindergarten besucht und ist bereits von vielen Ärzten getestet worden – sie kamen zu dem Ergebnis, dass er in einer normalen Schule nicht gefördert werden könne.

Ein kurzer Rückblick

Vor vier Jahren wählte ich zum erstenmal den Weg ohne Fibel. Ich erinnere mich im Rückblick an einen Unterricht, der in erster Linie von Inhalten bestimmt war, die von den Kindern in den Unterricht getragen wurden.
Der Schriftspracherwerb nach dem offenen Ansatz gelang sowohl den schwächeren als auch den stärkeren Kindern dadurch, dass gleich zu Beginn die einzelnen Entwicklungsunterschiede berücksichtigt wurden und die Kinder ihre Lernprozesse selbst steuern konnten, z. B. durch das freie Schreiben von eigenen Texten.
Ebenso erinnere ich mich an ein mulmiges Gefühl, das mich ständig während des ersten Schuljahres einholte.
Obwohl oder vielleicht weil ich täglich mit dem konkreten Schriftstand jedes Kindes konfrontiert war, bohrten sich immer wieder dieselben Fragen in meinen Kopf, wie:

- Behalte ich ohne Fibel auch wirklich den roten Faden im Verlauf des Schuljahres?
- Können die Kinder tatsächlich ihren Lernprozess steuern oder muss ich bestimmte Wege doch vorgeben – nicht nur unterstützen?

[1] Im letzten Durchgang unterrichtete ich 29 Kinder. Daher weiß ich diesen traumhaften und sehr selteten Fall zu schätzen.

[2] Die Namen der Kinder wurden geändert.

– Wie knüpfe ich im 2. Schuljahr an diese Methode an?

Auch die Eltern begleiteten mein Vorhaben anfangs eher skeptisch. Aus der intensiven Zusammenarbeit entwickelte sich jedoch im Laufe der Zeit ein gutes Vertrauensverhältnis.

Die ersten Schultage und die Zeit davor

Neugierig und gespannt bin ich auf die Kinder meiner neuen Klasse und das erste Kennenlernen ist sicherlich für beide Seiten ein großer Moment. Ich habe die Kinder aufgefordert, mir schon vor Schulbeginn ein Bild zuzuschicken und viele sind dieser Aufforderung auch nachgekommen.
Von Lukas erhalte ich ein kleines Faltbuch, in das er seine Hobbys gemalt hat. Maike schreibt mir sogar schon selbst – ohne Unterstützung – einen längeren Brief. Die Eltern von Alexander haben einen längeren Text aus der Sicht ihres Kindes verfasst. Alexander unterschreibt die Karte. Von Lisa erhalte ich leider keine Post.
Alle Briefe und Bilder werden noch vor Schulanfang in der Klasse aufgehängt. So finden die Kinder gleich zu Beginn etwas Vertrautes in der neuen Umgebung.
Am ersten Schultag sind wir uns dann auch nicht mehr fremd. Die Kinder kennen mich entweder bereits vom Schnuppertag[3] her oder aus meinem Brief. Auch ich habe den Kindern ein Foto von mir geschickt, damit ihnen das Gesicht der neuen Lehrerin bekannt ist und ein Aufeinanderzugehen am Anfang leichter fällt.
Die ersten Tage nutzen wir verstärkt dazu, uns gegenseitig und unsere Namen sowie die Schule näher kennen zu lernen. Wir suchen den Rektor und die Sekretärin auf, finden die Toilettenräume und besuchen alle anderen Schulklassen. Lisa kann dabei gleich „die Lehrerin ihres großen Bruders" vorstellen. Lukas dagegen muss ich etwas bremsen, denn er möchte grundsätzlich als Erster alle Türen öffnen und übersieht dabei die Wünsche der anderen Kinder völlig. Besonders Alexander scheint sich bei den „Rundgängen" durch die Schule wohl zu fühlen. Durch seinen Besuch im Schulkindergarten kennt er sich bereits im Gebäude aus und kann seine Kenntnisse und Informationen an andere Kinder weitergeben.

2. Schulwoche
Kennenlernen des Lesebilderbuches

Am ersten Tag der zweiten Schulwoche teile ich die Konfetti-Lesebilderbücher aus und gebe den Kindern erst einmal Gelegenheit, darin zu stöbern, um sich mit den Inhalten des Buches vertraut zu machen.
Nach einiger Zeit erhalten die Kinder die Aufgabe, ihre Lieblingsseite im Buch mit einem Haftzettel zu markieren.
Das sorgt unter den Kindern für regen Gesprächsstoff. Die einzelnen Seiten werden diskutiert und miteinander verglichen.
Lukas hat sich schnell für eine Lieblingsseite entschieden. Er interessiert sich für den Weltraum und möchte Astronaut werden. Im anschließenden Gesprächskreis erzählt er den anderen Kindern etwas über Kometen.
Maike beginnt damit, die längere Geschichte „Xaveria, die Bücherkatze" zu lesen. Sie findet das Bild „so toll" und weiß, dass „man die Geschichte erst lesen muss, um mehr über das Bild rauszukriegen".
Alexander und Daniel werden auch von den Bildern angesprochen. Beide spielen Fußball und favorisieren die Seite 19, „weil da ein BVB-Spieler zu sehen ist". Die Texte auf den Seiten sprechen Daniel noch nicht an. Alexander dagegen fragt mich direkt zu dem Inhalt. Ich lese einen Abschnitt vor und Alexander überprüft den Textinhalt mit der Bildaussage.
Nachdem jedes Kind seine Lieblingsseite vorgestellt hat, werden die Bücher im jeweiligen Fach des Kindes oder in der Schultasche verstaut.

3. Schulwoche
Einführung der Anlauttabelle

In der dritten Schulwoche führe ich die Anlauttabelle ein. Neben dem Plakat, das in unserer Klasse schon seit Beginn des Schuljahres hängt, stelle ich nun jeweils einer kleinen Gruppe die selbsterstellte Riesentabelle im „Förderunterricht" vor. (siehe Kapitel II. 4.)
Lisa fällt sofort auf, dass man von der Riesentabelle die Bilder und Buchstaben abnehmen kann. Gemeinsam versuchen wir, die einzelnen Bilder zu erkennen und zu benennen.
Lukas sucht sich gleich das schwierigste Bild aus (Überholverbot). Diese Entscheidung ist für mich eine große Hilfe, denn er erklärt das Verkehrsschild den anderen Kindern sehr detailliert und es braucht anschließend – im Gegensatz zu mei-

[3] An einem Vormittag – kurz vor Ende des Schuljahres – besuchen die neuen Lernanfänger die Schule, lernen ihre künftige Klassenlehrer/innen kennen und unternehmen Gemeinsames mit den Patenkindern der 3. Schuljahre.

nen Erwartungen – nicht näher erläutert zu werden.
Anders ist es mit dem Begriff „Ölsardinen". Erste Lösungsversuche der Kinder lauten Tomatenheringe, Dosenfische oder Curryfische. Daniel, der sich bis dahin kaum geäußert hat, schlägt als Begriff „Ölfische" vor. Mit großer Zustimmung bleiben wir bis auf weiteres bei diesem Wort.
Im Laufe der nächsten Tage lernen wir auf spielerische Art und Weise die Anlauttabelle und damit die Verbindung „Bild-Anlaut-Buchstabe" kennen. Dazu lautieren wir erste Wörter (/Mama/, /Löwe/ und /Lama/) gemeinsam, ich schreibe sie an die Tafel und die Kinder schreiben sie ab. Kurze Zeit später schreiben die Kinder mit Hilfe einer kleinen Anlauttabelle im DIN-A4-Format eigene Wörter auf.
Maike, die bereits Geschichten in Großbuchstaben schreibt, nimmt schon nach kurzer Zeit die Tabelle nur noch in Anspruch, um sich anzuschauen „wie die kleinen Buchstaben aussehen". Auch Lukas schreibt sehr sicher die ersten Wörter mit Hilfe der Tabelle lautgetreu auf. Alexander beobachte ich bei dem Versuch, das Wort „Schule" aufzuschreiben. Er notiert ein <Sch> und ein <L> und zeigt mir stolz sein Ergebnis. Alexander kann noch nicht alle Laute des Wortes hören. Dennoch mache ich ihn nicht darauf aufmerksam. Erst viel später, wenn er einen Entwicklungsschritt im Schriftspracherwerb vorangegangen ist und die einzelnen Laute hören bzw. voneinander unterscheiden kann, werde ich ihn auf fehlende Laute hinweisen. In diesem Moment ist es mir wichtig, bei Alexander eine Schreibmotivation aufzubauen und ihn eigene Lösungswege finden zu lassen. Deshalb zeige ich ihm meine Freude über seinen Versuch und bestärke ihn, so weiterzumachen.
Daniel braucht lange, um sich überhaupt auf der Tabelle orientieren zu können. Zunächst ist er nicht in der Lage, Laute zu hören, geschweige denn zu unterscheiden. Für ihn suche ich daher einen anderen Zugang zur Tabelle. Ich bringe einige Gegenstände der Tabelle (Nadel, Auto, Feder, Hut, Gabel, Jacke, Dose, Pinsel, Schere) mit und er ordnet sie den Turmfeldern zu.

6. Schulwoche
Briefe für die Eltern

Ich treffe mich am Anfang der Woche mit den Eltern in der Klasse, um sie weiter über den Spracherfahrungsansatz und die Arbeit mit den Konfetti-Materialien zu informieren.
Am Morgen bereite ich mit den Kindern Briefe für die Eltern vor. Dazu sammeln wir zunächst im Sitzkreis Ideen.
Lukas meint, man „kann doch einfach aufschreiben, was wir schon gelernt haben", Lisa möchte „ein Bild malen" und Maike kommt auf die Idee, den Eltern die Anlauttabelle zu erklären. Sie macht den Vorschlag, „alle Tabellenwörter aufzuschreiben". Jedes Kind entscheidet sich für eine der Ideen und gestaltet den Brief selbst.
Alexander hat kein großes Interesse an der Aktion. Er weiß, dass seine Eltern am Abend aus Zeitmangel nicht in die Schule kommen können. Schließlich freundet er sich mit dem Vorschlag an, seinen Brief mit der Post über die Schule nach Hause zu schicken. Auch Daniel findet nur einen schweren Zugang zu der Aufgabe. Er möchte seiner Mutter einen „schönen Abend in der Schule wünschen", doch er traut sich nicht, den Satz aufzuschreiben. Ich schreibe ihm den Text auf die Karte, er setzt die Anrede darüber und unterschreibt ihn mit seinem Namen.
Die gestalteten Bilder und Briefe der Kinder geben am Abend gleich den ersten Gesprächsstoff. Sehr angetan sind die Eltern von der Idee, den Kindern eine Antwortkarte zu schicken. Diese Briefe werden gesammelt, in Umschläge gesteckt und in unseren Klassenbriefkasten gelegt. Die Kinder, deren Eltern nicht anwesend sind, erhalten von anderen Eltern oder von mir Post.
Am nächsten Morgen wird der Briefkasten geleert. Maike öffnet gleich ihren Brief und liest ihn der ganzen Klasse vor. Lisa fordert mich dazu auf, ihren Brief vorzulesen. Dagegen zieht sich Lukas mit seinem Brief in die Leseecke zurück und kommt erst nach etwa zehn Minuten wieder hervor. Mühselig hat er sich den Inhalt des Briefes erschlossen und nun geht er stolz von Tisch zu Tisch, um ihn den anderen Kindern mitzuteilen.

8. Schulwoche
Das Projekt „Herbst"

Mit dem Thema „Herbst" steht das erste größere Unterrichtsvorhaben an. Wir machen einen Waldspaziergang, sammeln viele Blätter und Baumfrüchte und bereiten eine Herbstausstellung für unsere Patenklasse vor. Für die Gruppen- oder Partnerarbeit werden dazu verschiedene Aktionsmöglichkeiten zum Thema „Herbst" angeboten.
Manche Kinder stellen ihre Waldschätze zusammen und beschriften sie (Alexander), andere malen Bilder zum Herbst oder gestalten Baumplakate[4] (Lisa). Daniel bastelt Figuren aus Kastanien oder

[4] Dazu werden jeweils auf ein Plakat die Frucht, das Blatt und falls möglich etwas Rinde (Alternative: Rubbelbild von der Baumrinde) desselben Baumes geklebt und beschriftet.

Eicheln. Maike und Lukas sortieren und beschriften Fotos vom Waldspaziergang und kleben sie auf Streifen aus Tonpapier.
Während der Vorbereitungen für die Ausstellung wird es bald für alle unübersichtlich, da die Kinder an verschiedenen Aufgabenstellungen arbeiten und mich oft um Hilfe bitten. Gespräche im Morgenkreis und auch zwischendurch sorgen dafür, dass die Ausstellung nach all den Anstrengungen doch noch ein Erfolg wird. Bei den nächsten Unterrichtsvorhaben werde ich noch mehr darauf achten, dass die Arbeitsschritte verständlich sind und die Kinder eine klare Orientierung haben. Auf keinen Fall verzichte ich aber auf das Arbeiten in Gruppen, weil die Zusammenarbeit der Kinder ein wichtiger Schritt zum selbstständigen Arbeiten ist.

10. Schulwoche
Einführung der Konfetti-Kartei

Direkt nach den Herbstferien beginnt die Arbeit in den Konfetti-Heften. Bevor ich diese austeile, stelle ich erst die Kartei vor.
Die Klammerkarten und viele Bildkarten sind den Kindern schon aus dem Unterricht bekannt. Neu sind die Schreibrichtungskarten. Im gemeinsamen Gesprächskreis nimmt Lisa die Karten aus der Kartei und verteilt an jedes Kind jeweils eine. Gemeinsam entdecken wir, wie die Karten funktionieren.
Lukas, Lisa und Maike versuchen sofort, sich mit Hilfe der Ziffern und Pfeile die Schreibbewegung der Buchstaben zu erschließen. Davon lassen sich auch die anderen Kinder anstecken. Der jeweilige Buchstabe ist den Kindern zu diesem Zeitpunkt nicht neu, wurde er doch beim freien Schreiben immer wieder von der Tabelle abgemalt und an einzelnen Schreibstationen (den Buchstaben stempeln, drucken, schneiden, kleben, fühlen, ausstellen…) näher kennen gelernt. Für alle Kinder meiner Klasse stellt die Schreibbewegung zu diesem Zeitpunkt kein Problem dar.
Auch Daniel hat seine motorischen Fähigkeiten entwickelt und er zeigt sich sehr motiviert beim „Nachspuren" der Schreibrichtung mit dem Finger.
Ich bin schon lange auf diesen Moment gespannt. Da ich im letzten Durchgang keinen Schreibkurs der einzelnen Buchstaben durchgeführt habe, stehe ich dieser Idee am Anfang auch skeptisch gegenüber. Nun sollen die Kinder die Schreibbewegung nicht nur kennen lernen, sondern sie sich auch noch eigenständig erschließen.
Schon nach wenigen Minuten sind meine Zweifel allerdings wie weggeblasen. Ich erkenne, dass die Kinder sehr wohl in der Lage sind, den eigenen Lernprozess zu steuern, viel Spaß daran entwickeln und gleich auf die nächste Buchstabenreise gehen möchten.
Die Schreibrichtungskarten werden anschließend in drei große Karteikästen einsortiert – entsprechend den Konfetti-Türmen. Für jeden Buchstaben gibt es in einem der Karteikästen ein Fach.
Auf die Karteikästen kleben wir ein kleines rotes, gelbes bzw. blaues Rechteck – analog zur Farbe der Türme.
Dann ordnen wir entsprechend die Klammerkarten den einzelnen Buchstaben zu.
Daniel benutzt die Klammerkarten und findet hier immer wieder Anregungen zum Schreiben der Wörter, die mit dem Laut beginnen oder die ihn beinhalten. So wird er nicht schon im Vorfeld durch das Sortieren der Bildkarten überfordert.
Lukas wühlt dagegen lieber in der Bilderkiste. Das ist ein kleiner Karton, in dem alle 160 Bildkarten unsortiert liegen. Es macht ihm Spaß, aus der großen Fülle des Angebotes passende Karten zu suchen.
Alle Elemente der Kartei sind bekannt und die Arbeit mit den Konfetti-Heften kann beginnen. Dazu setze ich mich mit einer Gruppe von Kindern in der „Förderstunde" gemeinsam an einen Gruppentisch und verteile die Hefte. Zunächst stöbern alle darin und erste Kommentare werden in die Gruppe gegeben:
„Da sind ja viele leere Seiten drin." (Daniel)
„Man muss Unterschiede finden." (Alexander)
„Endlich kann ich viel malen. Die Bilder sind toll." (Lisa)
„In die Linien kann man bestimmt Wörter oder Geschichten schreiben." (Lukas)
Die ersten drei Buchstaben (O, S und G)[5] führe ich dann im gemeinsamen Klassenverband ein. So lernen die Kinder die Umgangsweisen mit dem Heft kennen. Anschließend sucht sich jedes Kind die Reihenfolge der zu bearbeitenden Buchstaben selbst aus und bearbeitet allein (Lukas) oder mit einem Partner die Seiten des Heftes. Zwei bis drei Stunden in der Wochen stehen den Kindern dafür zur Verfügung.
Lukas zeigt sich hochmotiviert in den Konfetti-Stunden. Auch Zeiten zum Spielen oder Entspan-

[5] Die Reihenfolge habe ich für mich aus folgenden Gründen so gewählt:
1. O, o: Das O ist ein leicht zu schreibender Buchstabe
Es gibt viele lauttreue, kurze Wörter, die mit O beginnen.
2. S, s: Das S ist als weicher Konsonant gut zu hören und relativ leicht zu schreiben.
3. G, g: Das G, g ist nicht nur schwer zu schreiben (u.a. Unterlänge), sondern auch kaum zu hören.

nungsphasen nutzt er dazu, im Heft voranzukommen. Das 1. Konfettiheft hat er bereits nach vier Wochen ausgefüllt. Mit dem dritten ist er dann schon vor den Osterferien fertig. (Momentan schreibt er eigene Geschichten parallel zum Lesebilderbuch. So sind bereits ein Weltraumabenteuer, ein Kinofilm und ein Erlebnis mit einem lebendig gewordenen Computer entstanden. Seine Geschichten werden gesammelt und anschließend zu einem Buch gebunden.)

Lisa sucht zu Beginn immer wieder meine Unterstützung. Sie traut sich nicht, eigene Wörter aufzuschreiben, aus Angst vor Fehlern.

Hinzu kommt, dass sie über einen langen Zeitraum die einzelnen Laute nicht unterscheiden kann.

Dadurch, dass der überwiegende Teil der Kinder meiner Klasse sehr selbstständig in den Heften arbeiten kann, habe ich Zeit zur Einzelarbeit mit Lisa.

Daniel ist manchmal schon nach kurzer Zeit mit dem Schreiben der Buchstaben und Wörter überfordert. In solchen Momenten frage ich mich, ob Daniel mit diesem offenen Ansatz nicht doch überfordert ist. Anhand einzelner Schreibproben erkenne ich aber doch deutliche Fortschritte in seiner Schreibentwicklung. Er weiß, dass ich ihm immer helfend zur Seite stehe. Außerdem motiviere ich ihn, indem ich Arbeiten, die ihm gut gelungen sind, herausstelle und ihn ermuntere, so weiterzuarbeiten.

Ich weiß, dass er noch viel Zeit und Übung braucht, bis seine Schreibentwicklung die nächste Stufe erreicht.

Maike findet es ziemlich langweilig, jeweils drei oder mehr Wörter auf die freie Seite zu schreiben. Sie denkt sich lieber „Buchstabengeschichten"[6] aus.

Alexander macht die Beschäftigung mit dem Konfetti-Material sichtbar viel Spaß. Dabei beobachte ich vor allem bei ihm große Entwicklungsfortschritte in der (Schrift-)Sprachentwicklung. Manchmal unterstütze ich ihn beim Lautieren einzelner Wörter, ansonsten aber arbeitet er völlig selbstständig.

In den Konfetti-Stunden bestimmt eine sehr angenehme Atmosphäre das Lernen – ähnlich einer Wochenplanarbeit:

- Die Kinder bestimmen die Reihenfolge der Buchstaben und somit auch mögliche Lerninhalte.
- Eine begonnene Arbeit kann unterbrochen und anschließend wieder aufgenommen werden. Dabei teilen sich die Kinder die Zeit selbst ein, z. B. für Pausen, und kontrollieren so ihr Arbeitstempo.
- Die Kinder können während der Konfettistunden den Lernort bestimmen. Viele ziehen sich allein oder mit einem anderen Kind in eine der Lernecken (Schreib-, Lese- oder Matheecke) zurück, um hier ungestört arbeiten zu können. Manche setzen sich zu einem Partnerkind an einen anderen Gruppentisch, wieder andere suchen meine Nähe.
- Die Kinder besorgen sich alle Materialien, die sie zum Bearbeiten der Hefte benötigen, und bringen sie anschließend an ihren Platz zurück. So lernen sie, mit Aufgabenstellungen und Arbeitsmitteln selbstständig umzugehen.

Der ständige Rhythmus von Spannung (freie Seite, die mit neuen Wörtern gefüllt werden soll) und Entspannung (Schreiben der Buchstaben, Rätsel, Ausmalen der Hohlbuchstaben auf der letzten Seite) spricht die Kinder sehr an.

30. Schulwoche
Zeit zum Schreiben

Natürlich bestimmen nicht nur die Konfetti-Hefte oder größer angelegte bzw. gemeinsame Projekte die Inhalte des Sprachunterrichts.

Oft gibt es Situationen zum freien Schreiben, d. h. die Kinder können sich in verschiedenen Unterrichtsphasen (z. B. Tages- oder Wochenplan) selbst für ein Thema entscheiden und dazu etwas aufschreiben. Die Kinder aus meiner Klasse reagieren auf dieses Angebot ganz unterschiedlich:

Maike schreibt gern eigene Geschichten auf, die sie anschließend in der Lesezeit den anderen Kindern vorstellt. Meist beginnt sie direkt mit dem Schreiben. Ihre Geschichten sind sehr phantasievoll und häufig an Märchen angelehnt. Auch Lukas brauche ich zum Schreiben nicht aufzufordern. Er wartet geradezu auf diese Momente, um sein Buch zu vollenden. Deswegen spricht er mich auch mindestens einmal am Tag an und fragt, wann er denn seine Geschichten weiterschreiben könne.

Alexander schreibt in solchen Unterrichtsphasen lieber Texte aus dem Lesebilderbuch ab und malt Bilder dazu.

Lisa läßt sich auf das Schreiben ein, indem sie zunächst ein Bild malt. Anregungen dazu holt sie sich in der Regel aus Büchern der Leseecke. Im Anschluss daran beschriftet sie manchmal die einzelnen Elemente ihres Bildes.

Daniel bereitet das Arbeiten im Konfetti-Heft oft noch Mühe. Deshalb verspürt er auch überhaupt

[6] Das sind Sätze, die aus Wörter mit gleichen Anfangsbuchstaben bestehen.

kein Interesse am Verfassen eigener Texte. Er holt sich als Alternative ein Spiel aus dem Regal und zieht sich allein oder mit einem Partner in die Spielecke zurück.
Der unterschiedliche Umgang mit dem freien Schreiben macht mich keinesfalls nervös. Ich setzte hier viel Vertrauen in die Kinder und in die Zeit. Auf Dauer wird jedes Kind seinen Zugang zum Schreiben finden. Ich setze die Kinder bewusst nicht unter Schreibzwang, weil ich weiß, dass dadurch jeder Zugang zum freien Schreiben verbaut wird.

37. Schulwoche
Lesezeit

In der fest im Unterricht installierten Lesezeit haben die Kinder die Möglichkeit, auf eigenen Wunsch anderen Kindern etwas aus dem Lesebilderbuch oder aus einem anderen Buch vorzulesen, sich in eine Ecke – allein oder mit einem Partner – zurückzuziehen, um ungestört in einem Buch stöbern zu können oder einer Geschichte, die ich vorlese, zuzuhören.
Maike und auch einige andere Kinder greifen gern auf die Konfetti-Minibücher (siehe KV 59–64) zurück. Die kleinen Rätsel motivieren zum genauen Lesen. Lukas lässt sich durch das Buch zum Schreiben von eigenen Geschichten anregen.
Lisa kann sich anfangs nicht mit der Lesezeit anfreunden. Im Gegenteil: Sie verschließt sich jedem Buch und „rechnet viel lieber". Die Ursache für diese Haltung erfahre ich dann in einem Gespräch mit ihr und ihren Eltern:
Obwohl Lisa zu dem Zeitpunkt noch nicht in der Lage ist, fremde Wörter oder Texte zu erlesen, wird sie dazu ständig von ihren Eltern aufgefordert und immer wieder als „Dumme, die ja noch nicht lesen kann" bezeichnet.
Lisa steht unter einem so starken Druck, dass sie bereits viele Texte aus dem Konfetti-Lesebilderbuch auswendig gelernt hat, jedoch keinesfalls lesen kann.
Diese Angst, als Versagerin in der Klasse aufzufallen, veranlasst Lisa dazu, einen großen Abstand zu allem, was mit Lesen zu tun hat, aufzubauen. Erst ein langes, eindringliches Gespräch mit den Eltern, die Förderung einer positiven Haltung zum Lesen und nicht zuletzt die Möglichkeit, Lesen ohne Druck zu lernen, bewirken, dass Lisa das „Lesenlernen" wieder spürbar mehr Spaß macht.
Ab und zu fließen auch Themen, die im Lesebilderbuch angesprochen werden, in den Unterricht ein. Beim Thema „Obst und Gemüse" besprechen wir unter anderem das Gemüse-ABC.
Der Geburtstag einer Kollegin und zwei übrig gebliebene Kuchen – ein halber Stachelbeerboden und ein Erbeerstückchen – bringen Robin auf die Idee, den „Schweine-Sketch nachzuspielen". Wir setzen den Vorschlag gleich in die Tat um und spielen den Witz 16-mal.

Gedanken zu Konfetti

Sowohl meiner Klasse als auch mir hat die Arbeit mit dem offenen Ansatz über das gesamte Jahr viel Freude gemacht.
Die Konfetti-Materialien haben dabei geholfen, einen Überblick zu behalten und den Kindern einen Raum zu geben, in dem sie sicher und selbstständig arbeiten konnten.
Bei aller Offenheit gab diese Struktur mir Zeit, Gelassenheit und die Möglichkeit, auf Themen einzugehen, die in der Klasse gerade anstanden.
Insgesamt bin ich bestätigt worden in meiner Ansicht, dass der Spracherfahrungsansatz der Schriftsprachentwicklung Raum verschafft und den unterschiedlichen Bedürfnissen der Kinder gerecht wird.

Äußerungen von Kindern zu der Frage: Wie hast du lesen gelernt?

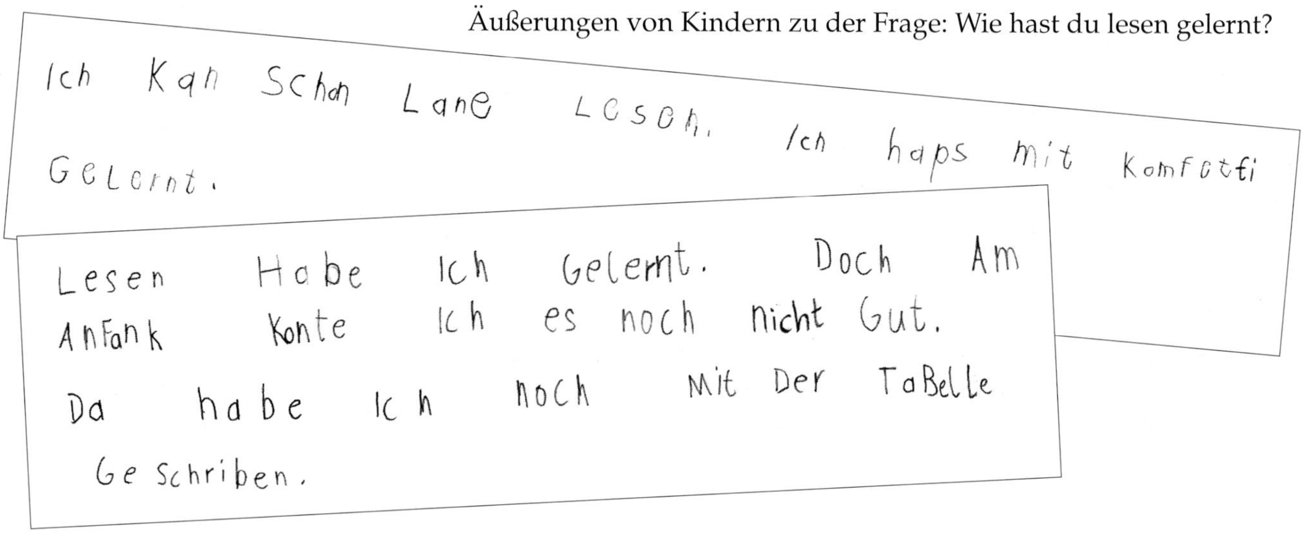
Ich Kan Schon Lane Leson. Ich haps mit Komfotfi Gelernt.

Lesen Habe Ich Gelernt. Doch Am AnFank Konte Ich es noch nicht Gut. Da habe Ich noch Mit Der TaBelle GeSchriben.

II. Schriftspracherwerb im 1. Schuljahr

Erfahrungen sammeln mit Schrift

Viele Kinder können zu Schulbeginn schon ihren Namen schreiben, kennen den Unterschied zwischen einem Bild und einem Buchstaben, verstehen Symbole und wissen, dass die Geschichte aus dem Bilderbuch nicht auswendig erzählt wird, sondern aus den schwarzen Zeichen vorgelesen wird.
Damit haben diese Kinder bereits begonnen, schreiben und lesen zu lernen.
Der Schriftsprachwerb fängt nicht erst an, wenn bestimmte „technische Aspekte" z. B. die Laut-Buchstabenzuordnungen erlernt werden.
Er beginnt, wenn Kinder auf Symbole und Buchstaben aufmerksam werden und sich dafür interessieren, was sie bedeuten und welche Inhalte sie vermitteln. Dabei entwickeln sie schon erste (wenn auch unvollständige, manchmal auch unzweckmäßige) Vorstellungen davon, wie Schrift funktioniert und wozu sie zu gebrauchen ist.
Ob und wann Kinder damit anfangen, sich aktiv für Schrift zu interessieren, hängt in großem Maße davon ab, wie intensiv und selbstverständlich der Umgang mit Schrift in ihrer unmittelbaren Umgebung ist. Je mehr die Kinder an Beispielen aus ihrer Umgebung erleben, wie Lesen und Schreiben in verschiedenen Situationen des alltäglichen Lebens zu verwenden ist, um so eher werden sie neugierig darauf und wollen es selbst können.
Anregungen und Vorbilder für den Umgang mit Schrift sind nicht nur in der vorschulischen Zeit wichtig, sondern auch in der Schule. Auch dort – und zwar von Anfang an – brauchen die Kinder ein Umfeld, in dem sie Schrift auf vielfältige Weise handelnd erfahren können. Solche Erfahrungen sind die Grundlage dafür, dass die Kinder ihre Vorstellungen von der Funktion und dem Aufbau der Schrift erweitern und differenzieren können.
Dabei spielt es keine Rolle, dass die Kinder noch gar nicht oder nur wenig schreiben und lesen können. Technisch-formale Aspekte des Schriftgebrauchs werden zunächst von der Lehrerin durch Vorlesen oder Vorschreiben übernommen. Es geht auch nicht darum, bestimmte festgelegte Lernziele „abzuarbeiten". Kinder brauchen die Möglichkeit, eigene Erfahrungen zu machen, damit sie das, was sie neu kennen lernen, in ihr eigenes Bezugssystem einordnen können.
Wesentlich ist, dass sie so oft wie möglich durch konkretes Handeln an Situationen beteiligt sind, in denen gelesen und geschrieben wird, Lesen und Schreiben von den Kindern als bedeutsam erlebt wird und sie aufmerksam (gemacht) werden auf Dinge, die für das Erlernen der Schrift wichtig sind.
Schon von den ersten Schultagen an kann der Umgang mit Schrift in viele Unterrichtssituationen einbezogen werden, wie die folgenden Beispiele zeigen:
In der Kennlernsituation des Schulanfangs gibt es viele Anlässe, in denen das Schreiben und Wiedererkennen des eigenen Namens eine zweckmäßige Tätigkeit ist (Namensschilder, Klassenlisten, Klassenposter, Telefonbuch). Fotos oder selbstgemalte Bilder vom Schulanfang oder von anderen Gelegenheiten werden entweder selbstständig oder mit Hilfe der Lehrerin beschriftet. Für die Freiarbeit gibt es Spiele, bei denen man schneller zum Ziel kommt, wenn man auf die Schrift achtet. Aus Bildern und Symbolen wird eine Bastelanleitung erschlossen. In der Schreibecke können Stempel, Holzbuchstaben u. a. Schreibmaterialien ausprobiert werden.

Praxis

Praxisbeispiele

Schultüten zur Erinnerung

Nach den Aufregungen der Einschulung liegt es nahe, in den Tagen danach noch einmal auf dieses Ereignis zurückzublicken und etwas für die Erinnerung an diesen besonderen Tag festzuhalten.
Anlass für so einen Rückblick können die hier vorgestellten Erinnerungstüten sein.
Von außen sehen sie aus wie Schultüten, klappt man sie jedoch auf, kann man sehen, was die Kinder zur Erinnerung an ihren ersten Schultag gemalt und geschrieben haben.

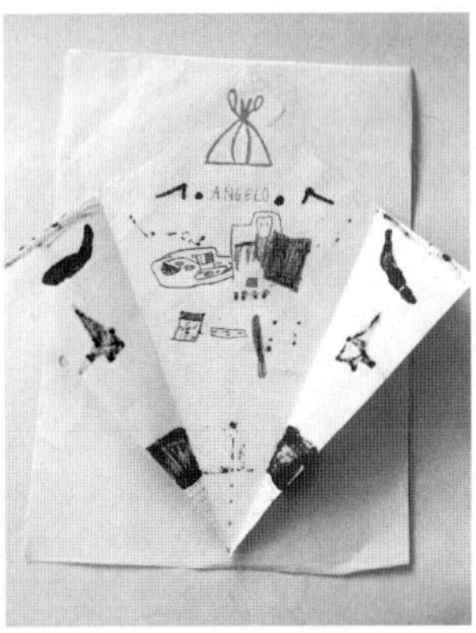

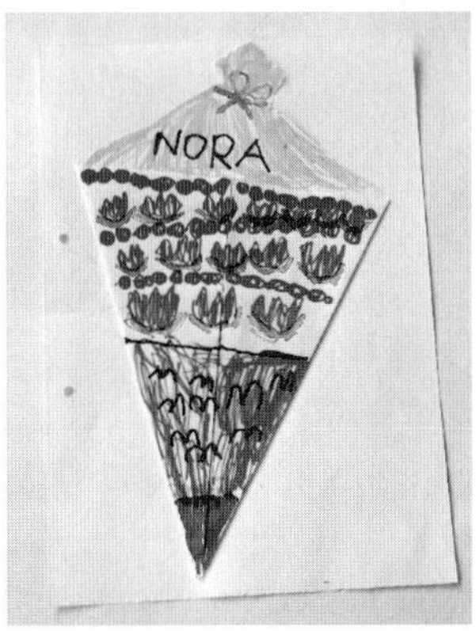

Hilfe zur Selbsthilfe

Im Kreis stelle ich die Materialien und ein fertig gebasteltes Beispiel vor. Außerdem sind an der Seitenwand für jeden Falt- bzw. Arbeitsschritt originalgroße Beispiele aufgehängt. Die Kinder kön-

nen sie „lesen" wie eine Gebrauchsanleitung. An den Symbolen erkennen sie, welche Arbeitsmittel (Schere und Stifte) gebraucht werden.
Wenn ein Kind beim Basteln nicht mehr weiter weiß und mich fragt, zeige ich ihm an den Modellen, an welcher Stelle es sich gerade befindet und lasse es selbst herausfinden, wie es weitermachen kann. Nur bei dem Schnitt für die Spitze der Tüte helfe ich einigen Kindern, weil die Maße für den Schnitt noch schwer einzuschätzen sind.

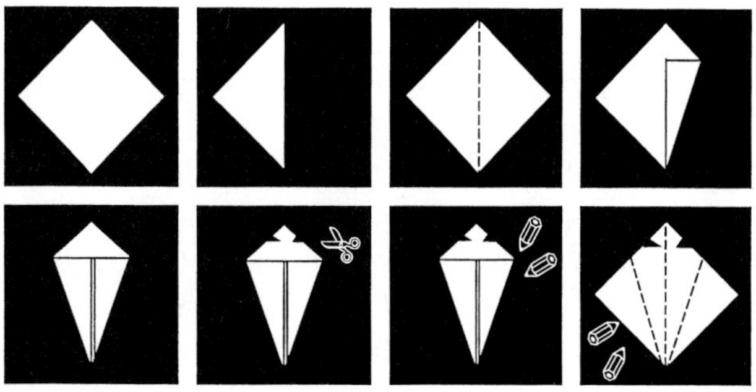

Tüteninhalt

Bevor die Tüten gebastelt werden, sammeln wir im Kreis, welche Erinnerungen – über die Süßigkeiten hinaus – in der Tüte aufgemalt und aufgeschrieben werden können; z.B. das schöne Wetter, der Kuchen am Nachmittag, die Aufführung in der Schule, was sie zuerst gelernt haben.

Ausstellung

Nachdem alle Tüten fertig sind, werden sie ausgestellt. Wir setzen uns so hin, dass alle die Ausstellung sehen können. Wer mag, kann vorstellen, was er in seiner Tüte aufgehoben hat. Bei zurückhaltenden Kindern frage ich nach bzw. zeige auf eine Tüte, die mich besonders interessiert, z. B. weil sie so bunt ist.

Klassenbuch

Wenn ich die Tüten von der Wand abhänge, klebe ich sie einzeln auf Tonpapier auf und binde alle Seiten zu einem Buch, das in die Leseecke gestellt wird. Ich bin gespannt, an was wir uns noch erinnern, wenn wir am Ende des ersten Schuljahres die Tüten noch einmal aufhängen.

Morgenrituale

Unser Morgenkreis fängt jeden Morgen mit dem gleichen Ritual an: Nach der Begrüßung wird abgeklärt, welcher Wochentag heute ist, welche Kinder anwesend sind und welche fehlen.

Wochentag

Dafür habe ich zwei längere Holzbrettchen und Wäscheklammern vorbereitet. Auf dem einen Brettchen sind alle Wochentage untereinander angegeben. Mit einer Klammer kennzeichnet ein Kind den jeweiligen Wochentag, wir benennen den Wochentag gemeinsam und ich schreibe das Datum an die Tafel.

Anwesenheitsbrett

An dem anderen Brettchen steckt für jedes Kind eine Wäscheklammer, auf der vorne und hinten sein Name steht. Wenn die Kinder in die Klasse kommen, stecken sie ihre Klammer von der einen Seite auf die andere Seite um. So ist an den übrig gebliebenen Klammern zu erkennen, wer fehlt oder wer vergessen hat, seine Klammer umzustecken.

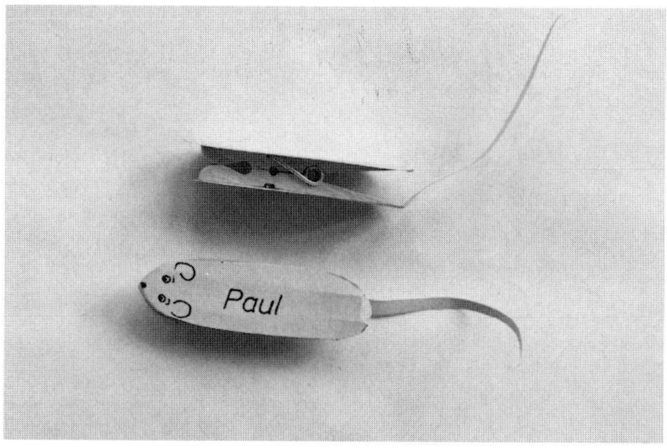

Anschließend zählen wir im Kreis durch, wie viele Kinder heute anwesend sind. Die Klammern der fehlenden Kindern werden an einen besonders gekennzeichneten Platz am unteren Ende des Brettchens gesteckt. Wenn die Kinder wiederkommen, nehmen sie ihre Namensklammern dort wieder weg.
Für die Kinder ist dieses Ritual eine Übung, ihren Namen wiederzuerkennen, für mich ist es eine Hilfe, mich an die fehlenden Kinder zu erinnern und sie besonders zu begrüßen, wenn sie wiederkommen.

Buchstabensuppe

Die Nudelsuppe, in der Buchstaben schwimmen, kennen viele Kinder. Unsere Buchstabensuppe sieht etwas anders aus. Sie besteht aus vielen bunten Buchstaben, die in einen Pappteller geklebt werden.
Nachdem ich den Kindern im Morgenkreis ein Beispiel gezeigt habe, suchen sie in Zeitschriften und Prospekten nach den Buchstaben, die in ihrem Namen vorkommen und schneiden sie – so oft wie sie sie finden – aus. Die ausgeschnittenen Buchstaben kleben sie in die Mitte eines Papptellers. Das ergibt ein farbenfrohes Bild und ist eine intensive Wahrnehmungsübung.

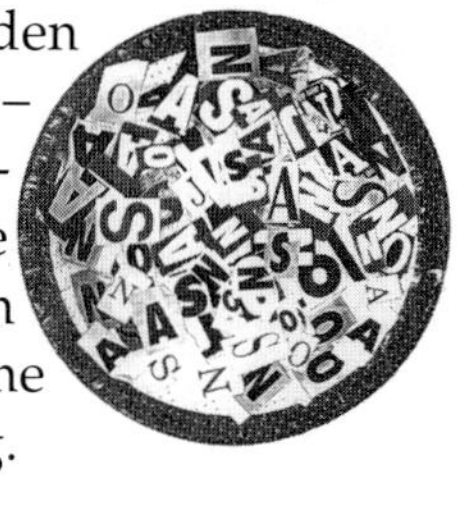

Telefonbuch

Nach den ersten Schulwochen stelle ich fest, dass sich unter den Kindern langsam Freundschaften bilden. Die meisten Kinder kennen sich jetzt mit Namen (ich bin erstaunt, wie lange das gedauert hat!) und verabreden sich schon manchmal am Nachmittag zum Spielen. Diese Kontaktaufnahmen möchte ich unterstützen und schlage vor, ein Telefonbuch für jedes Kind anzufertigen.

Vorbereitungen

Auf dem Elternabend hole ich mir die Einwilligung aller Eltern, ihre Telefonnummern weiterzugeben (Datenschutz) und bitte sie, ihrem Kind in den nächsten Tagen ein Foto in Passbildgröße mitzugeben. Alle diese Fotos, auch mein eigenes, klebe ich auf ein DIN-A4-Blatt und lasse 25 Farbkopien (Klassenstärke) machen. Für jedes Kind bereite ich 25 DIN-A6-Blätter vor. Außerdem habe ich eine Schablone für ein Telefon mit Hörer angefertigt. Bunte Wolle für die Telefonschnur und Tonpapier für den Umschlag und das Telefon sind in unserer Materialkiste reichlich vorhanden.

Arbeitsbesprechung

Nun stelle ich unser kleines Telefonbuch-Projekt im Morgenkreis vor. Ich lege alle vorbereiteten Materialien auf den Teppich in die Mitte des Kreises und lasse vermuten, was damit geschehen soll. Die Kinder entdecken ihr Foto in 25-facher Ausfertigung und sind begeistert. Mit etwas Unterstützung kommen sie auf den Plan ein eigenes Telefonbuch herzustellen. An der Tafel entsteht eine Skizze, was auf einer Seite sein muss: ein Foto, der Name und die Telefonnummer des entsprechenden Kindes. Wir besprechen, wie das Vorhaben nun praktisch umgesetzt werden kann. Jedes Kind bekommt einen Fotobogen und 25 Blätter. Die Telefon-Schablone, das Tonpapier und die Wolle bleiben auf dem „Basteltisch" liegen.

Tagesplan-Aufgabe

In der folgenden Woche sind nun alle Kinder mit ihrem Telefonbuch beschäftigt. Die Aufgabe erscheint jeden Tag im Tagesplan. Die Kinder organisieren sich unterschiedlich: Einige bearbeiten akribisch eine Seite nach der anderen, andere kleben erst alle Fotos auf und tragen danach Namen und Telefonnummern ein, einige Kinder stellen zuerst die Umschlagseite mit dem Telefon her.
Die Kinder gehen von Tisch zu Tisch und lassen sich Name und Telefonnummer von jedem Kind aufschreiben oder ansagen. Die meisten Kinder haben einen Zettel vor sich liegen, auf dem ihr Name und ihre Telefonummer stehen. So müssen sie nicht immer ihre Arbeit unterbrechen, wenn sie angesprochen werden. Gut, dass ich eine *Extrakopie* der Fotos gemacht habe, denn ab und zu geht auch einmal ein Foto verloren.

Umschlag für das Telefonbuch

Nach einer Woche harter Arbeit sind (fast) alle Innenseiten fertig. Jetzt werden die Telefonumrisse mit Hilfe der Schablone gebastelt und die Umschlagseiten liebevoll gestaltet.
Die Kordel, die als Telefonschnur dienen soll, wird aus Wollfäden gedreht. Diese Arbeit ist manchen Kindern bekannt, einige haben erhebliche Schwierigkeiten damit und lassen sich gern von ihren Mitschüler/innen helfen.
Die meisten Bücher sind wirklich sehr schön geworden. Alle Kinder nehmen sie natürlich mit nach Hause, zeigen sie stolz ihren Eltern und fangen auch an zu telefonieren.

Ein Buch über mich

Im Morgenkreis reicht oft die Zeit nicht aus, um jedem Kind die Gelegenheit zu geben, etwas ausführlicher über sich zu erzählen. Deshalb schlage ich den Kindern vor, dass jeder ein kleines Buch von sich macht, in dem er etwas von sich aufschreibt.

Arbeitsplanung

Am nächsten Morgen stelle ich an einem Beispiel vor, wie man ein kleines Buch aus zwei DIN-A5-Blättern macht (Blätter übereinander legen, in der Mitte falten und zusammen tackern). Dann überlegen wir gemeinsam, was man in so ein Buch schrei-

Oma backt. Willst du wissen was sie backt? Huhn.

ben kann, z. B. was man gerne isst, was man gerne spielt, was Mama und Papa machen, welches Tier das Lieblingstier ist, wer die Freunde sind, wen man gern besucht.
Die erste Seite ist eine besondere Seite. Wir sammeln Vorschläge, was auf der ersten Seite stehen könnte: der Name in besonders schönen Buchstaben, ein Selbstbildnis, ein bunter Rahmen.

Tagesplan

In der nächsten Zeit ist im Tagesplan auch immer ein Symbol für das Ich-Heft zu sehen. Das heißt, während der Arbeit für den Tagesplan schreiben und malen die Kinder auch an ihrem Ich-Heft. Bei Kindern, die nicht recht wissen, was sie von sich aufschreiben sollen, helfe ich mit einem Gespräch weiter. Die fertigen Hefte werden in einen Korb gelegt und bekommen einen Platz in der Leseecke, wo sie jederzeit von den Kindern angesehen werden können.

Max mein Neffe (gemeint ist der Cousin) badet.

Papa spielt ein Telespiel

Baby-Buch

Als ich drei Wochen nach Schulbeginn den Besuch des Schulfotografen ankündige und erkläre, was er macht, meldet sich Tim und sagt: „Ich brauch kein Foto, ich hab schon eins." Dabei holt er ein Foto aus seiner Schultasche, auf dem ein etwa zweijähriges Kind zu sehen ist. Das bringt mich auf die Idee, die Kinder zu bitten, doch mal ein Foto mitzubringen, auf dem zu sehen ist, wie sie als Baby ausgesehen haben.

Große Veränderungen

Die mitgebrachten Fotos werden an der Seitenwand ausgehängt. Kaum ein Kind ist wiederzuerkennen, so sehr haben sich alle verändert. Manche, die als Baby ganz dick waren, sind jetzt ganz dünn und umgekehrt. Über die Veränderungen sind alle erstaunt.

Fotos beschriften

Es ist klar, dass wir die Namen unter die Fotos schreiben müssen. Deshalb bekommt jedes Kind ein Blatt, klebt sein Bild auf und schreibt seinen Namen unter das Foto. Manche Kinder illustrieren auch noch ihr Blatt. Zunächst hängen wir die beschrifteten Bilder noch einmal an die Wand, damit alle auf einen Blick gesehen werden können.

Baby-Album

Später werden alle Seiten zu einem Buch gebunden und in die Leseecke gestellt. Über lange Zeit ist es eines der Lieblingsbücher der Kinder.

Kuscheltiere

Kuscheltiere sind wichtige Begleiter im Leben eines Kindes. Deshalb finde ich es verständlich, wenn Kinder sie auch mit in die Schule bringen.
Hier gilt als *Regel*: Während der Unterrichtszeit sitzen die Kuscheltiere in der Leseecke und nicht auf dem Tisch.
Da so viele Kinder ihr Kuscheltier mitbringen, schlage ich vor, dass jedes Kind uns sein Kuscheltier vorstellt.
Um für jede Vorstellung genügend Zeit zu haben, machen wir eine Liste, aus der zu erkennen ist, welche drei oder vier Kinder im nächsten Morgenkreis etwas mehr über ihr Kuscheltier erzählen. Im Kreis erfahren wir dann Einzelheiten: wie das Kuscheltier heißt, warum ein zweites Kuscheltier unbedingt mitkommen musste, von wem es geschenkt wurde usw. Zum Schluss der Vorstellungsrunde bekommt jedes der Kuscheltiere ein kleines selbst gemachtes Mini-Buch von mir geschenkt.
Nach dem Morgenkreis, wenn alle Kinder an ihren Aufgaben für den Tagesplan arbeiten, mache ich von jedem Kuscheltier ein Foto. Als die Fotos von allen Kuscheltieren entwickelt sind, zeige ich sie im Kreis und wir machen ein Buch: Jedes Kind klebt sein Foto auf und schreibt den Namen des Tieres oder mehr dazu. Einige Wörter, z. B. Kuscheltier, Goofey, schreibe ich vor.

Es kommt auch vor, dass Kinder kein Kuscheltier haben. Für diese Kinder habe ich unser Klassentier (eine kleine Plüschmaus) fotografiert. Kinder, die ihr Kuscheltier nicht mitbringen dürfen, malen ein Bild davon auf.

Silben-Echo

Materialien: ein Signalinstrument, z. B. eine Handtrommel
Spielform: Kreis

Die Klasse wird in zwei Gruppen eingeteilt: Echo 1 und Echo 2. Die Lehrerin spricht betont nach Silben einen Namen aus der Klasse vor, z. B. /Ri-ta/. Dazu schlägt sie auf einer Handtrommel. Die erste Echo-Gruppe wiederholt den Namen und klatscht dazu. Die zweite Echo-Gruppe wiederholt den Namen noch einmal, klatscht und trampelt gleichzeitig mit den Füßen dazu.

Silbenkonzert

Materialien: –
Spielform: 3 Gruppen

Die Klasse wird in drei (oder vier) Gruppen eingeteilt. Jeder Gruppe wird eine Silbenanzahl und ein Geräusch zugeordnet, z. B. eine Silbe und mit den Füßen trampeln, zwei Silben und klatschen, drei Silben und auf den Tisch klopfen.
Die Lehrerin nennt nacheinander verschiedene Namen aus der Klasse. Je nach Silbenanzahl reagiert die jeweilige Gruppe, indem sie den Namen wiederholt und das Geräusch dazu macht. Beispiele: /Jens/: einmal mit den Füßen trampeln; /Ri-ta/: zweimal klatschen; /Jes-si-ca/: dreimal auf den Tisch klopfen.

Silben-Zauber

Materialien: ein Signalinstrument, z. B. Handtrommel
Spielform: Kreis

Die Lehrerin schlägt mit der Handtrommel dreimal. Das ist das Zeichen dafür, dass alle Kinder, bei deren Namen man dreimal klatschen kann, verzaubert sind und sich sofort auf den Boden setzen müssen.
Sie können nur dann wieder erlöst werden, wenn alle nicht verzauberten Kinder den Namen eines verzauberten Kindes sprechen und bei jeder Silbe in die Hände klatschen. Damit wird der Zauber gebrochen und das Kind kann zurück auf seinen Stuhl.
Wenn die Handtrommel beim nächsten Spieldurchgang nur einmal schlägt, erwischt es alle Kinder, bei deren Namen man nur einmal klatschen kann.

Silben-Fitness

Materialien: ein Signalinstrument
Spielform: Laufen durch die Turnhalle

In der Turnhalle werden drei Stellen markiert: je eine Stelle für einsilbige, zweisilbige und dreisilbige Namen. Als Symbol können ein, zwei oder drei Bälle an den jeweiligen Platz gelegt werden.
Die Kinder laufen durch die Halle. Bei einem Signal, z. B. mit der Handtrommel, bleiben alle stehen. Die Lehrerin nennt einen Namen aus der Klasse. Jedes Kind soll entscheiden, wie oft man bei diesem Namen klatschen kann und zu dem entsprechenden Platz laufen und dort stehen bleiben. Wenn sich alle Kinder verteilt haben, stellt sich die Lehrerin auch an den richtigen Platz. Gemeinsam wird der Name wiederholt und dabei geklatscht. Dann können wieder alle durch die Halle laufen bis zum nächsten Signal.

Doppelgänger

Rückseite

Vorderseite

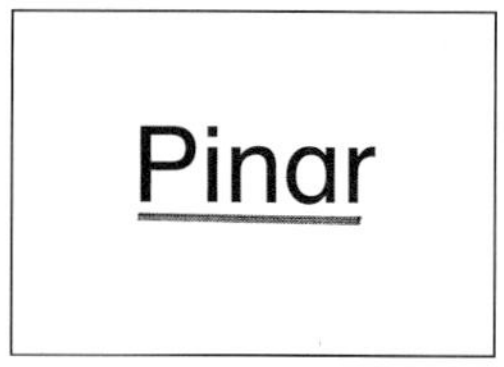

Materialien: Pro Kind zwei Spielkarten (ca. 5 cm x 5 cm) und zwei Kopien von einem Passfoto. Jedes Kind schneidet sein Bild zweimal aus und klebt jedes Bild auf eine Spielkarte (Querformat). Dann malt es einen Hintergrund zu den Fotos.

Zum Spielen ist ein gleichmäßiges Schriftbild bei allen Karten erforderlich, damit die Kinder sich nur an Schriftmerkmalen orientieren. Deshalb übernimmt es die Lehrerin die Rückseiten aller Karten mit dem Namen des jeweiligen Kindes zu beschriften. Außerdem werden die Namen unterstrichen. So sehen die Kinder, wo bei der Karte oben und unten ist.

Mitspieler: 2–4 Kinder

Spielbeschreibung: Die Karten werden mit der Schriftseite nach oben ausgelegt. Ein Spieler beginnt und nimmt zwei Karten auf. Ergeben sie ein Paar (erkennbar an den gleichen Fotos auf der Rückseite) kann er sie behalten und die nächsten beiden Karten aufdecken. Gehören die Karten nicht zusammmen, legt er sie mit der Bildseite nach unten wieder zurück. Dann ist der nächste Spieler an der Reihe.

Autorennen

Materialien: 12 Karten (Vorderseite: Nummernschild, siehe KV 4 Rückseite: verschiedene Autoabbildungen; jede Karte in doppelter Ausführung)

Mitspieler: 2–4 Spieler

Spielbeschreibung: Die Karten werden – mit den Nummernschildern nach oben – in der Mitte ausgelegt. Ein Spieler beginnt und nimmt zwei Karten auf. Hat er zwei gleiche Karten aufgenommen (erkennbar an den identischen Autobildern), kann er sie behalten und die nächsten zwei Karten aufdecken. Ergeben die Karten kein Paar, werden sie mit der Bildseite nach unten zurückgelegt und der nächste Spieler ist an der Reihe.
Spielvorteile haben die Kinder, sie sich an den Schriftzeichen des Nummernschildes orientieren. Da sich die Nummernschilder zum Teil nur geringfügig unterscheiden, müssen die Zeichen sehr genau betrachtet werden.

Laute und Buchstaben

Viele Kinder können schon bei Schulanfang Buchstaben von anderen Zeichen unterscheiden und kennen eine Reihe von Buchstaben mit ihrem Namen.
Die wenigsten haben jedoch eine Vorstellung davon, welche Beziehung zwischen Sprachlauten und Buchstaben besteht. Diese Vorstellung entwickeln die Kinder nicht in wenigen Wochen, sondern im Laufe des Schriftspracherwerbs, z. B. beim Schreiben von Eigentexten mit der Anlauttabelle. Dabei setzen sich die Kinder mit dem Gliedern von Wörtern und der Zuordnung von Lauten und Buchstaben auseinander.
Um mit der Anlauttabelle arbeiten zu können, brauchen die Kinder jedoch Anhaltspunkte dafür, was „Laute" und was „Buchstaben" sind und wie man Laute aus einem Wort heraushören kann.

Augen und Ohren sensibel machen

Bevor mit der Anlauttabelle gearbeitet wird, ist es daher notwendig, den Kindern erste Erfahrungen mit der Analyse von Lauten und Schriftzeichen zu vermitteln, um ihre Ohren und Augen sensibel zu machen für die Merkmale, die für die Schrift von Bedeutung sind. Für viele Kinder ist dabei die Wahrnehmung von Lauten schwieriger als die Unterscheidung von Buchstaben, weil der Klang eines Lautes variieren kann und durch die Laute, die vor oder hinter ihm stehen, beeinflusst wird. Deshalb kann die Unterscheidung von Lauten auch nur an Wörtern und nicht an schriftfremden, akustischen Phänomenen (z. B. Geräuschen) geübt werden.
Darüber hinaus begegnen die Kinder in ihrem Alltagsleben nur selten einer Situation, in der sie sich an Sprachlauten orientieren müssen, während die Orientierung an Zeichen eher vorkommt (z. B. im Fernsehen).

Wichtige Wörter: die Namen der Kinder

Für die Unterscheidung von akustischen und optischen Schriftmerkmalen ist der Inhalt der Wörter im Prinzip unbedeutend. Es fällt jedoch vielen Kindern leichter, sich für die formalen Aspekte von Sprache zu interessieren, wenn die Wörter für sie bedeutsam sind.
Hier bieten sich vor allem die Namen der Kinder an. Sie spielen für die Kinder emotional eine große Rolle und es können viele für die Schrift wichtige Aspekte an ihnen festgestellt werden, z. B.
- Namen können am Anfang gleich oder verschieden klingen
- ein Buchstabe kann mehrmals in einem Namen vorkommen
- ein Buchstabe kann in verschiedenen Namen stehen
- Namen können unterschiedlich lang sein
- manche Namen unterscheiden sich nur durch einen Buchstaben (Christian – Christiane).

Schwierige nicht lautgetreue Namen machen auf Besonderheiten aufmerksam, z. B. klingen zwei Namen am Anfang gleich, fangen aber mit verschiedenen Buchstaben an (Kevin, Carola).

Wörter und Realität

Neben der emotionalen Bedeutung haben die Namen der Kinder der Klasse den Vorteil, dass die Wörter, mit denen gearbeitet wird, nicht über Abbildungen dargestellt werden müssen, sondern real vorhanden und damit sinnlich erfahrbar sind. Das ist gerade am Anfang für die Kinder eine große Lernhilfe, weil die sinnliche Erfahrung für das Gedächtnis mehr Unterstützung anbietet als die Abbildung, die bereits eine Abstraktion der Wirklichkeit darstellt.

Praxis

Praxisbeispiele

Wir-Buch

Idee: Angelika Siegmund

Anlautbilder sammeln

Aus Zeitungen und Prospekten haben die Kinder in den letzten Tagen Bilder von Dingen ausgeschnitten, die genau so anfangen, wie ihr Name. Im Kreis haben sie ihre „Fundsachen" vorgestellt und wir haben genau hingehört, ob das Wort zum Namen passt oder nicht. Jetzt wollen wir aus den vielen Bildern eine Seite gestalten.

Buchstaben sortieren

Ich habe für jedes Kind einen Briefumschlag mit vorgeschnittenen Buchstaben seines Namens mitgebracht. Zunächst sehen sich alle Kinder die Buchstaben in ihrem Briefumschlag an. Ich sage den Kindern, dass sie aus den Buchstaben ein Wort legen können, das sie kennen. Einige Kinder kommen schnell darauf, dass es die Buchstaben für ihren Namen sind. Mit Hilfe seines Namensschildes legt jedes Kind die Buchstaben in der richtigen Reihenfolge hin. Ich gehe durch die Klasse und gebe den Kindern, die ihren Namen fertig gelegt haben, ein Blatt mit vorgezeichnetem Rahmen.
Sie kleben die Buchstaben und ihre gesammelten Anlautbilder dazu. Zum Schluss malt jedes Kind ein Bild von sich in das Kästchen.

Ein Buch herstellen

Alle Seiten werden zusammen mit einem Titelblatt, das wie ein Haus aussieht und auf dem das Wort „WIR" steht, zu einem Buch gebunden.
Das Buch kommt in die Leseecke. Am Ende der 1. Klasse will ich die Kinder bitten, aufzuschreiben, wie sie lesen gelernt haben. Den Text kleben wir dann auf die Rückseite der Namensblätter.

Namensbänder

An der Pinnwand hängt für jedes Kind ein Streifen aus Packpapier (ca. 5 cm × 100 cm) in Greifhöhe der Kinder. Das sind unsere Namensbänder.
(Wer keine Steckwand hat, kann sich mit folgender Lösung behelfen: Auf dicke Pappe schmale Streifen aus Wellpappe aufkleben.)

Namensdinge sammeln

Auf dem Band hängen wir alles auf, was wir über den Namen herausfinden können, z. B.
- kleine Gegenstände, die genauso anfangen wie der Name
- Bilder aus Zeitungen oder Bildkarten, die etwas zeigen, was am Anfang genauso klingt wie der Name
- eine Karte mit Punkten für die Silbenanzahl
- Namensschilder von Kindern, die den Namensanlaut im Wort haben. (Das Namensschild von Tim hängt bei Ines und Murat.)

Spiele mit dem Namensband

Manchmal spielen wir „Ich sehe was, was du nicht siehst!" oder wir spielen „Wer wohnt hier?". Ein Kind benennt die Gegenstände von einem Band und wir nennen den Namen des Kindes.

Buchstabenjagd

Es gibt Tage, an denen alle unkonzentriert sind, oder das Wetter ist zu schön, um drinnen zu sitzen. Wenn ich an solchen Tagen gerade mit einer Kleingruppe arbeite, machen wir eine Buchstabenjagd im Freien, z. B. auf dem Schulhof.

Vorbereitungen

Jedes Kind bekommt eine Buchstabenkarte zu seinem Namensanlaut (oder einen anderen Buchstaben, den es kennt). Dazu einen Klebestreifen (Kreppband), der auf den Handrücken geklebt wird. Damit wird später die Buchstabenkarte befestigt. Außerdem wird ein Treffpunkt verabredet. Dann geht es los.

Gegenstände suchen

Jedes Kind soll einen Gegenstand suchen, der den Buchstaben von der Karte als Anlaut hat, und dort seine Karte anheften. Wer fertig ist, kommt zum Treffpunkt zurück. Spätestens nach 15 Minuten werden alle Kinder mit einer Glocke daran erinnert, zum Treffpunkt zu kommen.

Fundorte vorstellen

Jetzt führt uns jeder zu seinem „Fundort" und stellt uns seine „Beute" vor. Wenn ich einen Fotoapparat dabei habe, fotografiere ich Fundort und Kind. Wenn die Fotos entwickelt sind, bieten sie sich als Schreibanlass an.

Besondere Situationen

Für Kinder, die nichts gefunden haben, suchen wir gemeinsam nach einem Gegenstand. Allerdings sind manche Buchstaben wirklich schwierig, z. B. <Ö> für /Özal/ oder <Y> für /Yvonne/. Diesen Kindern wird gleich am Anfang eine zweite Buchstabenkarte mitgegeben. Sie können sich dann entscheiden, zu welchem Buchstaben sie etwas suchen wollen.

Platzsuche

Materialien: –
Spielform: Kreis

Alle sitzen im Kreis. Ein Stuhl fehlt. Ricardo hat keinen Stuhl. Deshalb stellt er sich in den Kreis. Er stellt sich vor Lisa hin. Alle sprechen im Chor Lisas Namen und klatschen dazu. Um Lisas Platz zu bekommen, muss Ricardo ein Zauberwort nennen. Lisa steht nämlich erst auf, wenn Ricardo ein Wort nennt, das mit dem Anlaut ihres Namens beginnt, z. B. Löwe.
Dann tauschen beide die Plätze und Lisa ist auf Platzsuche.

Königlicher Geburtstag

Materialien: eine Papierkrone
Spielform: Kreis oder übliche Sitzordnung

Ein Buchstabenkönig wird gesucht. Das ist heute Thomas. Er bekommt die Krone auf und sucht sich vier „Minister oder Ministerinnen" als Helfer aus. Der König stellt sich mit seinem Gefolge vor die Klasse und verkündet, dass er Geburtstag hat und sich nur solche Dinge wünscht, die am Anfang klingen wie sein Name. Wer hat eine Idee, was er sich wünschen soll ?
Die Helfer des Königs gehen durch die Klasse und lassen sich von den Kindern Wörter ins Ohr flüstern.
Wird ihnen ein Wort mit /T/ gesagt, wiederholen sie es laut. Der König prüft nach, ob es mit /T/ beginnt und bedankt sich.
Das nächste Mal wird ein anderes Kind Buchstabenkönig oder -königin.

Anlaut-Disco

Materialien: Vier Instrumente, die sich klanglich gut unterscheiden, z. B. Rassel, Trommel, Triangel, Klangstab
Spielform: Kreis oder übliche Sitzordnung

Es werden vier Kinder mit unterschiedlichen Namensanlauten ausgesucht. Jedes Kind bekommt ein Instrument. Die Kinder stellen sich in einer Reihe vor der Klasse auf.
Vor der Klasse stehen z. B. Anna, Mareike, Benni und Pinar. Ein Kind aus der Klasse sagt: „Birne". Bei diesem Wort spielt Benni auf seiner Rassel. Da Benni und Pinar am Anfang sehr ähnlich klingen, müssen die Kinder sehr deutlich sprechen. Ist das zu schwierig für die Kinder, werden andere Namen ausgesucht.
Variation: Die Kinder werden in Gruppen aufgeteilt. Jeder Gruppe wird ein Anlaut und ein Geräusch zugeteilt, z. B. Klatschen, Indianergeheul, Gespenstergeheul, Klopfen. Die Lehrerin nennt Wörter und die jeweilige Gruppe reagiert mit ihrem Geräusch.

Anlautkoffer

Materialien: Buchstabenkarten zu den Anlauten der Kindernamen
Spielform: Kreis

Lisa beginnt: „Ich packe meinen Koffer und nehme einen Lolli mit." Neben ihr sitzt Benni: „Ich packe meinen Koffer und nehme einen Lolli und ein Buch mit ..."
Nacheinander nennt jedes Kind einen Gegenstand, der mit seinem Namensanlaut beginnt. Dabei werden alle vorher genannten wiederholt. Wenn der Kreis groß ist, kann nach der Hälfte der Kinder der Koffer zugemacht und der nächste Koffer gepackt werden. Wenn sich die Kinder die Anlaute ihres Namens anheften, ist das zum einen eine Merkhilfe für die Kinder und zum andern auch eine Übung zur Laut-Buchstabenzuordnung.

Hallo, Partner!

Materialien: Spielplan (KV 1–3), Spielfiguren, Würfel

Mitspieler: 2–3 Spieler

Spielbeschreibung:

Ein Spieler beginnt, würfelt und zieht seinen Setzstein entsprechend vor. Kommt er auf ein Bildfeld, sucht er den Anlautpartner zum Bild aus. Entsprechend der Punktzahl neben dem Anlautpartner, darf der Setzstein vorgerückt werden. Wer den Anlautpartner nicht findet, setzt einmal aus.

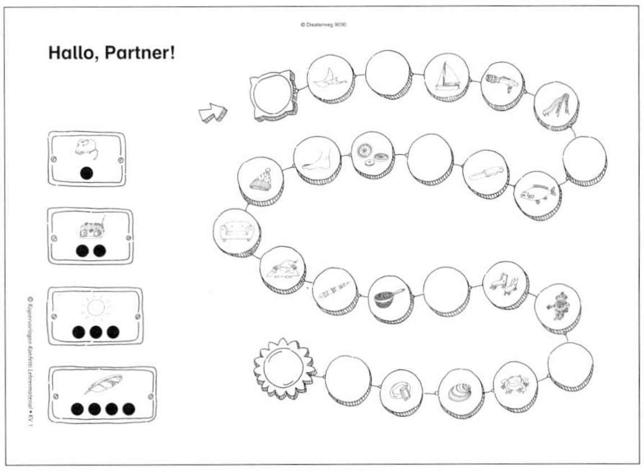

Wer gehört zu mir ?

Materialien: Für jedes Kind wird eine Spielkarte (ca. 8 cm x 5 cm) gebraucht.
Auf der linken Kartenseite das Passfoto (Kopie) eines Kindes aufkleben, auf der rechten Seite ein zum Namensanlaut des Kindes passendes Bild (z. B. Anna/Affe). Für die Abbildungen werden am besten die Begriffe aus der Anlauttabelle (KV 23) genommen.
Jede Karte wird in der Mitte mit unregelmäßigen Schnitten geteilt. Jede Karte wird anders zerschnitten.

Mitspieler: 2–4 Spieler

Spielbeschreibung:

Ein Kind legt die Karten mit den Fotos vor sich hin. Das andere Kind nimmt die Karten mit den Anlautbildern. Anna z. B. legt die Karte von Leon in die Mitte. Ihr Spielpartner sucht die Karte mit dem passenden Anlautbild (Leiter). Durch Zusammenlegen der beiden Karten können sie erkennen, ob sie richtig zugeordnet haben.
Variation: Foto- und Bildkarten werden mit dem Bild nach oben ausgelegt. Ein Spieler gibt einen Tipp ab:
„Zu Anna gehört der Affe." Passen die Karten zusammen, erhält der Tippgeber sie. Dann ist das nächste Kind an der Reihe.

Silben-Börse

Materialien: Spielkarten mit den Fotos von den Kindern (ersatzweise: andere Abbildungen); auf der Rückseite jeder Karte ist die Silbenanzahl des Wortes mit Punkten angegeben; pro Mitspieler: ca 10 Chips (oder Knöpfe)

Mitspieler: 2–4 Spieler

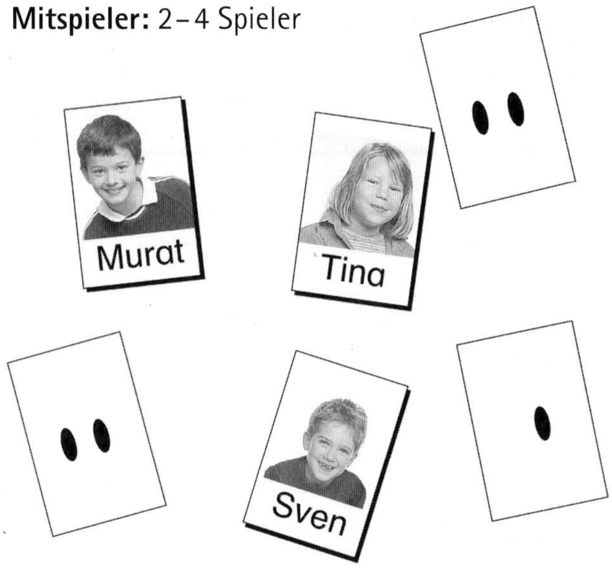

Spielbeschreibung:

Alle Karten mit der Bildseite nach oben auslegen. Ein Spieler beginnt; z. B. Lisa. Sie legt 2 Chips hin. Das bedeutet, dass sie eine Karte mit einem zweisilbigen Namen haben will. Sie nimmt das Bild von Murat und dreht es um. Auf der Rückseite sind zwei Punkte zu sehen. Deshalb darf sie die Chips und die Karte behalten. Benni ist der Nächste. Er setzt zwei Chips und nimmt die Karte mit Svens Bild auf. Das passt nicht zusammen. Er muss seine Chips in die Spielkasse abgeben.
Bei dem Spiel geht es nicht um die Silbentrennung, sondern um das Erfassen der Wortlänge. Deshalb ist es auch in Ordnung, wenn manche Namen anders unterteilt werden, als es orthografisch richtig ist.

Anlaut-Lotto

Materialien: Kopiervorlage 24 links auf Karton kleben, Kopiervorlage 24 rechts auf die Rückseite eines farbigen Bildes (z. B. aus einem Kalender; schön sind Tierbilder) kleben und in Karten zerschneiden.

Mitspieler: 1–2 Spieler

Spielbeschreibung:

Jede Spielkarte wird auf dem Lotto-Feld dem passenden Anlautpartner zugeordnet und mit der Abbildung nach unten abgelegt. Bei richtiger Zuordnung ist wie beim Lotto ein farbiges Bild zu sehen.

Schreibmotorik fördern

Bei dem Konzept für die Konfetti-Materialien schreiben die Kinder von Anfang an eigene Wörter und Texte selbst auf. Dazu müssen die Kinder in der Lage sein, ihre Wahrnehmung und Motorik aufeinander abzustimmen.
Die *wichtigsten Aspekte* sind :
Die Finger können den Stift greifen und führen (*Hand- und Greifmotorik*). Die Wahrnehmungen der Augen können mit den Bewegungen der Hand koordiniert werden (*Auge-Hand-Koordination*).
Bei den Buchstaben kann die Raumlage erfasst werden (*visuelle Raumwahrnehmung*).

Basales Lernen

Grundlage für das Zusammenspiel von Wahrnehmung und Motorik ist nicht das isolierte Üben einzelner Teilaspekte, sondern ein altersgemäß entwickeltes Körperschema, bei dem alle Sinne so zusammenarbeiten, dass sich das Kind in seiner Umgebung orientieren kann. Daher sind alle Übungen zum basalen Lernen (siehe Teil III Kapitel 4) eine direkte oder indirekte Unterstützung für die schreibmotorische Entwicklung.

Malen und Basteln

Malen, Falten, Kneten, Schneiden, Basteln und andere handwerkliche Tätigkeiten trainieren teilweise ähnliche feinmotorische Fertigkeiten wie sie beim Schreiben benötigt werden und sind (besser als Schwungübungen) dazu geeignet, die Feinmotorik zu verfeinern.

Schreiben

Ein großer Teil der zum Schreiben erforderlichen feinmotorischen Geschicklichkeit entwickelt sich beim Schreiben selbst, vorausgesetzt die Kinder müssen sich nicht an bestimmte Lineaturen oder Schreibgeräte anpassen, sondern können umgekehrt ausprobieren, was ihren momentanen Möglichkeiten am besten entspricht. Erfahrungsgemäß bevorzugen viele Kinder am Anfang unliniertes Papier und lernen mit zunehmender Routine und Geschicklichkeit sich an vorgegebene Lineaturen anzupassen.

Visuelle Raumwahrnehmung

Schwierig – weil ungewohnt – ist für einige Kinder die Wahrnehmung der Raumlage bei den Buchstaben. Bisher haben die Kinder gelernt, dass eine Kanne eine Kanne bleibt, egal, ob der Henkel nach links oder rechts zeigt; ein Kamm bleibt ein Kamm, egal ob ihm ein Zinken fehlt oder nicht. Das ist bei den Buchstaben anders. Hier ist auf einmal wichtig, wo oben und unten, rechts und links ist. Einige Buchstaben sind in ihren grafischen Elementen identisch, unterscheiden sich aber durch ihre Raumlage. Durch Drehung der Lage wird aus dem <M> ein <W>, aus dem <n> ein <u>, aus dem <d> ein <b>. Andere Buchstaben unterscheiden sich nur durch einen Strich, z. B. <E> und <F>.

Lernen mit vielen Sinnen

Es hilft den Kindern bei der genauen visuellen Wahrnehmung von Buchstaben, wenn sie die Buchstaben nicht nur schreiben, sondern auch aus vielen verschiedenen Materialien herstellen, ausschneiden, aussortieren und nachspüren. Wer einen Buchstaben aus vielen Stempeln heraussucht, muss bei jedem Buchstaben entscheiden, ob die richtige Form vorliegt oder nicht. Wer einen Buchstaben aus Pfeifenreinigern bastelt, muss überlegen, was typisch für den Buchstaben ist, damit er den Draht in die entsprechende Form biegt. Jedes Material hat andere Eigenschaften, verlangt andere Handgriffe und erfordert damit auch eine neue Sichtweise auf den Buchstaben. Darüber hinaus werden beim Ausprobieren unterschiedlicher Materialien (z. B. Schreiben im Sand, Stempeln, Drucken) die visuellen Wahrnehmungen durch die taktilen Erfahrungen ergänzt und unterstützt.

Schreibgeräte

Zum Schreiben werden weiche Bleistifte oder Buntstifte benutzt. Durch Ausprobieren verschiedener Stiftstärken können die Kinder herausfinden, welcher Stift für sie am günstigsten ist. Manche Kinder halten den Stift sehr verkrampft fest, weil ihre Handmotorik noch nicht ausreichend ausgebildet ist. Ein dreieckiger Bleistift oder eine Schreibhilfe (z. B. eine aufsteckbare Grifffläche oder Kreppband, das um den Stift gewickelt wird) geben den Fingern mehr Halt und entlasten damit die Hand. Der Füller ist in dieser Lernphase noch kein geeignetes Schreibgerät, weil die Kinder zu sehr darauf achten müssen, den richtigen Schreibdruck für die Feder herzustellen. Er wird erst eingeführt, wenn die Kinder die verbundene Schrift erlernt haben.

Schreibhaltung

Die Kinder ermüden nicht so schnell beim Schreiben, wenn sie die Körperhaltung einnehmen, die am wenigsten Energieaufwand von ihnen erfordert. Manche Kinder verspannen sich schnell, wenn sie zu lange in einer Haltung sitzen. Für sie ist es sinnvoll, wenn sie häufiger die Sitzhaltung ändern, z. B. indem sie die Stuhllehne zum Tisch drehen und mit der Stuhllehne ihren Oberkörper abstützen. Günstig ist eine Sitzhaltung, bei der beide Füße nebeneinander auf dem Boden stehen, das Gesäß auf der gesamten Sitzfläche aufliegt und die Arme waagerecht bis kurz vor dem Ellenbogen auf dem Tisch liegen. Voraussetzung dafür sind Tische und Stühle, die auf die Grösse der einzelnen Kinder abgestimmt sind.

Linkshändigkeit

Linkshändige Kinder sitzen am besten so, dass ihre Schreibhand nicht zum rechtshändigen Nachbarn, sondern zur Außenkante eines Tisches zeigt. Dann haben beide Kinder genügend Platz zum Schreiben. Es ist günstig, wenn ihr Heft leicht schräg gelegt wird. Die linke obere Ecke des Blattes ist dabei nach oben gerichtet. Die Finger werden etwa 3 cm über der Schreibspitze aufgelegt. So wird die Schrift nicht durch die Hand verdeckt. Mit einem Zeichen auf dem Bleistift und auf dem Tisch (z. B. ein durchsichtiges Klebeband) können die Kinder an diese Hilfen erinnert werden.

Praxis

Praxisbeispiele

Namensschild

Idee: Regina Friese-Wittmer

Für den ersten Elternabend basteln die Kinder besonders schöne Namensschilder, damit die Eltern wissen, wo ihr Kind sitzt. Gleichzeitig ist es eine Übung, bei der sowohl auf die Wortlänge als auch auf die Buchstabenform geachtet wird.

Vorbereitung

Als Arbeitsmaterial werden Papptabletts (ca. 11 cm × 24 cm) benötigt, wie man sie beim Bäcker oder am Würstchenstand bekommt und Knete in verschiedenen Farben. Für kurze Namen reicht ein Tablett. Für längere Namen müssen zwei Tabletts zusammengeklebt werden. Dafür wird bei beiden Tabletts an einer kurzen Seite der Rand abgeschnitten. Die beschnittenen Seiten werden übereinander gelegt und zusammengeklebt. Mit Bleistift schreibe ich die Namen der Kinder in Großbuchstaben auf die Tabletts vor.

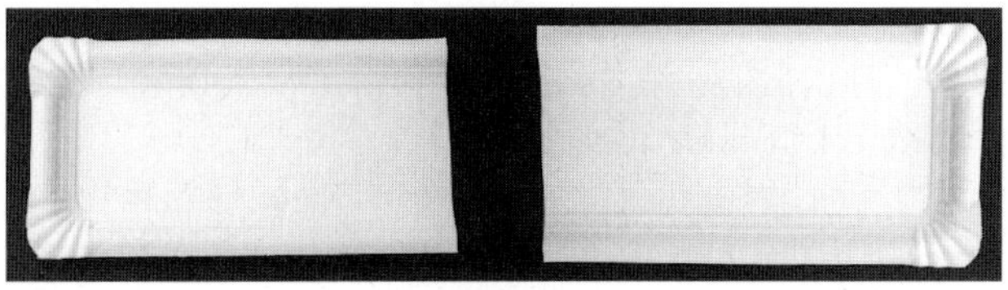

Lange und kurze Namen

Ich spreche mit den Kindern über den Elternabend und darüber, dass die Eltern bestimmt gern wissen möchten, wo sie sitzen. Dafür wollen wir ein Namensschild machen. Ich lege Knete, Papptabletts und ein Beispiel mit meinem Namen in die Kreismitte. Viele Kinder kennen die Arbeitstechnik (aus Knete Würstchen rollen) und können sie erklären bzw. vormachen.
Dann zeige ich die verschiedenen Tabletts. Es gibt lange Tabletts und kurze Tabletts. Wer bekommt welches? Ich nehme ein kurzes und ein langes Tablett, lese die Namen vor, die darauf stehen (z. B. Tim und Franziska) und frage die Kinder, wer welches Tablett bekommt. Wenn die Kinder es nicht selbst herausfinden, sprechen wir gemeinsam jeden Namen und klatschen dabei gleichzeitig zu den Silben.

Buchstaben aus Knete

Anschließend werden die Buchstaben aus Knete gerollt und auf dem Tablett fest angedrückt. Dabei sollen die Buchstaben so groß werden, wie die Vorlage auf dem Tablett. Jeder Buchstabe bekommt eine andere Farbe. Wer fertig ist, bemalt den Wellenrand des Tabletts mit Buntstiften.

Dankesbriefe

Zum Elternabend lege ich die Namensschilder aus. Die Eltern bitte ich, einen kleinen Brief für ihr Kind zu schreiben; Briefpapier und Briefumschläge habe ich mitgebracht. Die Überraschung der Kinder ist groß und ich muss viele Briefe vorlesen. Kinder, deren Eltern nicht da waren, nehmen das Namensschild mit nach Hause.

Rätselhäuser

Schon vor dem Schulanfang habe ich viele Prospekte und Zeitschriften gesammelt, um genügend Material zu haben, aus dem die Kinder Buchstaben ausschneiden können, z. B. für unsere Rätselhäuser.

Buchstabensammlung

Dafür bekommt jedes Kind eine Faltkarte (weißer Karton DIN-A5, in der Mitte gefaltet und in Hausform geschnitten). In Prospekten und Zeitungen sucht jedes Kind nach dem Anfangsbuchstaben seines Namens, schneidet viele davon aus und klebt sie auf die Vorderseite der Klappkarte. Kinder mit Buchstabenverbindungen als Anlaut (z. B. Stephanie) suchen nach der Buchstabenverbindung, nicht nach dem Anfangsbuchstaben. In die Innenseite der Karte wird ein Foto des Kindes geklebt und der Name dazu geschrieben.

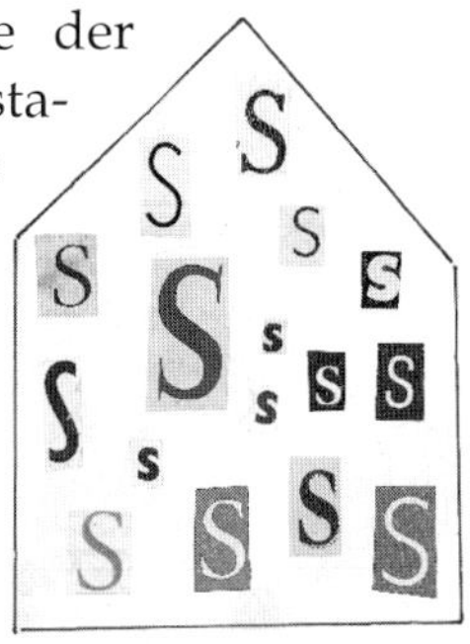

Rätselwand

Nachdem ich die Karten an der Steckwand aufgehängt habe, können die Kinder damit kleine Rätselrunden veranstalten. Ein Kind zeigt auf ein Rätselhaus. Die anderen stellen Vermutungen an, wer da wohl „wohnt". Durch Aufklappen der Karte können sie am Foto erkennen, ob ihre Vermutung richtig ist oder nicht. Vor allem in den Pausen stehen gern einige Kinder davor und testen ihr Rategeschick oder ihre Buchstabenkenntnis.

Stempeltisch

In der Schreibecke stehen bei uns drei Stempelkästen; zwei Kästen haben Einzelstempel, der dritte ist ein Kasten mit Steckstempeln, bei dem die Stempel zu einem Wort zusammengesteckt werden können. Außerdem gehören einige Motivstempel (Tiere und Comicfiguren) zu den Stempelmaterialien.

Tischdecke

Zum Kennenlernen und Ausprobieren der Stempeltechnik (einfärben, aufdrücken; Linienführung) lege ich weißes Makulaturpapier wie eine Tischdecke über den Tisch. Auf diesem Papier können die Kinder malen und stempeln was sie wollen.
Als Anregung schreibe ich ab und zu einen großen Buchstaben mit Filzstift auf, um die Kinder anzuregen, den gleichen Buchstaben dazuzustempeln. Oder ich lege eine Bilderliste hin, auf der die Motivstempel mit den Wortbildern zu sehen sind. Die Kinder suchen sich ein Tier aus und stempeln Motiv und Wort auf die Decke. Manchmal male ich den Umriss eines Gegenstandes auf, z. B. eines Apfels, stemple den Anfangsbuchstaben hinein, und die Kinder füllen den Umriss mit weiteren Buchstaben aus.

Wenn die Fläche, die auf dem Tisch liegt, vollgestempelt ist, wird sie an der einen Seite aufgerollt und dabei die nächste freie Papierfläche auf den

Tisch gezogen. Aus den weggerollten Stempelarbeiten suchen die Kinder die schönsten Stellen aus, schneiden sie aus und kleben sie auf ein Plakat (DIN-A 3) auf. Ist das Plakat voll, wird das nächste Blatt darüber gehängt.

Schreib-Art

Aus verschiedenen Materialien habe ich einzelne Buchstabenkarten (Größe DIN-A 6) hergestellt. Im Morgenkreis stelle ich sie zusammen mit den dazu notwendigen Materialien den Kindern vor und frage sie, ob sie wüssten, wie ich sie gemacht habe. Bei den meisten Beispielen ist die Herstellung den Kindern sofort verständlich. Nur bei dem glitzernden Buchstaben aus Vogelsand muss ich etwas mehr erklären.

Freiarbeit

Die Materialien werden auf das Freiarbeitsregal gestellt. Dazu gibt es farbige Pappen (DIN-A 6), auf denen jeweils ein Großbuchstabe mit Bleistift vorgezeichnet ist. Wer will, kann sich in der Freiarbeit einen Buchstaben aussuchen und mit den Materialien gestalten.

Buchstabenteppich

Die fertigen Buchstaben kleben wir zu einem Teppich zusammen. Das sieht sehr dekorativ aus. Kleiner Tipp: zwischen die Buchstaben immer wieder auch einfarbige Pappen (DIN-A 6) kleben; das macht das Bild ruhiger. Manche Kinder möchten ihre Buchstabenkarte gern mit nach Hause nehmen. Deshalb bitte ich sie, noch eine zweite für unseren Buchstabenteppich zu machen (Beispiele für verschiedene Schreib-Arten siehe „Materialien für die Freiarbeit").

Streichelbuchstaben

Passend zu jedem Namensanlaut in der Klasse habe ich Materialien ausgesucht, mit denen sich ein Buchstabe gestalten lässt, z. B. Watte für <W>. Zunächst bringe ich fünf Materialien mit in den Morgenkreis. Dazu zeige ich ein *Beispiel*: ein aus Watte geklebtes <W>.

Bezug zum Anlaut

Ich sage, dass man aus den anderen Materialien auch Buchstaben „schreiben" kann. Aber es soll ein bestimmter Buchstabe sein. Ich frage Wolf, ob er weiß, warum ich aus der Watte ein <W> gemacht habe. Für ihn ist es leicht, den Bezug zum Anlaut und zu seinem Namen herzustellen.

Tagesplanaufgabe

Danach überlegen wir, welcher Buchstabe und welche Kinder für die anderen Materialien in Frage kommen. Diese Kinder haben heute im Tagesplan die Aufgabe, aus dem Material einen Buchstaben zu „schreiben".

Am nächsten Tag bringe ich für die nächsten fünf Kinder Materialien mit. Alle Materialien auf einmal hätten die Kinder überfordert. Außerdem bleibt so auch die Spannung erhalten.

Nach gut einer Woche hängen alle Buchstaben an der Wand. Sie ergeben nicht nur ein schönes Bild, sondern die Kinder streichen immer wieder gern mit der Hand über die verschiedenen Materialien.

Materialbeispiele: Alufolie, Büroklammern, Bonbonpapier, (getrocknete) Erbsen, Erdnussschalen, Eierschalen, Federn, Fellreste, Goldpapier, Knöpfe, Korken, Konfetti, Moos, Oregano, Perlen, Regenbogenpapier, Reis, Taschentücher, Tesafilm, Tannennadeln, Wolle, Watte etc.

Knetbuchstaben

Materialien: Knete, dicke Pappunterlage

Die Kinder rollen aus der Knete Würstchen und legen daraus Buchstaben auf der Pappe. Anschließend wird die Knete angedrückt. So ein Knetbuchstabe hält ungefähr zwei Wochen. Dann fällt er ab. Das kann verhindert werden, wenn die Knete angeklebt wird.

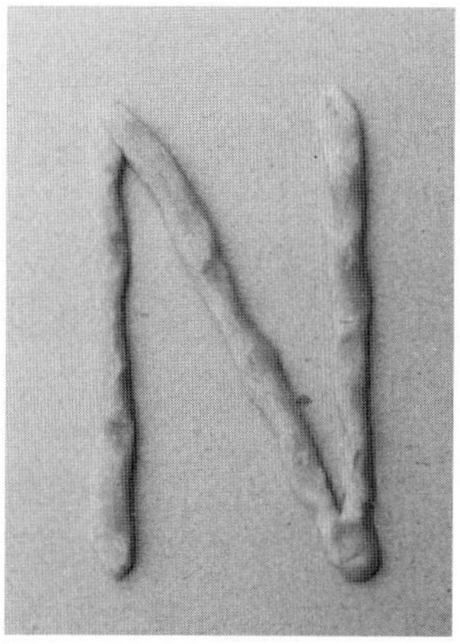

Seidene Buchstaben

Materialien: Seidenpapier, Klebstoff, Pappunterlage

Aus Seidenpapier werden kleine Kügelchen gedreht, die in Buchstabenform aufgeklebt werden.

Buchstabensammlung

Materialien: Prospekte, Zeitungen, Klebstoff, Hohlbuchstabe

Ein Buchstabe wird ausgesucht (z. B. Namensanlaut). Aus den Prospekten und Zeitungen wird der Buchstabe in unterschiedlichen Formen ausgeschnitten und in die Hohlform geklebt.

Variation:
Statt des Hohlbuchstabens wird ein Umrissbild z. B. von einem Tier vorgegeben. Der Anfangsbuchstabe des Tieres wird ausgeschnitten und in den Umriss eingeklebt.

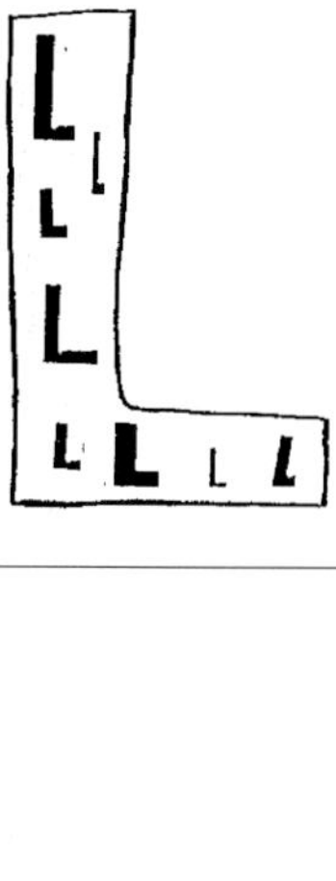

Schnipselbuchstaben

Materialien: eine Vorlage von einem Hohlbuchstaben, Buntpapier, Klebstoff

Aus dem Buntpapier reißen die Kinder kleine Schnipsel und bekleben die Buchstabenform damit.

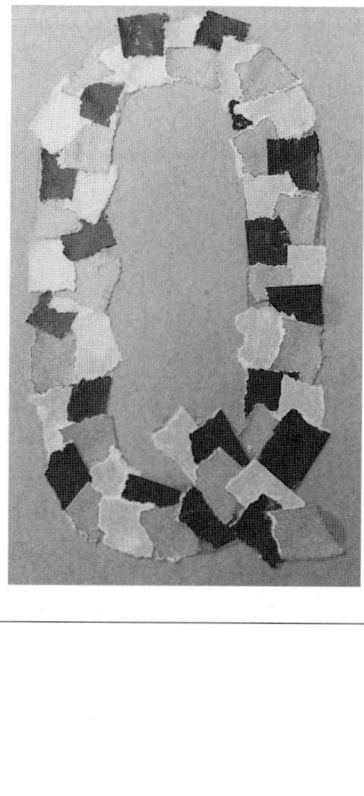

Glitzersand-Buchstaben

Materialien: Vogelsand mit Glitzer gemischt, flüssiger Klebstoff, Pappunterlage, Deckel vom Schuhkarton, Papier

Der Buchstabe wird mit Klebstoff auf die Pappunterlage „geschrieben". Die Pappunterlage wird in den Kartondeckel gelegt, in den vorher ein großes Blatt Papier gelegt wurde. Über den noch flüssigen Klebstoff wird der Vogelsand gestreut. Der überflüssige Sand wird in den Deckel abgeschüttelt. Danach wird der Buchstabe zum Trocknen abgelegt.

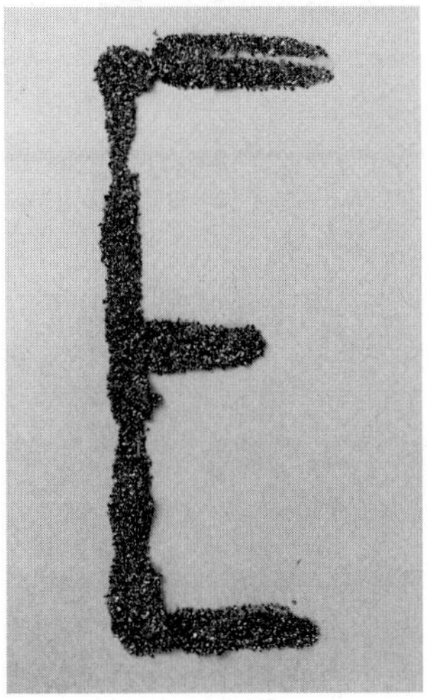

Regenbogen-Buchstaben

Materialien: verschiedene Buntstifte oder Kreiden, Buchstabenvorlage

Der Buchstabe auf der Vorlage wird mit verschiedenen Farben nachgefahren, so dass der Buchstabe wie ein Regenbogen aussieht. Dasselbe kann mit farbigen Kreiden an der Tafel gemacht werden.

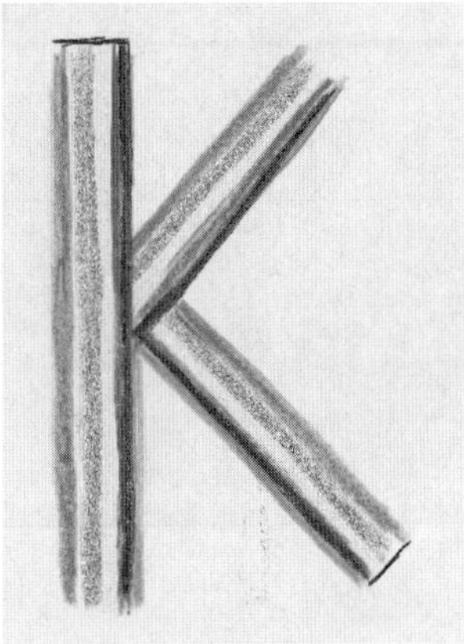

Pfeifenreiniger-Buchstaben

Materialien: Pfeifenreiniger, Klebstoff, Buchstabenvorlage

Die Kinder biegen aus Pfeifenreiniger einen Buchstaben und kleben ihn auf der Unterlage auf.

Klebe-Buchstaben

Materialien: flüssiger Klebstoff, Pappunterlagen

Auf die Pappunterlage wird mit flüssigem Klebstoff ein Buchstabe geschrieben. Der Klebstoff wird so dick aufgetragen, dass sich ein plastischer Buchstabe ergibt.
Buchstaben, die mit dieser Technik hergestellt werden, lassen sich gut als Fühlbuchstaben verwenden.

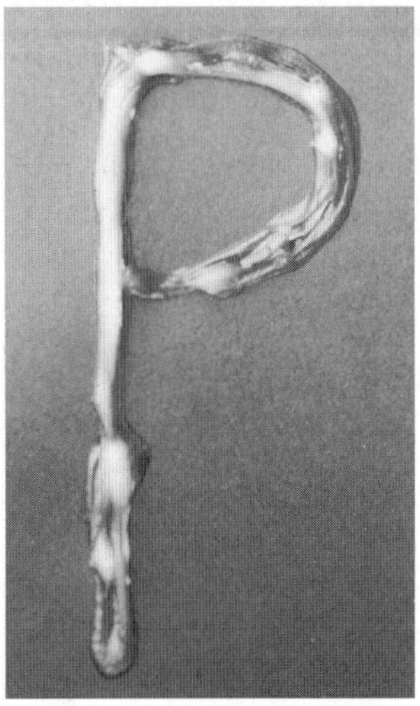

Bunte Buchstaben

Materialien: Strohhalme, Draht, Perlen, Schere (mit der Draht geschnitten werden darf)

Die Kinder ziehen auf Draht Perlen und Strohhalmstückchen auf und biegen dann einen Buchstaben daraus. Der Buchstabe wird auf einer Pappunterlage aufgeklebt.

Zauberkreide

Materialien: eine Tasse Wasser, eine Tasse Zucker, ein bis zwei Packungen farbige Kreide, schwarzes Tonpapier

Der Zucker wird mit dem Wasser verrührt. Die Kreide wird in zwei bis drei kleine Stücke zerbrochen und über Nacht in der Zuckerlösung eingeweicht.
Mit den eingeweichten Kreidestückchen malen die Kinder auf farbigen Karton Buchstaben. Durch den Zucker haftet die Kreide an dem Karton. Dabei ergeben sich besonders leuchtende Farben.

Kernige Buchstaben

Materialien: Körner, Kerne (z. B. Apfel- und Melonenkerne) und Samen, Buchstabenvorlage, Pinzette

Mit der Pinzette nehmen die Kinder Kerne oder Körner aus der Schüssel (feinmotorische Übung) und legen sie auf der Vorlage in Buchstabenform ab. Werden zwei Buchstaben übereinander gezeichnet, muss besonders genau auf die Form geachtet werden.

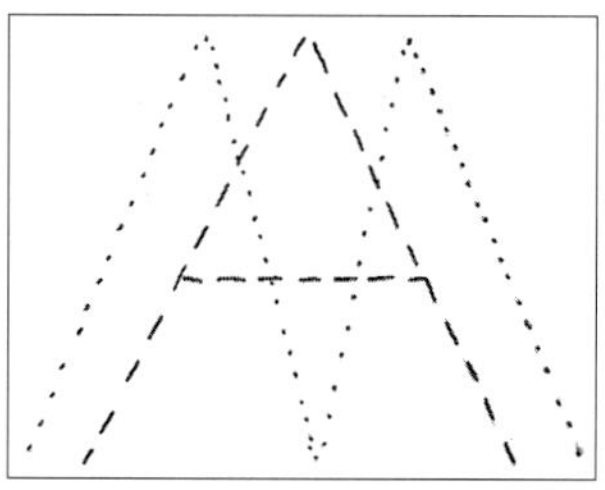

Steckbuchstaben

Materialien: Korkplatte, Reißzwecken oder Pinnwand-Nadeln, Buchstabenvorlage

Die Buchstabenvorlage wird auf das Korkbrett gesteckt. Mit den Reißzwecken oder Nadeln wird die Form nachgesteckt.

Einführung der Tabelle

Nachdem die Kinder im Unterricht einige Erfahrungen mit Lauten und Buchstaben gesammelt haben, lernen sie die Tabelle kennen. Die Tabelle ist in der nächsten Zeit für die Kinder das wichtigste Handwerkszeug zum Schreiben und sollte ihnen entsprechend vorgestellt werden. Auch wenn die Kinder noch nicht erfassen können, welch geniale Erfindung die Zeichenschrift ist, so kommen sie doch ins Staunen bei der Vorstellung, dass alles, was auf der Welt gesagt oder gedacht wird, mit diesen vergleichsweise wenigen Zeichen aufgeschrieben werden kann. So gesehen ist die Tabelle ein richtiger Schatz.

Verbindliche Begriffe

Als erstes sehen sich die Kinder die Tabelle genau an und lernen die Bezeichnungen für die Abbildungen kennen. Durch verschiedene Spiele wird abgesichert, dass alle Kinder die gleichen Bezeichnungen verwenden. Der Lautwert eines Buchstabens kann nämlich nur dann korrekt erschlossen werden, wenn der entsprechende Begriff verwendet wird. Die Kinder müssen z. B. wissen, dass mit der Abbildung bei <Ö/ö> „Ölsardinen" gemeint sind (manche Kinder sagen auch „Ölfische"), und nicht etwa „Fische" oder „Dose". Durch häufige Wiederholungen und Anwendungen beim Spielen prägen sich die Kinder die passenden Begriffe ein.

Funktion der Tabelle kennenlernen

Parallel zum Einprägen der Begriffe wird den Kindern gezeigt, wie sie die Tabelle benutzen können, um Wörter aufzuschreiben: Einfache lautgetreue Wörter werden gemeinsam lautiert und aufgeschrieben. Dabei geht es zunächst noch nicht darum, dass schon viele Wörter geschrieben werden, sondern dass die Kinder an Beispielen die Funktion der Tabelle zum Schreiben kennen lernen.

Aussprache

Es versteht sich von selbst, dass die Buchstaben nicht mit ihrem Namen, sondern mit ihrem Lautwert benannt werden. Beispiel: Der Buchstabe <M> wird /Mmmm/ ausgesprochen und nicht /Em/. Kindern, die von zu Hause die Buchstabennamen kennen, lernen zwischen Buchstabennamen und Buchstabenklang zu unterscheiden: „Schön, dass du schon den Namen des Buchstabens kennst; sicher kannst du uns auch sagen, wie er klingt!"

Groß- und Kleinbuchstabe

Auf der Tabelle steht immer zuerst der Groß- und dann der Kleinbuchstabe. Die Unterscheidung spielt in der jetzigen Phase noch keine wesentliche Rolle. Aber beim Anschreiben von Wörtern kann darauf hingewiesen werden, dass manche Wörter am Anfang den großen Buchstaben haben und alle Buchstaben danach kleingeschrieben werden. Als Beispiele dafür können die Namensschilder der Kinder herangezogen werden. Solche Hinweise bereiten die Kinder auf die Unterscheidung vor. Auf keinen Fall aber kann davon ausgegangen werden, dass die Kinder die Unterscheidung schon durchgehend berücksichtigen. Trotz der Hinweise benutzen die meisten Kinder am Anfang nur Großbuchstaben. In einer späteren Phase mischen sie Groß- und Kleinbuchstaben, auch innerhalb eines Wortes. In der Regel geben sie diese Vermischung mit der Zeit auf, meistens dann, wenn sie lesen können und über die Texte Modelle für die Schreibweise kennen lernen.

Orientierungshilfen

Wahlloses Suchen auf der Tabelle erschwert die Arbeit. Deshalb ist es hilfreich, wenn – zumindest bei der gemeinsamen Arbeit – bestimmte Reihenfolgen und Suchrichtungen eingehalten werden.

Zur Reihenfolge: Wir fangen immer beim gelben (dem ersten) Turm an, dann kommt der blaue (zweite) Turm, dann der rote (dritte) Turm. Soll das Suchfeld eingeschränkt werden, wird einfach nur die Turmfarbe genannt: „Suche im blauen Turm!"

Zur Suchrichtung: Jeder Turm wird in derselben Richtung abgesucht, von oben nach unten. Auch die umgekehrte Richtung von unten nach oben ist möglich. Wichtig ist nur, dass ein einmal gewähltes Prinzip immer beibehalten und nicht gewechselt wird. Solche Regelmäßigkeiten sind für viele Kinder eine große Arbeitshilfe.

Aufbewahrung: Es muss mit den Kindern abgesprochen und eingeübt werden, wie und wo sie die Tabelle aufbewahren. Welche Regelung auch immer getroffen wird, sie muss gewährleisten, dass die Kinder auch in Freiarbeitsphasen leichten Zugang zur Tabelle haben.

Beispiele:

- Die Tabelle wird in einer Prospekthülle in einem Ordner der Kinder, der immer im Klassenraum steht, eingeheftet.
- Auf jedem Tisch wird mit Klarsichtfolie eine Tabelle aufgeklebt.
- In eine Kiste werden so viele Tabellen gestellt, wie Kinder in der Klasse sind. Die Tabellen werden nicht namentlich gekennzeichnet. Wer eine

Tabelle braucht, holt sie sich aus der Kiste und stellt sie nach Gebrauch in die Kiste zurück.
- Für zu Hause bekommen die Kinder eine Kopie mit, damit sie eigene Texte, z. B. Briefe schreiben können.

Praxis

Praxisbeispiele

Von Anfang an ...

Ich hänge die Tabelle gleich am ersten Schultag in der Klasse auf, ohne dass sie erklärt oder schon damit gearbeitet wird. Sie hängt in Augenhöhe der Kinder. Vor der Tabelle ist so viel Platz, dass sich die Kinder davor stellen und sie ansehen können. Meistens dauert es nicht lange bis die Kinder in Gruppen davor stehen, sich die Bilder anschauen und sich über das, was sie sehen, unterhalten. Wenn möglich, benutze ich für Anlautspiele und -übungen schon die Abbildungen aus der Tabelle.
Sobald mit der Tabelle gearbeitet werden soll, ungefähr 3–4 Wochen nach Schulbeginn, bekommt jedes Kind eine kleine Tabelle. Die meisten Kinder erkennen sofort, dass ihre Tabelle genau so aussieht wie die grosse Tabelle an der Wand.

Benennung der Abbildungen

Ich erkläre den Kindern, dass sie alles, was sie denken oder sagen, mit dieser Tabelle aufschreiben können. In den nächsten Tagen werde ich ihnen zeigen, wie das geht. Als Erstes müssen wir uns dafür die Bilder genau ansehen.
Der Reihe nach werden alle Bilder benannt und gezeigt, wobei nur die Ölsardinen und die Dose nicht ganz eindeutig für die Kinder zu erkennen sind. Überrascht bin ich von Leon. Er erklärt, was ein Überholverbot ist. Das hätte ich nicht besser sagen können.

Spiele zur Orientierung

Nachdem alle Begriffe gezeigt, benannt und erklärt worden sind, spielen wir Suchspiele zur Orientierung auf der Tabelle, einerseits um die Begriffe zu festigen, andererseits um das schnelle Auffinden der Bilder zu üben.
In den nächsten Tagen spielen wir jeden Morgen meistens mehrere Suchspiele. Neben den gemeinsamen Spielrunden gibt es für die Freiarbeit das Bingo-Spiel, bei dem ebenfalls das Benennen der Begriffe geübt wird. Dieses Spiel führe ich in der Freiarbeitsphase ein, indem ich mich mit einer kleinen Gruppe hinsetze und spiele. Diese Kinder zeigen später anderen Kindern, wie das Spiel geht. Gibt es bei diesem Schneeballsystem in einer Gruppe Probleme, setze ich mich dazu und spiele noch einmal mit. Aber meistens verstehen die Kinder die Spiel-Erklärungen in ihrer Sprache besser als in meiner. Auch die „Bilderreise" führe ich so ein.

Lautieren eines Wortes

Nach gut einer Woche habe ich den Eindruck, dass alle Kinder sich auf der Tabelle gut zurechtfinden, auch wenn es bei einigen Kindern länger dauert als bei anderen. Aber ich weiß aus Erfahrung, dass mit der Zeit alle Kinder sicherer und schneller werden im Auffinden der Begriffe. Viele Kinder haben schon auf die Buchstaben hingewiesen und die Anlaute benannt. Deshalb kündige ich den Kindern eines Morgens an, dass ich ihnen heute zeigen werde, wie man mit der Tabelle schreibt. Dafür habe ich das Wort „Mama" ausgesucht , weil alle Kinder damit eine Vorstellung verbinden.
Beim Schreiben ist es wichtig, dass man alle Laute gut hört. Am besten hört man sie, wenn man das Wort ganz langsam, wie in Zeitlupe spricht (oder so dehnt, als wäre es ein Kaugummi). Ich spreche vor: „M - a - m - a". Wir sprechen es noch einmal alle zusammen so langsam:
„M - a- m- a". Ich wiederhole den ersten Laut /M/. Jetzt brauchen wir das Wort, das mit /M/ beginnt. Der Buchstabe, der neben diesem Bild steht, das ist das <M>. Wir gehen den ersten Turm durch: „M wie Jacke? Nein! M wie Hut? Nein! M wie Maus." Das passt. Ich schreibe ein <M> an die Tafel. Dann spreche ich den ersten und den zweiten Laut vor: „M - a -". Wir brauchen das /A/. Um die Suche zu erleichtern, sage ich, dass es im zweiten Turm zu finden ist. Mareike hat es sofort: A wie Ameise. Ich schreibe das <A> an die Tafel.
Ich habe mich entschieden, in dieser Phase zunächst nur die Großbuchstaben zu benutzen. Ich denke es wären zu viele Informationen auf einmal, würde ich jetzt beim ersten Lautieren auch noch auf die Unterscheidung von Groß- und Kleinbuchstaben eingehen. Damit beschäftigen wir uns in der nächsten Woche.
Der dritte und vierte Laut sind schnell gefunden: Das /M/ kennen wir schon, das /A/ auch. Damit haben wir unser erstes Wort mit der Tabelle geschrieben. Wir beklatschen uns gegenseitig.
Zum Abschluss malen die Kinder ein Bild von ihrer Mama und schreiben – wer will – darunter das neu gelernte Wort. Morgen schreiben wir das nächste Wort.

Erst die Inhalte klären

Ich habe oft Klassen, in denen auch Kinder mit wenig Deutschkenntnissen sind. In dieser Situation ist mir wichtig, dass die Kinder die Begriffe nicht nur auswendig lernen, sondern auch eine

Vorstellung mit den Begriffen verbinden. Deshalb nehme ich mir für die Einführung der Begriffe viel Zeit.

Nur wenige Wörter auf einmal

Zunächst beschäftigen wir uns nur mit den Wörtern im ersten Turm. Ich bringe reale Gegenstände mit (z. B. Gabel, Hut), Spielzeugtiere (z. B. Maus) oder große Abbildungen (z. B. Sonne). Wir üben die Begriffe ein und zeigen das Bild auf der Tabelle. Ich lege alle Gegenstände und Bilder in die Kreismitte und wir spielen: „Ich sehe was, was du nicht siehst!" Wer weiß, welchen Gegenstand ich meine, holt ihn aus der Mitte und zeigt das Bild auf der Tabelle. Oder wir spielen: Was fehlt? Alle Kinder schließen die Augen. Ich nehme einen Gegenstand heraus. Die Kinder sollen sagen, welchen Gegenstand ich genommen habe.
Erst wenn alle Begriffe vertraut sind, gehe ich auf die Anlaute ein. Ebenso wird der zweite und dritte Turm eingeführt.

Riesentabelle

Sowohl für die Einführung der Tabelle als auch als Arbeitsmittel für die Freiarbeit benutze ich eine selbstgemachte Riesentabelle, bei der die Bilder und Buchstaben abnehmbar sind.

Material für lange Zeit

Die Herstellung dauert schon einige Stunden, aber die Mühe lohnt sich. Das Abnehmen und Anheften der Bilder bzw. Buchstaben hat einen sehr hohen Aufforderungscharakter und im Gegensatz zu anderen mühselig hergestellten Spielen (z. B. Dominos) greifen die Kinder über einen langen Zeitraum gern und ausgiebig auf dieses Material zurück. Dabei ist natürlich vorteilhaft, wenn man den Kindern einige Spielvarianten vorstellt.

Herstellung der Riesentabelle

Für jeden der drei Türme braucht man zunächst eine große, stabile Pappe (ca. 5 mm dick und 120 cm x 80 cm groß). Auf jede Pappe überträgt man nun die Felder und die Form bzw. Farbe des jeweiligen Turmes.
Alle Bilder und Buchstaben werden entsprechend der Felder der Riesentabelle größer kopiert und anschließend laminiert. (Tipp: Bilder des Anlautposters auf weißes Papier kopieren und ausmalen; Großbuchstaben auf rotes und Kleinbuchstaben auf blaues Papier kopieren.)
Zum Schluss bringt man bei allen Bildern bzw. Buchstaben sowie auf den Turmfeldern Klettband an. Ein etwa 4 cm breiter Streifen reicht dafür aus.

Spiele mit der Riesentabelle

Die Kinder sitzen im Halbkreis vor der Tabelle. Einige Bilder (später auch Buchstaben) der Riesentabelle liegen vor den Kindern. Nacheinander werden nun die Bilder bzw. Buchstaben benannt und wieder in die große Tabelle eingefügt.

- Jedes Kind bekommt ein Anlautbild von der Riesentabelle und umschreibt dessen Platz. (Beispiel: Mein Bild findet man im gelben Turm und es beginnt mit /B/). Wird die richtige Lösung genannt, kann das Bild angeheftet werden.
- Jedes Kind bekommt verdeckt ein Bild der Tabelle. Gespielt wird nach den Regeln „Mein rechter Platz ist leer, ich wünsche mir ein /M/ her." Das Kind mit der Maus kommt mit den *Worten:* „Ich komme mit der Maus zu dir."
  Variante: Bevor das Kind auf den rechten Platz kommt, heftet es das Bild mit der Maus an seinen entsprechenden Platz auf der Riesentabelle. So wird jedes Kind einmal auf einen „rechten Platz" gerufen.
- Manchmal nehme ich nach Schulschluss alle Bilder ab. Am nächsten Morgen finden sich immer einige Kinder, die die Tabelle wieder in Ordnung bringen. Sind alle Bilder angebracht, überprüfen wir später im Kreis mit allen Kindern, ob die Bilder an der richtigen Stelle

kleben. Ein Kind „liest" die Begriffe der Tabelle vor, alle anderen vergleichen auf der Riesentabelle.

Tabellen-Rap

Um das Üben der jeweiligen Beziehung Tabellenwort – Anlaut (/R/ wie /Radio/, /S/ wie /Sonne/ etc.) zu erleichtern, lernen die Kinder bei der Einführung der Tabelle auch den Tabellen-Rap kennen. Das rhythmische Sprechen ist leicht zu übernehmen und nach kurzer Zeit behalten die Kinder schon einige der sich reimenden Zeilen (KV).

Strophe für Strophe

Zuerst spreche ich dazu mit den Kindern die 1. Strophe (alle Anlaute und Bilder des gelben Turmes). Gleich zu Anfang achte ich darauf, dass ich mit meiner Stimme die Kinder anstecke und kein monotones Auswendiglernen der Tabelle vermittle. Dabei verfolgen wir auf der großen Tabelle gemeinsam den Ablauf. Nach dem ersten Durchgang verabrede ich mit den Kindern zu den Tabellenwörtern noch kleine Bewegungen oder Zeichen (z. B. pantomimisches Hutabnehmen).

Viele Sinne sind beteiligt

Kinder, die den Text schon besser beherrschen, können nach jedem Laut klatschen oder mit dem Finger schnipsen. So prägt sich die Tabelle über verschiedene Sinne ein. Wichtig ist, dass die Zeilen bzw. die Tabellenwörter mit unterschiedlichem Ausdruck (mal leise oder laut, mal geheimnisvoll oder selbstbewusst) gesprochen werden – in Anlehnung an ihre Bedeutung. Das bringt mehr als nur Abwechslung in den Takt. Auf diese Weise wird Strophe für Strophe gelernt.
In meiner Klasse ist der Rap zum Hit geworden und ich überlege, ob wir ihn nicht bei der nächsten Einschulungsfeier vorspielen sollten.

Tabellen-Rap

J wie Jacke, H wie Hut,
B wie Baum – das geht echt gut,
G wie Gabel, F wie Feder,
R wie Radio – das weiß jeder,
S wie Sonne – ich hab's raus –
D wie Dose, M wie Maus.

Eu wie Eule, Ei wie Eis,
Au wie Auto, ja ich weiß.
Ü wie Überholverbot,
Ölsardinen sind längst tot.
Ä wie Äpfel, U wie Uhr,
O – das ist 'ne heiße Spur.
Ganz zum Schluss, das ist doch klar,
folgen I und E und A.

Ch wie Chinese, L wie Leiter,
Mensch, das geht echt super weiter!
P wie Pinsel, K wie König,
jetzt fehlt mir nur noch ganz wenig.
W wie Wolke, bitte sehr,
Sch wie Schere – gar nicht schwer.
Z wie Zange, T wie Tasse,
N wie Nadel – fertig –

Klasse!

Gesucht wird ...

Materialien: Tabellenposter, schmale Haftstreifen*
Spielform: Kreis oder übliche Sitzordnung

Die Lehrerin beginnt: „Mich findest du im roten Turm, zwei Felder über der Schere. Wer bin ich ?"
Die Kinder suchen das Bild, benennen es. Ein Kind zeigt das Bild auf der Tabelle und markiert es mit einem Haftstreifen.
Nach einigen Beispielen von der Lehrerin können die Kinder die Spielregel übernehmen und selbst Suchaufgaben stellen.
Sobald die Kinder sich auf der Tabelle orientieren können, kann auch ohne Angabe des Turmes gespielt werden. Das ist etwas schwieriger.

* Zur Markierung auf der Tabelle können selbstklebende Haftzettel in Streifen geschnitten oder – falls das Poster an einer Steckwand hängt – dicke Stecknadeln benutzt werden.

Ich sehe was, ...

Materialien: Klassenposter, Haftstreifen*, Bildkarten zur Tabelle
Spielform: Kreis oder übliche Sitzordnung

Die Lehrerin (später ein Kind) zieht eine Bildkarte und sagt: „Ich sehe was, was du nicht siehst, und das ist rot."
Die Kinder suchen den Begriff, ein Kind zeigt ihn am Poster und markiert ihn mit einem Haftstreifen.
Dann wird die nächste Karte gezogen.
Später, wenn die Kinder schon einige Übung im Umgang mit den Anlauten haben, können statt der Farbe auch andere Merkmale angegeben werden, z. B.: „Ich sehe was, das fängt mit /Sch/ an. Was ist das?"

* Zur Markierung auf der Tabelle können selbstklebende Haftzettel in Streifen geschnitten oder – falls das Poster an einer Steckwand hängt – dicke Stecknadeln benutzt werden.

Geheimnisse

Materialien: Tabellenposter, Haftstreifen*
Spielform: Kreis oder übliche Sitzordnung

Die Lehrerin beschreibt einen Begriff von der Tabelle:
„Was ist mein Geheimnis? Es ist spitz und ich brauche es zum Schneiden!" Die Kinder benennen den gesuchten Begriff. Ein Kind zeigt ihn auf der Tabelle und markiert ihn. Nach einigen Beispielen von der Lehrerin können die Kinder auch selber Rätsel stellen.
Variation: Die Lehrerin beschreibt hintereinander z. B. sieben Begriffe aus einem Turm. Die Lösung wird nicht verraten, sondern jedes Kind markiert die erkannten Begriffe auf seiner kleinen Tabelle mit einer Spielfigur (oder einem Chip). Auf welchen Feldern in diesem Turm steht keine Spielfigur?

* Zur Markierung auf der Tabelle können selbstklebende Haftzettel in Streifen geschnitten oder – falls das Poster an einer Steckwand hängt – dicke Stecknadeln benutzt werden.

Versteckte Wörter

Materialien: Tabellenposter
Spielform: Kreis oder übliche Sitzordnung

„Ich erzähle euch eine kleine Geschichte. In der Geschichte haben sich zwei Wörter von der Tabelle versteckt. Wer ein Tabellenwort entdeckt, ruft „Stopp!" (oder verschränkt die Arme, als ein stummes Signal).
Beispiel für eine Geschichte: „Es war einmal eine Frau. Sie hatte Geburtstag. Zum Geburtstag wünschte sie sich einen Hut ... "
Die Tabellenwörter werden auf der Tabelle gezeigt und markiert.
Ist das Spiel bekannt, können auch mehrere Wörter in einer Geschichte versteckt werden. Vielleicht können auch einige Kinder Mini-Geschichten erzählen bzw. angefangene Geschichten fortsetzen.

* Zur Markierung auf der Tabelle können selbstklebende Haftzettel in Streifen geschnitten oder – falls das Poster an einer Steckwand hängt – dicke Stecknadeln benutzt werden.

Hellseher

Materialien: Spielkarten (KV 9–19) zu jedem Bild auf der Kurzversion der Tabelle (Vorderseite Bild, Rückseite Großbuchstabe)

Spielbeschreibung:

Alle Karten werden mit der Buchstabenseite nach oben ausgelegt. Sven beginnt, zeigt auf eine Karte und sagt: „Ich behaupte, auf der Rückseite ist eine Maus!"
Die Karte wird umgedreht und Svens Behauptung bestätigt sich. Deshalb darf er die Karte behalten. Die Karte bleibt mit dem Bild nach oben liegen.
Dann ist Ina an der Reihe. Sie tippt auf eine andere Karte und sagt ebenfalls das Bild voraus.
Dasselbe Spiel kann auch andersherum gespielt werden: Die Karten werden mit den Bildern nach oben ausgelegt und der Buchstabe auf der Rückseite muss vorhergesagt werden.
Variante: Alle Karten werden mit der Buchstabenseite nach oben auf einen Stapel gelegt. Wer als erster sagt, welches Bild auf der Rückseite ist, bekommt die Karte.

Bilderreise

Materialien: Anlauttabelle, Spielfiguren, Würfel

Mitspieler: 2 Spieler

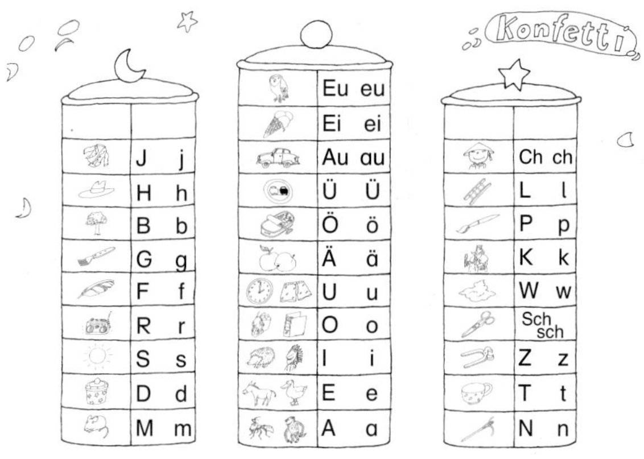

Spielbeschreibung:

Kevin beginnt und würfelt eine Drei.
Er fängt bei der Maus an, zählt drei Felder ab und setzt seine Spielfigur dort ab.
Patrick benennt das Bild und darf als nächster würfeln. Von einem Turm zum anderen darf man nur wechseln, wenn eine Sechs gewürfelt wird.
Variation: Der Spieler würfelt, zieht seine Spielfigur und darf nur dann in der nächsten Runde weiterwürfeln, wenn er zu dem Bild, auf dem seine Spielfigur gerade steht, ein Wort nennen kann, das mit dem gleichen Anlaut anfängt. Sonst muss er einmal mit dem Würfeln aussetzen.

Besuch im Turm

Materialien: Spielplan (KV 25), Würfel, Spielfiguren

Mitspieler: 2–3 Spieler

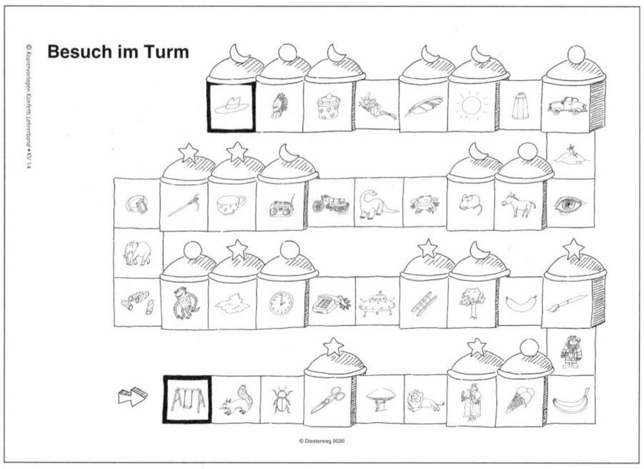

Spielbeschreibung:

Ein Spieler beginnt, würfelt und zieht seinen Stein entsprechend vor. Landet er auf einem Turmfeld, darf er noch einmal würfeln. Kommt er auf ein anderes Bildfeld, sucht er unter den Turmfeldern den Anlautpartner und zieht seinen Stein auf das Turmfeld vor.

Blockade

Materialien: Anlauttabelle, Setzsteine, Würfel, 6–10 Pappstreifen, Chips

Mitspieler: 2–3 Spieler

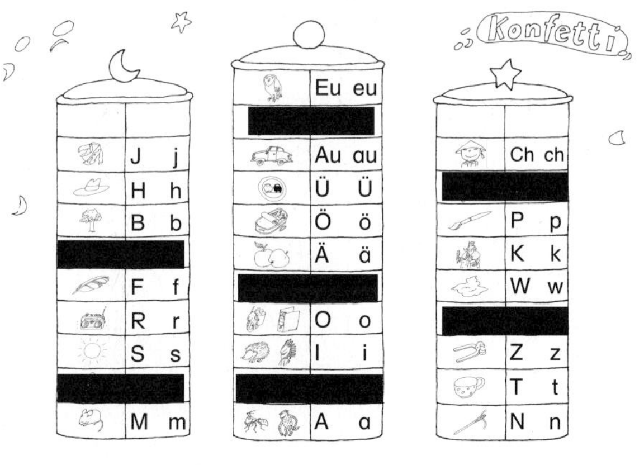

Spielbeschreibung:

Vor Spielbeginn werden mit den Pappstreifen einige Felder auf der Tabelle zugedeckt. Wie viele Felder abgedeckt werden, bestimmen die Spieler selbst. Jeder Spieler erhält so viele Chips (oder Knöpfe) wie Hindernisse eingebaut werden.

Ein Spieler beginnt, würfelt und setzt seinen Spielstein.

Kommt er beim Setzen über ein zugedecktes Feld, kann er seinen Zug nur ausführen, wenn er sagen kann, welche Abbildung sich unter dem Pappstreifen befindet. (Vor dem Spiel wird verabredet, ob man dafür in einer zweiten Tabelle nachsehen darf oder nicht.) Kann er nicht sagen, was unter dem Streifen ist, muss er einen Chip als Zoll zahlen oder warten, bis er eine Sechs gewürfelt hat.

Variation: Wer über eine Blockade gekommen ist, darf sie nehmen und einem anderen Spieler vor die Nase setzen.

Turmbau

Materialien: Kopiervorlage (KV 20–22) auf Karton kopieren und in einzelne Felder zerschneiden. Die Felder für einen Turm in eine Schachtel legen.

Mitspieler: 1–2 Spieler

Spielbeschreibung:

Ein Kind setzt aus den Einzelfeldern den Turm zusammen. Der Partner überprüft mit einer Tabelle, ob die Karten in der richtigen Reihenfolge liegen. Anschließend wird gewechselt. Wenn auf Schnelligkeit gespielt werden soll, kann eine Sanduhr daneben gestellt werden. Wer schafft den Turm zu legen, bevor die Sanduhr durchgelaufen ist?

Gemeinsames Lautieren

Mit dem Kennenlernen der Anlauttabelle durch verschiedene Übungen und Spiele sind die wichtigsten Voraussetzungen dafür geschaffen, dass die Kinder nun mit allen Lauten und Buchstabenzeichen arbeiten können. Im Prinzip können die Kinder jetzt eigene Wörter und kurze Texte selbstständig mit Hilfe der Tabelle lautgetreu aufschreiben. Zu diesem Zeitpunkt können jedoch nur die Kinder, die schon relativ sicher im Umgang mit Schrift sind, so selbstständig arbeiten. Bei den meisten Kindern kann diese Sicherheit noch nicht vorausgesetzt werden, sondern muss erst aufgebaut werden. Diese Kinder brauchen Unterstützung durch Lernsituationen, in denen sie an Beispielen das Lautieren und Zuordnen von Lauten und Buchstaben kennen lernen und üben können.

Zweckmäßige Arbeitsweise

Deshalb ist es notwendig, im Anschluss an die Einführung der Tabelle regelmäßig über eine längere Zeit gemeinsam mit allen Kindern Wörter oder kurze Sätze zu lautieren und aufzuschreiben. Dabei wird den Kindern an verschiedenen Beispielen gezeigt, wie Wörter in Laute gegliedert werden und wie auf der Tabelle der zum Laut passende Buchstabe gefunden werden kann. Es geht bei diesen Übungen jedoch nicht darum, dass die Kinder sich die Schreibweise für die ausgesuchten Wörter einprägen.

Lautgetreue und kurze Wörter

Für das gemeinsame Lautieren werden in der Regel lautgetreue Wörter ausgesucht, d.h. Wörter, bei denen alle Buchstaben akustisch erschlossen werden können. Die Wörter sollten kurz sein, damit die Kinder den Überblick über die Lautfolge behalten und ihre Geduld nicht überstrapaziert wird, denn das Suchen und Abhören der Anlautbilder auf der Tabelle ist am Anfang sehr zeitaufwendig.

Ausnahmen fordern heraus

Wenn es sich aus der Unterrichtssituation heraus ergibt, kann ab und zu auch ein schwieriges, d.h. langes oder nicht lautgetreues Wort lautiert werden. Ein längeres Wort macht die Kinder darauf aufmerksam, dass Wörter unterschiedlich lang sein können. Ein Wort mit orthografischen Besonderheiten, z.B. Doppelkonsonanten, bereitet sie darauf vor, dass Lautieren als Rechtschreibstrategie nicht ausreicht. Wenn ein solches Wort lautiert wird, schreibt die Lehrerin den unhörbaren (stillen) Buchstaben an (z.B. Sonne) und erklärt den Kindern, dass in manchen Wörtern Buchstaben stehen, die man nicht hören kann.

Gespräche über Sprache

Beim Lautieren fallen einigen Kinder manchmal bestimmte sprachliche Eigenheiten bzw. Zusammenhänge auf, z.B. dass das /e/ sehr verschieden klingen kann oder verschluckt wird wie bei Kugel, dass manche Laute sehr ähnlich klingen. Solche Beobachtungen zeigen, dass sich die Kinder mit den formalen Aspekten der Schrift auseinandersetzen.
Es hat jedoch wenig Sinn, die Kinder zu solchen Entdeckungen zu drängen, weil es in dieser Lernphase vor allem darauf ankommt, dass sie solche Merkmale und Besonderheiten selbst entdecken.

Arbeitsritual

Es hat sich in der Praxis bewährt, das gemeinsame Lautieren jeden Tag auf gleiche oder ähnliche Weise zu üben. Die Gewohnheit hilft den Kindern, sich auf die Aufgabe zu konzentrieren. Voraussetzung ist allerdings, dass das Ritual von den Kindern akzeptiert wird. Auffallende Unruhe und fehlende Konzentration können ein Hinweis darauf sein, dass die Kinder über- oder unterfordert sind. Aus dem Lautieren und Aufschreiben darf kein Wettbewerb gemacht werden, weil die Kinder dann mehr auf das Gewinnen als auf das Lautieren achten. Ein Wettbewerb wird es, wenn z.B. gefragt wird: Wer hat als Erster den Buchstaben auf der Tabelle gefunden?
Sinnvoller ist es, die Aufgabe als gemeinsame Herausforderung zu definieren: Mal sehen, ob wir es schaffen, dieses Wort zu schreiben!

Schreibbewegungsablauf

Beim Anschreiben an die Tafel macht die Lehrerin den richtigen Schreibbewegungsablauf vor. Es kann jedoch nicht erwartet werden, dass die Kinder sich diesen Bewegungsablauf sofort einprägen. Die Erfahrung zeigt, dass es kein Problem darstellt, wenn die Kinder zunächst noch eigene Bewegungsabläufe benutzen; bei der Arbeit mit den Konfetti-Heften wird der richtige Bewegungsablauf dann gezielt geübt.

Lautieren mit der Schatzkiste

Wörtersammlung

Wenn es sich anbietet, suche ich zum gemeinsamen Lautieren Wörter aus, die zum Thema passen, das wir gerade im Unterricht behandeln. Ich habe allerdings die Erfahrung gemacht, dass bei manchen Themen die Verbindung nur mühsam herzustellen ist.
Deshalb habe ich eine Kiste mit kleinen Trödel- und Spielzeugsachen zusammengestellt. Die Gegenstände sind so ausgesucht, dass die Wörter kurz und lautgetreu sind. Da die Auswahl an Gegenständen, die diese Kriterien erfüllen, begrenzt ist, wird die Sammlung mit Bildkarten ergänzt. Diese Kiste ist unsere Wörter-Schatzkiste.

Wörterauswahl

Jeden Tag suchen wir aus der Kiste zwei bis drei Dinge aus, die wir gemeinsam lautieren und mit Hilfe der Tabelle an die Tafel schreiben: Alle Kinder schließen die Augen und ein Kind zieht einen Gegenstand aus der Kiste, z. B. einen Dino. Ich spreche das Wort Laut für Laut gedehnt (/D - I - N - O/) vor und die Kinder sollen herausfinden, welcher Gegenstand aus dem Korb gezogen wurde.
Wir benennen den Gegenstand und hören uns danach jeden Laut noch einmal genau an. Zu jedem Laut wird der passende Buchstabe auf der Tabelle von einem Kind gesucht. Ich schreibe den Buchstaben an die Tafel. Ist ein Wort abgehört und aufgeschrieben, wird der nächste Gegenstand oder die nächste Bildkarte aus der Kiste gezogen.

Wörterleine

Sind wir mit dem Lautieren fertig, werden die Gegenstände oder Bildkarten mit Faden und Klammer an einer Leine aufgehängt. So können wir sehen, wie unser Wörterschatz von Tag zu Tag wächst.
Das Aufhängen an der Leine erfordert feinmotorische Geschicklichkeit. Deshalb übergebe ich die Aufgabe zwei oder drei Kindern.

Spielen

Manchmal benutzen wir die Wörter von der Leine für ein Konzentrationsspiel oder Geschichtenspiel.
Wörter – Kim : Zunächst zählen wir alle Gegenstände, die auf der Leine hängen, auf. Dann schließen alle die Augen. Ich nehme einen oder mehrere Gegenstände von der Leine. Die Kinder öffnen die Augen und sollen sagen, was fehlt.
Wenn mehr als zehn Dinge an der Leine hängen, wird das Kim-Spiel zu schwierig, dann benutzen wir die Wörter zum Geschichten erfinden.
Erzählball: Dafür nehme ich drei bis fünf Gegenstände von der Leine, lege sie in den Kreis und beginne z. B.: *Es war einmal ein kleiner Löwe.* – (Der Löwe liegt als Plastiktier im Kreis. Deshalb darf ich ihn mir nehmen.) – *Er wohnte in Afrika und langweilte sich.* – Nach der Einleitung gebe ich einen Ball – den Erzählball – an das Kind, das neben mir sitzt, weiter. Entweder führt es die Geschichte fort oder es gibt den Ball weiter an seinen Nachbarn. Wenn jemand beim Erzählen eines der Wörter benutzt, die im Kreis liegen, holt es sich den Gegenstand aus dem Kreis und wir applaudieren.

Aufschreiben für das Geschichtenbuch

Meine Aufgabe besteht darin, die Geschichten in Stichworten mitzuschreiben. Zu Hause schreibe ich daraus eine Kurzfassung der Geschichte, wobei ich die Wörter von der Wörterleine besonders hervorhebe. Am nächsten Tag lese ich die Geschichte im Morgenkreis vor und übergebe sie einem Kind zum Illustrieren.
Dann wird sie in unser Geschichtenbuch (ein Ringheft, in dem alle Geschichten aus der Klasse gesammelt werden) eingefügt. Es wird nicht mehr lange dauern, dann können die Kinder ihre Geschichten schon selber lesen.

Lautieren mit Robbi

Idee: Regina Friese-Wittmer

Von der letzen ersten Klasse haben wir einen Roboter geschenkt bekommen. Er besteht aus mehreren zusammengeklebten Kartons, die bunt angemalt sind, und ist ungefähr so groß wie ein Kind. In seinem Bauchkasten hat er eine Öffnung, groß genug für eine Hand. Wir nennen ihn Robbi.
Sprechen kann unser Robbi auch, aber nicht so wie die Menschen, sondern nur abgehackt in Lauten. Nie kann er ein ganzes Wort hintereinander sagen. Und er redet nur, wenn in seinem Bauch etwas versteckt ist. Liegt z. B. ein Heft in seinem Bauch, dann hört sich das so an : H-E-F-T. Wer verstanden hat, was er sagt, öffnet die Bauchtür und findet durch Tasten heraus, ob wir Robbi richtig verstanden haben. Dann schreiben wir mit Hilfe der Anlauttabelle an die Tafel, was Robbi gesagt hat.
Robbi hat den Vorteil, dass die Kinder auch in der Freiarbeit oder in Pausen selbstständig Dinge verstecken und lautieren. Außerdem haben wir ihn schon, bevor mit der Anlauttabelle gearbeitet wurde, benutzt, um die Kinder an das Gliedern von Wörtern in Laute zu gewöhnen. Wenn wir ihn noch einmal gründlich renovieren, können wir ihn an die nächste erste Klasse weitergeben.

Lautieren für eine Ausstellung

Bei manchen Unterrichtsthemen wähle ich als Einstieg eine kleine Ausstellung. Die Kinder bekommen die Aufgabe, zu Hause nach Dingen zu suchen, die zum Thema passen, und stellen ihre Fundsachen im Morgenkreis vor, was oft zu interessanten Gesprächen führt.

Der Ausstellungstisch

Anschließend werden die mitgebrachten Dinge auf einem Tisch – dem Ausstellungsstisch – präsentiert, damit die Kinder Gelegenheit haben, sich länger als es im Morgenkreis möglich ist, alles anzusehen.
Wenn es irgendwie geht, beziehe ich das tägliche Lautieren von Wörtern in das Ausstellungsthema mit ein, damit die Kinder Schreiben als eine handlungsbezogene Tätigkeit erleben. Anlass zum Schreiben ist dabei das Beschriften der Ausstellungsstücke mit Schildern. So haben wir z. B. eine Ausstellung über Baumfrüchte und Herbstblätter beschriftet und – nachdem wir einen Obstsalat gemacht hatten – eine Obst-Ausstellung aus Knete.

Die Riechausstellung

Auf besonders großes Interesse stieß die Riechausstellung, die auch von unserer Nachbarklasse besucht wurde. Angefangen hat es mit einer Riechkiste , die ich – gefüllt mit einer herbstlichen Duftmischung – im Morgenkreis vorgestellt habe.

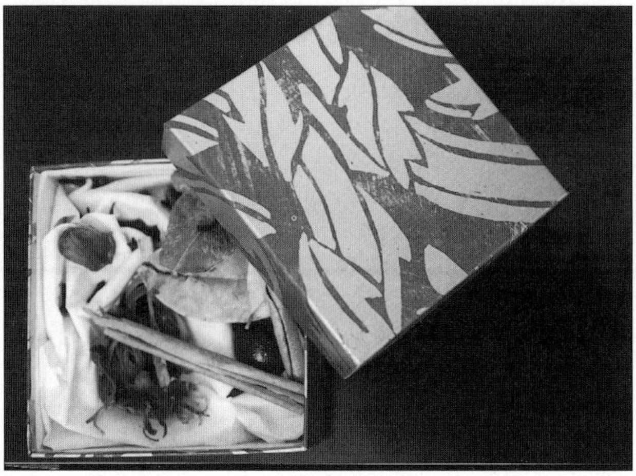

Die Kiste löste ein lebhaftes Gespräch über angenehme und weniger angenehme Gerüche aus. Deshalb schlug ich zum Schluss des Morgenkreises vor, eine Riechausstellung zu machen, für die jedes Kind etwas mitbringen sollte, was gut riecht. Auf unserem Ausstellungstisch sammelten sich Seifen, Waschpulver, Creme, Parfüm, Knoblauch, Zahnpasta, Anis, Zimt, Muskat, Basilikum und viele andere Gewürze.
Ich suchte aus den Ausstellungsgegenständen diejenigen heraus, die lautgetreu geschrieben werden, und gemeinsam lautierten wir jeden Tag zwei bis drei Wörter. Nachdem wir die Wörter lautiert hatten, schrieb ein Kind sie auf vorbereitete Schilder ab. Bei den Düften gibt es erstaunlich viele lautgetreue Wörter, sodass wir die meisten Dinge ohne Probleme beschriften konnten.

Schwierige Wörter

Aber es gab nicht nur einfache, sondern auch nicht lautgetreue Wörter in der Ausstellung. Entweder schrieb ich selbst diese Wörter für die Ausstellungsschilder auf oder benutzte sie, um den Kindern zu zeigen, dass nicht alle Wörter lautgetreu geschrieben werden, z. B. Creme:
Der erste Laut klingt wie das /K/ bei König, aber ich schrieb ein <C> hin. Die Kinder korrigierten mich und ich erklärte ihnen, dass dieses Wort aus der französischen Sprache kommt und deshalb so geschrieben wird. Die folgenden drei Buchstaben lautierten wir gemeinsam.
Für die Kinder war damit das Wort fertig geschrieben, weil kein weiterer Laut zu hören war. Ich sagte den Kindern, dass hier noch ein Buchstabe hinkommt, den man nicht hören kann und schrieb das <e> hin. Ein Kind erkannte sofort: Das ist so, weil es eine andere Sprache ist.

Riechhäuser

Nach gut einer Woche hatten wir alle Ausstellungsstücke beschriftet. Außerdem hatte jedes Kind ein Riechhaus gebastelt:

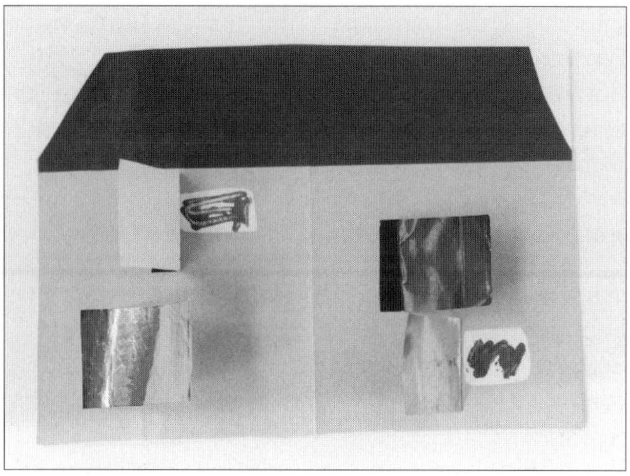

- Auf eine DIN-A4-Seite im Querformat ein Haus malen; ein Beispiel an der Tafel gibt eine Orientierung für die Größe.
- In das Haus mit farbigen Zetteln (aus einem Zettelblock) zwei Fenster kleben; die Zettel nur an einer Seite ankleben, damit man sie aufklappen kann.
- Hinter jedem Fenster mit flüssigem Klebstoff ein Gewürz aufkleben; z. B. Zimt und Oregano.
- Klebstoff trocknen lassen.

- Anschließend Fenster mit einem selbstklebenden Punkt verschließen.
- Rund um das Haus bzw. in das Dach Wörter schreiben, bei denen man an einen schönen Geruch erinnert wird, z. B. Pizza, Kuchen.

Die Riechhäuser wurden am Elternabend auf jeden Platz als Geschenk gelegt. Die Eltern schnüffelten an den Fenstern genauso wie ihre Kinder und bedankten sich bei ihren Kindern mit einem Brief.

Lautieren zu einem Thema

Zum gemeinsamen Lautieren suche ich die Wörter so aus, dass wir an mehreren Tagen zum gleichen Themenbereich arbeiten können.
Zu dem Thema werden nicht nur Wörter lautiert, sondern auch – wenn möglich – Aufgaben im Tagesplan gestellt.
Die Themen ergeben sich möglicherweise aus den Gesprächen im Morgenkreis oder haben einen Bezug zu Unterrichtsthemen aus dem Sachunterricht. Am Anfang wähle ich die Themen aus, später, wenn den Kindern die Arbeitsweise vertraut ist, können sie auch eigene Themen vorschlagen. So wünschte sich Lukas z. B. das Thema „Autos". (Es gibt viele lautgetreue Automarken und -modelle: Opel, Fiat, Honda, Audi, Golf ...)

Tiere

Angefangen haben wir mit dem Thema „Tiere", ein Thema, das die Kinder immer wieder motiviert und das – wie praktisch – auch viele lautgetreue Wörter hat.
Zunächst frage ich die Kinder, welche Tiere sie gern haben bzw. gut kennen. Einige der genannten Tiere eignen sich auch zum Lautieren.
Als erstes Wort wähle ich „Katze". Es ist zwar nicht ganz einfach, aber viele Kinder haben etwas über Katzen erzählt.
Nach dem gemeinsamen Lautieren bespreche ich mit den Kindern den Tagesplan. Dazu gehört an diesem Tag, ein Lieblingstier zu malen (Format DIN-A4 quer).
Wer will, schreibt den Namen des Tieres dazu.
Am nächsten Tag lautieren wir „Löwe" und „Kamel". Nach dem Lautieren und Verschriften zeige ich im Kreis Tierfotos, die ich aus Illustrierten ausgeschnitten habe. Zu Hause sollen die Kinder ebenfalls nach Tierbildern suchen und sie am nächsten Tag mitbringen. Für den Tagesplan gibt es die Aufgabe, einen Löwen, ein Kamel oder ein anderes Tier zu kneten.
Am Tag darauf sehen wir uns zuerst die mitgebrachten Bilder an. Dann werden „Hamster" und „Fisch" lautiert. Aufgabe für den Tagesplan ist es, eines von den mitgebrachten Tierbildern auszusuchen und auf die Rückseite des gemalten Lieblingstieres (siehe oben) zu kleben. Wer will, kann etwas dazu schreiben.
Die Blätter werden mit einem Deckblatt zu einem Buch gebunden. In der Leseecke können sich die Kinder das Buch ansehen.
Am letzten Tag des Themas „Tiere" lautieren wir „Kaninchen". Das ist schwierig, weil es ein so langes Wort ist. Aber alle sind stolz, als wir es geschafft haben.
Für den Tagesplan bekommt jedes Kind ein kleines Faltbuch. Dafür habe ich Tierbilder von verschiedenen Tieren auf ein DIN-A4-Blatt kopiert. Das Blatt falten die Kinder zu einem Buch und malen die Tiere an.

Andere Themen zum Lautieren können sein: Meine Schultasche, Lieblingsessen, Herbst, Spielsachen.

Lautgetreue Wörter

Tiere:

Ameise, Bär, Biber, Dino, Esel, Ente, Elch, Fisch, Frosch, Gans, Hase, Hamster, Igel, Jaguar, Käfer, Känguru, Kater, Lama, Löwe, Maus, Möwe, Papagei, Rabe, Raupe, Schwein, Schaf, Tiger, Wolf, Wal, Wurm, Zebra

Reale Gegenstände oder Mini-Spielzeug:

Auto, Bus, Buch, Bügel, Eichel, Foto, Flasche, Gabel, Heft, Herz, Jojo, Karten, Korken, Kerze, Kugel, Lineal, Lupe, Mikado, Murmel, Muschel, Mütze, Nagel, Perlen, Pilz, Ring, Schal, Schraube, Tüte, Würfel
außerdem viele kleine Stoff- oder Plastiktierchen (siehe Tierliste)

Essen und trinken:

Ananas, Banane, Brot, Brötchen, Ei, Eis, Gurke, Honig, Jogurt, Käse, Kuchen, Limo, Mandarine, Melone, Milch, Müsli, Obst, Rosine, Saft, Salami, Salat, Salz, Torte, Tomate, Trauben, Wurst, Zitrone

Körperteile:

Arm, Auge, Bauch, Bein, Brust, Daumen, Finger, Hals, Hand, Po, Schulter

Gerüche:

Anis, Basilikum, Muskat, Oregano, Parfüm, Rose, Rosmarin, Salbei, Seife, Zimt, Zitrone

Farben:

blau, braun, gelb, grün, lila, rot, rosa, schwarz

Schreibgewohnheiten entwickeln

Beim gemeinsamen Lautieren lernen die Kinder an ausgewählten Wörtern, wie Sprache gegliedert und aufgeschrieben wird. Ergänzend dazu sind Situationen notwendig, in denen die Kinder eigene Texte schreiben, um das Gelernte anwenden und ausprobieren zu können.

Schreiberfahrungen mit eigenen Texten

Beim Schreiben eigener Texte geht es nicht allein um den formalen Übungsaspekt der Wortdurchgliederung. Viel wichtiger ist für die Kinder die Erfahrung, dass das Schreiben für sie persönlich bedeutsam ist, weil sie es dazu benutzen können, ihre Ideen und Gedanken aufzuschreiben und sich anderen mitzuteilen. Ohne diese Erfahrungsmöglichkeit wird das Üben für die Kinder zu einer sinnlosen Tätigkeit.

Entscheidung des Kindes

Am besten können die Kinder das Schreiben auf ihr eigenes Handeln beziehen, wenn es einen für sie erkennbaren Zweck hat, z. B. weil sie den Adressaten kennen, sich etwas zur Erinnerung aufheben oder ein eigenes Buch machen wollen. Das bedeutet nicht, dass Thema und Inhalt vorgegeben werden. *Im Gegenteil:* Was ein Kind aufschreiben will, entscheidet es selbst und nicht die Lehrerin. Ein eigenes Verständnis von der Funktion der Schrift als Möglichkeit eigenen Sprachhandelns können die Kinder nur dann entwickeln, wenn sie die Möglichkeiten der Schrift selbst ausprobieren können und nicht zum Schreiben gezwungen werden.

Ebenso bleibt jedem Kind die Entscheidung überlassen, ob es schreiben will. Ist eine Schreibaufgabe für alle verbindlich, bleibt es den Kindern überlassen, ob sie schreiben oder malen wollen bzw. Schreiben und Malen kombinieren.

Außerdem besteht in dieser Lernphase weiterhin die Möglichkeit, den Text der Lehrerin zu diktieren, die ihn entweder für das Kind aufschreibt oder eine Vorlage schreibt, von der das Kind abschreibt.

Einzel-Gespräche

Bei Kindern, die nur wenig Interesse am Schreiben zeigen und regelmäßig das Schreiben eigener Texte umgehen, ist im Gespräch mit dem Kind zu klären, wo die Gründe liegen. Vielleicht hat es Angst, Fehler zu machen. Vielleicht ist es überfordert und braucht jemanden, der ihm beim Aufschreiben hilft. Oder es hat noch kein Thema gefunden, das es für aufschreibenswert hält.

Möglicherweise stellen sich auch ganz andere Gründe heraus, die nichts mit der Schule zu tun haben. Nur mit dem Kind zusammen kann herausgefunden werden, welche Unterstützung es in dieser Situation braucht, um seinen eigenen Zugang zum Schreiben finden zu können.

Schreibgewohnheiten

Zum Schreiben brauchen die Kinder eine Atmosphäre, die sie zum Schreiben anregt. So eine Atmosphäre entsteht nicht von allein, sondern entwickelt sich dann, wenn das Schreiben der Kinder ernst genommen wird und unterstützende Bedingungen hergestellt werden.

In der Praxis hat es sich bewährt, wenn nicht zu viele verschiedene einzelne Schreibsituationen angeboten, sondern Schreibgewohnheiten entwickelt werden. Regelmäßig wiederkehrende Schreibanlässe oder Schreibzeiten schaffen einen vertrauten Rahmen, an dem sich die Kinder orientieren können, ohne inhaltlich eingeschränkt zu werden. Durch die kontinuierliche Wiederholung ist es den Kindern möglich, auf Vorkenntnisse zurückzugreifen und neue Ideen auszuprobieren.

Abwechslungsreiche Materialien

Bei manchen Kindern entsteht das Interesse am Schreiben vor allem über interessante Schreibmaterialien und Schreibgeräte, z. B. Buntstifte (dicke und dünne Stifte, Regenbogenstift), Stempelkasten, Computer, bunte Papiere, Papiere mit Rahmen. Abwechslungsreiche Materialien regen zum Gestalten und Ausprobieren an. Wenn sie an einen besonderen Platz – z. B. in die Schreibecke – gestellt werden, können sich die Kinder die Materialien selbstständig holen.

Zeit, Geduld und Vertrauen

Wie Kinder auf Schreibangebote reagieren, ist nicht nur von Kind zu Kind unterschiedlich, sondern auch von Klasse zu Klasse. Eine Idee, die in der einen Klasse von den Kindern motiviert angenommen wird, kann in der anderen Klasse ohne jede Resonanz bleiben.

Die Entwicklung von Schreibgewohnheiten und Schreibinteressen braucht Zeit, Geduld und die Bereitschaft der Lehrerin wahrzunehmen, was die Kinder beschäftigt und was sie mitteilen wollen.

Korrekturen

Die Kinder können nicht nach Rechtschreibnormen schreiben, weil sie sie nicht kennen. Korrekturen sind sinnlos, weil die Kinder sie jetzt noch nicht verstehen können.

Stattdessen würde bei den Kindern die Angst, Fehler zu machen, verstärkt und ihre Selbstständigkeit gebremst. Jeder Text bleibt deshalb unkorrigiert stehen. In Situationen, in denen es wichtig ist, dass ein Text nach Rechtschreibregeln geschrieben ist, z. B. wenn ein Buch für ein Publikum veröffentlicht wird, dem diese Leselernmethode fremd ist, kann die Lehrerin in einem Vorwort die Lernsituation der Kinder erklären oder den Text noch einmal rechtschreibrichtig unter den Text des Kindes schreiben. Damit die Kinder die Text-Doppelung verstehen, wird mit ihnen besprochen, dass die Erwachsenen eine andere Schreibweise gewohnt sind und deshalb der Text der Kinder noch einmal in Erwachsenenschrift aufgeschrieben wird. Später, wenn die Kinder lesen können, lernen sie auch so zu schreiben wie die Erwachsenen.

Verdiente Anerkennung

Das Schreiben ist für die Kinder noch eine sehr ungewohnte und anstrengende Tätigkeit. Vieles klappt noch nicht so, wie es sich die Kinder vorstellen. Die Idee im Kopf ist viel klarer als das Ergebnis auf dem Papier. Jedes Kind – egal wie gelungen das Ergebnis seiner Arbeit ist – hat Anerkennung verdient für die Geduld, mit der es sich der Mühe des Schreibens ausgesetzt hat. Damit ist kein undifferenziertes Lob gemeint, sondern eine Würdigung dafür, es versucht zu haben. Das schließt ja nicht aus, dass beim nächsten Mal einige Dinge anders gemacht werden können.
Die Kinder können die Texte, die sie geschrieben haben, nicht lesen. Sie haben bisher nur gelernt, Sprache in Laute zu gliedern und den Lauten Zeichen zuzuordnen. Die Umkehrung dieses Vorgangs – Buchstabenzeichen in Laute umzusetzen – kennen sie noch nicht, sie wird erst durch das Lautieren von Sprache angebahnt. Zum Lesen oder Vorlesen der Texte ist deshalb die Lehrerin erforderlich.

Praxis

Praxisbeispiele

Briefkasten

Bei uns in der Klasse hängt ein Briefkasten, hergestellt aus einem großen Karton, der bemalt und beklebt wurde.

Brief und Antwortbrief

In diesen Briefkasten stecken die Kinder Briefe, die sie an mich schreiben. Am Anfang waren meistens nur Bilder auf den Briefen zu sehen. Das hat sich geändert, nachdem ich erklärt habe, dass ich mich freuen würde, wenn sie mir auch etwas dazu schreiben.
Die Kinder schreiben die Briefe zu Hause oder in der Freiarbeitszeit. Jeder Brief wird von mir mit einem kurzen Text beantwortet. Das muss sein, damit die Motivation zum Schreiben bei den Kindern erhalten bleibt.

Kastenleerung

Zweimal in der Woche (dienstags und freitags) wird der Kasten während des Morgenkreises geleert. Die Briefe an mich und an die Kinder werden verteilt. Da die wenigsten Kinder jetzt schon lesen könne, lese ich ihnen ihre Briefe vor.

In Zukunft

In einigen Monaten, wenn die Kinder schon selbst lesen können, werde ich vorschlagen, dass die Kinder nicht nur mir, sondern auch untereinander Briefe schreiben. Und auch hier gilt dann die Verabredung: Jeder Brief wird beantwortet. So können auch die Kinder, die nicht von allein angeschrieben werden, sich aktiv darum kümmern, Post zu bekommen.

Tagebuch

Zuerst war unser Tagebuch nur ein dickes, leeres Buch. Jetzt ist es schon halb voll und gibt Auskunft über die vielen Dinge, die wir in der Zwischenzeit erlebt haben.

Ein Kind schreibt

Jeden Tag nach dem Morgenkreis wird ein Kind ausgesucht, das etwas in das Tagebuch schreiben möchte. Dabei achte ich darauf, dass jedes Kind einmal an die Reihe kommt.
Was aufgeschrieben wird, bestimmt das Tagebuch-Kind selbst. Es kann z. B. von der Schule, von zu Hause, vom Wochenende oder vom letzten Fernsehfilm berichten.

Schreibhilfe

Ich helfe nur, wenn ich vom Kind darum gebeten werde. Fragt z. B. ein Kind: „Was soll ich schreiben?", lasse ich mir erzählen, was es gestern gemacht hat und schlage ihm vor, davon etwas aufzuschreiben. Werde ich gefragt, wie ein Wort geschrieben wird, lautiere ich es zusammen mit dem Kind.

Gemeinschaftsbuch

Manchmal schreibe ich auch etwas hinein, weil ich es erinnernswert finde, z. B. wenn wir das erste Wort gemeinsam lautiert haben und damit ein neuer Lernabschnitt beginnt. Fotos von wichtigen Ereignissen (z. B. Ausflug oder Fest) werden eingeklebt. Ein Abzug von dem Gedicht, das die Kinder mit viel Mühe gedruckt oder auswendig gelernt haben, kommt ebenfalls ins Tagebuch.
Mittlerweile ist das Tagebuch ein richtiges Gemeinschaftsbuch geworden – selbst Eltern haben schon etwas eingetragen – und beim Durchblättern fallen mir viele kleine Geschichten ein, die ich beinahe schon vergessen hatte.

Fotoalbum

In der Freiarbeit oder bei anderen Gelegenheiten mache ich Fotos von den Kindern bei der Arbeit. Auf dem Elternabend habe ich abgeklärt, dass die Kosten für die Fotos aus der Elternkasse ersetzt werden.

Fotos in der Kiste

Wenn die Fotos fertig sind, werden sie zunächst allen Kindern gezeigt (z. B. im Morgenkreis von Kind zu Kind weitergeben oder in der Kreismitte auslegen). Danach stelle ich sie in eine Kiste zu unserem Klassen-Fotoalbum. Das ist ein DIN-A4-Aktenordner. Wer will kann sich ein Foto nehmen und es für unser Fotoalbum auf eine DIN-A4-Blankoseite aufkleben.
Unsere Absprache ist: Wer ein Foto einklebt, schreibt auch etwas dazu auf, damit wir später noch wissen, wie und wo das Foto gemacht wurde. Außerdem habe ich an einem Beispiel gezeigt, wie schön es aussehen kann, wenn das Foto auch noch einen bunten Rahmen bekommt.

Freiarbeit oder Tagesplan

Das Aufkleben der Fotos ist in der Regel freiwillig und wird in der Freiarbeitszeit erledigt. Es ist eine sehr beliebte Arbeit. Die Kinder kennen die Situation, in der das Bild gemacht wurde und schreiben gern etwas zu dem Foto, auf dem sie selbst zu sehen sind. Manchmal, wenn ich sehr viele Fotos gemacht habe, nehme ich das Aufkleben und Beschriften eines Fotos mit als Aufgabe in den Tagesplan.

Elternmitarbeit

Übrigens: Wer nicht gern selbst fotografiert, kann auf einem Elternabend nachfragen, ob nicht ab und zu Eltern Zeit haben, zum Fotografieren in die Schule zu kommen.

Geburtstagsbuch

Wenn ein Kind in der Schulzeit Geburtstag hat, bekommt es ein Buch geschenkt, zu dem alle Kinder aus der Klasse eine Seite hergestellt haben.

Gute Wünsche

Während bisher die Geburtstagsseiten hauptsächlich gemalt wurden, überlegen wir jetzt gemeinsam, was wir dem Kind wünschen können, z. B.: Glück, gute Laune, gutes Wetter, viel Freude, viele Freunde, wenig Ärger. Dabei nenne ich auch solche Dinge, die speziell zum Geburtstagskind passen, z. B. gutes Wetter zum Radfahren für Daniela, die gern Rad fährt; einen Stuhl, der niemals umkippt für Timi, der gern mit dem Stuhl kippelt.

Erwachsenenschrift

Nachdem wir verschiedene Wünsche mündlich gesammelt haben, gestaltet jedes Kind seine Seite. Wenn jemand etwas aufgeschrieben hat, schreibe ich es in – Erwachsenenschrift – noch einmal darunter, weil das Geburtstagsbuch bestimmt auch von Erwachsenen angesehen wird, die ganz anders lesen gelernt haben.

Die Idee mit dem Mini-Umschlag

Besonders beliebt sind die Seiten, bei denen im Bild ein Mini-Briefumschlag klebt und im Briefumschlag ein Zettel mit einer Botschaft liegt. Die Idee kam von Irina. Sie hatte im Hort gelernt, wie man so einen Umschlag faltet und für Timi ins Geburtstagsbuch geklebt. Nachdem sie uns gezeigt hat, wie man das macht, nehmen mehrere Kinder diese Idee auf.

Geschichtenzeit

Einmal in der Woche ist bei uns Geschichtenzeit und zwar immer zur gleichen Zeit, mittwochs in der dritten Stunde. Es ist sehr unterschiedlich, was wir in dieser Stunde machen. Mal lese ich eine Geschichte vor und wir spielen die Geschichte mit Stabfiguren nach. Mal bringe ich eine Geschichte mit, zu der man viele Geräusche machen kann oder zu der es sich gut malen läßt.

Das leere Buch

Nachdem die Kinder gelernt haben mit der Anlauttabelle umzugehen, bringe ich ab und zu ein leeres Buch mit, für das wir uns Geschichten ausdenken. Ein Kind hatte im Morgenkreis über Dinosaurier erzählt und die Kinder waren auf dieses Thema begeistert eingegangen. Deshalb hatten beim ersten leeren Buch, das ich mitbrachte, alle Seiten die Form eines Dinosauriers. Sofort war klar, da gehören Dinogeschichten hinein. Zuerst haben einige Kinder die Geschichten erzählt, die sie schon kannten. Dann haben wir zusammen überlegt, was wir für eine Geschichte erfinden könnten, z. B.: Gibt es eine Dino-Schule? Und was passiert da?

Dino-Geschichten

Nachdem wir verschiedene Ideen gesammelt haben, bekommt jedes Kind ein leeres Blatt aus dem Dino-Buch und malt seine Idee auf. Einige Kinder schreiben auch dazu, andere diktieren mir ihre Geschichte.
Alle Geschichten werden vorgestellt und anschließend mit einigen leeren Seiten und einem Deckblatt zum Buch gebunden. Das Buch kommt in unsere Schreibecke.

Dino-Schablone

Wer will, kann jederzeit eine weitere Dino-Geschichte hinzufügen. Dafür wurden die leeren Blätter eingeheftet. Oder man macht sich ein eigenes Dino-Buch, denn die Schablone für die Dino-Seite liegt auch in der Schreibecke.

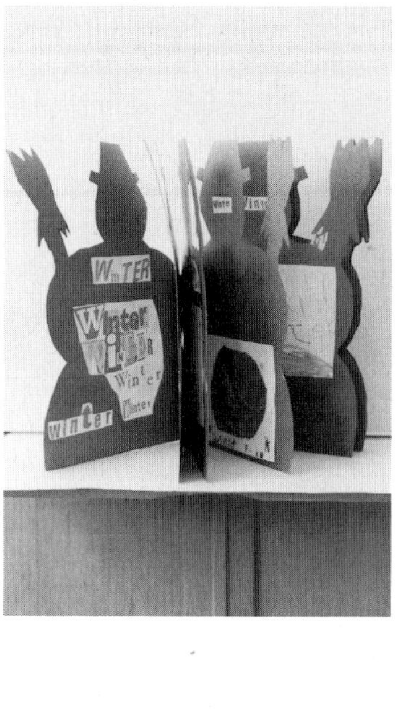

Einführung der Konfetti-Hefte und der Konfetti-Kartei

Wenn die Kinder durch das Schreiben eigener Wörter und Texte im Gebrauch der Anlauttabelle zunehmend sicherer geworden sind, ist das gemeinsame Lautieren mit allen Kindern nicht mehr notwendig und es kann mit der Arbeit im Konfetti-Heft 1 und der Konfetti-Kartei begonnen werden.

Zeitpunkt

Es hängt von der Situation der jeweiligen Klasse ab, wann mit der Arbeit im Konfetti-Heft begonnen werden kann; ein verbindlicher Zeitpunkt dafür kann nicht angegeben werden.
Entscheidend ist die Einschätzung der Lehrerin, wann die meisten Kinder in der Lage sind, mit den neuen Aufgaben und der veränderten Arbeitsform umgehen zu können.
Bei den Klassen, in denen die Konfetti-Materialien erprobt wurden, wurde das erste Konfetti-Heft nach den Herbstferien vorgestellt.

Inhalte

Im Mittelpunkt der Übungen im Konfetti-Heft stehen weiterhin das kontinuierliche Lautieren und Verschriften von Wörtern. Anders als beim gemeinsamen Lautieren kann sich jetzt jedes Kind die Wörter selbst auswählen. Erzählbilder regen dazu an, über einzelne Wörter hinaus auch längere Texte zu schreiben.
Als Ergänzung zum Durchgliedern von Wörtern gibt es Aufgaben, bei denen sich die Kinder mit der Lautierung und dem Schreibbewegungsablauf einzelner Buchstaben beschäftigen. Außerdem gibt es Übungen, bei denen Feinmotorik und allgemeine Wahrnehmung (z. B. Erkennen von Vordergrund/Hintergrund, Wahrnehmen von Unterschieden) geübt werden.

Materialien

Für die Arbeit im Konfetti-Heft sind folgende Materialien aus der Konfetti-Kartei erforderlich:
- Schreibrichtungskarten
- Bildkarten
- Lautierkarten

Gemeinsamer Anfang

Bevor die Kinder ihr Übungsprogramm individuell gestalten, werden zwei oder drei Sequenzen gemeinsam mit allen Kindern bearbeitet. Dabei lernen die Kinder die Aufgabenstellung und den Umgang mit den Materialien kennen.

Praxis

Praxisbeispiele

Vorbemerkung: Das folgende Praxisbeispiel bezieht sich auf die Buchstaben <O>, <S> und <G>. Es ist aber genauso gut möglich, mit drei anderen Buchstaben in die Arbeit mit dem Konfetti-Heft einzuführen.

Eine Woche für das <O>

1. Tag: Den Buchstaben hören

Ich erkläre den Kindern, dass das Aufschreiben von Wörtern noch einfacher geht, wenn man die einzelnen Buchstaben gut kennt. Deshalb werden wir in der nächsten Zeit jeden Buchstaben „erforschen". Ich lege folgende Dinge in den Kreis: ein Auto (aus der Spielzeugkiste), eine Rose (aus Stoff) und ein Osterei (aus Pappe). Die Gegenstände werden benannt. Wer hört den Laut heraus, der in jedem Wort vorkommt? Jeder Vorschlag von den Kindern wird durch Lautieren nachgeprüft und bald ist das /o/ gefunden. Dann spielen wir das „Ja-Nein"-Spiel (siehe Spiele-Liste)

Symbole für die Lautstellung

Nach diesem Spiel, das auch für etwas Bewegung gesorgt hat, komme ich auf die drei Gegenstände zurück, um die Arbeit mit den Lautierkarten und den dazu gehörenden Symbolen bzw. Symbolfarben vorzubereiten.

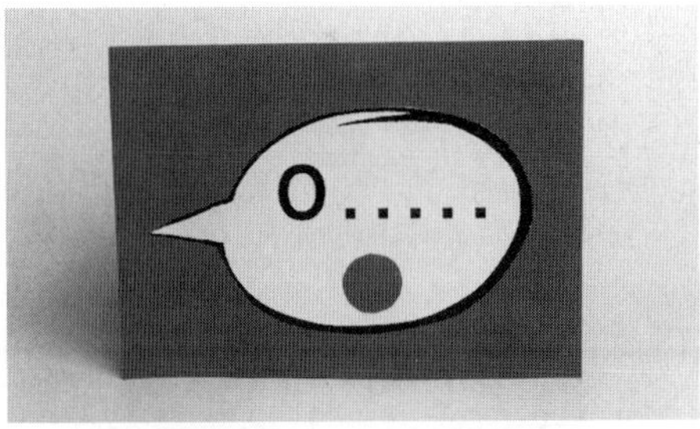

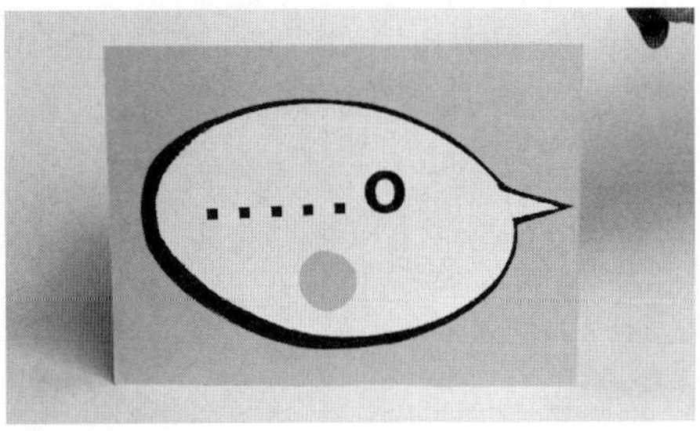

Dafür habe ich die Sprechblasen von der Lautierkarte für das /o /auf DIN-A4 vergrößert und auf Karton geklebt. In jeder Sprechblase klebt ein großer Farbpunkt. Die Farbe entspricht den Farbpunkten auf der Lautierkarte (z. B. rot für Anlaut, blau für Inlaut, gelb für Auslaut).
Bei welchem Wort ist das /o/ am Anfang zu hören? Dem Symbol mit dem roten Punkt für den Laut am Anfang des Wortes wird das Osterei zugeordnet. Die Rose wird auf das blaue Symbol gelegt, weil das /o/ im Wort zu hören ist und das Auto mit dem /o/ am Wortende bekommt das gelbe Symbol.

Buchstabenausstellung
Ich stelle die Symbolkarten auf unserem Ausstellungstisch in drei Setzleisten auf und lege die drei Gegenstände dazu.
Das ist der Anfang einer Ausstellung für den Buchstaben <O>.
Als Hausaufgabe soll jedes Kind nach einem Gegenstand suchen, den es für unsere Ausstellung mitbringen darf. Wer nichts findet, malt ein Bild zu einem Wort, bei dem das /o/ zu hören ist.
Aber Philipp wartet nicht bis morgen. In der Pause zeigt er mir den Locher und fragt, ob er ihn in die „O-Ausstellung" stellen kann.

2.Tag: Rot-blau-gelb

Am nächsten Tag sehen wir uns als Erstes im Kreis die mitgebrachten Dinge an: Zitrone, Block, Frosch, Dino, Jojo, Puppenhose, Kochlöffel, Ufo, Krokodil, Astronaut und vieles mehr.
Alle Dinge werden benannt, abgehört und in der „O-Ausstellung" bei dem entsprechenden Symbol für die Lautstellung hingestellt. Um die Farben noch deutlicher hervorzuheben, habe ich passend zu den Farben der Symbole rotes, blaues und gelbes Krepp-Papier auf dem Tisch ausgelegt.
An unserer Ausstellung läßt sich ein erstes „Forschungsergebnis" ablesen: Wir haben viele Wörter mit /o/ im Wort und wenige mit /o / am Anfang oder Ende.
Die Tüte mit dem Oregano-Gewürz, dessen Geruch allen von der Pizza bekannt ist, ist ein besonders ungewöhnliches Wort. Wir teilen den Inhalt der Tüte auf, denn das Wort passt sowohl zum Anlaut- als auch zum Auslautsymbol.

Mundbewegung
Ich greife zwei Dinge aus der Ausstellung heraus: „Frosch" und „Zitrone" und fordere die Kinder auf, das Wort übertrieben langsam zu sprechen und dabei auf ihren Mund oder auf den des Nachbarns zu achten. Das /o/ kann ganz unterschiedlich klingen und auch der Mund bewegt sich beim /o/ in „Frosch" ein bisschen anders als beim /o/ in „Zitrone".
Deshalb sind auf der Anlauttabelle auch zwei Bilder zum <o> abgebildet. Zum Schluss spielen wir „Buchstaben-Orchester" (siehe Spieleliste).

3.Tag: Den Buchstaben schreiben

Einige Kinder haben noch weitere Gegenstände für die Buchstabenausstellung mitgebracht. Wir hören sie im Kreis ab, achten auf unsere Mundstellung und ordnen sie in die Ausstellung ein.

Schreibbewegungsablauf
Zu unserem „Forschervorhaben" gehört auch, herauszufinden, wie der Buchstabe richtig geschrieben wird. Deshalb habe ich das große und das kleine <o> mit Richtungspfeilen an die Tafel gemalt. Ein Kind geht nach vorn und schreibt das große <O> mit farbiger Kreide nach; alle Kinder schreiben in der Luft nach. Ein zweites Kind schreibt mit einer anderen Farbe das kleine <o> an der Tafel nach; alle anderen schreiben ihrem Nachbarn das <o> in die Hand.

Ich klappe die Tafel auf. Hier habe ich entsprechend der Heft-Lineatur Linien vorgezeichnet. In einer Zeile steht das große <O>, in einer zweiten Zeile das kleine <o>. Die Kinder äußern sich zu den Unterschieden. Zwei Kinder machen vor, wie man das /o/ in Linien schreibt.

Konfetti-Heft 1
Jetzt können wir mit der Arbeit im Konfetti-Heft anfangen. Dafür teile ich die Hefte aus. Zunächst blättern alle ihr Heft durch und zeigen sich gegenseitig, was ihnen auffällt. Wenn die Gespräche untereinander weniger werden, lasse ich einige Kinder erzählen, was ihnen am Heft gefällt oder auch nicht. Und wir sehen uns an, wo der Name hingeschrieben wird.

Die erste Seite
Danach erkläre ich die Arbeit für die erste Seite. Oben in den Kreis wird der Buchstabe geschrieben, an dem wir gerade arbeiten: <Oo>.

In den ersten beiden Zeilen wird das große <O> geübt, dann kommen zwei Zeilen für das kleine <o>. Wer nicht in die Zeilen schreiben will, kann auch auf dem Platz zwischen den Zeilen üben.

Die Kinder gehen an ihre Plätze, schreiben zunächst ihre Namen auf das Heft und beginnen mit der Arbeit. Während der Arbeit gehe ich zu den Kindern, bei denen ich vermute, dass sie mit den Linien Schwierigkeiten haben. Entweder zeige ich ihnen noch einmal, wie der Buchstabe in die Linien geschrieben wird oder lasse sie in die unlinierten Zwischenräume schreiben. In der Regel können die Kinder jedoch gut mit den Linien umgehen, weil ihre Feinmotorik schon durch das Schreiben eigener Texte geübt ist.

4. Tag: Wörter lautieren und verschriften

Es macht allen Spaß zu sehen, wie unsere Ausstellung immer umfangreicher wird. Alle mitgebrachten Dinge werden vorgestellt, abgehört und in die Ausstellung eingeordnet.

Wörtersammlung
Danach erkläre ich die Aufgabe für die zweite Heftseite: Schreibe mindestens drei Wörter auf, in denen ein /o/ zu hören ist! Male ein Bild dazu! Wem kein Wort einfällt, findet sicher etwas in der Ausstellung.

Wer fertig ist, kann – wenn die Geduld noch reicht – den Rahmen auf der Seite zu Ende malen. Ich erinnere noch einmal an unsere Arbeitsregel:
Wer eine Frage hat, legt seine Namenkarte auf meinen Schreibtisch! Ich komme dann zu ihm.

In der Sportstunde spielen wir „Eins, zwei oder drei?" (siehe Spiele-Liste).

5. Tag: Ausklang

Wir spielen: „Laute Laute" (siehe Spieleliste). Nach dem Spiel fasse ich noch einmal zusammen, was wir über das <O> herausgefunden haben: Wie man es schreibt, dass es unterschiedlich klingen kann, dass es oft im Wort steht. Habe ich etwas vergessen? Lena erinnert daran, dass es auch zweimal im Wort stehen kann, z. B. bei „Oregano" oder „Foto".

Malseite
Aufgabe ist heute: Die Seite, die noch nicht fertig ist, zu Ende zu machen. Wer alles fertig hat, kann die Malseite bearbeiten. Ich zeige die Malseite und erkläre, was herausgefunden werden soll.
Wer damit fertig ist, malt auf der Rückseite des Konfetti-Heftes das <O> aus, damit alle sehen können, dass dieser Buchstabe bearbeitet ist, und legt mir sein Heft auf den Schreibtisch.
Am Schluss des Schultages lösen wir die Ausstellung auf, damit die Kinder alles wieder mit nach Hause nehmen können.

Eine Woche für das <S>

Die Woche für das <S> verläuft ähnlich wie die Woche für das <O>.

Lautierkarten
Eine Sache kommt in dieser Woche neu hinzu: die Lautierkarten. Da die Kinder bisher noch nicht damit gearbeitet haben (in der Parallelklasse arbeiten die Kinder schon lange damit in der Freiarbeit), stelle ich die Arbeitsweise im Kreis vor.
Ich suche drei Kinder aus. Sie setzen sich in einer Reihe nebeneinander hin. Jedes Kind bekommt eine Symbolkarte für die Lautstellung (An-In-Auslaut) und dazu Miniklammern in der passenden Symbolfarbe (rot, blau oder gelb).

Wo klingt das <s>?
Aufgabe für die Kinder ist: Finde heraus, wo das /s/ klingt: am Anfang, im Wort oder am Ende? Ich lese ein Wort von der Lautierkarte vor („Rose"). Wo klingt das /s/? Am Anfang, im Wort oder am Ende des Wortes?

Welche Farbe passt zum Wort?
Und welche Klammer bekommt das Wort? Eine rote Klammer vom Kind mit der Anlautkarte, eine blaue vom Kind mit der Inlautkarte oder eine gelbe Klammer vom Kind mit der Auslautkarte?
Ich rufe ein Kind auf, es wählt eine Klammerfarbe aus, begründet seine Auswahl, holt die Klammer

bei dem entsprechenden Kind ab und steckt sie an das Bild.

Prüfverfahren
Dann nennt es den nächsten Begriff von der Karte und ein anderes Kind sucht die Klammerfarbe aus. Sind alle Wörter markiert, wird die Karte wiederum weitergegeben und dieses Kind überprüft auf der Rückseite anhand der Farbpunkte, ob alle Wörter die richtige Klammerfarbe haben.
Das probieren wir noch einmal an der Lautierkarte für das <o>, damit jedes Kind einmal an die Reihe kommt. Anschließend stelle ich alle Lautierkarten aus der Kartei zu den Materialien für die Freiarbeit.

Eine Woche für das <G>

Als letzten gemeinsamen Buchstaben erforschen wir das <G>, ein schwieriger Buchstabe, weil er viel schwerer zu hören ist als z. B. das <S>. An diesem Buchstaben können die Kinder am Beispiel des <g> auch das Schreiben von Unterlängen kennen lernen.
Neu in dieser Woche sind die Schreibrichtungskarten und die Bildkarten.

Bildkarten
Diese Woche beginne ich nicht mit der Einrichtung einer Buchstabenausstellung. Stattdessen überlege ich mit den Kindern, wie wir Wörter für das <G> finden können, wenn wir keine Ausstellung haben. Dafür habe ich die Bildkarten mitgebracht und verteile sie an die Kinder im Kreis.

Jedes Kind, das glaubt ein Wort mit /G/ gefunden zu haben, legt die Karte in einen leeren Schuhkarton in die Kreismitte. Anschließend „lesen" wir die Karten vor, ordnen sie nach Anlaut, Inlaut, Auslaut und legen sie auf unserem Ausstellungsregal aus. Einige Kinder legen in den nächsten Tagen auch noch mitgebrachte Gegenstände zu den Bildkarten.
Die Bildkarten stehen von nun an immer am selben Platz. Man kann sie sich holen, wenn man nach Wörtern sucht, die einen bestimmten Buchstaben haben sollen.

Schreibrichtungskarten
Bevor ich die Schreibrichtung für das <G> und <g> an der Tafel zeige, verteile ich im Kreis die Schreibrichtungskarten. Jedes Kind bekommt eine Karte. Ich erkläre, was die Zahlen und Pfeile bedeuten und anschließend probiert jedes Kind – sozusagen als Trockenkurs – aus, ob es die Zeichen versteht, indem es den Buchstaben mit dem Finger nachfährt. Wer mit seiner Karte fertig ist, tauscht mit dem Nachbarn. Da die Kinder an mehreren Karten die Schreibrichtung ausprobieren können, merken sie, dass sich die Zeichen wiederholen und gar nicht so schwer zu verstehen sind.
Nach den zwei Wochen kennen sich die Kinder mit dem Heft schon ganz gut aus. Deshalb kann jedes Kind die Aufgaben im Konfetti-Heft in seinem Tempo bearbeiten und muss nicht warten, bis sie gemeinsam besprochen werden, wie in den beiden ersten Wochen. Das ist der Übergang zum selbstständigen Üben, denn von der nächsten Woche an arbeitet jedes Kind individuell weiter.

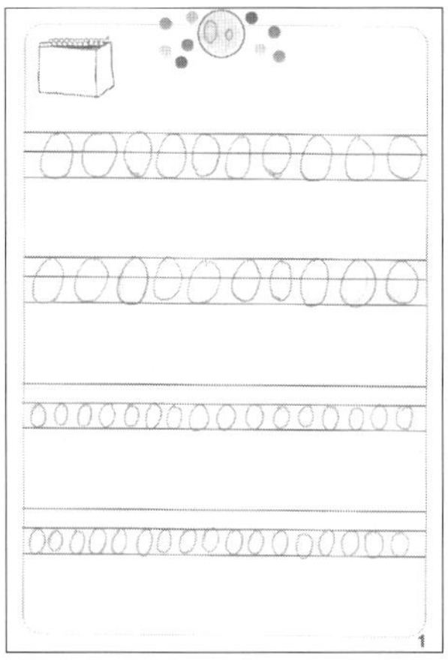

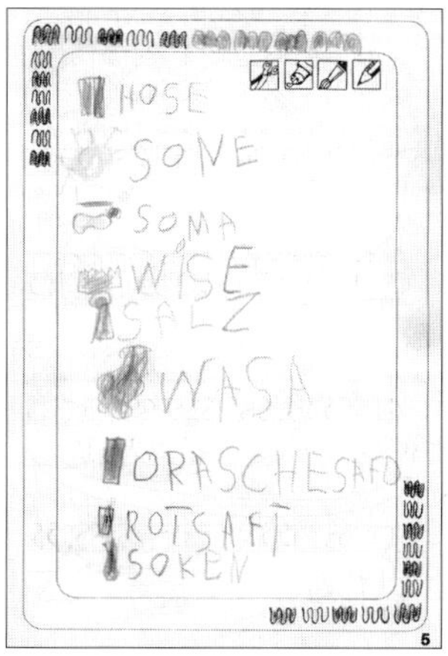

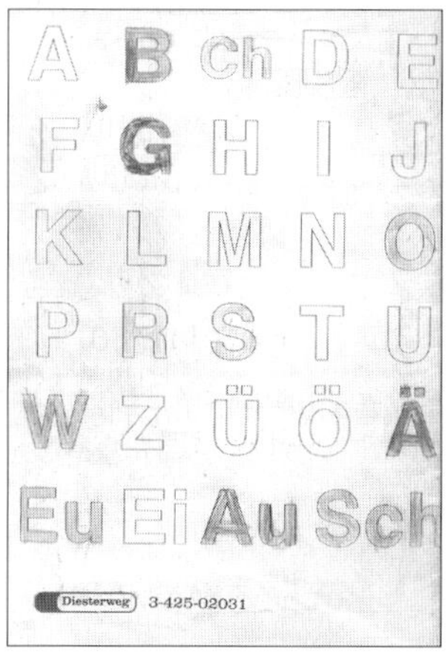

Ja oder Nein

Materialien: –
Spielform: Kreis oder übliche Sitzordnung

Ein Laut wird verabredet und der Buchstabe an die Tafel geschrieben (z. B. <o>). Die Lehrerin – später auch einzelne Kinder – nennt ein Wort, z. B. Zitrone. Alle Kinder klatschen, weil der verabredete Laut im Wort enthalten ist. Nennt die Lehrerin ein Wort, bei dem der Laut nicht enthalten ist, z. B. Kamm, schluchzen alle Kinder theatralisch.

Buchstaben-Orchester

Materialien: Je eine Symbolkarte für An-, In- und Auslaut; drei verschiedene Instrumente; z. B. Klangstab, Trommel, Rassel
Spielform: Halbkreis

Vor der Spielgruppe werden drei Stühle nebeneinander in einer Reihe aufgebaut. Auf jedem Stuhl sitzt ein Kind.
Ein Laut wird verabredet; z. B. /o/.
Das erste Kind bekommt z. B. die Symbolkarte für /O/ als Anlaut und die Rassel. Das zweite Kind bekommt die Symbolkarte für /o/ als Inlaut und die Trommel, das dritte Kind die Symbolkarte für /o/ als Auslaut und den Klangstab. Die Symbolkarten werden mit Kreppband am Pulli angebracht.
Ein Kind aus dem Kreis beginnt und nennt ein Wort, z. B. „Onkel“. Daraufhin spielt das Kind mit der Rassel. Das nächste Kind sagt: Frosch. Jetzt spielt das Kind mit der Trommel usw.
Variation: Die Klasse wird in drei Gruppen geteilt. Außerdem wird mit jeder Gruppe ein Geräusch verabredet, z. B. Indianergeheul, mit den Händen Klatschen, mit den Füßen Stampfen. Entsprechend der Lautstellung reagieren die einzelnen Gruppen.

Laute Laute

Materialien: –
Spielform: Kreis oder übliche Sitzordnung

Ein Laut wird verabredet und der Buchstabe an die Tafel geschrieben (z. B. <o>).
Die Lehrerin nennt nacheinander Wörter, in denen dieser Laut enthalten ist. Steht der Laut am Anfang (z. B. Ofen), heben alle Kinder beide Arme hoch und klatschen die Hände über dem Kopf zusammen. Steht der Laut im Wort (z. B. Frosch), klopfen alle mit den Händen auf die Stuhlfläche; ist der Laut am Ende zu hören (z. B. Auto), trampeln alle mit den Füßen.
Ganz still ist es, wenn ein Wort genannt wird, in dem der Laut nicht vorkommt.

Eins, zwei oder drei

Materialien: Symbolkarten für An-, In- und Auslaut zum Umhängen; ein Signalinstrument z. B. eine Handtrommel
Spielform: Laufen durch die Turnhalle

Drei Kinder werden ausgesucht. Sie stellen sich im Abstand von 50 cm nebeneinander auf. Jedes Kind bekommt eine der Symbolkarten umgehängt; z. B. für den Buchstaben <O>.
Alle anderen Kinder laufen durch den Raum. Wenn die Trommel einmal erklingt, bleiben alle stehen. Die Lehrerin nennt ein Wort, z. B. Ohrring.
Jedes Kind entscheidet, wo der verabredete Laut zu hören ist und stellt sich so vor dem Kind mit dem passenden Symbol auf, dass es das Kind mit der Symbolkarte ansieht. Stehen mehrere Kinder bei dieser Symbolkarte, wird eine Schlange gebildet. Wenn die Lehrerin zweimal auf die Trommel schlägt, darf keiner mehr die Schlange wechseln.
Die Lehrerin stellt sich hinter dem Kind auf, das die richtige Symbolkarte hat. Daran können alle erkennen, ob sie sich richtig entschieden haben.

Differenziertes Üben mit der Konfetti-Kartei

Wenn die Aufgaben im Konfetti-Heft und die Materialien aus der Konfetti-Kartei den Kindern bekannt sind, arbeitet jedes Kind nach seinem eigenen Lerntempo mit den Materialien weiter.
Von nun an entscheidet jedes Kind selbst, welchen Buchstaben es bearbeiten will und holt sich die dazu notwendigen Materialien (Schreibrichtungskarte, Lautierkarte und eventuell Bildkarten) aus der Kartei.
Dafür werden die Kartei-Materialien so aufbereitet, dass jedes Kind selbstständig die Materialien, die es zum Arbeiten braucht, holen und wieder wegräumen kann.

Aufgabenstellung

Für jeden Buchstaben, den die Kinder bearbeiten, gilt die gleiche Aufgabenstellung, wie sie die Kinder bei der gemeinsamen Einführung gelernt haben:

- Eintragen des ausgesuchten Buchstabens in das ovale Fenster auf der Seite mit den Lineaturen,
- zum ausgesuchten Buchstaben zwei Reihen Großbuchstaben und zwei Reihen Kleinbuchstaben schreiben,
- drei bis fünf Wörter, bei denen der Buchstabe zu hören ist, lautieren, aufschreiben und ein Bild dazu malen,
- die Umrahmung ausmalen,
- die passende Lautierkarte abhören,
- die Bildseite bearbeiten
  und zum Schluss den Buchstaben auf der Rückseite des Heftes ausmalen.

Orientierung

Da die Aufgabenstellung für jeden Buchstaben gleich ist, können die Kinder ihre Arbeit selbstständig erledigen, ohne nachfragen zu müssen, was sie denn machen sollen.
Die Wiederholung ist für viele Kinder, besonders für die Kinder mit Wahrnehmungsschwächen, eine hilfreiche Orientierung. Sie müssen sich nicht immer wieder auf neue Aufgabenformen einstellen, sondern können sich auf die Übungsinhalte konzentrieren und das Gefühl, sich auszukennen, gibt ihnen Sicherheit.

Abwechslung

Abwechslung ist durch die verschiedenen Buchstaben, die unterschiedlichen Wörter und die wechselnden Bildseiten gegeben. Auch der Wechsel in den Arbeitstechniken – schreiben, malen, Bildkarten sortieren, Karten klammern – sorgt dafür, dass die Arbeit interessant bleibt.

Selbstdifferenzierung

Jedes Kind bearbeitet die Aufgaben in seinem Tempo und kann mit dem nächsten Buchstaben anfangen, unabhängig davon, wie schnell die anderen Kinder sind.
Jedes Kind bearbeitet die Aufgaben unabhängig von den anderen Kindern auf seinem individuellen Lernniveau.

Vorgegebene Differenzierung

Neben dieser Differenzierung, die durch die Kinder selbst reguliert wird, können durch die Lehrerin weitere Differenzierungsmöglichkeiten angeboten werden, z. B.:

- Statt zwei Zeilen nur eine Zeile Groß- und Kleinbuchstaben schreiben,
- den Buchstaben nicht schreiben, sondern stempeln,
- statt in den Linien, in den unlinierten Zwischenräumen schreiben,
- Anzahl der Wörter, die lautiert und aufgeschrieben werden sollen, reduzieren oder erweitern,
- mit den ausgesuchten Wörtern Sätze schreiben,
- für die Wörter, die lautiert und aufgeschrieben werden sollen, wird eine Auswahl an Bildkarten mit kurzen einfachen Begriffen vorgegeben,
- Wörter, in denen der ausgesuchte Buchstabe zu hören ist, werden nicht aufgeschrieben, sondern gemalt.

Differenzierte Impulse

Während die Kinder üben, kann die Lehrerin die Lernentwicklung durch Impulse, die sich gezielt auf das einzelne Kind beziehen, unterstützen. Für ein Kind, das schon gut lautieren und verschriften kann, sind dabei andere Anregungen wichtig als für ein Kind, das noch Mühe hat, Laute in Wörtern zu hören. Und es gibt auch Kinder, denen es am meisten hilft, wenn ihnen die Zeit gegeben wird, sich in Ruhe und allein mit den Anforderungen auseinanderzusetzen.
Die individuelle Unterstützung hat die Funktion, das einzelne Kind in seiner Entwicklung zu fördern. Sie dient aber nicht dazu, das Kind unter Druck zu setzen, jetzt schneller oder besser zu arbeiten – auch nicht unter freundlichen Druck.
In der Regel bekommt die Lehrerin durch Beobachtungen und Gespräche während der Unterrichtszeit einen Eindruck von dem, was die Kinder können bzw. an Unterstützung brauchen. Ist das nicht der Fall, sammelt sie die Hefte ein, um sie sich ungestört ansehen zu können.

Korrekturen

Die Wörter bzw. Texte, die die Kinder schreiben, werden – so wie bei den freien Texten – nicht korrigiert, weil die Kinder die Korrekturen noch nicht verstehen und deshalb auch nicht verbessern können. Schreibt ein Kind ein Wort auf, in dem der ausgesuchte Buchstabe gar nicht vorkommt, z. B. Affe bei <O>, wird das Wort mit dem Kind noch einmal gemeinsam lautiert.

Konfetti-Heft 2

Wenn Kinder mit Heft 1 fertig sind, arbeiten sie weiter in Heft 2. Dafür werden die Buchstaben, die auf der Rückseite von Heft 1 ausgemalt sind, weil sie bereits bearbeitet wurden, auf die Rückseite von Heft 2 übertragen. So bleibt sowohl für die Kinder als auch für die Lehrerin der Überblick erhalten. Die Aufgaben in Heft 2 können im wesentlichen so wie in Heft 1 bearbeitet werden, einige wenige Dinge ändern sich:

- Die Lineaturen sind schmaler.
- Der Platz für die Wörtersammlung ist kleiner.
- Es gibt mehr Erzählbilder, zu denen eigene Texte geschrieben werden können.
- Als Anreiz zum Lesen sind kurze Lesetexte eingestreut. Wer diese Texte noch nicht lesen kann, lässt sie sich vorlesen oder kann die Aufgabenstellung aus den Bild-Informationen erschließen.

Ausblick

Ein Kind, das beide Konfetti-Hefte bearbeitet hat, hat sich mit allen Buchstaben der Kurzversion der Anlauttabelle beschäftigt. In der Regel kann ein Kind nach Beendigung dieser Übungen – meistens schon früher – lesen, vorausgesetzt die Aufgaben zum Lautieren und Verschriften wurden nicht aus individuellen Gründen stark vereinfacht.

Praxis

Praxisbeispiele

Konfetti-Zeit

Dreimal in der Woche ist bei uns Konfetti-Zeit. In dieser Zeit arbeiten alle Kinder an den Aufgaben im Konfetti-Heft.
Dafür gelten folgende Regeln:

- Wer eine Frage hat, überlegt zuerst noch einmal selbst, fragt dann den Nachbarn oder die Nachbarin. Und wenn der/die auch nicht weiterhelfen kann, legt das Kind sein Namensschild auf meinen Schreibtisch. Ich gehe dann zu den Kindern in der Reihenfolge der abgelegten Namensschilder.
- Wer fertig ist und keinen neuen Buchstaben anfangen will, geht in die Lese- bzw. Schreibecke oder holt sich etwas aus dem „stillen Regal" (in diesem Regal stehen Spiele, die man gut allein spielen kann bzw. Spiele, die wenig Krach verursachen).
- Wenn die Konfetti-Zeit vorbei ist (ich erinnere rechtzeitig mit einer Glocke daran), werden alle Materialien zurück geräumt.

Hängeregistratur

Die Materialien für die Übungen holen sich die Kinder aus einer Hängeregistratur.
Für jeden Buchstaben auf der Kurzversion der Tabelle gibt es eine Mappe. In der Mappe liegen die Schreibbewegungskarte und die Lautierkarte zum jeweiligen Buchstaben. Auf der Mappe ist ein sogenannter Reiter, auf dem der Buchstabe mit Anlautbild abgebildet ist. Neben der Hängeregistratur stehen mehrere Schachteln mit Klammern in allen Farben und eine Kiste mit den Bildkarten.

Ordner

In der Nachbarklasse hat die Kollegin die Materialien in Prospekthüllen eingeordnet und passend zu den Türmen auf der Anlauttabelle in drei Ordner eingeheftet.

Eine oder zwei Karteien

Am Anfang habe ich die Mappen aufgeteilt auf drei Standorte, damit sich die Kinder beim Holen und Wegräumen der Materialien verteilen.
Da jedes Kind an einem anderen Buchstaben und an einer anderen Aufgabe arbeitet, ergibt sich nur selten die Situation, dass zwei Kinder gleichzeitig mit dem gleichen Material arbeiten wollen. In so einem Fall setzen sich die Kinder nebeneinander, um gemeinsam mit dem Material arbeiten zu können, oder einigen sich auf unterschiedliche Buchstaben. Nachdem ich noch eine weitere Kartei aufgestellt habe, kommt es überhaupt nicht mehr zu Überschneidungen.
In jeder Konfetti-Zeit gibt es 10 Minuten, in denen ich nicht ansprechbar bin. In dieser Zeit beschäftige ich mich mit einem einzigen Kind, um einen Eindruck zu bekommen, wie dieses Kind mit den Aufgaben umgeht. Sichtbares Zeichen dafür, dass ich jetzt nicht gestört werden will, ist z. B. ein rotes Band, das ich wie eine Schärpe umlege. Dieses Band ist von allen Plätzen aus zu sehen.

Konfetti-Woche

Ich arbeite mit dem Tagesplan. Jeden Tag nach dem Morgenkreis werden die Aufgaben für den Tag vorgestellt und die Kinder können sie in selbst gewählter Reihenfolge bearbeiten. Für alle Aufgaben des Tagesplanes haben die Kinder ungefähr 60 Minuten Zeit.
Für die verschiedenen Aufgaben werden zur Erinnerung Symbole an der Pinnwand aufgehängt.

Das Symbol für die Konfetti-Kartei hängt jeden Tag im Tagesplan. Das bedeutet: Innerhalb einer Woche soll ein Buchstabe im Konfetti-Heft bearbeitet werden. Wer mit seiner Aufgabe fertig ist, zeigt mir sein Heft und ich sehe mir mit dem Kind zusammen die Seiten an. Bei Kindern, die es in einer Woche nicht schaffen, einen Buchstaben zu bearbeiten, frage ich nach, um herauszufinden, wo die Schwierigkeiten liegen und um eine Aufgabenstellung zu finden, die das Kind bewältigen kann.

Beratung und Unterstützung

Zum Beispiel Lisa

Lisa beherrscht die Laut-Buchstabenzuordnung schon gut und fängt auch jetzt – kurz nach den Herbstferien – bereits mit dem Lesen an. Meistens kommt sie mit ihrer Arbeit allein zurecht, aber ab und zu ruft sie mich zu sich, weil sie beim Aufschreiben eines Wortes unsicher geworden ist, ob es so richtig ist. Oft reicht ein kleiner Hinweis (z. B. „Einen Laut hast du vergessen.") oder ich lese ihr vor, was sie geschrieben hat, und sie hört selbst den Unterschied.
Gestern schrieb Lisa „Murml". Ich lautierte das Wort ganz langsam und Lisa merkte, dass ein <e> fehlt. Gemeinsam stellten wir fest, dass dieses /e/ auch wirklich schwer zu hören ist.
Lisa und noch zwei anderen Kindern zeige ich manchmal auch einen „Schreibtrick", um den Umgang mit Rechtschreibregeln vorzubereiten:

Die Wörterkiste
Zu Hause habe ich eine kleine Kiste zusammengestellt mit Gegenständen, die auf <el> enden (Würfel, Stempel, Murmel, Kugel) und die Wortkarten dazu geschrieben. Diese Kiste habe ich Lisa gezeigt. Zusammen haben wir die Wörter gesprochen.
Lisa erkannte sofort, dass alle Wörter am Ende gleich klingen und als ich ihr die Wortkarten zeigte, sah sie auch, dass alle am Ende gleich geschrieben werden. Jedesmal, wenn wir ein Wort finden, das auf <el> endet, sammeln wir es als Gegenstand und/oder Wortkarte in der Kiste.

Eine ähnliche Kiste haben wir für <er> am Wortende eingerichtet.

Zum Beispiel Markus

Markus hat seit dem Schulanfang schon viel gelernt. Wenn er einen Laut hört, findet er den Buchstaben dazu auf der Anlauttabelle. Beim Aufschreiben von Wörtern gibt er meistens den Anlaut und ein oder zwei weitere Konsonanten wieder (z. B. KML für Kamel). Manchmal setze ich mich zu ihm und wir lautieren gemeinsam ein Wort. Ich lautiere ganz langsam vor und er sucht die Buchstaben aus und schreibt sie auf. Mir geht es dabei nicht darum, dass Markus jetzt das Wort richtig schreibt, sondern dass er durch das gemeinsame Lautieren angeregt wird, ein Wort langsam zu sprechen. Neulich habe ich ihm einen „Spezialbrief" geschrieben: Im Brief lag ein Bild von einem Frosch und dazu die Buchstabenkärtchen <F>, <R>, <O>, <SCH>.
Markus hat die Kärtchen in der richtigen Reihenfolge aufgeklebt und mir zurück geschickt. Mittlerweile haben wir schon sechs Briefe getauscht und ich habe den Eindruck, dass ihm das Spaß macht.

Zum Beispiel Sara

Wenn Sara ein Wort schreibt, schreibt sie meistens nur den ersten Buchstaben auf. Wenn ich mit ihr arbeite, lautiere ich ihr ganz langsam vor und sie sagt mir, wie das Wort heißt. Anschließend malt sie es auf. Aufschreiben wäre für Sara im Moment eine viel zu große Anforderung, denn Sara braucht noch sehr viel Übung darin, Wörter in Laute zu gliedern. Sie schreibt deshalb im Konfetti-Heft nicht die Wörter auf, sondern malt Wörter, in denen der von ihr ausgesuchte Buchstabe vorkommt.

Zum Beispiel Max

Max kann lautieren und das, was er hört, aufschreiben. Er ist ein ruhiges Kind und sieht am liebsten erst einmal zu, was andere Kinder machen. Wenn ich mich zu ihm setze, habe ich den Eindruck, dass ich ihn störe. Er wird unruhig und unkonzentriert.
Ich lasse ihn deshalb in Ruhe. Er braucht mich im Moment nicht. Ab und zu gehe ich mal an ihm vorbei, lege die Hand auf seine Schulter, damit er merkt, dass ich für ihn da bin. Und ich zeige ihm, dass ich mich freue, wenn er etwas fertig hat.

Lautier-Briefe

Materialien: Zu jedem Buchstaben von der Kurzversion der Tabelle ein oder zwei kurze lautgetreue Wörter aussuchen. Die Wörter mit großer Schrift auf einen Streifen Papier schreiben und in einzelne Laute (nicht Buchstaben!) zerschneiden. Die Lautkärtchen für ein Wort in einen Briefumschlag (oder eine Streichholzschachtel) legen. Auf den Umschlag eine Abbildung vom Wort kleben. Unter der Abbildung die Anzahl der Laute durch Striche angeben. Alle Umschläge in eine Kiste legen.

Arbeitsform: Einzel- oder Partnerarbeit

Spielbeschreibung:

Die Kinder nehmen sich einen Umschlag, lautieren das Wort und legen entsprechend die Buchstabenkärtchen aus. Anschließend wird das Wort abgeschrieben oder gestempelt. Wer will kann zu je 7 Wörtern (z. B. 7 Tiere, 7 Nahrungsmittel) eine kleine Minibuch-Vorlage machen (Herstellung siehe S. 74), in die die Kinder hineinschreiben oder stempeln.

Würfeln

Materialien: 20–25 Bildkarten, 1 Buchstabenwürfel

Mitspieler: 3–4 Spieler

Spielbeschreibung:

Die Karten werden an die Spieler verteilt.
Mit dem Würfel wird ein Buchstabe erwürfelt.
Wer auf seinen Karten ein Wort findet, in dem dieser Buchstabe vorkommt, nennt das Wort und kann die Karte in der Mitte ablegen.
Wer zuerst keine Karten mehr hat, hat gewonnen.
Kontrolle ist durch die Mitspieler ausreichend gegeben.
Wer aber ganz sicher gehen will, kann auf der Kartenrückseite das Wort aufschreiben.
Dann kann in Zweifelsfällen nachgesehen werden.

Variation: Es wird mit zwei Würfeln gespielt; beide Buchstaben, die erwürfelt wurden, müssen im Wort vorkommen.

Hör zu!

Materialien: Audio-Kassette, Kassettenrekorder, Kopfhörer, eventuell Arbeitsblatt

Arbeitsform: Einzelarbeit

Spielbeschreibung:

Auf eine Audio-Kassette werden ca. zehn verschiedene Wörter lautiert, z. B. /L-Ö-W-E/. Ist ein Wort lautiert, gibt es einen Hinweis (z. B. eine Flöte spielt). Das bedeutet, das Kind stellt die Kassette ab, nimmt sich ein Blatt Papier und malt das Wort oder schreibt es auf.

Alternative: Auf einem Arbeitsblatt mit verschiedenen Tierabbildungen schneiden die Kinder das genannte Tier aus und kleben es auf. Danach wird das nächste Wort abgehört.

Konfetti-Express

Materialien: Ein Spielplan (auf Pappe kopiert) und mit vier Buchstaben aus dem entsprechenden Turm beschriftet. Jeder Punktezahl wird ein Buchstabe zugeordnet, z. B.
S • G • • R • • • H • • • •
bei dem Plan zu Turm 1 (KV 26);
Spielsteine und ein Würfel

Mitspieler: 2–4 Spieler

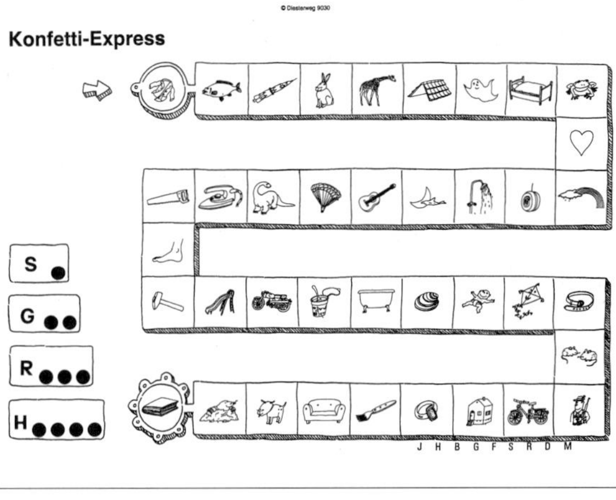

Spielbeschreibung:

Die erste Spielerin würfelt und setzt ihren Spielstein auf das entsprechende Feld. Sie spricht den Namen des Bildes laut aus und prüft, ob ihr Wort mit einem Laut beginnt, der zu einem der vier Buchstaben passt. Ist das der Fall, zieht sie ihren Spielstein um die entsprechende Zahl weiter. (Beispiel: Sie kommt auf das Bild der Giraffe und darf zwei Felder vorrücken.) Ist der Buchstabe ihres Anlautes nicht auf dem Plan, bleibt sie auf dem Feld stehen.

Schreiben, schreiben, schreiben

Durch die Arbeit in den Konfetti-Heften wird abgesichert, dass sich die Kinder mit einigen Aspekten der Schriftstruktur (z.B. Buchstabenform, Schreibbewegung, Lautanalyse, Wortgliederung) eingehend beschäftigen. Das sind zwar wichtige Zugänge zur Schriftsprache, aber nicht die einzigen.

Zugang zur Schrift

„Motor" für die individuelle Lernentwicklung eines jeden Kindes ist sein persönlicher Zugang zur Schrift. Schwerpunkt beim Schriftspracherwerb sind deshalb nicht die Übungsaufgaben, sondern das Schreiben eigener Texte. Damit können die Kinder das Erlernen der Schrift mit ihren individuellen Erfahrungen, ihren eigenen Ideen, Gedanken und Vorstellungen verbinden.

Vielfältige Unterschiede

Über welchen Weg Kinder eine Beziehung zur Schrift aufbauen, hängt von vielen Faktoren ab, z.B. von der Biografie, vom Wissen, vom Lerntyp und von der Persönlichkeit des einzelnen Kindes. Manche Kinder lassen sich vom Thema begeistern, andere werden durch die Materialien animiert, wiederum andere brauchen eine bestimmte Atmosphäre als Anstoß. Einige Kinder reizt es, sofort etwas Neues auszuprobieren. Andere greifen lieber auf Bekanntes zurück oder beobachten erst einmal das Geschehen, bevor sie sich entscheiden. Einige Kinder schreiben gern spontan drauflos, was ihnen gerade einfällt. Für andere Kinder ist diese Ungebundenheit eher ein Hindernis. Sie bevorzugen eine Vorgabe z.B. durch ein Thema, ein Beispiel, einen Zweck.

Themen und Inhalte

Bei so vielen Unterschieden kann es kein Rezept geben, das für alle Kinder passt. Wichtig ist vielmehr, dass die Kinder verschiedene Schreibmöglichkeiten kennen lernen, ausprobieren und Lust am Schreiben bekommen. Spezielle Schreibaufgaben oder -themen müssen dafür nicht konstruiert werden.

Neben den Schreibgewohnheiten in der Klasse (siehe Teil II Kapitel 6) entstehen viele Anlässe zum Schreiben aus dem, was im Laufe des Unterrichts passiert: bei der Kommunikation der Kinder untereinander, im Rahmen von Unterrichtsthemen und Unterrichtsprojekten, bei der Organisation des Schulalltags.

Neugier und Lust am Schreiben würden zerstört, wenn von allen Kindern die gleichen Ergebnisse erwartet werden. Eine Lernumgebung, die zum Schreiben motiviert, kann nur dann entstehen, wenn Platz für die Ideen und Vorstellungen der Kinder vorhanden ist.

Differenzierung

Die unterschiedlichen Schreibfähigkeiten der Kinder sind kein Hindernis für das Schreiben von Texten, wenn zum selbstständigen Lautieren und Aufschreiben Differenzierungsmöglichkeiten angeboten werden. *Zum Beispiel*:

- Das Kind diktiert den Text und die Lehrerin schreibt ihn auf.
- Das Kind spricht den Text auf Kassette und die Lehrerin schreibt ihn ab.
- Das Kind schreibt die Überschrift oder den Anfang des Textes und die Lehrerin schreibt nach Diktat des Kindes weiter.
- Das Kind schreibt oder stempelt von einer Vorlage den Text ab, den die Lehrerin nach dem Diktat des Kindes aufgeschrieben hat.

Korrekturen

Die Texte der Kinder werden – wie bisher auch – nicht korrigiert, sondern so stehen gelassen, wie die Kinder sie geschrieben haben. Nur wenn sie zur Veröffentlichung für ein Publikum außerhalb der Klasse gedacht sind, werden sie noch einmal in „Erwachsenenschrift" abgeschrieben. Entweder übernimmt die Lehrerin diese Arbeit oder einige Kinder schreiben oder drucken selbst den Text von einer Vorlage ab. Besonders motivierend ist das Abschreiben, wenn die Kinde den Text in einen Computer tippen können.

Texte öffentlich machen

Wenn die Texte nicht gewürdigt werden, wird den Kindern das Schreiben schnell sinnlos erscheinen. Der wichtigste Adressat für die Texte der Kinder ist zunächst die Lehrerin. Sie kann die Konzentration auf ihre Person schrittweise an die Mitschüler weitergeben, indem sie – mit Einverständnis des Autorenkindes – Texte im Kreis vorliest (viele Kinder können noch nicht selber lesen!), die Texte aushängt oder zu einem Buch für die Leseecke bindet. Auch wenn Kinder die Texte noch nicht selber lesen können, erkennen sie ihre eigenen Texte wieder, sehen die der anderen und beginnen, sich dafür zu interessieren, was in den Texten der anderen steht.

Mini-Bücher

Selbst gemachte Mini-Bücher finden in meiner Klasse bei vielen Kindern großen Anklang. Sie behalten sie entweder selbst, verschenken sie oder basteln sie für ihren Teddy. Deshalb stelle ich manchmal im Morgenkreis ein Beispiel für solche Bücher vor. Ich zeige, wie das Buch gemacht wird und mache ein paar Vorschläge, was man in das Buch schreiben kann. Das gezeigte Buch und die benötigten Materialien werden anschließend in die Schreibecke gelegt. Wer Lust hat, kann in der Freiarbeitszeit so ein Mini-Buch herstellen. Fertige Mini-Bücher stellen die Kinder im Morgenkreis wieder vor, um andere anzuregen. Dabei erklären die Kinder noch einmal, wie sie es gemacht haben. Hier einige *Beispiele*:

Wörterbücher

Aus einem DIN-A4-Blatt werden kleine Bücher gefaltet (siehe Materialien für die Freiarbeit). Auf dem Titelblatt steht ein Buchstabe. In das Buch können Wörter geschrieben und gemalt werden, in denen dieser Buchstabe vorkommt.

Themen-Bücher

Ähnlich wie bei den Wörterbüchern gibt es ein kleines Mini-Buch im DIN-A5-Format (siehe Materialien für die Freiarbeit). Auf dem Titelblatt ist ein Bildmotiv als Anregung für ein Thema vorgegeben; z.B. Tiere, Fussball, Autos, Nahrungsmittel, Flaggen, Vögel, Fernsehen. Die Kinder suchen sich ein Thema aus und schreiben auf, was ihnen dazu einfällt.

Geheim-Briefe

Ein langer Streifen Papier (ca. 10 cm breit und 30 cm lang) wird an einem Ende dreieckig zugeschnitten. Wenn man etwas hineingeschrieben hat, wird der Streifen von der geraden Seite her aufgewickelt. Ist alles aufgewickelt, kann das obere Dreieck wie der Verschluss eines Briefumschlages mit einem Klebepunkt festgeklebt werden. Damit ist das „Dokument" verschlossen. Hier kann man alles Mögliche hineinschreiben, z.B. Wörter zum Verschenken (das sind Wörter, über die sich jemand freut), diese kann man über den Klassen-Briefkasten an jemanden in der Klasse verschicken.

Geschichten erzählen und erfinden

Das Vorlesen von Geschichten ist in meiner Klasse besonders wichtig, weil viele Kinder einen reduzierten Wortschatz haben. Über das Hören von Geschichten lernen die Kinder neue Wörter und gut formulierte Sätze kennen. Deshalb lese ich regelmäßig Geschichten vor und versuche die Kinder damit zum Erzählen von Geschichten anzuregen. So kann das Erzählen von Geschichten mit dem Schreiben verbunden werden kann:

Das Geschichtenbuch

Manchmal fertige ich zu einer Geschichte, die ich vorgelesen habe, ein kleines Falt-Bilderbuch mit vier Seiten, in dem einige Figuren aus der Geschichte abgebildet sind. Daneben ist viel Platz zum Schreiben und Malen.

Der Regenbogenstift

Ein Regenbogenstift ist ein Stift, der nach dem Zufallsprinzip in vielen bunten Farben schreibt. Sicher stecken viele schöne Wörter in ihm. Wer ein schönes Wort weiß, schreibt es mit dem Stift in die Regenbogenmappe (z.B. Aktenordner mit einem Regenbogen darauf). Wenn zehn Wörter zusammen sind, erzähle ich eine Geschichte zu den Wörtern.

Ein Tag im Herbst

Manchmal ergibt sich im Morgenkreis überraschend ein intensives Gespräch über ein interessantes Thema, das aber im Moment nicht ausführlicher aufgegriffen werden kann. Dann lasse ich die Kinder im Anschluss an das Gespräch zu dem Thema malen und schreiben, damit ihre guten Ideen nicht verloren gehen.
Dafür habe ich einen Stapel Malpapier (ca. 20 x 20 cm) und Papierstreifen zum Schreiben (ca. 20 x 8 cm) vorgeschnitten und einen Stapel farbige Kartons (DIN-A4) auf Vorrat liegen. Aus diesen Materialien lässt sich schnell und ohne viel Aufwand

ein Buch herstellen. Auch unser Herbstbuch entstand so.

Herbstgespräche

Im Morgenkreis erzähle ich den Kindern davon, dass ich heute auf dem Schulweg den Herbst deutlich gespürt habe. Ich frage sie, ob sie das auch schon gemerkt hätten und woran sie erkennen, dass der Herbst beginnt? Die Kinder zählen viele verschiedene Dinge auf; einige haben sie in den letzten Tagen selbst beobachtet, andere kennen sie aus Erfahrung oder aus Fernsehsendungen (z. B. Zugvögel).

Herbstbuch

Da alle Kinder so interessiert und detailreich zu dem Thema erzählen, ändere ich meine Planung und mache mit den Kindern ein Herbstbuch. Jedes Kind malt ein Bild vom Herbst und schreibt auf einem Papierstreifen einen Text dazu. Einige Kinder schreiben ihren Text selbstständig auf. Bei anderen Kindern lasse ich mir während des Malens den Text diktieren. Wer fertig ist, klebt seinen Text und sein Bild auf farbigen Karton auf.

Titelblatt

Am nächsten Tag lautieren wir gemeinsam das Wort „Herbst". Ich schreibe es an die Tafel und im Tagesplan hat jedes Kind die Aufgabe, die Buchstaben für dieses Wort aus Prospekten auszuschneiden und zu einem Wort zusammenzukleben. Alle Wörter werden auf Karton (DIN-A4) geklebt. Dies ist unser Titelblatt. Titelblatt und die Seiten der Kinder binde ich zu einem Buch zusammen.

Blätter-Buch

Von einem Herbstspaziergang haben wir neben Eicheln und Kastanien auch viele bunte Blätter mitgebracht und anschließend gepresst. Eine Gruppe von Kindern sortiert alle gepressten Blätter nach Arten; jede Blattart kommt in einen Schuhkarton. Ich nenne den Namen des Baumes, gemeinsam lautieren wir das Wort und der Name wird auf den Schuhkarton geschrieben.

Blatt und Blatt

Nach diesen Vorbereitungen kann sich jedes Kind ein eigenes Blätterbuch machen. Es sucht sich ein Blatt aus, klebt es auf ein Blatt Papier (DIN-A4-Querformat) und schreibt dazu den Namen des Baumes vom Schuhkarton ab. Während ich beschreibe, was zu tun ist, fällt Tobias auf, dass das Wort „Blatt" zwei Bedeutungen hat: das Blatt vom Baum und das Blatt zum Schreiben.

Lieblingsblatt

Jedes Kind klebt sein Lieblingsblatt auf ein farbiges Tonpapier (DIN A4). Das wird das Titelblatt. Titelblatt und Seiten werden mit dem Tacker zusammengeheftet. Als Titel (jedes Buch braucht einen Titel) schlagen die Kinder „Blätterbuch" vor. Wir lautieren das Wort, ich schreibe dabei an der Tafel mit. Die Kinder schreiben den Titel ab.

Ein Heft für das Laternenfest

Nach einer Idee von Irene Hoppe

Weil in meiner Klasse viele Kinder nicht-christlichen Glaubens sind, feiern wir kein großes Elternfest in der Adventszeit. Stattdessen wird im November ein grosses Laternenfest gefeiert mit Laternenumzug, Gemüsesuppe (von der Klasse vorbereitet und zwei Müttern gekocht) und dem Vorlesen eines Märchens zum Abschluss. Als Einladung zu diesem Fest gibt es ein kleines Faltheft, das ich zusammen mit den Kindern gestalte. In dem Heft stehen ein Laternenlied und das Gedicht „November" von E. Borchers. Eine Doppelseite ist für den Text der Kinder freigelassen.

Persönliche Einladung

Ich verteile das vorbereitete Heft an die Kinder. Jessica, die schon lesen kann, liest gleich die Titelseite vor: Einladung zum Laternenfest! Ich erkläre, dass dieses eine Einladung für die Eltern zum Laternenfest wird.

Laternenlied

Zuerst singen wir das Laternenlied. In den nächsten Tagen werden wir es noch oft singen.

Einladungstext

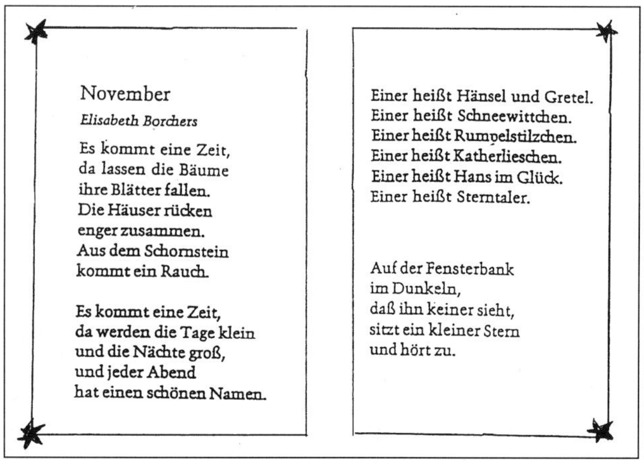
November
Elisabeth Borchers

Es kommt eine Zeit,
da lassen die Bäume
ihre Blätter fallen.
Die Häuser rücken
enger zusammen.
Aus dem Schornstein
kommt ein Rauch.

Es kommt eine Zeit,
da werden die Tage klein
und die Nächte groß,
und jeder Abend
hat einen schönen Namen.

Einer heißt Hänsel und Gretel.
Einer heißt Schneewittchen.
Einer heißt Rumpelstilzchen.
Einer heißt Katherlieschen.
Einer heißt Hans im Glück.
Einer heißt Sterntaler.

Auf der Fensterbank
im Dunkeln,
daß ihn keiner sieht,
sitzt ein kleiner Stern
und hört zu.

Nach dem Lied überlege ich mit den Kindern, was wir den Eltern noch schreiben müssen, damit sie alles über das Laternenfest wissen. Anrede und die beiden ersten Sätze schreibe ich an die Tafel. Diesen Text schreiben die Kinder nachher ab. Ich gebe zu bedenken, dass der Text noch etwas langweilig klingt. Die Eltern sollen doch auch neugierig gemacht werden auf das Fest. Wir sammeln verschiedene Vorschläge zur Vervollständigung des Einladungstextes. Diesen Texte schreibe ich nicht an, jeder schreibt den Text auf, der ihm gefällt.

Gedicht

Nach der Pause lese ich das Gedicht vor. Die vielen Märchennamen im Text sprechen die Kinder an und wir denken uns noch weitere Namen für Märchenabende aus. Zum Abschluss wird die erste Seite bunt ausgestaltet und ich zeige, wie man ein Lesezeichen für das Heft basteln kann: In ein Loch – hergestellt mit dem Locher – im Mittelbruch des Heftes wird ein schmales farbiges Band geknotet. Am Ende des Bandes kann ein kleiner Mond aufgeklebt werden.

Die Weihnachtstür

Idee: Sabine Wisser

Für die Außenseite unserer Klassentür haben einige Kinder einen Tannenbaum in Türgröße mit Wachskreide auf Packpapier gemalt. Die Umrisse habe ich grob vorgegeben.

Weihnachtswörter

Geschmückt wird der Baum mit Weihnachtswörtern, die in Kugeln oder Sterne geschrieben und mit Klebeband am Baum befestigt werden. Jeden Morgen sucht sich ein Kind ein Weihnachtswort aus, bekommt die Kugelschablone, schneidet eine Kugel aus gelbem Tonpapier und schreibt sein Wort hinein. Während unser Adventskalender von Tag zu Tag leerer wird, wird unsere Weihnachtstür von Tag zu Tag voller.

Nikolausstiefel

Ein Nikolaus ohne Stiefel ist wie Schule ohne Ferien. Aber da alle Schuhe für den Nikolaus zu Hause gebraucht werden, basteln wir in der Schule einen Stiefel aus Pappe für den Nikolaus.

Stiefelmodell

Ich stelle im Morgenkreis einen fertigen Nikolausstiefel als Beispiel vor und zeige die dazu benötigten Materialien. Die Kinder überlegen, wie er hergestellt wird. Dann sammeln wir Ideen, was wir in den Stiefel malen und schreiben könnten; z. B. auf die Vorderseite den Namen vom Nikolaus (ein schönes lautgetreues Wort) und in den Stiefel einen Brief an ihn.

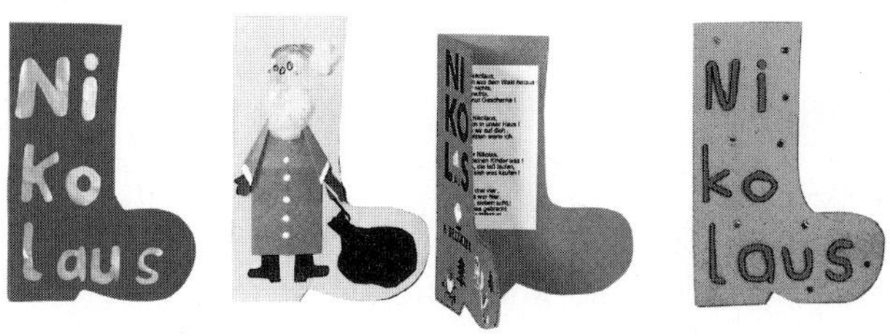

Noch vier Tage Zeit

In die Schreibecke lege ich rotes Tonpapier, drei Schablonen in verschiedenen Größen für den Stiefel. Mit der Schablone können sich die Kinder einen Stiefel auf Tonpapier zeichnen. Danach schneiden sie ihn aus. Zum Gestalten des Stiefels stehen Watte und Goldpapier zur Verfügung. Wer will, kann in der Freiarbeitszeit einen Stiefel basteln. Bis zum Nikolaustag sind es noch vier Tage. Die fertigen Stiefel werden auf die Fensterbank gestellt. Am Nikolaustag sind sie alle weg. Stattdessen steht ein großer Teller mit Mandarinen und Süßigkeiten da und daneben liegt ein überdimensionaler Brief vom Nikolaus.

Adventsbriefe

Adventszeit ist Überraschungszeit. Deswegen bekommen die Eltern zu jedem Adventssonntag einen Überraschungsbrief.

Wunschzettelbrief

Unser erster Brief erinnert daran, dass Weihnachten etwas mit dem Wunschzettel zu tun hat.
Dafür werden die Wünsche auf ein „Spezialpapier" (ein Papier mit Rahmen) geschrieben und anschließend in einen Umschlag gesteckt, der besonders festlich bemalt wird.

Duftbrief

Zur Vorweihnachtszeit gehört das Backen von Plätzchen und den damit verbundenen Weihnachtsduft. Deshalb wird der Brief zum 2. Advent ein Duftbrief. Auf einem langen Zettel wird das Rezept unserer Kekse aufgeschrieben und ein kleines Tütchen mit Kardamon-Gewürz hineingeklebt. Der Zettel kann zu einem Brief gefaltet und zugeklebt werden.

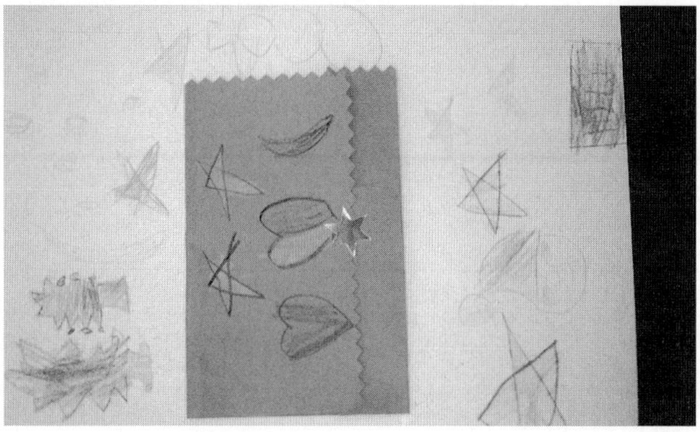

Sternenbrief

Der Brief für den 3. Advent ist ein Sternenbrief. Nach einer Faltanleitung fertigen die Kinder Sterne aus Transparentpapier oder schneiden mit Hilfe einer Schablone Sterne aus Goldpapier aus.

Tannenbaum-Brief

Der letzte Brief vor Weihnachten ist ein Riesenbrief (DIN-A4), von den Kindern weihnachtlich bemalt. Im Brief steckt ein Tannenbaum von den Kindern bemalt und beschrieben.

Faltbücher

Leporello-Buch

①

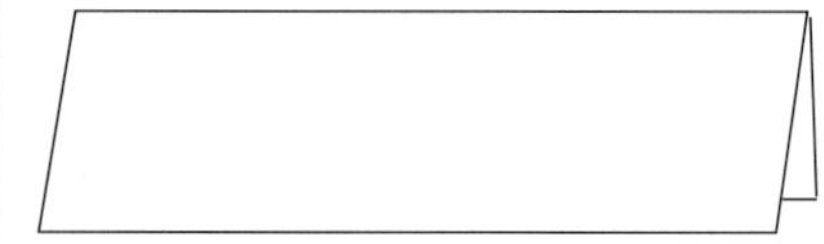

DIN-A4 Blatt an der kurzen Seite in der Mitte falten.

②

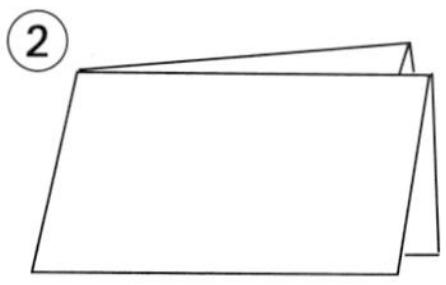

Nochmals in der Mitte falten.

③

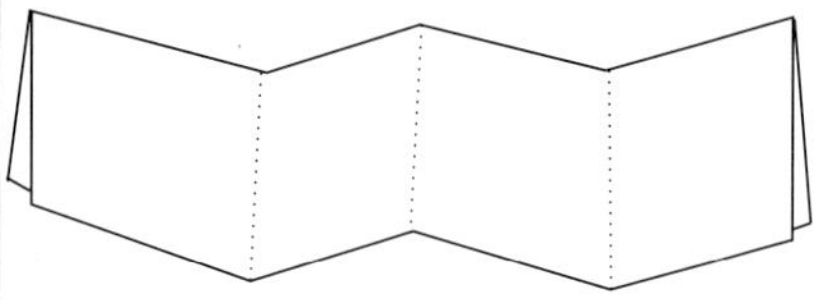

Mini-Faltbuch mit 4 Seiten

①

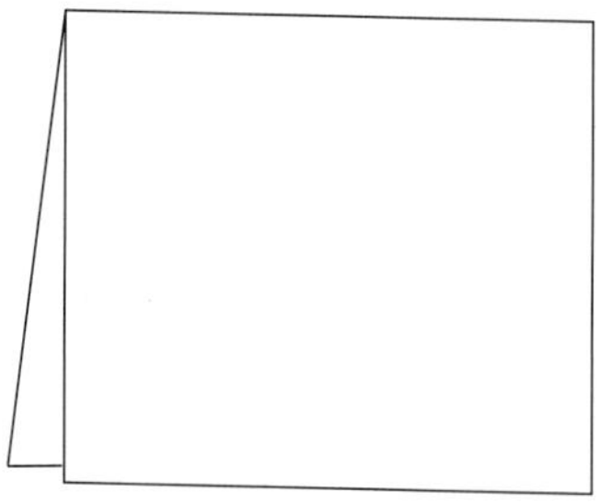

②

Am Falz mit einem Tacker zusammenheften.

Wickelbuch

①

Einen Streifen Papier (ca. 10 x 30 cm)

②

Oben dreieckig zuschneiden.

③

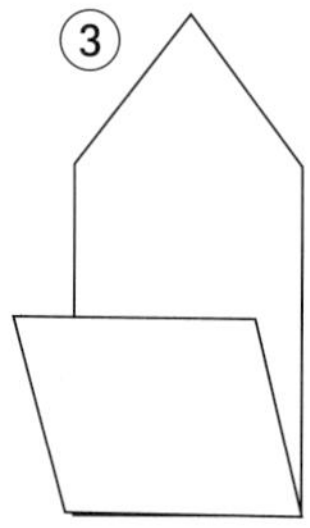

Mehrfach aufwickeln

④

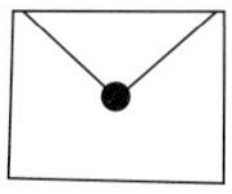

Mit dem Dreieck und einem Klebepunkt verschließen.

Mini-Faltbücher

①

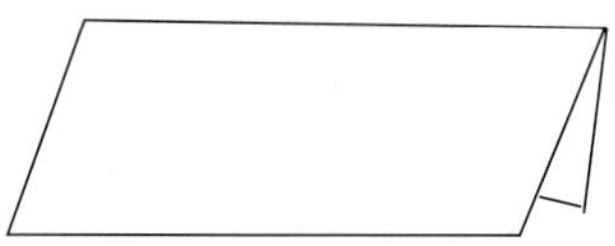

②

③

④

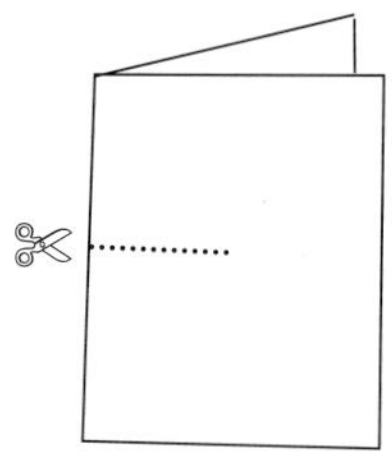

⑤

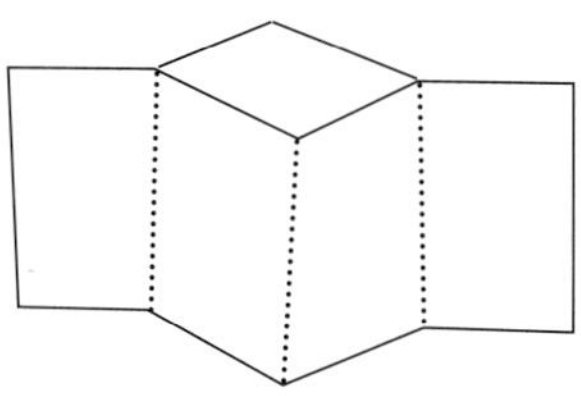

⑥

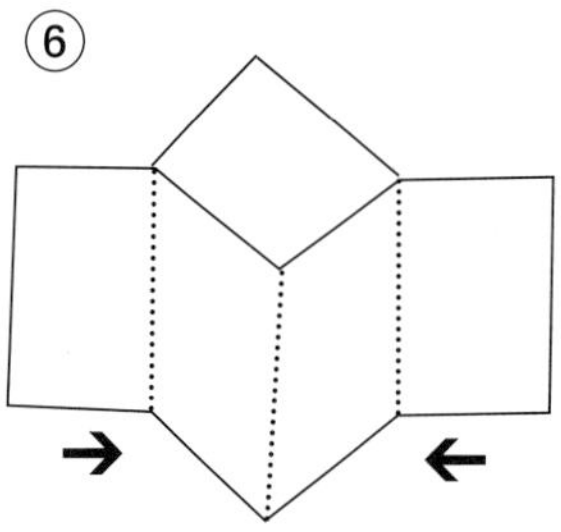

⑦

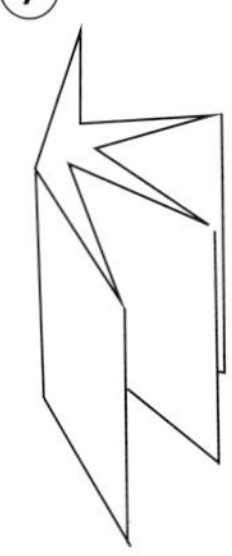

⑧

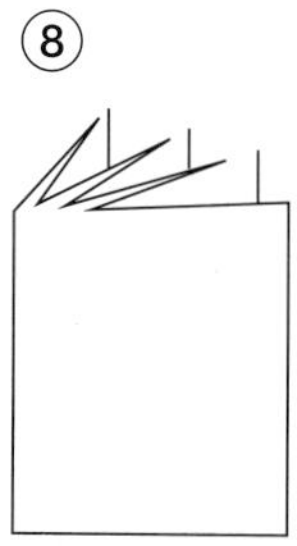

Das Buch muss nicht geklebt oder getackert werden. Nach dem gleichen Prinzip werden auch die Mini-Bücher zum Lesebilderbuch (siehe Kopiervorlagen 59–64) gefaltet.
Bei beschrifteten Seiten darauf achten, dass das Titelblatt nach vorne gefaltet wird.

Ich kann lesen!

Erfahrungsgemäß fangen die ersten Kinder zwischen den Herbst- und Weihnachtsferien mit dem Lesen an. Meistens finden sie selbst heraus, dass sie ein geschriebenes Wort oder einen geschriebenen Satz verstehen und stellen überrascht fest: „Ich kann lesen!"

Tabelle mit vier Türmen

Zum Lesen brauchen die Kinder dann nicht nur die lautgetreuen, sondern alle Schriftzeichen. Wenn bisher nur mit der Kurzversion der Tabelle gearbeitet wurde, wird deshalb jetzt das Klassenplakat umgedreht, damit die Langversion zu sehen ist. Der vierte Turm wird allen Kindern erklärt, aber nicht intensiv geübt. Die Kinder, die lesen können, bekommen eine Schwarzweißkopie der Langversion und eine besondere Einführung für den vierten Turm in der Kleingruppe.
In der Regel ist es für die Kinder kein Problem, sich die noch unbekannten Zeichen zu erschließen. Sie kennen das Arbeitsprinzip für die Anlauttabelle und wissen, wie aus einem Anlautbild der Lautwert eines Buchstabens erschlossen wird. Mit entsprechender Hilfe und Übung können sie das auch auf die Zeichen anwenden, die auf der Kurzversion der Tabelle nicht enthalten sind.

Lesesituationen

Kinder, die gerade mit dem Lesen beginnen, sind zunächst noch sehr damit beschäftigt, die einzelnen Buchstaben zu einem Wort zusammenzufügen. Die Konzentration auf die Lesetechnik erfordert ihre ganze Aufmerksamkeit und die Erschließung der Inhalte tritt dabei bisweilen in den Hintergrund. Das bedeutet jedoch nicht, dass es egal ist, was und in welchem Zusammenhang Leseanfänger lesen. *Im Gegenteil*: Gerade weil es den Leseanfängern durch die unzureichende Lesetechnik noch schwer fällt, sich auf die inhaltlichen Aspekte zu beziehen, ist es wichtig, dass das Lesen in Situationen eingebettet ist, die ihren Bemühungen – und das Lesen ist am Anfang mühsam! – eine Bedeutung geben, die über das Entziffern von Wörtern hinausgeht. Deshalb sind Lesesituationen wichtig, in denen die Kinder erfahren, dass das Lesen ihnen neue Handlungs- und Kommunikationsmöglichkeiten eröffnet, z. B. beim Spielen, beim Basteln und Experimentieren, beim Geschichten erzählen.

Leseangebote

Wenn Lesen nur darin besteht, dass die Kinder Texte lesen, die die Lehrerin für sie ausgesucht hat, haben sie wenig Gelegenheit, eigene Leseinteressen zu entwickeln. Was beim einzelnen Kind das Leseinteresse auslöst, lässt sich schlecht verallgemeinern.
Für einige Kinder ist das Thema bestimmend. Sie finden im Lesebilderbuch Anregungen oder suchen sich in der Leseecke passende Bücher aus. Andere Kinder lassen sich von der Situation motivieren, z. B. mit einem Partner zusammen zu lesen oder gemeinsam ein Lesespiel zu spielen. Für einige Kinder wiederum ist entscheidend, dass sie eine überschaubare Aufgabe vor sich haben, die sie bewältigen können, z. B. eine Karte aus der Lesekartei mit wenigen Wörtern oder ein Mini-Buch zu bearbeiten.
Es ist wichtig, dass die Leseangebote den Kindern unterschiedliche Zugänge sowohl über verschiedene Themen als auch über verschiedenartige Lesematerialien (Spiele, Karteien, Bücher) ermöglichen.

Lesezeiten

Kinder, die mit dem Lesen beginnen, brauchen dafür Zeit und Unterstützung. Deshalb ist es sinnvoll, wenn feste Lesezeiten eingeplant werden, die jede Woche zur gleichen Zeit stattfinden. Gerade wenn erst wenige Kinder lesen können, kann es passieren, dass diese Kinder zu wenig Zeit zum Lesen bekommen bzw. die Entwicklung ihrer neu gewonnenen Fähigkeiten nicht genügend unterstützt wird.
Zu den Lesezeiten ist die Lehrerin für die Lesekinder da. Sie kann sich zu einzelnen Kindern setzen, sich etwas vorlesen lassen oder mit dem Kind zusammen einen Text zum Vorlesen in der Klasse vorbereiten. Dabei gewinnt sie einen Eindruck davon, was das Kind schon kann und wo noch Unterstützung notwendig ist.
Kinder, die noch nicht lesen können, können sich in dieser Zeit etwas vorlesen lassen, eine eigene Aufgabe aus den Freiarbeitsmaterialien suchen oder eine vorgegebene Aufgabe bearbeiten.

Zeit zum Vorlesen

Manche Kinder – nicht alle – lesen auch gern der Klasse vor. Für die Lesekinder ist das eine gute Übungssituation und für die Kinder, die noch nicht lesen können, ein Anreiz, sich auch ans Lesen zu wagen. Diese Wirkung ist besonders effektiv, wenn das, was die Kinder vorlesen, sich auch auf aktuelle Unterrichtsthemen bezieht. Solche Inhalte können mit den Lesekindern im Rahmen des Tagesplanes abgesprochen und geübt werden. Auf keinen Fall aber sollten Kinder, die nicht vorlesen möchten, zum Vorlesen gezwungen oder überredet werden.

Der Lese-Ausweis

Kurz nach den Herbstferien stehen Jessica und Timo an meinem Schreibtisch, auf dem zufällig eine Wörterliste liegt. Völlig selbstverständlich lesen sie abwechselnd die Wörter vor. Nach ungefähr zehn Wörtern halten sie inne und stellen überrascht fest: „Ich kann lesen!".
Auch ich bin überrascht und freue mich: Die ersten Kinder können lesen! Das bedarf einer besonderen Würdigung und ich trage dieses Ereignis in unser Tagebuch ein.
Am nächsten Tag bringe ich für beide Kinder einen Lese-Ausweis mit (siehe Kopiervorlage 65 und 66). Wenn sie mir, einem Mitschüler oder einer Mitschülerin etwas vorlesen, wird es in den Ausweis eingetragen. Dafür wird die Seitenzahl eingetragen und der Zuhörer bzw. die Zuhörerin unterschreibt. So haben die Kinder und ich einen Überblick, was sie schon gelesen haben.
Meistens nutzen sie zum Lesen die Freiarbeitsphase und die offene Anfangsphase vor dem Unterrichtsbeginn. Darüber hinaus erweitere ich die Angebote für die Freiarbeit durch neue Lesespiele (siehe Materialien für die Freiarbeit).

Einführung des Lesebilderbuchs

Da ich das Lesebilderbuch nicht am Anfang des Schuljahres verteilt habe, bringe ich es am nächsten Tag für alle Kinder mit. Jedes Kind bekommt ein Buch und für eine Weile blättern alle darin, zeigen sich gegenseitig, was ihnen gefällt oder auffällt.
Ich habe Haftzettel mit den Namen der Kinder vorbereitet. Jedes Kind bekommt einen Zettel und klebt ihn auf seine Lieblingsseite, und zwar so, dass der Zettel an der Seite etwas herausguckt. Anschließend stellen einige Kinder ihre Lieblingsseiten vor. Ich schreibe die Seitenzahl an die Tafel, damit alle Kinder sie aufschlagen können. Hier wird deutlich, dass die Interessen breiter gestreut sind als ich vermutet habe. Da es zu lange dauern würde, bis alle Kinder ihre Seite vorgestellt haben, werden die Bücher getauscht und jeder kann am Haftzettel erkennen, welche Seiten zu den Lieblingsseiten der anderen zählen.
Zum Abschluss besprechen wir, dass jeder seinen Namen in das Buch schreibt (nur bei Übereignung der Bücher möglich). Wer will, kann das Buch mit nach Hause nehmen, aber ab nächster Woche soll es bei jedem Kind im Fach liegen.

Lese-Assistenten

Drei Kinder können jetzt schon in meiner Klasse lesen. So oft wie möglich delegiere ich kleine Leseaufgaben, die sich während des Unterrichts ergeben, an sie, damit sie ihre neu erworbenen Fähigkeiten anwenden können.
Informationen, die ich an die Tafel schreibe – z. B. Stichpunkte für den Tagesplan, Erinnerungen an Hausaufgaben oder an Materialien (Turnzeug, Bastelsachen), die am nächsten Tag mitgebracht werden sollen – lasse ich von den Lese-Assistenten vorlesen.
Wenn ich eine Geschichte vorlese, bereite ich sie so vor, dass die Kinder, die schon lesen können, einbezogen werden, z. B.:

- Die ersten zwei oder drei Sätze einer Geschichte schreibe ich in vereinfachter Form auf eine Karte. Eine Stunde bevor die Geschichte vorgelesen wird, gebe ich sie einem Kind zum Lesen. In der Geschichten-Stunde liest zunächst dieses Kind die Anfangssätze vor. Die anderen Kinder vermuten, wie es weitergehen könnte, erst danach lese ich den Rest der Geschichte vor.
- Ich suche zehn Wörter aus der Geschichte, die vorgelesen werden soll, heraus, befestige sie untereinander auf einem schmalen Streifen Krepppapier und gebe sie in der Stunde davor zwei Kindern zum Lesen. Die beiden Kinder lesen sie dann abwechselnd in der Geschichtenstunde vor. Die Zuhörer vermuten zunächst, wovon die Geschichte handeln könnte, bevor ich sie vorlese. Das Erzählband wird zum Schluss eingerollt, in eine Schachtel gelegt, auf der der Titel der Geschichte steht, und ins Regal gelegt. Manchmal hängen wir es noch einmal auf und erinnern uns an die Geschichte.

Experten und Expertinnen

Bei unseren Unterrichtsvorhaben gibt es für die Kinder, die lesen können, eine „Experten-Kiste". In dieser Kiste sind Aufgaben, die sich auf das jeweilige Thema beziehen, und (wenn nötig) die dazu erforderlichen Materialien.

Zum Thema Herbst gibt es z.B. in der Kiste eine Anleitung zum Blätterpressen. Anfang November ist es eine Anleitung zum Basteln einer einfachen Laterne. In der Vorweihnachtszeit gibt es eine Anleitung, wie man Packpapiertüten mit kleinen Weihnachtssternen bedrucken kann. Die Anleitungen sind nur zu verstehen, wenn man lesen kann. Die Kinder beschäftigen sich damit in der Freiarbeitszeit oder im Rahmen des Tagesplanes. Anschließend stellen sie ihre Ergebnisse der Klasse vor. Sie sind dann die Experten und Expertinnen, weil sie zeigen können, wie man Blätter presst, eine Laterne baut oder Geschenktüten herstellt.

Leseeltern

Nachdem immer mehr Kinder in meiner Klasse lesen können, frage ich auf einem Elternabend, ob einige Eltern Zeit und Lust haben, einmal in der Woche – jeweils am Freitag in der ersten Stunde – als Leseeltern in die Schule zu kommen. Ihre Aufgabe besteht darin, einem Kind, das etwas vorlesen will, zuzuhören, ohne es zu drängen oder zu kritisieren.

Zwei Mütter und ein Vater sind bereit, abwechselnd zu kommen. Für mich und die Kinder ist das eine Hilfe, weil mehrere Kinder die Gelegenheit haben, einem kompetenten Leser vorzulesen. Für die Eltern ist es interessant, weil sie auch einmal andere als ihre eigenen Kinder beim Lernen erleben.

Die Texte zum Vorlesen suchen sich die Kinder selbst aus. Sobald sie den Text lesen können, kommen sie zu der Mutter, dem Vater oder zu mir und lesen den Text vor. Anschließend tragen die Eltern oder ich in ihrem Lesepass ein, was sie gelesen haben.

Manchmal bitte ich die Eltern auch, dem Kind zu zeigen, wie es seinen Text auf Kassette lesen kann. Beim Abhören der Kassette kann ich mir ein Bild davon machen, wie das Kind liest und wo es noch Schwierigkeiten hat.

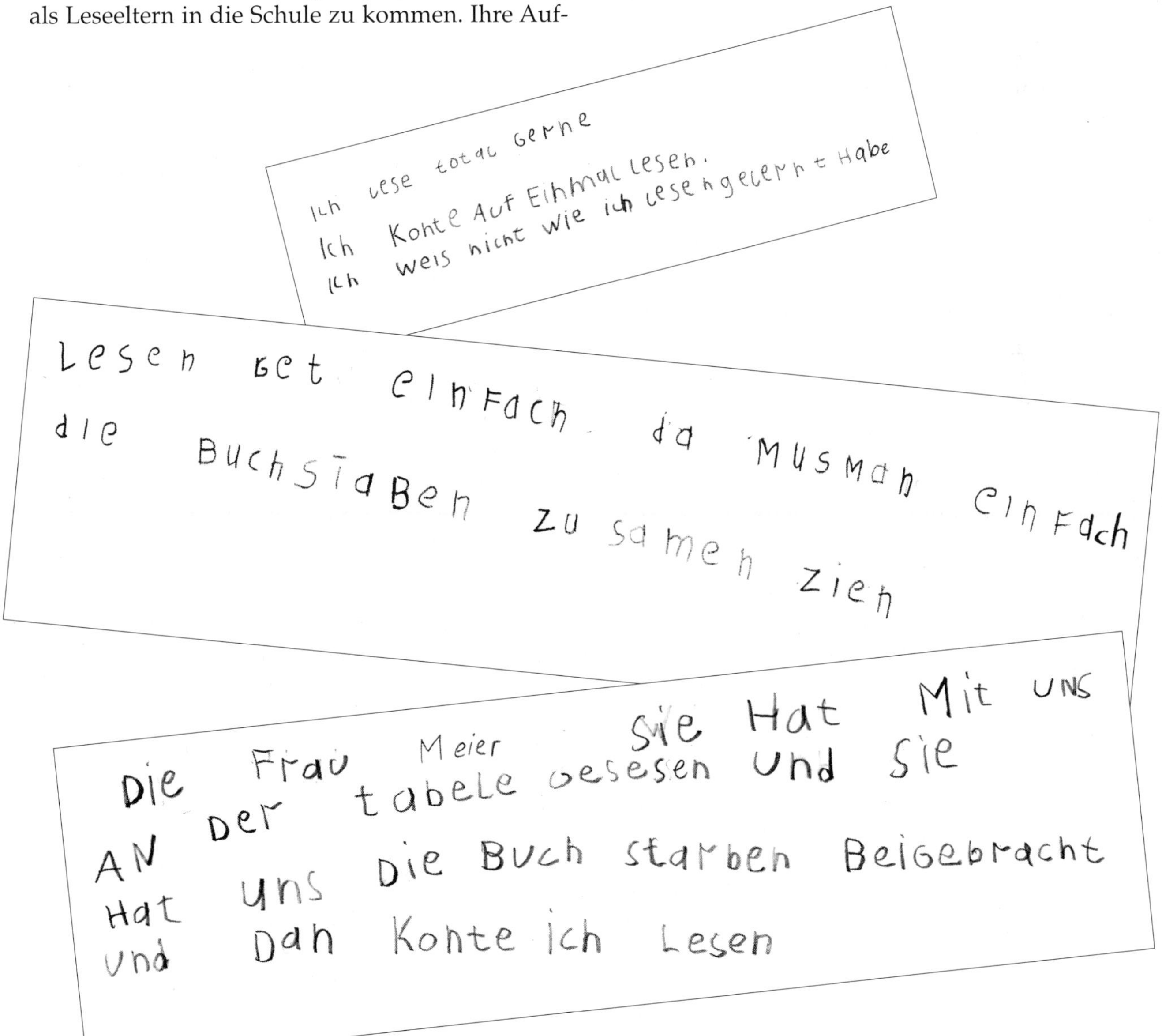

Das schwarze Schaf

Materialien: 6–7 Wortkarten, bei denen alle Begriffe mit dem gleichen Anlaut anfangen bis auf eine Karte; z. B. Affe, Adler, Angel, Astronaut, Apfel, Ananas, Ball.
Spielform: Kreis oder übliche Sitzordnung

Der Anlaut wird an die Tafel geschrieben. Kinder, die lesen können, bekommen die Wortkarten. Ein Kind beginnt: „Affe". Die Klasse antwortet: „Passt". Das nächste Kind: „Adler". Die Klasse antwortet: „Passt". Wenn ein Wort vorgelesen wird, das nicht zur „A"-Serie gehört (Das schwarze Schaf), tauschen alle Kinder die Plätze.
Schwieriger wird es, wenn auch der In- und Auslaut mitzählen. In dem Fall hätte z. B. der Ball noch zur Serie gepasst. Statt Buchstaben können auch andere Serien verabredet werden, z. B. Obst oder Werkzeuge.

Geheimnisträger

Materialien: Wortkarten mit bekannten Begriffen (siehe Kopiervorlage 32 bis 46)
Spielform: Kreis

Die Kinder, die lesen können, bekommen mehrere Wortkarten. Ein Kind sucht sich eine Wortkarte aus. Die anderen Kinder, die noch nicht lesen können, stellen Fragen, die mit „Ja" oder „Nein" beantwortet werden können, z. B.: Ist es ein Tier? Hat es vier Beine?
Ist das Wort nach zehn Fragen nicht erraten, wird es vorgelesen und das nächste Wort erfragt. Damit die Kinder das einkreisende Fragen lernen, stellt die Lehrerin am Anfang zwei bis drei Fragen. Danach fragen die Kinder weiter.

Konfetti-Zirkus

Materialien: Ereigniskarten
(siehe Kopiervorlage 49/50)
Spielform: Kreis

Die Kinder, die lesen können, bekommen die Ereigniskarten. Ein Kind beginnt, zieht eine Karte und liest sie vor, z. B. „Belle wie ein Hund!" Alle Kinder im Kreis führen den Auftrag aus. Dann wird der nächste Auftrag vorgelesen. Können erst sehr wenige Kinder lesen, liest die Lehrerin weitere Karten vor.

Lachen verboten

Materialien: Fragekarten
Spielform: Kreis

Jede Frage, die bei diesem Spiel gestellt wird, muss immer mit dem gleichen Wort beantwortet werden. Dieses Wort heißt „Grießbrei". Die Aufgabe ist es, dieses Wort zu sagen, ohne zu lachen.
Ein Kind das lesen kann, zieht eine Karte und liest vor: Was nimmst du zum Schuhe putzen?" Er ruft ein Kind auf, z. B. Anna. Anna antwortet: „Grießbrei" und muss dabei lachen. Deshalb setzt sie sich verkehrt herum auf ihren Stuhl (Stuhllehne zeigt in den Kreis). Dann wird die nächste Fragekarte gezogen: Was ist in deiner Schultasche?
Beispiele für Fragen:
Was ist im Schwimmbecken? / Was schmierst du auf dein Brot? / Was kommt aus der Dusche? / Was kaufst du beim Bäcker? / Was ist ein Sandkasten? / Was ist in deiner Bettdecke? / Was ist auf der Pizza? / Was hast du heute gegessen?

Nimm zwei

Materialien: 16 Wortkarten mit passenden Wortbildkarten (siehe Kopiervorlagen 31/32)

Mitspieler: 2–4 Spieler

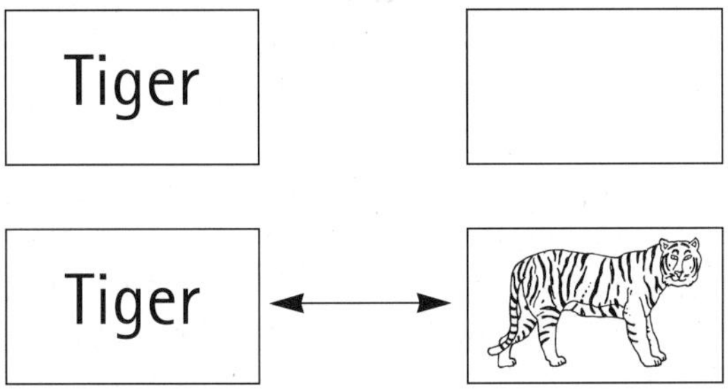

Die Wortkarten werden mit dem Schriftbild nach oben ausgelegt. Die Wortbildkarten werden mit der Blankoseite nach oben ausgelegt. Ein Spieler beginnt und sucht sich eine Wortkarte aus, z.B. Tiger. Er liest das Wort vor und nimmt dazu eine Blankokarte auf. Passen die beiden Karten zusammen, erkennbar an dem Wort und Bild auf der Rückseite der Blankokarte, kann der Spieler weitermachen. Passen die Karten nicht zusammen, werden beide Karten zurückgelegt und der nächste Spieler ist an der Reihe.

Silbenpartner

Materialien: Silbenkarten für zweisilbige Wörter; Vorderseite Silbe; Rückseite Abbildung (siehe Kopiervorlagen 33/34); Anfangssilben mit einem roten Punkt kennzeichnen

Mitspieler: 2–4 Spieler

Die Karten werden an die Spieler verteilt. Ein Kind beginnt und legt eine Anfangskarte – erkennbar am Großbuchstaben und am roten Punkt – und liest die Silbe vor. Das Kind, das diese Silbe zum Wort ergänzen kann, legt seine Karte dazu, liest das ganze Wort vor und dreht beide Karten um. Wird durch die Abbildung auf der Rückseite bestätigt, dass beide Silben richtig zugeordnet wurden, kann das Kind beide Karten behalten. Dann legt es die nächste Anfangskarte aus.

Konfetti-Fix

Materialien: Buchstabenkarten zu den Buchstaben aus der Kurzversion der Tabelle; Spielkarten mit Oberbegriffen (siehe Kopiervorlagen 42–45)

Mitspieler: 2–4 Spieler

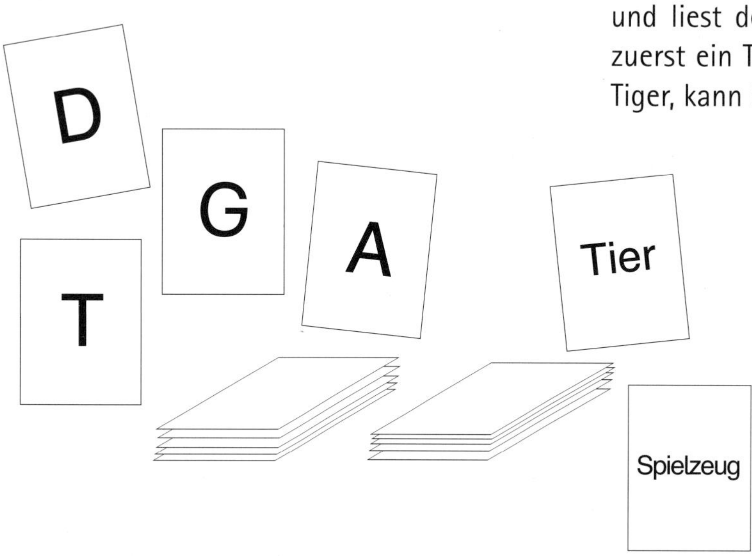

Die Buchstabenkarten werden verdeckt in einem Stapel in die Mitte gelegt, ebenso die Karten mit den Oberbegriffen. Ein Kind deckt eine Buchstabenkarte auf (z.B. <T>) und benennt den Buchstaben. Ein anderes Kind deckt eine Karte aus dem zweiten Stapel auf und liest den Oberbegriff vor (z.B. Tier). Wer zuerst ein Tier nennt, das mit /T/ beginnt, z.B. Tiger, kann beide Karten behalten.

Reim-Werkstatt

Materialien: Karten mit Wörtern; je zwei Wörter reimen sich (siehe Kopiervorlagen 36–41)

Mitspieler: 2–4 Spieler

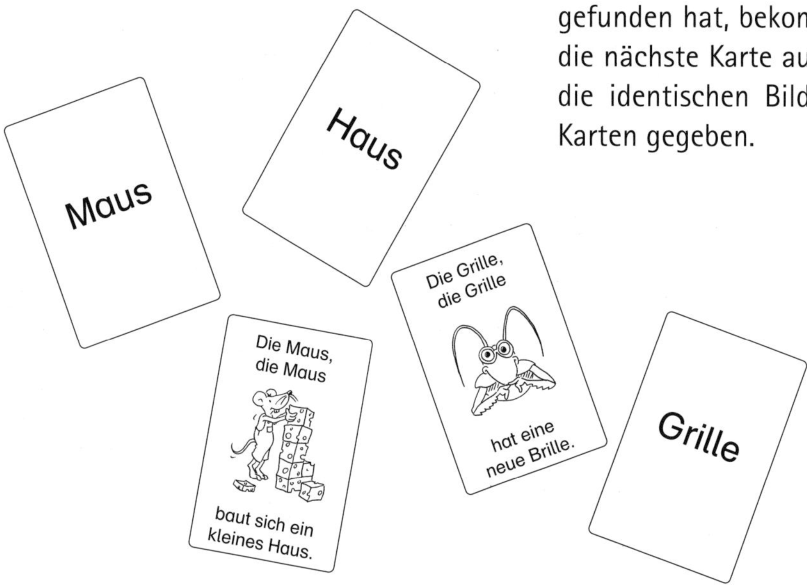

Die Karten werden an die Mitspieler verteilt. Sie legen sie mit dem Wortbild nach oben vor sich hin. Ein Kind beginnt: „Ich habe ein Haus!" Das Kind mit der Reimkarte antwortet: „Dazu passt die Maus!" Das Kind, das den Reim gefunden hat, bekommt beide Karten und legt die nächste Karte aus. Eine Kontrolle ist durch die identischen Bilder auf der Rückseite der Karten gegeben.

Stummfilm

Materialien: Spielplan mit Ereignisfeldern (siehe Kopiervorlage 52 oder 53. Bei den Kopiervorlagen 51 und 54 können Ereignisfelder nach eigenem Gutdünken markiert werden), Ereigniskarten mit einzelnen Wörtern (siehe Kopiervorlagen 46–48), Setzsteine, Würfel

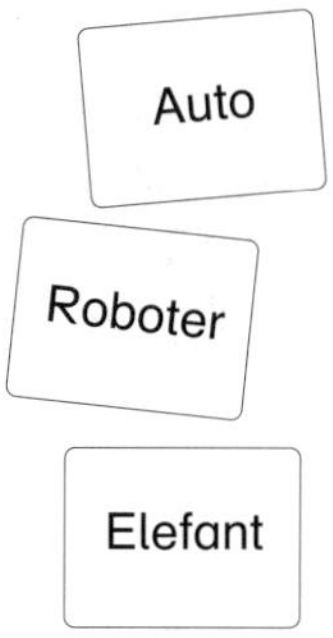

Mitspieler: 2–4 Spieler

Jeder Spieler bekommt drei Ereigniskarten, die er sich vor dem Spiel leise durchliest und mit der Schrift nach unten vor sich hinlegt. Ein Spieler beginnt und würfelt. Entsprechend der Augenzahl auf dem Würfel zieht er seinen Setzstein vor. Kommt er auf ein Ereignisfeld (ein besonders gekennzeichnetes Feld) nimmt er eine von seinen Ereigniskarten auf. Er liest sie noch einmal leise durch und erklärt den Mitspielern ohne Worte (pantomimisch), was auf der Karte steht. Die anderen Spieler sollen das Wort erraten. Haben sie richtig geraten, darf der Spieler seinen Stein zwei Felder vorrücken. Dann ist der nächste Spieler an der Reihe.

Sonderaufträge

Materialien: Spielplan mit Ereignisfeldern (siehe Kopiervorlage 52, 53*), Ereigniskarten mit Aufträgen (siehe Kopiervorlage), Setzsteine, Würfel

Mitspieler: 2–4 Spieler

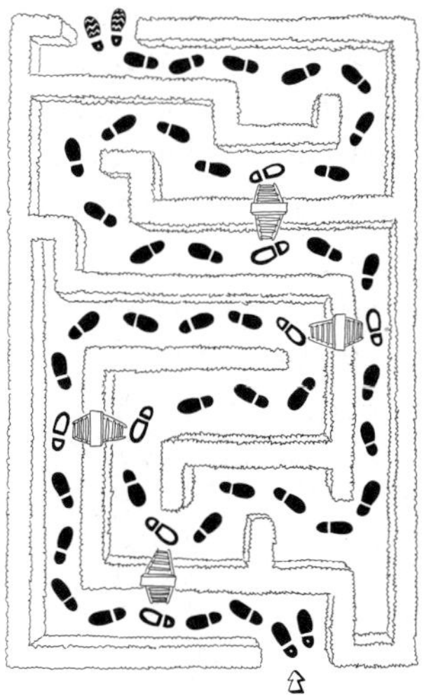

Die Ereigniskarten werden verdeckt im Stapel neben den Spielplan gelegt. Ein Spieler beginnt und würfelt. Entsprechend der Augenzahl auf dem Würfel zieht er mit seinem Setzstein vor. Kommt er auf ein Ereignisfeld (erkennbar an der besonderen Kennzeichnung des Feldes) zieht er eine Ereigniskarte. Er liest die Karte laut vor und führt den Auftrag, der auf der Karte steht, aus. Danach kann er mit seinem Spielstein zwei weitere Felder vorrücken.

* Bei den KV 51 und 54 können Ereignisfelder nach eigenem Gutdünken markiert werden

Rätselbox

Materialien: Aus Kinderzeitschriften einfache Rätsel oder Wissensfragen ausschneiden (oder selbst aufschreiben) und auf Karton aufkleben; alle Karten haben die gleiche Größe, z. B. DIN-A5; auf der Rückseite der Karten steht die Lösung. Einen Kartondeckel in 6 Fächer einteilen, passend zur Größe der Karten. Jedes Fach wird mit einer Zahl von 1–6 gekenntzeichnet. Die Karten auf die Fächer verteilen; pro Fach ca. 4 oder mehr Karten.

Spieler: 2–4 Spieler

Ein Spieler beginnt und würfelt. Hat er z. B. eine Zwei gewürfelt, liest er die Karte aus Fach 2 vor. Kann er sie beantworten, darf er sie behalten. Wenn nicht, bleibt die Karte im Fach liegen. Dann ist der nächste Spieler mit dem Würfeln an der Reihe.

Rätselbox (Fortsetzung)

Beispiele für Rätselkarten

Finde das schwarze Schaf!

Banane

Ananas

Tisch

Melone

Experten-Fragen

Was ist ein Libero?

– Ein Auto
– Ein Buch
– Ein Fußballer

Wissensfragen

Wie viele Planeten hat die Sonne?

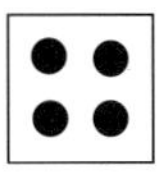

Wer weiß das?

Was

isst

Kerstin *

am liebsten?

Wie heißt das Tier?

Es
– lebt in Afrika
– hat einen langen Rüssel
– und große Ohren

Witzfragen

Welcher Hahn kann nicht krähen?

* ein Kind aus der Klasse

Strategien erweitern

Zwischen Weihnachten und Ostern sind die ersten Kinder mit den Konfetti-Heften 1 und 2 fertig. In der Regel haben die Kinder nach den Übungen in den beiden ersten Heften das Prinzip des Lesens verstanden und können nun mit dem dritten Konfetti-Heft beginnen.

Akustische und optische Durchgliederung

Mit der Arbeit am dritten Konfetti-Heft wird die bisherige Schreibstrategie der Kinder – lautgetreues Schreiben durch akustisches Durchgliedern – erweitert. Durch Wörterlisten und Texte bekommen die Kinder Informationen über die Schreibweise von Wörtern, die sich nicht akustisch, sondern nur optisch erschließen lässt. Damit wird das lautgetreue Schreiben ergänzt durch die Übernahme von Rechtschreibmustern ergänzt.

Übungen in Heft 3

Die Übungen in Heft 3 beziehen sich auf die Schriftzeichen, die nicht mehr eindeutig über das Lautieren erschlossen werden können und auf der Anlauttabelle im vierten Turm stehen: <St>, <Sp>, <Pf>, <Qu>, <V>, <X>, <Y>, <C>; außerdem sind Übungen zum <ß>, <ie > und <ch> als Inlaut enthalten. Diese Zeichen können die Kinder nicht am Klangwert erkennen, sondern brauchen für die Schreibweise eine visuelle Vorlage. Deshalb wird im Heft 3 anders gearbeitet als in den beiden ersten Konfetti-Heften:

- Wie schon in Konfetti-Heft 1 und 2 erschließen sich die Kinder aus den Schreibrichtungskarten der Konfetti-Kartei die Schreibbewegung und üben sowohl den Klein- als auch den Großbuchstaben in den im Heft vorgegebenen Lineaturen.
- Zu jedem Buchstaben gibt es in der Kartei eine Wortschatzkarte, auf denen Wörter erlesen und Abbildungen zugeordet werden. Selbstkontrolle ist durch das von den Lautierkarten her bekannte Klammerprinzip möglich.
- Dazu gibt es zu jedem Buchstaben bzw. jeder Buchstabenverbindung im Heft verschiedene Aufgaben, z.B. Rätsel, Lückentexte, Zuordnungsaufgaben, bei denen Wörter mit dem entsprechenden Buchstaben im Zusammenhang gelesen und geschrieben werden.

Anders als in den beiden ersten Heften ist die Reihenfolge der Buchstaben in Heft 3 nicht mehr frei wählbar, sondern vorgegeben. Aber es bleibt dabei, dass die Kinder unabhängig voneinander die Übungen im eigenen Lerntempo bearbeiten können.

Korrekturen

Schreiben die Kinder in Heft 3 ein Wort falsch, für das sie beim Schreiben eine Vorlage hatten (Wortkarte, Wörterliste o. a.), werden diese Wörter gekennzeichnet (z. B. Ankreuzen oder Punktieren mit Bleistift), damit die Kinder sie verbessern können. Alle anderen Wörter werden noch nicht korrigiert.
Es geht auch in dieser Lernphase noch nicht darum, dass die Kinder einen fehlerlosen Text schreiben, sondern darum, dass sie einen mündlichen Text so gut verschriften, wie sie es mit den ihnen zur Verfügung stehenden Mitteln können.

Nachschlagen und Nachfragen

Die Strategie, Wörter von einer Vorlage abzuschreiben, ist nicht allein auf die Übungen in Heft 3 beschränkt, sondern kann auch beim Schreiben freier Texte angewendet werden, z. B. indem Wörterlisten oder Mini-Wörterbücher zur Verfügung gestellt werden. Über diesen Weg lernen die Kinder eine der wichtigsten Rechtschreibstrategien kennen: Nachschlagen bzw. Nachfragen. Diesem Aspekt von Rechtschreibung wird oft viel zu wenig Gewicht beigemessen, weil es im Rechtschreibunterricht meistens darum geht, was Kinder ohne Hilfen schreiben können. Vielmehr gilt es, sie darin zu bestärken, alle Hilfen zu benutzen. Wenn ein Kind ein Wort nachschlägt (oder als Vorstufe davon: nachfragt), dann ist es sich darüber bewusst, dass die gedachte Schreibweise nicht immer die richtige ist. Das ist für die Anbahnung eines Rechtsschreibbewusstseins wichtig.

Verschiedene Arbeitsweisen

Für die Kinder, die nicht am dritten Heft arbeiten, ist das Abschreiben von Wörtern bzw. Texten nur dann relevant, wenn sie z. B. einen Text für ein Klassenbuch oder eine andere Veröffentlichung herstellen. Beim freien Schreiben oder in den Konfetti-Heften 1 oder 2 benutzen sie wie bisher ausschließlich die Lautierstrategie. Es wird jedoch einige Kinder geben, die sich für die Wörterlisten interessieren und sie benutzen. Das ist jedoch nur dann sinnvoll, wenn die Kinder bereits lesen können und den Inhalt dessen, was sie abschreiben, verstehen.

Praxis

Praxisbeispiele

Einführung von Konfetti-Heft 3

Sven und Tanja kamen gestern mit ihrem zweiten Konfetti-Heft zu mir und sagten: „Ich bin fertig!".

Beide haben also alle Buchstaben von der Kurzversion der Tabelle bearbeitet. Das ist schon eine beachtliche Leistung.
Ich berichte davon im Morgenkreis und als Anerkennung können sie sich ein Spiel wünschen. In der nächsten Konfetti-Stunde setze ich mich zu den beiden Kindern und zeige ihnen die Materialien für das dritte Heft. Zuerst sehen wir uns das Heft gemeinsam an und Sven stellt bald fest, dass in diesem Heft die Buchstaben aus dem vierten Tabellenturm stehen. Ich zeige ihnen die Wortschatzkarten und gemeinsam erlesen wir die Karte für den Buchstaben <X>. Die ersten beiden Aufgaben im Heft sind ihnen bekannt, deshalb können sie mit der Arbeit beginnen. Außerdem gebe ich ihnen eine Lupe mit der Erklärung, dass sie für eine Aufgabe gebraucht wird.

Gegenseitige Hilfe

Bei der Arbeit in Heft 3 fragen die Kinder öfter mal nach, weil sie die Aufgabe nicht verstehen. Meistens reicht der Hinweis aus: Lies dir die Aufgabe noch einmal genau durch! Wenn nicht, erkläre ich dem Kind die Aufgabe. Später, wenn mehrere Kinder am Konfetti-Heft 3 arbeiten, können sich die Kinder auch untereinander helfen. Ich habe schon häufiger die Erfahrung gemacht, dass die Kinder die Erklärung von anderen Kindern besser verstehen als meine.

Wörterlisten

Am Anfang eines Projekts stelle ich eine Liste mit Wörtern zusammen, von denen ich denke, dass sie beim Schreiben von Texten zu diesem Thema häufig gebraucht werden. Es gibt eine Liste mit rotem Rahmen für Wörter, die großgeschrieben werden und eine Liste mit gelbem Rahmen für Wörter, die kleingeschrieben werden. Beide Listen sind nach dem ABC geordnet; <St>, <Sp>, <Sch>, <Pf>, <Ei>, <Eu>, <Au>, <Ü>, <Ö>, <Ä> haben eine Extra-Rubrik. Bei jedem Buchstabenzeichen werden zusätzlich 1–2 Zeilen (je nach Häufigkeit des Buchstabens) freigelassen, damit noch Wörter, die sich im Verlauf der Arbeit zum Thema als wichtig herausstellen, nachgetragen werden können. Beide Listen werden auf die Vorder- und Rückseite eines Kartons geklebt und in eine Kiste gestellt, die jederzeit zugänglich ist.
Wenn die Kinder Texte schreiben, können sie sich die Wörterliste holen und nachsehen, wie ein Wort geschrieben wird.

Hilfen zum Abschreiben

Wenn ein Text fehlerfrei abgeschrieben werden soll, kennzeichne ich bei den falsch geschriebenen Wörtern diejenigen, die auf der Liste stehen. Als Zeichen male ich ein kleinen Punkt dazu. Das bedeutet, diese Wörter sollen noch einmal auf der Liste nachgesehen und verbessert werden. Andere falsch geschriebene Wörter, die nicht auf der Liste stehen, schreibe ich richtig dazu. Mit diesen beiden Korrekturformen ist es für das Kind möglich, den Text rechtschreibrichtig z.B. für ein Klassenbuch abzuschreiben.

Lesen und schreiben

Mit zunehmender Sicherheit beim Lesen erschließt sich für die Kinder ein veränderter Umgang mit Schrift, weil sie Schreiben und Lesen mehr und mehr aufeinander beziehen.

Gegenseitige Ergänzung

Lesen und Schreiben ergänzen sich dabei gegenseitig und eröffnen in der Kombination den Kindern neue Möglichkeiten bei der Beschäftigung mit Inhalten. Beim Schreiben profitieren die Kinder davon, dass sie nachlesen können, falls sie Anleitungen oder Anregungen brauchen. Die Leseinhalte können durch das Schreiben vertieft werden, weil die Kinder ihre Ideen und Gedanken zum Text aufschreiben. Die Kinder erlesen aus Texten Informationen und schreiben auf, was zur Beantwortung einer Frage wichtig ist (Was frisst eine Schnecke?). Sie bekommen durch Texte aus dem Lesebilderbuch Anregungen für eigene Schreibideen (z. B. Wahr oder gelogen?). Das freie Schreiben wird durch die Möglichkeit erweitert, die Geschichten selbst lesen bzw. vorlesen zu können.

Größere Selbstständigkeit

Insgesamt werden die Kinder durch die Fähigkeit (fast) alles selbst lesen zu können, sehr viel selbstständiger in ihren Arbeitsweisen und in ihrer Kommunikation innerhalb der Klasse.
Das wirkt sich auf alle Unterrichtsbereiche aus, weil die Kinder eigenständiger als bisher ihren Ideen, Fragen und Interessen nachgehen können. Sie können sich z. B. durch gegenseitiges Vorlesen verstärkt untereinander helfen. Dadurch bekommen die Kinder, die noch nicht lesen können, neue Anreize zum Lesenlernen.

Differenzierendes Arbeiten

Da die Entwicklung der Kinder sehr unterschiedlich verläuft – manche können schon sehr gut lesen, andere noch gar nicht – sind Arbeitsformen wichtig, bei denen die Kinder trotz unterschiedlicher Lernentwicklung gemeinsam an einem Thema arbeiten können.
Sonst besteht die Gefahr, dass sich die Anforderungen einseitig an einem bestimmten Niveau orientieren, und den Kindern zu wenig Raum für ihre individuelle Lernentwicklung gelassen wird.
Unter diesem Aspekt haben sich vor allem die Unterrichtsformen bewährt, bei denen projektartig an einem Thema gearbeitet wird. Hierbei kann sich jedes Kind seinen Möglichkeiten entsprechend mit dem Thema befassen, weil nicht das individuelle Ergebnis im Vordergrund steht, sondern das Zusammentragen von Arbeitsergebnissen unter verschiedenen Aspekten.
Die Differenzierung regulieren die Kinder weitgehend selbst, vorausgesetzt sie haben unterschiedliche Aufgaben zur Auswahl. Entweder suchen sie sich die Aufgaben aus, die sie bewältigen können oder sie arbeiten mit anderen Kindern zusammen an einer Aufgabe.

Praxis Praxisbeispiele

Geschichten der Woche

Nach den Weihnachtsferien habe ich ein Geschichtenheft eingeführt: ein dickes DIN-A5-Heft ohne Linien. Das Heft hat einen besonders schönen Umschlag aus Geschenkpapier und ist somit deutlich erkennbar als ein besonderes Heft, unser Geschichtenheft.

Aufgabe im Tagesplan

Jede Woche bekommt ein anderes Kind die Aufgabe, eine Geschichte für dieses Heft zu schreiben. Wer will, kann sich dafür auch mit einem anderen Kind zusammentun. Für das Schreiben der Wochengeschichte sind die Kinder von bestimmten anderen Aufgaben im Tagesplan befreit und können in dieser Zeit an ihrer Geschichte arbeiten. Als Erinnerung steht jeden Tag im Tagesplan ein Symbol für das Geschichten-Heft, auf dem der Name des Kindes bzw. der Kinder steht.

Beratung

Die Beiträge der Kinder sind unterschiedlich. Einige wenige Kinder malen hauptsächlich und diktieren mir den Text, andere schreiben seitenlange Geschichten selbst wie z. B. Kevin, der sich vorgenommen hat, zu jedem Kapitel im Lesebilderbuch eine Alternativ-Geschichte zu schreiben.
Wer für die Wochengeschichte zuständig ist, kann sich auf Wunsch mit mir beraten, worüber er schreibt. Ich überlege dann zusammen mit dem Kind, was es interessiert, welche Geschichten es gern liest oder was es in der letzten Zeit erlebt hat. Aus diesem Gespräch ergibt sich ein erster Plan für eine Geschichte.
Die Kinder schreiben ihre Geschichten ins Heft. Dabei lassen sie die erste Seite frei. Auf diese freie Seite schreiben sie zum Schluss die Überschrift zur Geschichte und malen ein Bild dazu. Das ist sozusagen der Titel der Geschichte.

Veröffentlichung

Wer will, kann seine Geschichte am Freitag im Morgenkreis vorstellen, aber kein Kind wird zum

Vorlesen gezwungen. Entweder lesen das Kind oder ich die Geschichte vor, oder das Kind erzählt, worüber es geschrieben hat.
Wenn eine Geschichte vorgelesen wird, gehört es zum Ritual, dass die zuhörenden Kinder nachfragen können, wenn sie etwas nicht verstanden haben, sagen, was ihnen besonders gefallen hat, und ich mich für die Geschichte bedanke.

Wochen-Tagebuch

Für das Wochen-Tagebuch hat jedes Kind ein unliniertes Heft mit meiner Hilfe in Packpapier eingeschlagen und mit Wachskreide gestaltet. So wird deutlich, dass es ein besonderes Heft ist.
Jeden Freitag, am Schluss der Schulwoche, schreiben und malen die Kinder in dieses Heft, was sie von der Woche zur Erinnerung festhalten möchten, z. B. dass die langen Haare abgeschnitten wurden, im Fernsehen Star Trek zu sehen war, dass es Streit mit dem Freund gab, wir in der Schule einen Osterhasen gebastelt haben.
Was eingetragen wird, entscheidet jedes Kind selbst. Aber vor dem Schreiben lassen wir die Woche noch einmal an uns vorüberziehen und sammeln, was alles passiert ist. So bekommen die Kinder Anregungen zum Schreiben.
Wenn es sich ergibt, bringe ich auch „Souvenirs" zum Einkleben mit, z.B. die Karten vom Theaterbesuch, ein Bild aus der Geschichte, die ich in der Woche vorgelesen habe.
Kinder, die noch sehr wenig schreiben, malen ihre Erinnerungen auf und ich schreibe einen kurzen Text nach ihrem Diktat dazu.

Geschichten aus dem Glas

Im Morgenkreis baue ich verschiedene Gegenstände, die ich in meiner Krims-Krams-Kiste gefunden habe, in einer langen Reihe auf dem Teppich auf, z.B. ein Stück Seil, einen kleinen König, einen Fingerhut, einen Pfennig, eine blaue Feder.

So oder anders

Ich sage den Kindern, dass diese Dinge zusammen eine Geschichte erlebt haben, die ich vergessen habe. Aber uns fällt sicher selbst eine neue Geschichte ein. Zusammen denken wir uns eine Geschichte aus, die ich in Stichworten mitschreibe und anschließend aufschreibe.
Aber es könnte natürlich auch eine ganz andere Geschichte sein, die diese Dinge erleben. Deshalb packe ich alle Gegenstände in ein durchsichtiges Glas mit Schraubverschluss, lege die Wortkarten zu den Gegenständen hinein und stelle sie in die Schreibecke. Vielleicht schreibt jemand eine andere Geschichte dazu?

Viele Gläser zur Auswahl

Bei dem einen Glas bleibt es nicht, im Laufe der Zeit kommen weitere dazu. Bei jedem größeren Unterrichtsthema fülle ich ein Glas mit Gegenständen, von denen einige zum Thema passen.
Dabei ist es zur Anregung für die Kinder nach meiner Beobachtung wichtig, dass die Gläser durchsichtig sind. So werden die Kinder neugierig gemacht auf den Inhalt und packen ihn aus. Oft kommt ein anderes Kind dazu. Zusammen ist das Geschichten ausdenken viel schöner als allein.

Mini Zungenbrecher

Tina hat im Konfetti-Heft nicht nur Wörter geschrieben sondern Mini-Zungenbrecher, Sätze, bei denen fast alle Wörter mit dem gleichen Buchstaben beginnen.

Im Kreis liest sie einen Zungenbrecher vor und die Kinder überlegen, zu welchem Buchstaben er passt. Eines Tages bitte ich Tina, einen Zungenbrecher zu ihrem Namen zu schreiben. Nachdem sie ihn im Kreis vorgelesen hat, schlage ich vor, dass wir für jedes Kind so einen Satz finden, bei dem alle Wörter mit dem Anlaut des Namens anfangen.

Elternmitarbeit

Wir haben vier Kinder, die mit /J/ beginnen, und jedes Kind will einen anderen Satz haben. Das wird etwas schwierig. Uns fällt nicht gleich etwas ein. Deshalb bekommen alle Kinder den Auftrag, zu Hause die Eltern zu fragen, ob sie noch eine Idee haben. Das klappt. Am nächsten Tag haben wir vier „J-Sätze".

Ausstellung

Jedes Kind malt ein Bild zu seinem Satz. Und weil die Bilder so schön werden, machen wir eine Ausstellung. Dafür korrigiere ich die Texte und die Kinder schreiben sie unter ihre Bilder ab. Zum Abschluss lesen uns drei Kinder die Zungenbrecher aus dem Lesebilderbuch (S. 71) vor.

Buchstaben- Geschichten

Idee und Unterrichtsbeispiele:
Edelgard Korfmacher

Kinder, die schon mit dem dritten Konfetti-Heft fertig sind, schreiben, während die Kinder am Konfetti-Heft arbeiten, an einer Buchstaben-Geschichte. Für diese Geschichte sucht sich das Kind einen Buchstaben aus, sammelt Wörter in denen der Buchstabe vorkommt und schreibt aus den Wörtern eine Geschichte.
Das ist keine ganz leichte Aufgabe. Aber da die ersten Kinder, die in meiner Klasse mit dem dritten Heft fertig sind, leistungsstark und sprachgewandt sind, ist diese Aufgabe für sie zu bewältigen.

Geschichten als Rätsel

Die Geschichten werden im Kreis als Rätsel vorgelesen. Dabei bemühen sich die anderen Kinder herauszufinden, für welchen Buchstaben diese Geschichte geschrieben wurde. Oft muss die Geschichte dafür noch einmal und ganz langsam vorgelesen werden.
Anschließend drucken die Kinder die korrigierte Geschichte auf der Freinet-Druckerei. Jedes Kind bekommt ein Exemplar und kann das Rätsel noch einmal in Ruhe nachlesen.

EINE C=GESCHICHTE

CLARA GEHT ZUM
FASCHING ALS COWBOY
MIT PFERD.
Das Pferd heißt Clarinchen.
CLARA UND CLARINCHEN
reiten in die weite Welt.
Da treffen sie einen Clown.
Wieviele C findest du?

CLARA 13.2.92

EINE J=GESCHICHTE

JANA IST EINE JÄGERIN
Sie hat eine Jägerjacke an.
IM JANUAR FÄNGT JANA
mit Jan und Johanna einen
Jaguar. Zum Nachtisch
essen sie Jogurt und
Johan-nisbeeren.
WIEVIELE J FINDEST DU?

JANA 7.2.92

Wahr oder gelogen?

Sven liest mir in der Lesezeit die Texte „Wahr oder gelogen?" aus dem Konfetti-Lesebilderbuch (S. 31) vor. Weil er sich so über die Gummibärchen im Zoo amüsiert, frage ich ihn, ob er sich nicht auch solche Geschichten ausdenken will. Das gefällt ihm und in den nächsten Tagen ist er damit beschäftigt, solche Sätze aufzuschreiben. Jedesmal, wenn er einen Satz fertig hat, zeigt er ihn mir.
Vorlesen im Kreis will er die Sätze nicht. Aber er ist einverstanden, wenn ich es mache. Die Kinder mögen Svens Sätze, was ihn anspornt, noch weitere zu schreiben und auch seine Freunde beteiligen sich mittlerweile an der Aktion.

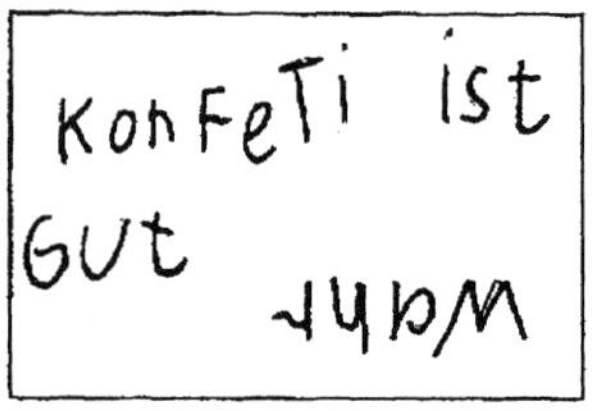

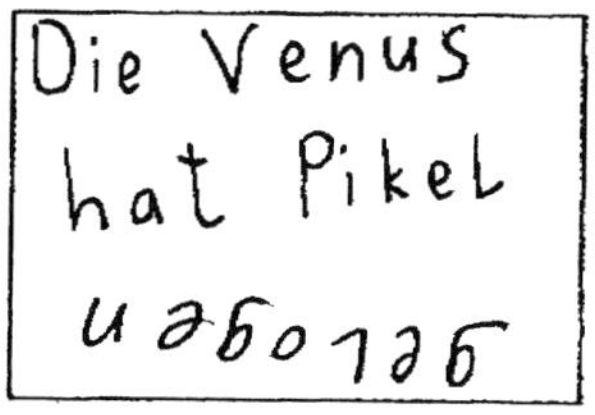

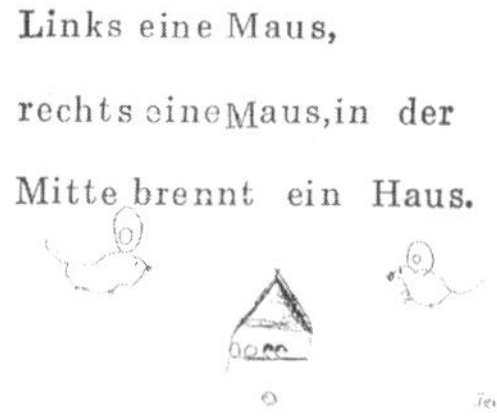

Der Torwart und seine Aufgaben

Micha ist ein begeisterter Fußballer. Als wir uns in Vorbereitung auf die Fußballweltmeisterschaft die Fußballseiten im Lesebilderbuch ansehen, stellt er lakonisch fest, dass der Torwart nicht beschrieben wird. Das stimmt und ich frage ihn, ob er nicht etwas über den Torwart schreiben will. Das macht er sofort.

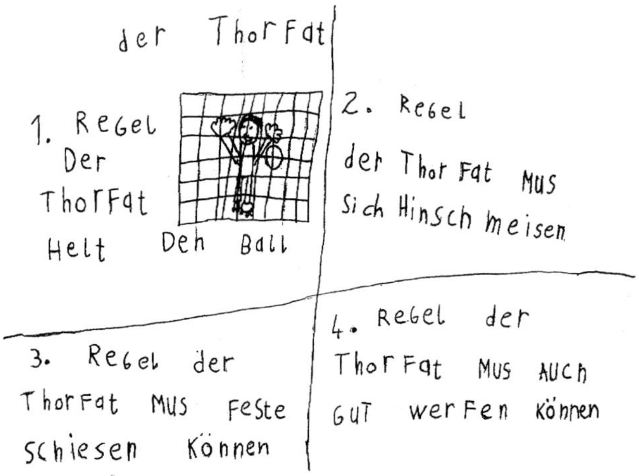

Quatsch-Reime

Reimen macht den Kindern in meiner Klasse viel Spaß. Vielleicht hängt es damit zusammen, dass ich manchmal, wenn noch etwas Zeit bis zur Pause ist, einige Quatschverse vorstelle und die Kinder nach Ergänzungsreimen suchen lasse. Dafür benutze ich einfache Reimmuster, die einige Kinder aufgreifen und ergänzen können z. B.:

„Es war einmal ein Mann, der kauft sich einen Kamm. Der Kamm war ihm zu klein, da kauft er sich ein …"

„Kribbel, krabbel, krauge, ich hab ein braunes …"

„Ein Topf ist kein Zopf; ein Berg ist kein …"

Besonders viel Spaß macht den Kindern das Reimen nach folgendem Muster:

„Rechts ein Fisch und links ein Fisch. In der Mitte … (z. B. tanzt ein Tisch)."

Einige Tage lang suchen die Kinder Reime nach diesem Muster. Als Anregung schreibe ich Reimkarten. Bei den Karten steht auf jeder Seite ein Wort, die sich beide reimen (z. B. Löwe, Möwe).

Die Kinder schreiben zu den Karten Reime auf, ich korrigiere die Texte und jedes Kind druckt seinen Text in Klassenstärke. Am Schluss hat jedes Kind ein kleines Reimbuch.

Schreiben und Lesen beim projektorientierten Arbeiten

Wenn wir an einem größeren Thema arbeiten, gibt es viele Situationen, in denen Lesen und Schreiben für die Arbeit wichtig sind. Die unterschiedlichen Lese- und Schreibfähigkeiten der Kinder werden dabei oft durch die Kinder selbst aufgefangen. Kinder, die lesen können, lesen den anderen vor. An Texten wird gemeinsam gearbeitet oder es wird meine Schreibhilfe in Anspruch genommen.

Themenwand

An der Seitenwand ist ein Platz durch Farbe und Überschrift besonders gekennzeichnet: die Themenwand. Hier werden Zettel aufgehängt, auf die die Kinder oder ich aufschreiben, welche Themen für den Unterricht gewünscht werden.

Wenn ein Thema abgeschlossen ist, sehen wir uns die „Wunschzettel" an und besprechen, welches Thema wir als nächstes nehmen. So werden die Mäuse, weil es so viele Kinder aufgeschrieben haben, unser nächstes Thema. Meinen Vorschlag „Wasser", zu dem ich schon so viele Ideen habe, stelle ich zurück.

Fragenkatalog

Viele Themen beginnen bei uns damit, dass im Kreis Fragen zum Thema gesammelt werden. Dabei wird das Spektrum der Interessen deutlich. Ich schreibe die Fragen der Kinder auf einem großen Bogen Papier mit.

Wenn die Kinder eine Frage bearbeiten, schreiben sie sie auf eine Karteikarte ab. Zwei oder drei Kinder suchen sich eine Frage aus und versuchen mit Hilfe von Büchern und Bildern die Frage zu beantworten. Die Antwort schreiben sie auf die Rückseite der Karteikarte. Die Kinder gruppieren sich nach Interessen. Kinder, die noch nicht lesen können, lassen sich den Text von einem Kind oder von mir vorlesen.

Informationen sammeln

Einige Fragen können nur durch Nachlesen beantwortet werden, z. B.: Wie viele Knochen hat ein Mensch? Dazu bekommen die Kinder von mir Bücher, die ich aus der Kinderbücherei besorge. (Viele Kinderbüchereien verleihen Lesekisten für die Klasse.) Die zur Frage passende Stelle kennzeichne ich mit einem Haftzettel, damit die Kinder sich in dem Buch zurechtfinden. Was die Kinder im Buch herausfinden, schreiben sie auf und lesen es im Kreis vor.

Experimentieren und beobachten

Beim Experimentieren, z. B. anhand der Impulskarten aus dem Konfetti-Themenordner, werden die Kinder häufig aufgefordert, ihre Beobachtungen aufzuschreiben. Ihre Arbeitsergebnisse stellen sie im Kreis vor.

Klassenbuch

Alle schriftlichen Unterlagen – Beobachtungen, Zeichnungen, Geschichten o. ä. – werden in einem Themenbuch (z. B. Ringordner) zusammengestellt. Das Themenbuch steht in der Leseecke.
Ausführlichere Darstellungen zum projektorientierten Arbeiten siehe: Teil III; Kapitel 5: „Lernen in Zusammenhängen" und Konfetti-Themenordner.

Zusammenhänge erkennen

Das buchstabenweise Schreiben und Lesen von Wörtern ist für den Anfang ein sinnvoller Zugang zur Schrift. Aber je erfahrener die Kinder im Umgang mit Schrift werden, umso länger werden die Wörter und Texte, die sie schreiben und lesen. Dafür ist die Gliederung von Wörtern in einzelne Buchstaben ein unzureichendes Arbeitsmittel.
Will ein Kind z. B. „Fußballweltmeisterschaft" buchstabenweise erlesen, hat es am Ende schon den Anfang vergessen, weil sich unser Gehirn nur eine begrenzte Anzahl von Einheiten merken kann. Ähnliches gilt für das Schreiben: Will ein Kind dieses Wort lautieren, braucht es viel Disziplin und Geduld, um den Überblick zu behalten.

Größere Einheiten

Für längere Wörter und Texte brauchen die Kinder Strategien, mit denen sie größere Einheiten als es die Buchstaben sind, erfassen können. Beim Schreiben entlastet die Beachtung von häufig auftretenden Buchstabenkombinationen (z. B. Vorsilben) und des Stammprinzips (Hand – Hände) die Arbeit. Beim Lesen bieten sich Silben als buchstabenübergreifende Einheiten an. Außerdem hilft der Aufbau einer Sinnerwartung, den Inhalt eines Wortes schneller zu erfassen.

Anbahnung von Strategien

Die gezielte Erarbeitung solcher Strategien erfolgt schwerpunktmäßig im zweiten Schuljahr, aber im ersten Schuljahr kann die Wahrnehmung von Zusammenhängen schon angebahnt werden.
Wie bei den anderen Lernangeboten geht es nicht darum, den Kindern Verhaltensweisen vorzugeben, sondern Lernsituationen anzubieten, in denen sie bestimmte Verbindungen selbst herstellen oder ausprobieren können; z. B. im Spiel, in einer konkreten Problemsituation oder durch spontanes Entdecken.
Kinder, die in ihrer Entwicklung an einem anderen Punkt sind, verpassen nichts, wenn ihnen die Zusammenhänge jetzt noch nicht deutlich werden.
Die hier angesprochenen Aspekte sind nicht durch einmalige Übungsphasen zu vermitteln, sondern sollten immer wieder im Laufe des nächsten Schuljahres angesprochen werden.

Praxis

Praxisbeispiele

Der springende Punkt

Wenn wir an einem Thema arbeiten, schreibe ich die Wörter, die häufig gebraucht werden, an die Tafel. Bei Wörtern, die nicht lautgetreu sind (z. B. Ohr), mache ich um den oder die Buchstaben, die nicht zu hören sind, einen Kreis, der unten zwei Füße bekommt. Das ist der „springende Punkt". Die Kinder schreiben die Liste ab und übertragen dabei auch das Zeichen.

Wörtersuche

Laura, Phillip und Paula sind schon mit dem dritten Konfetti-Heft fertig und sicher beim Lesen und Schreiben.
Deshalb schreibe oder kopiere ich ab und zu für sie kurze Texte, in denen Wörter mit bestimmten Buchstabenkombinationen, z. B. <ung> besonders häufig vorkommen. Ihre Aufgabe ist es, diese Wörter herauszusuchen und einzeln auf kleine Zettelchen zu schreiben.

Suchaufgabe

Anschließend werden die Zettel an die anderen Kinder verteilt. Jedes Kind liest einen Zettel vor und die Kinder sollen herausfinden, welche Suchaufgabe die Kinder hatten bzw. was bei allen Wörtern gleich klingt.
Laura, Phillip und Paula freuen sich besonders, wenn es keiner herausfindet, z. B. bei den Wörtern mit der Buchstabenkombination <Kr>, die schwer zu hören ist.
Danach kommen die Wörter in eine Schachtel, auf der der Suchauftrag, z. B. <ung> steht. Wenn eines der Kinder ein neues Wort mit <ung> findet, wird es auf einen Zettel geschrieben und dazu gelegt.
Weil ich eine Pralinenschachtel mitgebracht habe, kommt Paula auf die Idee, diese Wörter „Pralinenwörter" zu nennen.

Wörter-Karteien

Seitdem mehrere Kinder in meiner Klasse schon gut lesen und schreiben können, untersuchen wir im Rahmen eines Themas (z. B. Körper) auch die Wörter, die in diesem Bereich beim Lesen und Schreiben oft verwendet werden.

Ohren-, Auge- oder Trickwort?

Dafür suche ich 7–10 Wörter aus und fertige für jedes Wort eine Karteikarte (DIN-A5) an. Auf die Vorderseite der Karte wird das Wort geschrieben, z. B. „der Fuß" (bei Substantiven wird der Artikel

immer dazu geschrieben). Dabei achte ich darauf, dass oberhalb des Wortes genügend Platz für Symbole bleibt und unterhalb des Wortes genügend Platz für spätere Eintragungen, z. B. Mehrzahl oder bei Verben Konjugationsformen etc. Die Karten benutze ich auch im zweiten Schuljahr.
Auf die Rückseite der Karte schreibe ich einen leicht zu lesenden Satz (viele lautgetreue Wörter), in dem das Wort enthalten ist; dieses Wort wird unterstrichen.
Beim Untersuchen der Wörter geht es darum, herauszufinden, zu welcher Sorte das Wort gehört:
Ist es ein Wort, bei dem man alle Laute gut hören kann? Dann ist es nach unserem Sprachgebrauch ein „Ohrenwort", weil man nach Gehör schreiben kann.

Oder ist es ein Wort, das man sich genau ansehen muss, damit man weiß, wie es geschrieben wird? Dann ist es ein „Augenwort" und bekommt dieses Symbol.

Oder gehört das Wort zu der Sorte, bei denen man zwar die Laute hören kann, aber nur dann, wenn man kleine Tricks anwendet, z. B. sehr genau lautiert oder das Wort verlängert (Hand, Hände). Dann ist es ein Trickwort und hat dieses Symbol.
Für jede Sorte gibt es eine Karteikiste, auf der das entsprechende Symbol zu sehen ist.

Wörter sortieren

Ich suche mir einen Assistenten oder eine Assistentin; ein Kind, das schon lesen kann. Es nimmt sich eine Karte, liest den Satz vor und wiederholt das unterstrichene Wort. Wir lautieren das Wort und ich schreibe es Laut für Laut an die Tafel, z. B. „Fuß". <F> kann man hören, <u> auch, aber das schwierige <ß> muss man gesehen haben. „Fuß" ist also ein Augenwort. Das Assistenten-Kind malt

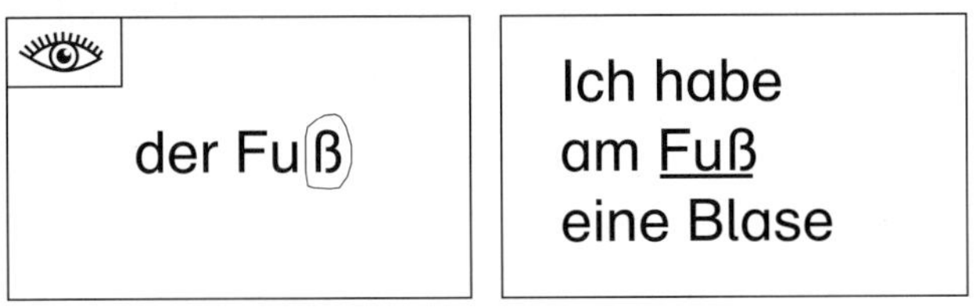

Vorderseite *Rückseite*

auf die Seite, auf der nur das Wort steht, ein Auge in das Symbolfeld und markiert im Wort das <ß> mit einem gelben Marker. Außerdem sage ich noch, dass der Fuß ein Name ist und immer am Anfang den großen Buchstaben hat. Mein Assistent schreibt deshalb das <F> mit einem roten Stift nach. Dann kommt die Karte in die „Augenkiste".

Ohrenwörter

Jetzt suche ich mir ein neues Assistenten-Kind aus. Es nimmt die nächste Karte, liest den Satz und wiederholt das unterstrichene Wort „Bein". Wir lautieren gemeinsam; der Fall ist klar: „Bein" ist ein Ohrenwort, weil alle Buchstaben bzw. Buchstabenkombinationen gut zu hören sind. Mein Assistent trägt das Symbol für „Ohrenwort" ein und, da es ein Name ist, malt er das <B> mit einem roten Stift nach.

Trickwörter

Beim nächsten Wort „Hand" stellen wir fest, dass das <d> am Ende wie /t/ klingt, also nicht ganz eindeutig zu hören ist. Ich erkläre den Trick mit dem Verlängern: Hand – Hände. Das bedeutet, mit einem Sprechtrick können wir herausfinden, wie das Wort geschrieben wird. Es gehört in die Kiste mit dem Tricksymbol. Das Assistenten-Kind malt das Symbol auf, markiert das <d> mit einem gelben Marker und schreibt auf die Vorderseite ab, was ich an die Tafel schreibe: „Hand – Hände". Den Anfangsbuchstaben kennzeichnet es rot.

Doppelt hält besser

Bei manchen Wörtern ist es nicht ganz einfach zu entscheiden, wo sie hingehören, z. B. „Gelenk". Ein Kind meint, man könnte mit dem Sprechtrick, es in Zeitlupe zu sprechen, alle Laute hören. Es könnte also in die „Trick-Kiste". Aber ich gebe zu bedenken, dass das <n> sehr schwer zu hören ist. Das Assistenten-Kind schreibt deshalb für das Wort eine zweite Karte; diese Karte kommt in die Augenkiste. Das Wort steht jetzt sowohl in der „Trick" als auch in der „Augenkiste".
Die Beschreibung unserer „Wort-Untersuchungen" klingt in der Beschreibung aufwendiger als es in der Praxis ist. Die Kinder kennen sich sehr bald mit der Arbeitsweise aus; auch die Kinder, die noch nach dem Lautierprinzip schreiben bzw. die noch nicht lesen können, können sich beteiligen, z. B. beim gemeinsamen Lautieren. Sie erkennen vielleicht noch nicht die Zusammenhänge, um die es beim Sortieren geht, nehmen aber wahr, dass es neben dem Lautieren auch andere Rechtschreibstrategien gibt.

Im nächsten Schuljahr

Der Vorteil des Kartensystems ist, dass wir immer wieder auf diese Wörtersammlung zurückgreifen können (z. B. für Partnerdiktate) und dass im nächsten Schuljahr die bereits inhaltlich vertrauten Wörter nach anderen Gesichtspunkten (z. B. Morphemen, Vorsilben, Wortarten) sortiert werden können.

Silben–Hacker

Materialien: Bild-Wortkarten mit dreisilbigen Wörtern, z. B. Telefon, Känguru, Krokodil, Tomate, Zitrone, Mikrofon, Hubschrauber
Spielform: Dreiergruppen und Kreis

Je drei Kinder bilden eine Gruppe. Jede Gruppe bekommt eine Abbildung. Ihre Aufgabe ist es, das Wort in Silben zu gliedern. Jedem Gruppenmitglied wird eine Silbe zugeordnet. Danach kommen alle Gruppen im Kreis zusammen. An einer Stelle im Kreis stehen nebeneinander drei leere Stühle. Eine Gruppe beginnt: Die Kinder setzen sich nacheinander auf die Stühle. Jedes Kind nennt dabei seine Silbe. Die anderen Kinder sollen herausfinden, welches Wort sie gesprochen haben.

Varianten: Das Spiel kann auch mit vier oder fünfsilbigen Wörtern gespielt werden. Spaß macht es auch, wenn sich die Kinder nach dem Zufallsprinzip auf die Stühle setzen und Unsinnswörter entstehen, z. B. FON-LE -TE. Die Kinder im Kreis sollen dann sagen, wie sich die Kinder setzen müssen, damit ein verständliches Wort entsteht.

Wörterkombination

Materialien: Wortkarten zu zusammengesetzten Wörtern, z. B. Schneckenhaus; beide Teile eines Wortes werden getrennt auf zwei Karten geschrieben, z. B. <SCHNECKEN> <HAUS>
Spielform: Kreis

Die Kinder sitzen im Kreis. Jedes zweite Kind bekommt eine Karte mit einem Wortanfang; die anderen Kinder eine Karte mit einem Wortende. Der Stuhl links neben der Lehrerin ist frei. Sie beginnt und liest einen Wortanfang vor, z. B. <SCHNECKEN>. Das Kind, das eine passende Ergänzung anbieten kann – z. B. <HAUS> –, setzt sich neben die Lehrerin. Das Kind rechts vom freien Stuhl spielt weiter.
Variante: Die Karten werden an die Kinder verteilt. Jedes Kind sucht sich einen Partner. Die Wortkombinationen, z. B. <HAUSSCHNECKEN> werden anschließend vorgelesen. Dabei entstehen viele Quatschwörter

Ohne Ende

Materialien: Karten mit Satzanfängen, z. B. „In der Schule lese ich ...“ und Wortkarten, auf denen der letzte Satzteil steht, z. B. „ein Buch.“
Spielform: Kreis

Die Wortkarten werden an die Kinder verteilt. Die Lehrerin liest einen Satzanfang vor. Das Kind, das einen Satzschluss anbieten kann, liest seine Karte vor und tauscht mit der Lehrerin den Platz. Dann liest die Lehrerin das nächste Satzfragment vor.
Variante: Die Lehrerin liest den Anfang vor und ruft ein Kind auf. Das Kind liest sein Satzende vor. Dabei entstehen viele Nonsens-Sätze; z. B. „In der Schule lese ich eine Badehose.“

Satzbeispiele:
In der Schule lese ich ein Buch. In der Küche brate ich ein Ei. In der Turnhalle mache ich einen Salto. Im Schwimmbad esse ich ein Eis. Nach der Schule ärgere ich meine Freundin. Zu Hause schreibe ich einen Brief. Im Zirkus sehe ich am liebsten einen Clown. Auf dem Schulhof sehe ich meine Lehrerin. In meinem Zimmer suche ich meinen Teddy. Die Amsel frisst einen Wurm. Am Nachmittag füttere ich meine Katze. Meine Tante schenkt mir einen Dino. Zum Geburtstag bekomme ich einen Fußball. Mein Vater putzt unser Auto. Auf der Wiese beobachte ich einen Schmetterling. Der Hund verbuddelt in der Erde einen Knochen. Der Kater fängt eine Maus. Ich habe Durst und hole mir ein Glas Wasser. Der Fuchs jagt einen Hasen.

Vergleichsweise

Materialien: Karten mit Satzanfängen nach dem Muster: „So groß wie“, und Wortkarten, auf denen die Ergänzung steht, z. B. „ein Riese“
Beispiele für Adjektive: klein, schwarz, blau, dick, dünn, rot, stark, jung, alt, rund, hell, schön, leicht.
Beispiele für Ergänzungen: ein Zwerg, ein Schornsteinfeger, der Himmel, Obelix, ein Strich, eine Erdbeere, ein Baum, ein Kind, ein Opa, ein Teller, die Sonne, eine Blume, eine Feder.

Spielform: Kreis

Die Karten mit den Substantiven werden an die Kinder verteilt. Die Lehrerin liest einen Satzanfang vor und ein Kind liest seine Ergänzung vor.
Alternative: Die Lehrerin liest einen Satzanfang vor und ruft ein Kind auf. Das Kind liest sein Wort vor. Dabei entstehen Nonsens-Kombinationen; z. B. „So schwarz wie eine Erdbeere“. Werden die Satzanfänge und Ergänzungen auf Spielkarten geschrieben, kann das Spiel auch in der Freiarbeit gespielt werden.

Anmerkung
Für Kinder, die noch nicht lesen können, kann eine der folgenden Möglichkeiten gewählt werden: Sie bekommen Bildkarten statt Wortkarten. – Sie lassen sich vom Nachbarn vorlesen. Sie sind Assistent der Lehrerin, rufen die Kinder auf und entscheiden, ob die Sätze stimmen.

Die verbundene Schrift erlernen

Hat ein Kind alle Druckbuchstaben in den Konfetti-Heften erarbeitet und genügend Leseerfahrungen gesammelt, kann es mit der Schreibschrift beginnen.
Da die Kinder bei ihrer Lernentwicklung ein unterschiedliches Tempo haben, sind diese Voraussetzungen nicht bei allen Kindern zum gleichen Zeitpunkt gegeben. Deshalb wird die Schreibschrift entweder in kleinen Gruppen eingeführt für die Kinder, bei denen die Voraussetzungen gegeben sind, oder es wird gewartet bis alle Kinder entsprechend weit sind um den Schreiblehrgang gemeinsam zu beginnen.
Beim gemeinsamen Beginn verschiebt sich die Einführung der Schreibschrift in der Regel auf den Anfang des zweiten Schuljahres.
Aus pädagogischer Sicht gibt es keinen zwingenden Grund, mit der Schreibschrift so früh wie möglich zu beginnen. *Im Gegenteil* – vieles spricht dafür, die Schreibschrift erst am Anfang des zweiten Schuljahres oder sogar noch später einzuführen. Je mehr Zeit die Kinder haben, Lesesicherheit und feinmotorische Geschicklichkeit zu entwickeln, umso problemloser wird für sie das Erlernen der Schreibschrift.
Zum Üben der Schreibschrift sind im Konfetti-Schreiblehrgang folgende Schwerpunkte vorgesehen:

- Übungen zu Buchstaben, die der Druckschrift sehr ähnlich sind (z. B. <M>).
- Einfache, für die Kinder leicht nachvollziehbare Buchstabenverbindungen
- Schwierige Buchstabenverbindungen
- Übertragen von Druckschrifttexten in Schreibschrift
- Übungen zu Buchstaben, die sich im Bewegungsablauf von den Druckbuchstaben unterscheiden (z. B. <G>).

Wenn den Kindern die Aufgabenstellung erklärt worden ist, können sie – wie bei den Konfetti-Heften – im eigenen Tempo die Übungen im Rahmen des Tagesplanes bearbeiten. Den Schreibbewegungsablauf für die einzelnen Buchstaben entnehmen die Kinder den Buchstaben mit Schreibrichtungspfeilen im Schreiblehrgang.
Das erste Wort, an dem die Kinder das Prinzip der Schreibschrift – die Verbindung der Buchstaben in einem Wort – kennenlernen, ist ihr Name. Sie bekommen eine Schreibvorlage, von der sie ihren Namen mit verschiedenen Schreibgeräten abschreiben, um ein Gefühl für die neue Schreibschrift zu bekommen.
Die Schreibschrift greift viele Formelemente der Druckschrift auf; z. B. Gerade /_, Winkel ıı, Girlande uu, Arkade m, Oval O und Halboval C. Neu für die Kinder sind die Schleifen ell, z. B. bei e, l, g und das Halboval mit Deckstrich, z. B. beim a, d.

Da die Kinder durch das regelmäßige Schreibdrucken die meisten Formelemente kennen und dabei ihre Feinmotorik kontinuierlich geübt haben, erübrigen sich in der Regel die Schwungübungen. Wenn ein Kind mit einem bestimmten Bewegungsablauf Schwierigkeiten hat, können in einer Problemsituation bestimmte Formelemente isoliert geübt werden.
Als Ausgangsschriften haben sich vor allem die Vereinfachte Ausgangschrift und die Schulausgangsschrift bewährt, weil sie den Schreibbewegungen der Druckschrift am nächsten kommen.
Ausgangsschriften haben die Funktion, den Kindern das Erlernen der Schreibschrift so leicht wie möglich zu machen. Sie sind keine Normschriften, nach der alle Kinder schreiben müssen, sondern Ausgangspunkt für die Entwicklung einer individuellen Handschrift. *Wichtigstes Kriterium* für die Handschrift der Kinder ist, dass sie *gut lesbar* ist und nicht, dass sie der Ausgangsschrift besonders ähnlich ist.
Als Schreibgerät wird ein weicher Bleistift empfohlen. Mit dem Gebrauch des Füllers wird gewartet, bis die Kinder die Schreibschrift können, damit sie nicht zwei Dinge auf einmal lernen müssen: die neue Schreibbewegung und die Handhabung des Füllers, bei dem der Druck auf die Feder besonders beachtet werden muss.
Die Lineaturen werden auf das Kind abgestimmt, nicht umgekehrt. Kommt ein Kind mit den vorgegebenen Lineaturen nicht zurecht, probiert es aus, in welchen anderen Lineaturen es besser schreiben kann. Es übt dann die Wörter aus dem Schreiblehrgang in einem Heft mit „seiner" Lineatur.

Praxis Praxisbeispiele

Regenbogen–Schrift

Bevor wir mit der Verbindung der einzelnen Buchstaben beginnen, schreibe für ich jedem Kind den Anfangsbuchstaben seines Namens mit Filzstift auf Zeichenpapier vor. Anschließend wird der Buchstabe von den Kindern mit verschiedenen Deckfarben (Alternative: mit Wachsmalstiften) nachgeschrieben. Die farbenfrohen Bilder sind ein Wandschmuck, der lange in unserer Klasse hängt.
Sehr dekorativ sind auch Buchstaben oder Namen, die mit Wachsstiften auf durchsichtiges Architek-

tenpapier geschrieben werden. Die Kinder probieren mehrere Farbvarianten aus, suchen ihr schönstes Ergebnis aus und hängen es ins Fenster.

Telefonbuch

Ich habe für jedes Kind ein Namensschild in Schreibschrift geschrieben, damit es eine Schreibvorlage hat. Dazu gibt es vorgeschnittene Zettel (DIN-A6). Ich zeige die Materialien im Kreis und schlage vor, dass wir jetzt – weil wir bald mit der Schreibschrift anfangen werden – als erstes unser Telefonbuch vom Schulanfang erneuern können.
Dafür schreibt jedes Kind seinen Namen und seine Telefonnummer so oft auf, dass jedes Kind in der Klasse eine Seite bekommt. Das ist natürlich nicht an einem Tag zu schaffen, aber nach einigen Tagen sind wir fertig. Einige Kinder gestalten dabei die Seite für den Freund oder die Freundin besonders schön. Alle Seiten werden mit einem Titelblatt zusammengetackert. Als Titel wünschen sich die Kinder wieder das Telefon mit dem abnehmbaren Hörer (siehe Teil II Kapitel „Erfahrungen sammeln mit Schrift")
Zwei Kinder sind dabei, die kein Telefon haben. Sie schreiben ihren Namen auf und die Straße, in der sie wohnen.

Autogramme

Für ihr erstes Wort in Schreibschrift habe ich jedem Kind ein Namensschild in Schreibschrift geschrieben. Jetzt üben sie in verschiedenen Situationen und mit verschiedenen Gestaltungstechniken, ihren Namen in Schreibschrift zu schreiben.
Besonders beliebt ist die Autogrammseite. Jedes Kind schlägt in seinem Heft eine freie Doppelseite auf. Darauf unterschreiben alle Kinder der Klasse in Schreibschrift. Das bedeutet: Jedes Kind muss seinen Namen 27-mal – so viele Kinder sind in der Klasse – schreiben.
In dem Zusammenhang sammeln wir auch Autogramme von Erwachsenen. Die Kinder haben den Auftrag, von vielen Menschen aus ihrer Umgebung die Unterschrift zu sammeln. Anschließend sehen wir uns die Schriften an und stellen fest, dass sie sehr unterschiedlich sind, zum großen Teil aber auch sehr unleserlich.

Die Elefantenkarten

Idee: Regine Stiller

In meiner Klasse sind zwei Kinder, denen das Schreiben nicht leicht fällt. Wenn sie bei einem Buchstaben zu große Schwierigkeiten mit dem Bewegungsablauf haben, gebe ich ihnen eine der Elefantenkarten: Auf DIN-A5-Karteikarten ist je ein Formelement der verbundenen Schrift vorgegeben; auf der einen Seite ohne Linien, auf der anderen Seite mit Linien.

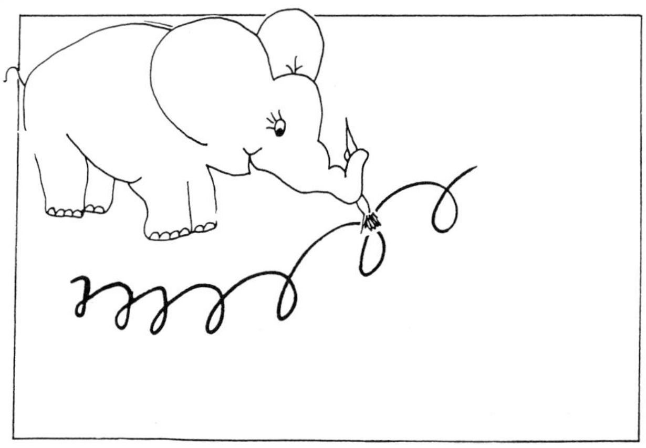

Die Karten sind mit Folie bezogen, auf die die Kinder mit einem abwischbaren Folienstift die vorgegebenen Formelemente nachschreiben. Die Illustration auf den Karten – ein kleiner Elefant – hat den Karten den Namen „Elefantenkarten" eingetragen. Die Karten stehen im Freiarbeitsregal und erstaunlicherweise nehmen sich auch Kinder, die mit dem Bewegungsablauf beim Schreiben keine Probleme haben, die Karten und fahren die Spuren nach.

Überkreuzen der Mittellinie

Eines der beiden Kinder hat besondere Schwierigkeiten beim Überkreuzen der Mittellinie. Für dieses Kind habe ich eine große „liegende Acht" auf Packpapier gemalt. Es malt diese Acht mit Wachsstiften in verschiedenen Farben nach. (*Siehe dazu auch*: Teil III Kapitel Basales Lernen.)

Schreibschriftkartei

Nachdem die ersten Kinder den Schreiblehrgang beendet haben, brauchen sie Materialien, mit denen sie ihre neu erworbenen Fähigkeiten sichern und weiter üben können. Dafür bereite ich eine Kartei mit ca. 20 kurzen Texten vor, z. B. Liedtexte, Reime, Zungenbrecher, kleine Gedichte.
Alle Texte sind den Kindern aus dem Unterricht bekannt. So können sie sich beim Abschreiben auf

das Schreiben konzentrieren und auf eine gleichmäßige Schrift achten.
Ich schreibe die Texte in Schreibschrift und klebe sie auf Karteikarten (DIN-A5). Auf die Rückseite jeder Karte kommt eine Liste, in die die Kinder ihren Namen schreiben, nachdem sie diese Karte in ihr Heft abgeschrieben haben.

> Lukas liebt
> lila Luftballons.
> Leonie kann
> lila Luftballons
> nicht leiden.

> Ich habe diese Seite abgeschrieben.
> Name: Datum:
> ________________

> Wer ist das?
> Sie kann besonders gut lesen und in
> Druckschrift schreiben. Sie mag schwimmen und
> fernsehen. Ihre Freundinnen sind Özlem, Bahar,
> Jenny und Diana. Sie hatte einmal einen Hasen
> und einen Wellensittich. Der Hase ist
> weggelaufen, und der Wellensittich ist tot.
> Dieses Mädchen heißt Gülnur.

> Wer ist das?
> Er kann besonders gut lesen. Er mag sehr gerne
> Musik. Seine Freunde sind Chrissy und Garcia.
> Wenn er groß ist, möchte er Tierarzt werden.
>
> Dieser Junge heißt Max.

Im Tagesplan steht jetzt für einige Kinder von Zeit zu Zeit: Schreibe eine Karte in Schreibschrift ab!

Die Kinderkartei

Als ich feststelle, wie gern die Kinder mit diesen Karten arbeiten, stelle ich eine weitere Kartei her. Dafür bekommt jedes Kind einen Fragebogen, den es mir ausgefüllt zurückgibt.
Aus den Angaben der Kinder stelle ich einfache, das jeweilige Kind beschreibende Texte zusammen, ohne seinen Namen zu nennen. Die Namen der Kinder sollen aus der Beschreibung erraten werden. Die Lösung ist jeweils das letzte Wort im Text. Es ist mit einem Stück Papier überklebt, das zum Nachsehen hochgeklappt werden kann.
Das Raten der Mitschüler und Mitschülerinnen ist für die Kinder sehr motivierend. Viele lesen zuerst alle Karten durch und fangen dann beim Abschreiben mit den Karten ihrer besten Freundinnen bzw. Freunde oder ihrer eigenen an.
Die Texte werden – wie bei der ersten Kartei auch - auf Karteikarten (DIN-A5) geklebt, auf deren Rückseite eine Liste zum Eintragen der Namen angelegt ist. Außerdem werden die Karteikarten in eine Prospekthülle gesteckt. Das schützt sie nicht nur vor Flecken, sondern führt auch dazu, dass die Kinder erst lesen, bevor sie die Lösung nachgucken.

Beobachtung der Lernentwicklung

Wenn alle Kinder ihre individuellen Lernwege gehen, dann verändert sich auch die Rolle der Lehrerin. Die Aufgabe, darauf zu achten, dass alle Kinder den Anschluss an ein für alle vorgegebenes Lernziel behalten, verliert an Bedeutung. Stattdessen ist es für die Lehrerin wichtig, die Lernentwicklung jedes einzelnen Kindes wahrzunehmen, um Impulse geben zu können, die sich auf die aktuelle Situation des Kindes beziehen.

Schreibentwicklungstabellen

Informationen über die individuelle Entwicklung im schriftsprachlichen Bereich geben die Texte, die die Kinder mit Hilfe der Anlauttabelle schreiben. Da sie sich nicht an Rechtschreibnormen halten müssen, benutzten die Kinder zum Aufschreiben die Strategien, die ihnen im Moment zur Verfügung stehen. Ihre Schreibweise macht deutlich, wie sie Laute und Buchstaben zuordnen und was sie vom Aufbau der Schrift wissen.
Schreibentwicklungstabellen (z. B. Scheerer-Neumann, Spitta) geben Anhaltspunkte dafür, wie einzelne Strategien der Kinder eingeordnet werden können. Sie stellen dar, welche Lernphasen vom ersten Kritzeln bis zum orthografisch richtigen Schreiben aufeinander folgen. Die Aufstellung solcher Entwicklungsschritte gibt eine idealtypische Reihenfolge wieder. Nicht alle Kinder durchlaufen die gleichen Phasen in der angegebenen Reihenfolge. Manche Kinder überspringen eine Phase, andere wechseln zwischen zwei oder mehreren Phasen hin und her. Einige Kinder benutzen bei schwierigen Wörtern andere Strategeien als bei leichten Wörtern. Auch die Dauer einer Phase variiert von Kind zu Kind.

Schreibproben

Ein einzelner Text gibt zwar einen Eindruck davon, was ein Kind über den Aufbau der Schrift weiß. Er sagt jedoch wenig darüber aus, ob das Kind auf dem gleichen Stand geblieben ist oder eine Entwicklung gemacht hat. Dies lässt sich feststellen, wenn die zu verschiedenen Zeiten geschriebenen Eigentexte eines Kindes miteinander verglichen werden. Durch den Vergleich der Texte wird erkennbar, ob das Kind zunehmend differenzierte Strategien benutzt oder nicht. Für diesen Vergleich haben sich in der Praxis die „Schreibproben" bewährt.
Für eine Schreibprobe wird eine Liste mit ungefähr 8–12 Abbildungen zu Begriffen zusammengestellt, die ein Spektrum von Rechtschreibphänomenen präsentieren. Alle Kinder bekommen die gleiche Liste. Die Bilder werden zusammen mit den Kindern benannt, damit alle wissen, was auf den Abbildungen dargestellt ist. Danach schreiben die Kinder neben jedes Bild das Wort, so gut sie es können.
Die Schreibweise der Wörter wird nicht geübt. Schreibproben sind keine verdeckten Diktate und auch keine Lernerfolgskontrollen. Es geht nicht darum, dass die Kinder alles fehlerfrei schreiben, sondern darum, dass die Lehrerin herausfindet, welche Laute das Kind hört und aufschreiben kann und welche nicht. Deshalb werden auf der Bilderliste nicht nur einfache Wörter zusammengestellt, sondern eine Auswahl von lautgetreuen, aber unterschiedlich schwierigen Wörtern, z.B. kurze und lange Wörter, Konsonantenhäufung am Wortanfang, schwer zu hörende Laute.
Schreibproben geben über die Schreibentwicklung eines Kindes Auskunft, wenn sie in größeren Abständen mit den gleichen Abbildungen wiederholt werden, z.B. unmittelbar nach dem Schulanfang, nach den Herbstferien, nach den Weihnachtsferien und nach den Osterferien. Durch Vergleich der Schreibproben eines Kindes wird deutlich, ob und inwieweit es seine Schreibstrategien geändert hat (siehe KV 57/58).

Erfahrung und Gespräche

Schreibproben zeigen einen Ausschnitt aus dem momentanen Lernentwicklungsstand des Kindes. Sie können aber nur wenig darüber aussagen, welche Impulse für das Kind in der nächsten Entwicklungsphase hilfreich sind. Für zwei Kinder mit ähnlichem Entwicklungsstand können durchaus unterschiedliche Lernangebote notwendig sein, weil Lernentwicklungen nie das Ergebnis einzelner Faktoren sind. Fast immer ist es das Zusammenspiel von vielen Bedingungen, (z.B. soziales Umfeld, Klassensituation, körperliche Entwicklung, Persönlichkeit des Kindes, Lernsituation), die die Qualität der Lernentwicklung bedingt.
Informationen darüber erhält die Lehrerin durch ihren täglichen Kontakt mit dem Kind im Schulalltag. Auf dem Hintergrund ihrer Wahrnehmungen und Erfahrungen kann sie einschätzen, welche Bedingungen die Entwicklung eines Kindes beeinflussen und welche Lernangebote deshalb für dieses Kind sinnvoll sind.
Damit die Lehrerin ein Bild davon bekommt, wie ein Kind lernt, ob und was es gern lernt, sind Gespräche mit dem Kind wichtig. Solche Gespräche entstehen oft dann, wenn sich die Lehrerin zu dem Kind hinsetzt und gemeinsam mit ihm an einer Aufgabe arbeitet. Dabei kann sie sich von ihm erklären lassen, wie es die Aufgabe löst, ob es

die Aufgabe gern macht, wo es Probleme hat. Gerade wenn ein Kind Lernschwierigkeiten hat, kann nur mit Hilfe des Kindes selbst herausgefunden werden, in welchen Bereichen es eine positive Beziehung zum Lernen hat, die es zu verstärken gilt.

Praxis

Praxisbeispiele

Jessica*

Jessica hatte Mühe ihren eigenen Zugang zur Schrift zu finden, weil sie von ihren Eltern immer wieder durch den Vergleich mit leistungsstärkeren Mitschülerinnen abgewertet wurde. Das hat ihr das Lesen und Schreiben so verleidet, daß sie nur noch rechnen wollte. Erst nach ausführlichen Gesprächen mit den Eltern ließ der Druck auf Jessica nach, was sich auch bald in ihrer Schriftsprachentwicklung bemerkbar machte. Sie lernte lesen und mittlerweile macht ihr das Schreiben und Lesen richtig Spaß.

Schreibprobe im Oktober

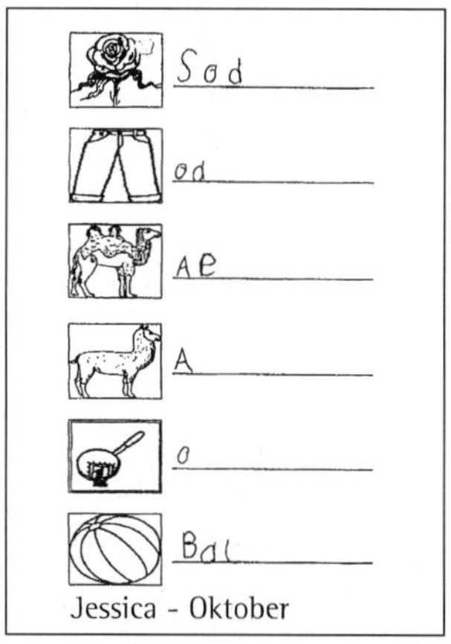

Jessica - Oktober

Jessica gibt für die meisten Wörter ein oder zwei Buchstaben wieder, die im Wort vorkommen. Dabei ist ungewöhnlich, daß sie sich nicht auf den Anlaut, sondern auf einen Vokal im Inneren des Wortes bezieht. Ihre rudimentäre Laut-Buchstabenzuordnung weist darauf hin, dass sie erste Lernschritte in der halbphonetischen Phase macht. Sie benutzt sowohl Groß- als auch Kleinbuchstaben und hält die Links-Rechts Orientierung ein.

Schreibprobe Ende Januar

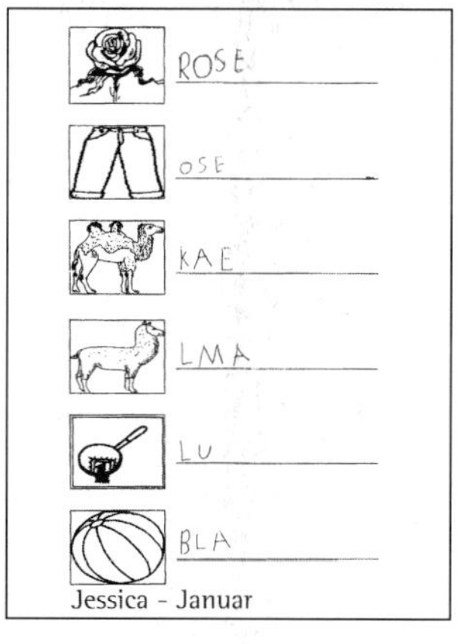

Jessica - Januar

Diese Schreibprobe zeigt eine deutliche Entwicklung von den Einzelbuchstaben in der Oktober-Schreibprobe zu einer zunehmend korrekten Wiedergabe der hörbaren Laute: Jessica hört bei einem Wort wesentlich mehr Laute als im Oktober und gibt sie in der richtigen Reihenfolge wieder. Alle Merkmale der halbphonetischen Phase sind gegeben.
Bei der Schreibweise benutzt sie nur noch Großbuchstaben.

Schreibprobe Mai

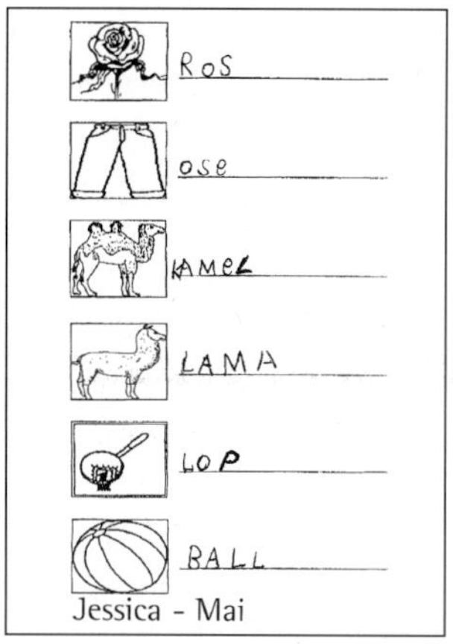

Jessica - Mai

Im Mai kann Jessica noch genauer die Lautfolge eines Wortes wiedergeben; einige Wörter sind vollständig durchgliedert (Kamel, Lama) und auch ein nicht hörbarer Laut wird bei „Ball" wiedergegeben. Schwierig zu hören sind für sie das /e/ im Auslaut und das /H/ bei Hose. Bei diesen einfachen Wörtern ist zu sehen, daß Jessica sich im Übergang zum phonetischen Stadium befindet.

Jan*

Jan ist ein hyperaktives Kind, das laut ärztlichem Attest nicht schulreif war und bei dem große Bedenken bestanden, ihn in eine Regelschule aufzunehmen.
Trotzdem habe ich ihn in die erste Klasse aufgenommen. Seine Entwicklung verlief, wie auch die Schreibproben zeigen, sehr positiv. U. a. auch deshalb, weil er, wenn er Kozentrationsprobleme hat, selbstbestimmt Pausen einlegen kann. Er ist sozial integriert und hat seine Stärken im sportlichen Bereich entdeckt.

Schreibprobe Oktober

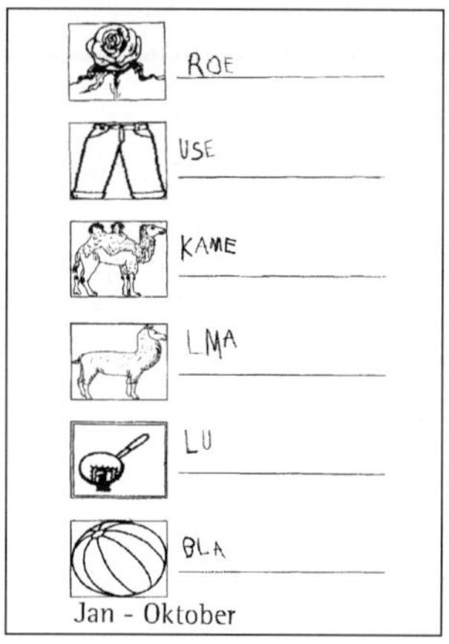

Jan - Oktober

Bei der ersten Schreibprobe von Jan ist bei fast allen Wörtern eine Laut-Buchstabenzuordnung erkennbar, die in der Entwicklungstabelle als Skelettschreibung beschrieben wird und typisch für das halbphonetische Stadium ist. Dabei werden einige, nicht alle Laute des Wortes wiedergegeben. Die aufgeschriebenen Laute sind jedoch in der richtigen Reihenfolge wiedergegeben; z. B. LMA.
Nur beim „Ball" hält Jan die Reihenfolge der Laute nicht ein und schreibt „BLA".

**Namen der Kinder geändert*

Er benutzt ausschließlich Großbuchstaben. Die Links- Rechtsorientierung ist vorhanden.

Schreibprobe Ende Januar

Jan - Januar

Die Wörter sind sehr viel vollständiger durchgliedert als im Oktober, bis auf das /s/ bei Hose fehlt kein Laut. Der Übergang zur phonetischen Phase ist deutlich sichtbar. Für das /e/ im Auslaut (bei Rose, Hose, Lupe) verwendet er das <ä>, möglicherweise durch überdeutliches Lautieren des Auslautes.

Schreibprobe Mai

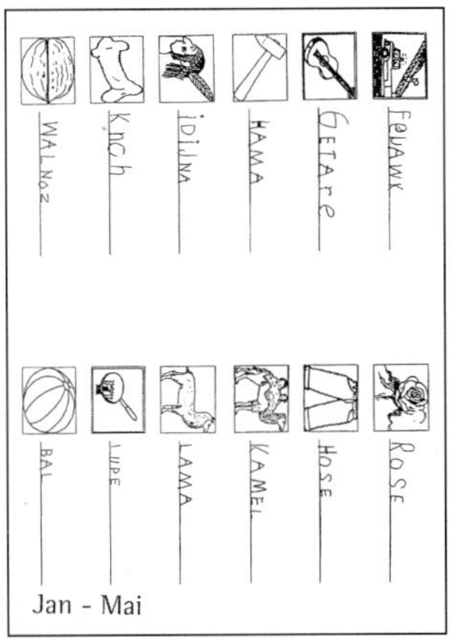
Jan - Mai

Jan kann die ersten sechs Wörter lautierend erfassen; es fehlt kein Buchstabe, der zu hören ist; das zweite /l/ bei Ball kann man nicht hören.
Bei den neuen sechs Wörtern, die länger und schwieriger sind, fehlen zwar einige der hörbaren Laute, aber die Laut-Buchstabenbeziehung ist an vielen Stellen erkannt.

Moritz*

Moritz fiel es am Anfang schwer, einfach „drauflos zuschreiben." Er kam immer wieder zu mir, nachdem er einige Buchstaben gschrieben hatte, um sich von mir Bestätigung zu holen.
Ich wollte ihn oft überreden, ein ganzes Wort zu schreiben. Doch darauf ließ er sich erst nach langer Zeit ein. Mittlerweile schreibt er auch Geschichten. Am liebsten über Fußball, denn um dieses Hobby dreht sich fast alles.

Schreibprobe im Oktober

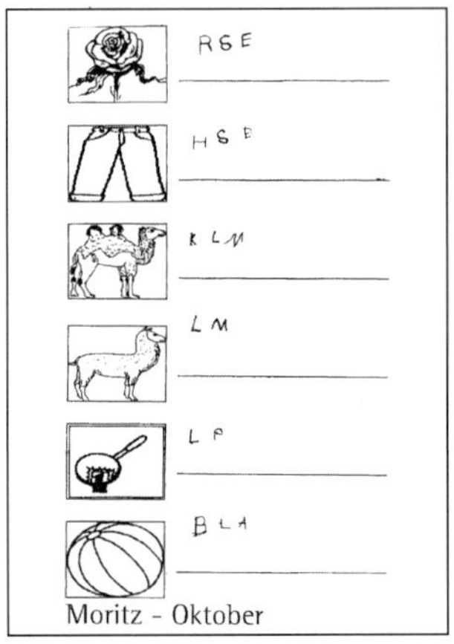
Moritz - Oktober

Moritz schreibt im Oktober so, wie es in einer Entwicklungstabelle als klassisches Beispiel für eine halbphonetische Schreibweise eingeordnet wird: Von einem Wort werden markante Laute – häufig sind es die Konsonanten – in der richtigen Reihenfolge aufgeschrieben. Nur bei „Ball" wird <L> und <A>, bei „Kamel" <L> und <M> vertauscht. Dabei benutzt er ausschließlich Großbuchstaben.

Schreibprobe Ende Januar

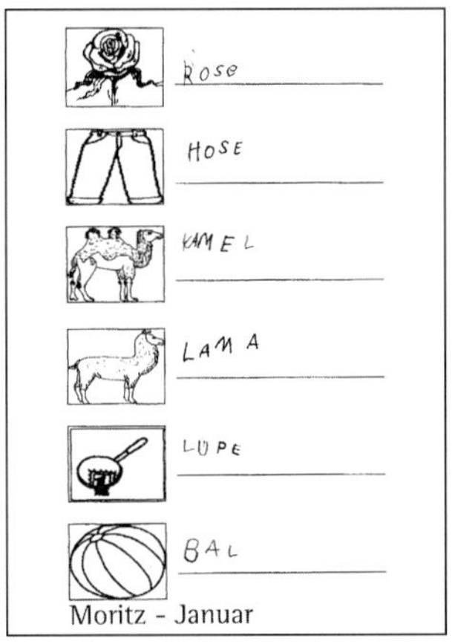

Moritz - Januar

Zu diesem Zeitpunkt werden die Wörter vollständig durchgliedert, alle hörbaren Laute sind mit Buchstaben wiedergegeben. Moritz befindet sich – zumindest bei den einfachen Wörtern – im phonetischen Stadium.
Die Großbuchstaben behält er weitgehend bei, nur beim <e> benutzt er an einer Stelle den Kleinbuchstaben

Schreibprobe im Mai

Moritz - Mai

Bei den Wörtern, die wiederholt geschrieben werden, sind zwei Laute nicht oder falsch wiedergegeben, ansonsten sind alle Wörter korrekt durchgliedert wie auch schon bei der 2. Schreibprobe.
Auch bei den schwierigen Wörtern zeigt Moritz, daß er die Laut-Buchstabenzuordnung verstanden hat. Bei längeren Wörtern (Indianer, Feuerwehr, Knochen) hat er noch Mühe, alle Laute zuzuordnen.

**Namen der Kinder geändert*

Stufenmodelle der Schreibentwicklung

	Spitta	Scheerer-Neumann	Beispiele
1 **ab 2 J.**	**Vorkommunikative Aktivität** – „Spuren"	– Kritzeln	
2 **ca. 3–6**	**Vorphonetisches Stadium** – Buchstabenvorformen – PGZ* nicht erfasst – „Mitteilungen"	– logographisches Schreiben – keine PGZ* – von links nach rechts – wenn Wörter, dann auswendig	
3 **ca. 4–7**	**Halbphonetisches Stadium** – erste PGZ* – „Wortruinen" – prägnante Buchstaben – erste Wortgrenzen – Links-Rechts-Orientierung	– rudimentäre alphabetische Strategie – Skelettschreibung – PGZ* – langsam zu korrekten Buchstabenfolgen	PP = Puppe RTR = Ritter
4 **ca. 5–8**	**Phonetische Phase** – reine Phonetik – Wortgrenzen	– entfaltete alphabetische Strategie – vollständige PGZ* – lautliche Durchgliederung	ROLA = Roller Fäat = Pferd
5 **ca. 6–9**	**Phonetische Umschrift mit Rechtschreibmustern** – -er/-en/ Nasale – Übergeneralisierung – erster Grundwortschatz	– Umgang mit strukturellen Regelmäßigkeiten	laufn -> laufen Muta -> Mutter
6 **ca. 7–?**	**Entwickelte Rechtschreibung** – Regeln und PGZ* – Morpheme zum Wortaufbau – Visuelle Korrektur	– Erwerb weiterer orthographischer und morphematischer Strukturen	ver- -ung Verzeihung (Regelwissen)

*PGZ = Phonem-Graphem-Zuordnung

III. Grundlagen

Elternarbeit

Ohne Zweifel ist der Schulanfang der Beginn einer neuen Phase im Leben des Kindes. Weniger offensichtlich ist, dass auch für die Eltern bzw. die ganze Familie dieses Ereignis mit Veränderungen verbunden ist. Nicht nur der Familienalltag muss anders organisiert werden, für die Eltern beginnt mit dem Schulalltag auch eine Umorientierung in ihrer Elternrolle.

Gemischte Gefühle

Von nun an wird die Erziehung von einer Person, die sie nicht selbst ausgesucht haben, mitbeeinflusst und ihre Autorität bekommt Konkurrenz.
Kein Wunder, dass die Eltern der Einschulung mit gemischten Gefühlen entgegensehen: Einerseits entlastet sie die Schule von Erziehungs- und Betreuungsaufgaben, andererseits müssen sie Abschied nehmen von einer Zeit, in der sie die einzig entscheidenden Bezugspersonen für ihr Kind waren. Das kann Eltern verunsichern.

Verschiedene Erwartungen

Eltern, die sich sehr eng auf ihr Kind beziehen, befürchten, dass es in der Schule zu selbständig werden könnte. Eltern, die Wert auf die selbstbestimmte Entfaltung ihres Kindes legen, haben Sorge, dass ihm in der Schule zuviel Anpassung abverlangt wird. Eltern, die vorrangig mit Druck erziehen, befürchten, dass die Kinder Freiheiten kennen lernen, die sie als Eltern nicht akzeptieren.

Rolle der Lehrerin

Alle wollen natürlich, dass die neue Lehrerin, der neue Lehrer ihre Erziehungsziele unterstützt.
So viele Eltern – so viele Erziehungsstile, so viele Erwartungen an die Lehrerin. Dem kann keine Lehrerin gerecht werden – und sollte es auch gar nicht erst versuchen.
Aber sie kann dafür sorgen, dass die Eltern durch umfassende Informations- und Kommunikationsangebote eine Orientierung über die Ziele und Vorstellungen der Schule bzw. der ersten Klasse bekommen und in der Zusammenarbeit mit der Schule eine sinnvolle Unterstützung für die Entwicklung ihres Kindes sehen.

Praxis

Praxisbeispiele

Auf die Eltern zugehen

Mir ist es wichtig, gleich von Anfang an ein Vertrauensverhältnis zu den Eltern aufzubauen: Vorurteile und andere Hindernisse können dadurch abgebaut und gemeinsame Ziele und Wege in den Vordergrund gestellt werden. Das Vertrauen zwischen den Eltern und mir ist eine Grundvoraussetzung für offene und hilfreiche Gespräche, bei denen selbst unterschiedliche Meinungen und härtere Konfliktsituationen sachlich erörtert und partnerschaftlich gelöst werden können.

Verantwortung und Gruppengefühl

Außerdem versuche ich ein Wir-Gefühl bei den Eltern entstehen zu lassen, eine gemeinsame Verantwortung.
Aus Erfahrungen weiß ich: Das erreicht man, wenn man gemeinsam etwas Schönes plant, gestaltet und erlebt, einander hilft und vor allem so viel wie möglich miteinander redet.
Dafür bieten sich von Anfang an viele Gelegenheiten an, z. B.

- Elternabende und -stammtische
- gemeinsam geplante und durchgeführte Veranstaltungen wie Adventsfeste, Osterfrühstück oder Klassenabschlussfest
- Elternbesuche im Unterricht
- Klassenausflüge, an denen auch die Eltern teilnehmen
- Sprechstunden der Lehrerin
- Elternsprechtage.

Themen und Inhalte

Eltern zeigen dann ein stärkeres Interesse an Elternabenden, wenn sie die Wichtigkeit des Treffens einsehen (z. B. erster Elternabend im 1. Schuljahr, vor einer Klassenfahrt) und das Gefühl haben, wirklich gebraucht zu werden.
Oft erweist es sich als sinnvoll, einen Tagesordnungspunkt in den Mittelpunkt des Abends zu setzen. Solche Themen können z. B. sein: Vorbereitung einer Klassenfeier, Proben eines Theaterstückes für die Weihnachtsfeier, Planung der Klassenfahrt, Erstellung von Freiarbeitsmaterialien für die Klasse, Mitarbeit bei der Projektwoche, Arbeit im Förderverein.
Andere Themenschwerpunkte sind auf den Unterricht bezogene Fragestellungen: z. B. Aller Anfang ist nicht schwer, So lernen wir schreiben und lesen, Hausaufgaben, Lernerfolgskontrolle, Umgang mit Fehlern, neue Rechtschreibung, Sexualerziehung.

Motivierende Einladung

Zunächst einmal bemühe ich mich darum, die Eltern neugierig auf den Elternabend zu machen. Eine ansprechend gestaltete Einladungskarte mit grafischen Elementen als Blickfang (z. B. eine Kinderzeichnung) weckt sicherlich mehr Interesse und motiviert eher zum Kommen als ein DIN-A4-Blatt, auf dem lediglich die Tagesordnungspunkte aufgelistet sind.
Ich verwende bei der Einladung eine einfache Sprache und kurze Aussagen.

Freundliche Atmosphäre

Mir ist wichtig, dass die Eltern in einen gemütlich gestalteten Klassenraum kommen, deshalb bereite ich den Raum so vor, dass die Eltern ins Gespräch kommen können.
Die Eltern sitzen an den Gruppentischen der Kinder oder gemeinsam an einem großen Tisch, der aus Schülertischen zusammengeschoben wird. Die Sitzordnung ist immer so gewählt, dass alle miteinander sprechen können.
In die Mitte jedes Gruppentisches stelle ich auf bunten Servietten Getränke und etwas Gebäck bereit.

Ausstellungs- und Informationstische

Die restlichen Schülertische und das Lehrerpult verwende ich
- als Ausstellungsfläche für Arbeiten der Kinder
- für Listen (z. B. Telefon- oder Adressenlisten), in die sich die Eltern eintragen können und
- für schriftliche Informationen (z. B. neue Zeugnisformulare, Literatur zum angesprochenen Thema, Hinweise zu Hausaufgaben).

Die Seitentafel und Pinnwände sind freigehalten. Sie bieten Platz für die Darstellung möglicher gemeinsamer Gruppenergebnisse oder dienen der Sammlung von Ideen.

Einbeziehen der Kinder

Am Morgen vor dem Elternabend schreibe ich gemeinsam mit den Kindern einen Begrüßungstext für die Eltern an die Tafel, den alle Kinder unterschreiben. Wenn es sich aus der Unterrichtsarbeit ergibt, gibt es manchmal auch ein kleines Geschenk für jedes Elternteil, z. B. einen Überraschungsbrief, eine Bastelarbeit.
Auch wenn die Vorbereitungsarbeiten für den Elternabend Zeit und Arbeit erfordern, es lohnt sich! Eine offene und aufgelockerte Atmosphäre, in der sich die Eltern willkommen fühlen, ist die Grundlage für eine positive Einstellung zur Schule und damit für eine gute Zusammenarbeit.

Der erste Elternabend nach Schulbeginn

Er findet etwa zwei bis drei Wochen nach dem ersten Schultag im Klassenraum der Kinder statt. An diesem Elternabend werden die Elternvertreter gewählt. Deshalb ist mir wichtig, dass die Eltern Gelegenheit haben, sich etwas kennenzulernen. Außerdem geht es an diesem Abend um Informationen zu organisatorischen Fragen und zum Unterricht in der ersten Klasse.

Begrüßung

Ich begrüße jede Mutter und jeden Vater persönlich an der Tür, damit sich alle Eltern willkommen fühlen. Dabei nenne ich meinen Namen (soweit wir uns noch nicht kennen) und erfrage den der Eltern. So kommt schon ein kurzer persönlicher Kontakt zustande.

Namensschilder

Da sich die Eltern untereinander kaum kennen, habe ich Namensschilder vorbereitet.
In unserer Klasse halten wir zwei Wüstenspringmäuse. Unser Klassensymbol ist deshalb eine Maus. Es hängt als große Pappfigur in der Klasse. An dieser Pappmaus habe ich Klammern mit den Namensschildern der Eltern befestigt.
Bei der Begrüßung an der Tür weise ich die Eltern auf die Namensschilder hin und bitte sie, sich ihr Namensschild abzunehmen und anzustecken.
So können sich alle Eltern untereinander mit Namen ansprechen.

Sitzordnung

Am ersten Elternabend bietet es sich an, dass die Eltern am Gruppentisch ihres Kindes einen Platz finden. So ergeben sich – auch für kontaktscheue Eltern – schnell Gesprächsanlässe („... Sie sind also die Eltern von Robin. Unser Sohn David möchte ihn ja unbedingt mal besuchen ...").
Kleine Platzreservierungen (z. B. ein geknetetes Namensschild des Kindes oder ein Bild der Eltern mit dem Namen) können von den Kindern vorbereitet werden und auf den entsprechenden Platz gelegt werden.

Kommunikationsspiel

Mir ist wichtig, dass sich bei diesem Elternabend mehrere Gesprächssituationen für alle Eltern ergeben, denn an diesem ersten Abend trauen sich nur wenige Eltern von sich aus das Wort zu ergreifen. Diese Eltern werden dann häufig zum Elternvertreter gewählt, ohne dass die stilleren Eltern sichtbar geworden sind.

Deshalb beginne ich den Abend mit einem Kommunikationsspiel, bei dem sich alle Eltern äußern können, ohne sich vor der Gruppe produzieren zu müssen.

Jedes Elternteil erhält einen Zettel. An der Tafel stehen Satzanfänge, von denen einer abgeschrieben und fortgeführt werden soll.
Beispiel:
Ich freue mich auf die Schulzeit meines Kindes,...
Ein wenig Angst habe ich davor, dass...
Ich möchte gern wissen,...
Wenn ich an früher denke...
Natürlich können auch andere Satzanfänge gefunden werden. Anschließend werden alle Zettel in einer Kiste eingesammelt und jedes Elternteil zieht aus dieser Kiste einen Zettel. Jetzt kann jede Mutter/jeder Vater einen fremden Satz vorlesen.
Alle Aussagen werden gesammelt und eventuell geordnet. Sie bieten Gesprächsstoff für weitere Elternabende.

Check-Liste

Nach diesem Spiel informiere ich die Eltern über all die Dinge, die sie über die Schule und den Unterricht wissen sollen und wollen.
Hier einige Stichpunkte, die als Check-Liste benutzt werden können:

Eltern und Schule:
Telefonnummer und Adresse der Schule; Sprechzeiten des Schulsekretariats, der Schulleitung und der in der Klasse unterrichtenden Lehrer, Ferientermine, bewegliche Feiertage, Schulfeste und -feiern

Regelungen:
für Entschuldigungen bei Krankheiten, Beurlaubungen, Betreuungszeiten in der Schule außerhalb des Unterrichts, Versicherungsregelungen in der Schule, in der Pause, bei Ausflügen und auf dem Schulweg

Kommunikation:
Adressen, Telefonliste, Telefonkette

Zusammenarbeit Schule-Eltern:
Elternbesuche im Unterricht, Förderverein, Elternbriefe, Elternkorrespondenz, Klassenkasse

Unterricht und Arbeitsplan:
Stundenplan, Unterrichtsformen, Arbeitsplan, Materialien für den Unterricht, Hausaufgaben, Förderunterricht, verbale Beurteilung/Zeugnisse, Druckschrift, Rechtschreibreform, Kakaogeld o. a. Frühstücksregelungen

Schulweg:
Versicherung, Buslinien, vorzeitiger Schulschluss

Erinnerungshilfe

Die Informationen an die Eltern sind sehr umfangreich und sie können leicht vergessen werden. Deshalb habe ich ein kleines Heft vorbereitet, in dem noch einmal die wichtigsten Punkte schriftlich festgehalten sind.

Telefonkette

Zum Schluss des Informationsteils wird noch eine Telefonkette zwischen den Eltern festgelegt für den Fall, dass alle Eltern schnell verständigt werden müssen.

Wahl der Elternvertreter

Dann schlage ich eine Pause vor, damit alle Eltern die Möglichkeit haben, sich vor der Wahl der Elternvertreter auch in Kleingruppen näher kennen zu lernen.
Nach der Pause findet als Abschluss dieses Elternabends die Wahl der beiden Elternvertreter statt.

Der Konfetti-Elternabend

Nachdem sich die Kinder und ihre Eltern in der Schule eingelebt haben, stelle ich auf dem nächsten Elternabend – ungefähr fünf bis sechs Wochen nach Schulanfang – den Eltern die Methode vor, nach der ihre Kinder schreiben und lesen lernen in Verbindung mit den dazu gehörigen Arbeitsmaterialien.
Als ich das erste Mal vor vier Jahren diesen Elternabend vorbereitete, war ich sehr aufgeregt. Ich hatte mir das Ziel gesetzt, die Eltern vom Spracherfahrungsansatz zu überzeugen und konnte nicht einschätzen, wie sie auf diese ihnen unbekannte Methode reagieren würden.

Zusammenarbeit mit einer Kollegin

Eine große Hilfe bei diesem Schritt war die Unterstützung durch eine Kollegin. Sie nahm am ersten Elternabend teil und berichtete den Eltern über ihren Unterricht nach dem Spracherfahrungsansatz. Dazu zeigte sie Arbeiten der Kinder ihrer Klasse, die während des ersten Schuljahres entstanden waren.
Der Erfahrungsbericht der Kollegin und die Beispiele aus ihrer Klasse überzeugten die meisten Eltern davon, dass mit dieser Methode erfolgreich gearbeitet werden kann.
Einige Eltern äußerten sich weiterhin skeptisch. Ich bat sie, Vertrauen in die Methode, in die Lernbereitschaft ihrer Kinder und auch in mich als Lehrerin zu haben.

Unterstützung durch Eltern

Dem Elternabend in diesem Jahr sehe ich jetzt ganz gelassen, ja sogar freudig entgegen, unter anderem deshalb, weil einige Eltern, deren Kinder ich vier Jahre als Lehrerin begleitet habe, jetzt Geschwisterkinder zu mir in die Klasse gegeben haben und mich unterstützen, indem sie von ihren Erfahrungen berichten können.

Vorstellung der Anlauttabelle

Zunächst erkläre ich den Eltern, wie ihre Kinder mit der Anlauttabelle arbeiten. Dabei weise ich sie nachdrücklich darauf hin, dass die Buchstaben lautiert und nicht buchstabiert werden, also /d/ und nicht „de". Damit sich das alle Eltern einprägen, spreche und klatsche ich mit ihnen den Tabellen-Rap (siehe Teil II Kapitel Einführung der Tabelle).

Danach bekommen sie eine „Anlauttabelle für Erwachsene" (siehe auch S. 107).
Die Tabelle hat die gleiche Form wie die Anlauttabelle für die Kinder. Anstelle der Groß- und Kleinbuchstaben befinden sich allerdings Phantasiezeichen.
Dazu erhalten die Eltern die Aufgabe, mit diesen Zeichen Wörter aufzuschreiben (siehe auch S. 108).
Durch diese Aufgabe bekommen sie einen Eindruck davon, wie ihre Kinder schreiben lernen und das aktive Tun regt die Eltern meistens zu einer Diskussion untereinander an.

Schreiben mit Eltern

Selbstkontrolle

Nehmen Sie die Anlauttabelle zur Hand und schreiben Sie mindestens drei der gesuchten Wörter auf!

Konfetti-Anlauttabelle mit Phantasie-Buchstaben

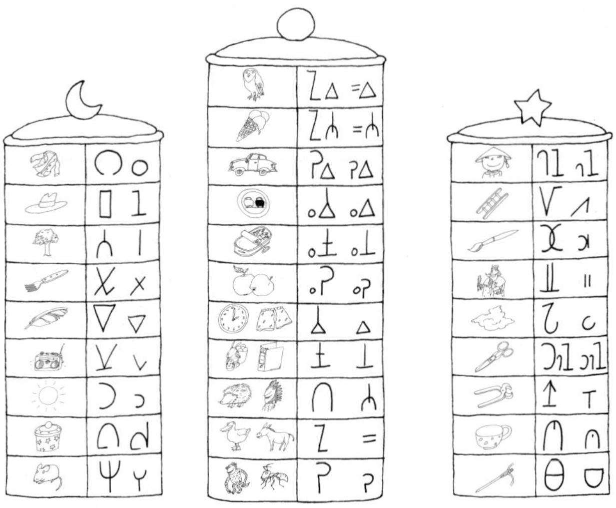

Vom Schreiben zum Lesen

Ich weise die Eltern darauf hin, dass sie es sehr viel leichter als die Kinder haben, weil sie keine Leseanfänger mehr sind und deshalb nicht einzelne Laute auf der Tabelle suchen, sondern Buchstaben. Außerdem wissen sie, wie die Wörter geschrieben werden.
Die Kinder dagegen lernen zunächst, dass sich unsere gesprochene Sprache aus Lauten zusammensetzt. Anschließend versuchen sie, Laute zu hören und voneinander zu unterscheiden. Über diesen Weg kommen sie erst zum Schreiben und dann zum Lesen.

Umgang mit Fehlern

Ich fordere die Eltern auf, die Schriftsprachentwicklung ihres Kindes nicht durch unüberlegtes Korrigieren der falsch geschriebenen Wörter zu behindern. Dieses Vorgehen würde die Schriftsprachentwicklung verzögern. Rechtschreibfehler sollten nicht als Schwächen angesehen werden, sondern als sinnvolle Stadien einer sich entwickelnden Rechtschreibkompetenz.

Wortbildspeicher – ja oder nein?

Für die Eltern ist es sehr schwierig zu akzeptieren, dass Fehler vorerst nicht verbessert werden sollen. Sie gehen davon aus, dass sich Kinder die Schreibweise von Wörtern als Bild einprägen und befürchten, dass sie sich die falsch geschriebenen Wörter merken.

Selbsterfahrung mit Firmen-Logos

Anhand einer Selbsterfahrungsübung (nach einer Idee von Richter/Brügelmann) versuche ich deutlich zu machen, dass Rechtschreibung nicht unbewusst über das Speichern von Wörtern erlernt wird, sondern eine bewusste Auseinandersetzung mit Rechtschreibphänomenen erfordert.
Ich lese den Eltern verschiedene bekannte Firmennamen bzw. Namen von Fernsehsendern vor. Sie sollen sich davon einen aussuchen, den sie schon häufig gesehen haben und diesen Namen so aufschreiben, wie er als Firmenlogo geschrieben wird. Denn, wenn es stimmt, dass Wortbilder gespeichert werden, müssten wir auch häufig gesehene Firmenlogos in ihrer besonderen Schreibweise (z. B. KAUFhOF) wiedergeben können.
In der Regel kann kaum einer von den Eltern das richtige Schriftbild wiedergeben. Die Überraschung ist meistens groß, wenn ich mit einer OH-Folie zeige, wie die Namen geschrieben werden. (Kopiervorlage am Kapitelende)
Rechtschreiblernen ist kein unbewusstes Einprägen von Wortbildern, sondern entwickelt sich in der bewussten Auseinandersetzung mit Rechtschreibphänomen. Und diese Phase des Rechtschreiblernens beginnt für die Kinder erst dann, wenn sie lesen können.

Erst das eine, dann das andere

Eine weitere wichtige Erkenntnis für die Eltern ist die Tatsache, dass ihre Kinder das, was sie zunächst schreiben, noch lange nicht lesen können. Und ich mache sie sehr nachdrücklich darauf aufmerksam, dass sie ihre Kinder nur entmutigen, wenn sie von ihnen verlangen: Lies mir doch mal vor, was du geschrieben hast!
Das Lesenlernen entwickelt sich erst langsam aus dem Schreiben heraus und zwar für jedes Kind zu einem anderen Zeitpunkt.
Dann zeige ich die einzelnen Arbeitsmaterialien und erkläre deren Einsatz im Unterricht.

Thema Hausaufgaben

An dieser Stelle bietet es sich an, das Thema Hausaufgaben anzusprechen. Das Schreiben von freien Texten geschieht überwiegend in der Schule, um die Eltern nicht zu sehr zu verwirren und um „falscher Hilfe" entgegenzuwirken.
Falsche Hilfe wäre, den Kinder Texte bzw. Formulierungen zu diktieren, Fehler auszuradieren und ausbessern zu lassen, das Kind unter Druck zu setzen, indem man es zum Schreiben und Lesen auffordert.
Das bedeutet nicht, dass die Eltern dem Lernen ihres Kindes tatenlos zusehen sollen. Deshalb bekommen sie von mir Tipps, wie sie den Lernprozess ihres Kindes unterstützen können.

Tipps für Eltern:

Wörter werden beim Vorsprechen lautiert und nicht buchstabiert:

/d/ und nicht „de"
/ch/ und nicht „ce-ha"

Lassen Sie Ihr Kind nicht vorlesen!

Ihr Kind lernt mit Hilfe der Tabelle zunächst schreiben, nicht lesen.
Fremde Texte und auch selbstgeschriebene Wörter und Geschichten können daher nicht sofort erlesen werden. Das Lesen entwickelt sich langsam aus dem Schreiben heraus.

Lesen Sie Ihrem Kind vor!

Natürlich können Sie Ihr Kind neugierig auf das Lesen machen, indem Sie z. B. spannende oder lustige Geschichten vorlesen.

Korrigieren Sie nicht die Texte Ihres Kindes!

Die Kinder schreiben die Wörter natürlich am Anfang nicht so wie wir Erwachsenen, sondern so, wie sie sie hören. Die Rechtschreibung steht noch nicht im Mittelpunkt des Unterrichts.

Ermuntern Sie Ihr Kind!

Jedes Kind lernt individuell nach seinen eigenen Lernvoraussetzungen und im eigenen Lerntempo. Unterstützen Sie diese Entwicklung.

Erinnerungen an das Sprechenlernen

Den Brief von Rüdiger Urbanek (siehe S. 106), der an Eltern adressiert ist, lese ich gern zum Abschluss des Abends vor, da er auf verständliche Weise vermittelt, was mir als Lehrerin sehr am Herzen liegt. Das, was in diesem Brief über das Sprechenlernen der Kinder gesagt wird, kann jede Mutter bzw. jeder Vater aus eigener Erfahrung gut nachvollziehen und vielleicht auch auf das Schreiben- und Lesenlernen übertragen.

Damit sich Ihre Kinder in der Schule wohl fühlen...

Liebe Eltern!

Es ist soweit, jetzt ist Ihr Kind in der Schule! Das ist mit Freude verbunden. Auch ein bisschen mit Aufregung und manchmal mit der leisen Sorge, dass nun der sogenannte Ernst des Lebens für das Kind beginnt.

Hier einige Tipps, wie auch Eltern dazu beitragen können, dass Kinder sich in der Schule wohl fühlen.

Oft sind Eltern überrascht oder enttäuscht, dass ihr Kind so wenig oder gar nichts erzählt, wenn es aus der Schule kommt.
Fragen Sie das Kind im Laufe des Nachmittages, wenn es sich vom Vormittag entspannt hat, was ihm an diesem Tag am meisten Spaß gemacht hat. Dann erfahren Sie vielleicht auch, wenn es sich mal geärgert hat.

Kinder - wie ja auch Erwachsene - erzählen gerne einseitig. Doch jede Geschichte, gut oder schlecht, hat zwei Seiten.
Ziehen Sie keine voreiligen Schlüsse. Fragen Sie nach, wenn Ihnen eine Geschichte bemerkenswert oder fragwürdig erscheint.

Schule ist nun mal der Ort, an dem Ihr Kind gefordert, an dem Leistung von ihm erwartet wird.
Bleiben Sie stets informiert, was Ihr Kind in der Schule lernt. Begleiten Sie es wohlwollend und helfen Sie ihm, wenn Schwierigkeiten auftauchen sollten.

Jedes Kind bringt andere Voraussetzungen zum Lernen mit. Manchen fällt es leicht, andere müssen sich abrackern.
Überfordern Sie Ihr Kind nicht. Loben Sie es für seine Anstrengungen, auch wenn seine Leistungen nicht immer Ihre Erwartungen erfüllen. Kinder brauchen Anerkennung.

Kinder brauchen auch Erholung und Entspannung. Darum ist das Spiel nach der Schule mindestens ebenso wichtig wie die Schularbeiten.
Es sollte jedoch ein Spiel sein, das dem Kind Bewegung bringt. Es soll sich austoben können - und das kann es nicht vor dem Fernsehapparat.

Weil Schule eine so große Rolle im Leben von Kindern spielt, ist es so besonders wichtig, dass Eltern sich für diesen Ort interessieren.
Nehmen Sie alle Rechte wahr, die Sie als Eltern haben: Gehen Sie zu den Elternabenden und anderen Schulveranstaltungen, regen Sie selbst welche an. Und: Engagieren Sie sich in der Elternarbeit, lassen Sie sich zu Elternvertretern wählen.

Und ganz zum Schluss: Auch Lehrerinnen und Lehrer sind nur Menschen, die Gefühle und gute sowie schlechte Tage haben.
Lernen Sie die Lehrerinnen und Lehrer Ihrer Kinder kennen, bevor es Schulprobleme gibt. Suchen Sie das Gespräch und fürchten Sie sich nicht, auch mal kritische Worte zu sagen. Zögern Sie aber auch nicht, Worte des Lobes auszusprechen, wenn hierzu Anlass besteht.

Fela mus Mann machn düfn

Liebe Eltern,

ich möchte mich beim Lesen- und Schreibenlernen Ihrer Kinder so geschickt verhalten, wie Sie dies getan haben, als Ihr Kind sprechen lernte. Schon wenn das Einjährige sein erstes „baba" stammelte, bemerkten Sie als Vater oder Mutter begeistert: „Es hat Papa gesagt!" Und wenn das Eineinhalbjährige „auto put" sagt, bemühen wir Erwachsenen uns, dies zu verstehen und reparieren das Spielzeugauto sogar. Auch wenn das Dreijährige dann sagt: „Ich bin nach draußen gegeht." (An dieser ‚Falschbildung' zeigt sich, dass das Kind die Perfektbildung im Deutschen erfasst hat, sie allerdings auf ein ungeeignetes Objekt - starkes Verb - anwendet) wird man vielleicht sagen: „Ja, du bist nach draußen gegangen", meistens sogar aber auf diese behutsame Form der Korrektur verzichten und darauf vertrauen, dass das Kind durch immer wieder neues Ausprobieren und durch Hören des richtigen Sprachgebrauchs diesen schon lernen wird.

Diese ungeheuere Fehlertoleranz, dieses freudige Entdecken und Bestätigen des bereits Gelernten führt dazu, dass das Kind, wenn es dann zu uns in die Schule kommt, eine Sprache mit hunderten von intuitiv aufgenommenen grammatischen Regeln und tausenden von Unregelmäßigkeiten erworben hat, also eine Leistung vollbracht hat, der gegenüber des Erlernen unserer Rechtschreibung eigentlich lächerlich einfach sein müsste.

Keiner von Ihnen käme auf die Idee, zu seinem Kind zu sagen: „Also pass mal auf, die ersten sechs Jahre deines Lebens sprichst du mir nur Sätze nach, die ich dir vorsage, sonst machst du ja nur lauter Fehler, und wenn du dann sprechen kannst, darfst du auch eigene Sätze sagen."

So aber würde ich mich verhalten, wenn ich nicht zuließe, dass Ihre Kinder möglichst früh schon versuchen dürfen, kleine Geschichten aufzuschreiben. Sie schreiben dabei natürlich die meisten Wörter nicht so wie wir Erwachsenen, sondern zunächst so, wie sie sie hören. Ich gebe ihnen dann Tipps, wie man die Wörter richtig schreibt, und so bildet sich bei den Kindern allmählich ein Verständnis für die Rechtschreibregelungen aus.

Dieser Brief ist mit geringen Änderungen entnommen aus: R. Urbanek: Fela mus Mann machn düfn, Schulverwaltung NRW, H.5/1992, S. 126–128.

Anlauttabelle mit Phantasie-Buchstaben

Schreiben mit Eltern

Selbstkontrolle

Nehmen Sie die Anlauttabelle zur Hand und schreiben Sie mindestens drei der gesuchten Wörter auf!

HiPP

e·plus

BRAUN

KAUFhOF

Quelle

SAT.1

Schulanfang

Die Einschulung der Erstklässler ist für alle Beteiligten ein besonderes Erlebnis: Die Kinder machen einen wichtigen Schritt auf ihrem Weg zum „Großwerden“ und die Eltern sind gefordert, einen Teil der Verantwortung für ihr Kind an eine Institution abzugeben.
Dass der erste Schultag einer gründlichen Vorbereitung bedarf, versteht sich von selbst. Neben der ansprechenden Gestaltung des Klassenraums und der Bereitstellung der benötigten Materialien gehört hierzu auch die möglichst frühzeitige Kontaktaufnahme zu Kindern und Eltern. Die Zeit des Schulanfangs geht aber noch weit über den ersten Schultag hinaus. In den ersten Schulwochen machen die Kinder grundlegende Erfahrungen mit der Institution Schule. Die Grundlagen für das weitere Lernen werden gelegt und es entscheidet sich, welche Einstellungen die Kinder zur Schule entwickeln. Es ist die Zeit, in der die Kinder mit den Ritualen und Strukturen der neuen Umgebung allmählich vertraut werden und die Schule für sie zu einem Stück Alltag im besten Sinne wird.

Kinder und Eltern einbeziehen

Die Kinder abholen

Für die Kinder ist der Übergang in die Schule ein einschneidender Neubeginn. Sie kommen in eine Institution, die sie aus eigener Erfahrung noch nicht kennen, in der sie sich aber gleich allein zurechtfinden müssen. Eine Situation, die bei den Kindern unterschiedliche Gefühle auslöst. Einerseits ist da die Vorfreude darauf, bald auch zu den Großen zu gehören und so wichtige Dinge wie Lesen, Schreiben und Rechnen zu lernen. Auf der anderen Seite weckt jede neue Situation auch Ängste, und die Frage, ob man die Situation auch bewältigen wird, macht unsicher.
Die Vorstellung der Kinder von Schule ist hauptsächlich davon geprägt, welche Informationen sie darüber von Eltern, Geschwistern, Freunden und Bekannten bekommen haben. Diese können sehr unterschiedlich sein. Beobachtet man Kindergartenkinder beim Schule spielen, so sieht man häufig eine sehr traditionelle Schule, in der alle Kinder brav aufgereiht sitzen und die Lehrerin mit strengem Blick Ordnung hält. Aber Kindergartenkinder wissen auch, dass es in der Schule sehr lustig sein kann, dass man viele andere Kinder trifft und es interessante Dinge zu erfahren gibt.
Für die Kinder ist es schwer, die unterschiedlichen Informationen einzuordnen, denn sie haben noch keine eigenen Erfahrungen mit Schule gemacht, die die Erzählungen der anderen relativieren könnten. Eine möglichst frühzeitige Kontaktaufnahme der Lehrerin zu den Kindern ist wünschenswert und verhilft den Kindern dazu, eigene Eindrücke zu gewinnen und Ängste und Unsicherheit abzubauen.
Es gibt unterschiedliche Möglichkeiten, Kontakt zu den zukünftigen Erstklässlern aufzunehmen. Für welche man sich letztendlich entscheidet, hängt von den lokalen Gegebenheiten, den terminlichen Möglichkeiten und dem Zeitpunkt der Klassenzusammenstellung ab.
Eine gute Gelegenheit für die Lehrerin, die Kinder in ihrem vertrauten Umfeld kennenzulernen und agieren zu sehen, ist der Besuch im Kindergarten. Für die Kinder ist dies sicherlich die entspannteste Situation der ersten Kontaktaufnahme zur Lehrerin, für diese allerdings dann sehr zeitaufwendig, wenn mehrere Kindergärten zu besuchen sind. Die Vorstellungen und Erwartungen der Kinder von Schule bekommen eine realistische Grundlage, wenn sie schon vor der Einschulung Gelegenheit erhalten, die neue Umgebung und vielleicht auch eine Unterrichssituation kennenzulernen. Eine Einladung an die Vorschüler der Kindergartengruppe zum Kennenlerntag in die Schule oder die Hospitation von Kindern mit ihren Eltern bieten diese Möglichkeit. Ein gemeinsamer Spielenachmittag für Eltern und Kinder schon vor der Ein-

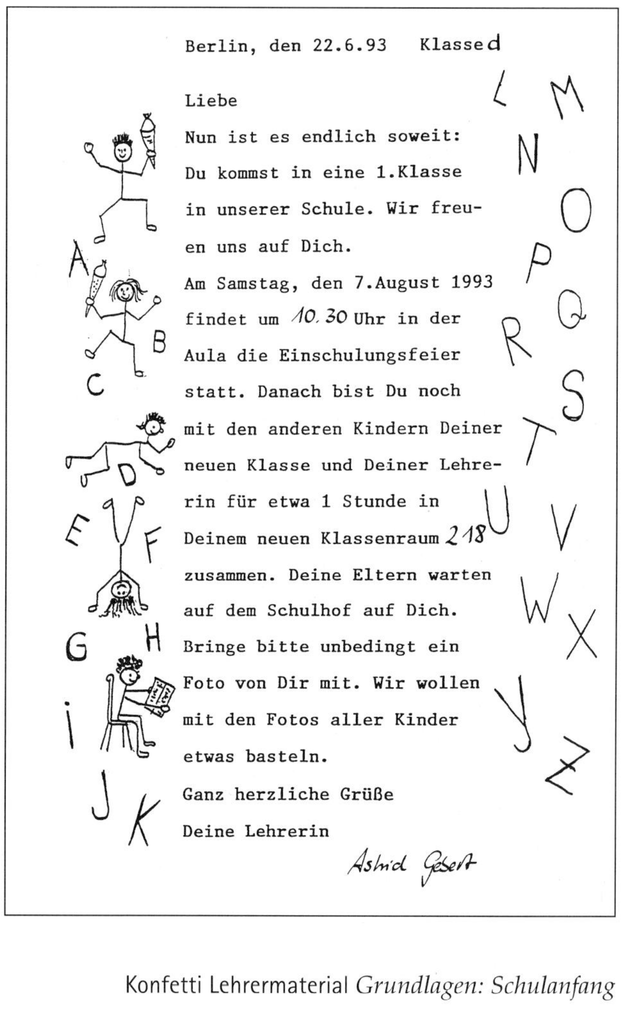
Berlin, den 22.6.93 Klasse d

Liebe

Nun ist es endlich soweit:
Du kommst in eine 1.Klasse in unserer Schule. Wir freuen uns auf Dich.
Am Samstag, den 7.August 1993 findet um 10.30 Uhr in der Aula die Einschulungsfeier statt. Danach bist Du noch mit den anderen Kindern Deiner neuen Klasse und Deiner Lehrerin für etwa 1 Stunde in Deinem neuen Klassenraum 218 zusammen. Deine Eltern warten auf dem Schulhof auf Dich.
Bringe bitte unbedingt ein Foto von Dir mit. Wir wollen mit den Fotos aller Kinder etwas basteln.

Ganz herzliche Grüße
Deine Lehrerin
Astrid Gebert

schulung oder ein Schulfest, zu dem auch die Neulinge mit ihren Eltern eingeladen werden, bieten ebenso Gelegenheit für das gegenseitige Kennenlernen.
Auch durch persönliche Briefe der zukünftigen Klassenlehrerin an ihre Erstklässler werden die Kinder als die wichtigsten Personen in die Vorbereitung auf die Einschulung mit einbezogen. Die Aufforderung an die Kinder, zum ersten Schultag eine kleine Aufgabe zu erledigen, wie z.B. etwas zu malen oder mit in die Schule zu bringen, weckt Erwartungen und schlägt eine Brücke zwischen Elternhaus und Schule.

Die Wartezeit von der Schulanmeldung bis zur Einschulung ist für die Kinder sehr lang. Durch das schrittweise Einbeziehen der Kinder kann sie entspannt und überschaubarer werden. Kinder, die so auf die Einschulung vorbereitet werden, können sich schon ein eigenes Bild von Schule machen. Das gibt Sicherheit, reduziert die Aufregung am ersten Schultag und entlastet sowohl die Kinder als auch die Lehrerin.

Kontaktaufnahme zu den Eltern

Auch die Eltern sehen der Einschulung ihrer Kinder mit gemischten Gefühlen entgegen (siehe Kapitel Elternarbeit). Ebenso wie ihren Kindern hilft es den Eltern, Vertrauen gegenüber der Schule aufzubauen und Unsicherheiten zu überwinden, wenn sie möglichst frühzeitig darüber informiert werden, welche Bedingungen ihr Kind beim Schuleintritt vorfindet. Eltern interessiert vor allem, mit wem ihr Kind eingeschult wird, wer die Lehrerin ist und wie groß die Klasse sein wird.
Wünschenswert wäre es, auch den Eltern schon vor der offiziellen Einschulungsfeier Gelegenheit zu geben, den zukünftigen Klassenraum und die Lehrerin kennen zu lernen. Wenn die Eltern schon vor Schulbeginn eine Liste mit den Materialien erhalten, die die Kinder in der ersten Zeit in der Schule benötigen, können sie diese gemeinsam mit dem Kind besorgen und so zum guten Schulstart beitragen.

Der erste Schultag

Die besondere Bedeutung, die dem ersten Schultag beigemessen wird, zeigt sich unter anderem in den Ritualen, die ihn begleiten: Kinder und Eltern werden zu diesem Tag in die Schule eingeladen, es gibt eine Einschulungsfeier, die Kinder bekommen eine Schultüte und nicht nur die Eltern, sondern Geschwister, Großeltern, Paten begleiten die Erstklässler in die Schule.
Das schulische Rahmenprogramm für die Einschulung ist von Schule zu Schule sehr unterschiedlich. Gemeinsam für alle läßt sich vielleicht sagen, dass dieser Tag überall ein besonderer Tag ist, an dem die Schule ihre Neuankömmlinge festlich begrüßt. Neben einem für Eltern und Kinder gemeinsamen Teil gibt es fast immer auch noch eine Unterrichtszeit, die die Kinder allein mit ihrer neuen Lehrerin verbringen.
Die Situation, in der sich die Kinder und die Lehrerin im Klassenraum begegnen, ist für alle Beteiligten neu. Hemmschwellen auf beiden Seiten können beispielsweise dadurch abgebaut werden, dass die Lehrerin jedes Kind beim Betreten des Klassenraums einzeln begrüßt. Die Kinder fühlen sich dadurch persönlich wahrgenommen und in der Schule willkommen geheißen. Vorbereitete Namensschilder ermöglichen es der Lehrerin, gleich am ersten Schultag alle Kinder mit ihrem Namen anzusprechen.
Der Klassenraum ist für die Kinder eine neue Umgebung. Sie brauchen etwas Zeit für eine erste Orientierung und die Erkundung der ihnen hier zur Verfügung stehenden Möglichkeiten. Es macht Spaß, sich den neuen Raum zu erobern und sich selbst einen Sitzplatz auszusuchen. Unterstützung durch die Lehrerin brauchen hierbei nur ganz schüchterne Kinder und diejenigen, die zu mehreren denselben Platz beanspruchen. Die Vorgabe von Sitzplätzen, z.B. in Form von Tischkarten, wäre demgegenüber die ungünstigere Lösung, da sie die Beziehungen der Kinder untereinander nicht berücksichtigen kann.
Beim Betreten des Klassenraums stellt sich die Frage, wo die riesigen Schultüten bleiben sollen.

Eine Lösunge hierfür ist z.B. ein in der Klasse extra zu diesem Zweck bereitgestellter Tisch oder das Überlassen der Schultüten in der Obhut der Eltern. Für die Kinder ist am ersten Schultag auch von Bedeutung, dass sie von jetzt an zu einer neuen Gruppe gehören. Beim gemeinsamen Spiel oder einem Lied mit viel Bewegung können die Kinder zwanglos miteinander Kontakt aufnehmen und eventuelle Aufregung und Unsicherheit abbauen. Wenn ein Kind schon andere Kinder aus dem Kindergarten oder der gemeinsamen Vorschule kennt, ist der Einstieg in die Gruppe leichter. Fast immer gibt es aber auch Kinder, die noch niemanden in der Klasse kennen. Gerade für sie ist das gemeinsame Tun besonders wichtig.

Alle Kinder gehen in die Schule, weil sie etwas lernen wollen. Von den Erwachsenen haben sie gehört, dass man in der Schule lesen, schreiben und rechnen lernt. Entsprechend sind ihre Erwartungen am ersten Schultag und es ist für die weitere Motivation wichtig, dass die Kinder mit dem Gefühl, etwas Neues erfahren zu haben, nach Hause gehen können. Ein vorzeigbares Ergebnis vom ersten Unterrichtstag bestätigt den Kindern, dass es sich lohnt, von jetzt ab in die Schule zu gehen. Und sie sind gut gewappnet für die an diesem Tag häufig von Erwachsenen gestellte Frage, was sie am ersten Schultag gelernt haben.
Am Ende des Einschulungstages gibt es für die Eltern die Gelegenheit, sich den Klassenraum

Erfahrungsbericht

Gut, dass wir diesmal den ersten Elternabend schon vor der Einschulungsfeier gemacht hatten. So kannte ich die Eltern meiner Klasse schon und konnte sie und die Kinder am Eingang der Aula begrüßen und willkommen heißen.
Am Ende der offiziellen Feier kamen die Kinder zu mir auf die Bühne. Die Schultüten blieben bei den Eltern. Niemand weinte – ein gutes Zeichen! Ziemlich aufgeregt gingen wir in den Klassenraum. Jetzt hatten wir noch 45 Minuten Zeit miteinander.
In der Klasse forderte der fertige Stuhlkreis gleich zum Hinsetzen auf. Die Taschen wurden am Eingang abgestellt. Die auf dem Fußboden wahllos ausgelegten Namensschilder weckten die Neugier der Kinder. Nacheinander sagte jeder seinen Namen und suchte sein Schild auf dem Boden. Einige Kinder hatten ihren Namen sofort erkannt und sich schon gleich zum Namensschild gesetzt. Den Kindern, die ihren Namen noch nicht erkannten, wurden Tipps gegeben: Es wurde auf den Anfangsbuchstaben verwiesen oder verraten, wo etwa das Schild liegt. Jeder sollte das Gefühl bekommen, sein Schild allein gefunden zu haben. Ich war überrascht, wieviel die Kinder schon über Buchstaben wussten.
Dann sangen wir das Lied: „Hallo, guten Tag". Der Text ist so einfach, dass jeder schnell mitsingen konnte, und die Bewegungen machten einfach Spaß.
Danach wurde es für die Kinder noch aufregender: Jeder suchte sich seinen Sitzplatz. Dort wurde dann gearbeitet. Jedes Kind sollte ein Foto von sich mitbringen. Diese wurden jetzt von den Kindern auf ein Blatt geklebt und dazu der eigene Name und andere schon bekannte Wörter geschrieben. Das Aufkleben der Fotos gab mehr Probleme als ich gedacht hatte – ein Blatt mit Rahmen wäre vielleicht besser gewesen. Außerdem hatte ich vorausgesetzt, dass jedes Kind mit Kleber umgehen kann. Dem war nicht so! Kinder, die das Foto vergessen hatten, konnten es später noch aufkleben.
Wer fertig war, hatte dann noch Gelegenheit, sich die Spiele und Bücher in der Klasse anzusehen. Dennis suchte sich aus den Holzbuchstaben gleich die Buchstaben seines Namens heraus. Er fand nur ein großes N. Als ich sagte, er könne auch den kleinen Bruder nehmen, sagte er: „Den hab ich auch schon gesehen." Ich war beeindruckt!
Dann gingen wir gemeinsam auf den Hof, wo die Eltern schon gespannt warteten. Der Andrang für das Klassenfoto war überwältigend. Die Zahl der Erwachsenen, die ein Kind zur Einschulung begleiten, ist einfach riesig.
Der erste Schultag hat mich sehr neugierig auf die Kinder gemacht. Ich glaube, es wird eine nette Gruppe.

anzusehen. Soweit dies nicht schon auf einem ersten Elternabend geschehen ist, möchten sie die Lehrerin kennenlernen und sich davon überzeugen, dass ihr Kind in der Schule gut aufgehoben ist. Den Kindern ist es wichtig, ihren Eltern den Klassenraum, ihren Sitzplatz und eventuell angefangene Arbeiten zu zeigen. Der häufige Wunsch von Eltern, ein Klassenfoto zu machen, ist ein erstes gemeinsames Erlebnis und bildet einen schönen Abschluss des Schultages.

Die ersten Schulwochen

Die ersten Schulwochen sind eine Phase der Eingewöhnung und Orientierung. Fast alles, was in dieser Zeit passiert, ist neu für die Kinder. Um sich in der fremden Umgebung behaupten zu können, brauchen die Kinder Strukturen, die ihnen die nötige Sicherheit geben. Andererseits benötigen sie auch Freiräume, um sich in neuen Situationen zu erproben und zu erfahren, dass sie sie bewältigen können.
Die vielfältigen Anforderungen der komplexen Situation „Schulanfang" lassen sich zu vier inhaltlichen Schwerpunkten zusammenfassen, die bei der Planung der ersten Schulwochen zu berücksichtigen sind. Dies sind das gegenseitige Kennenlernen und der Aufbau einer Klassengemeinschaft, die Orientierung in der Schule und der näheren Schulumgebung, das Gewinnen von Sicherheit im Umgang miteinander und mit den Arbeitsmaterialien und außerdem die Erfahrung, dass die Schule ein Ort ist, an dem es interessante Dinge zu lernen gibt. Hauptaufgabe der ersten Schulwochen ist es zu erreichen, dass sich die Kinder nicht nur vor der Einschulung auf die Schule freuen, sondern in den ersten Wochen erleben, dass die Schule ihnen tatsächlich das gibt, was sie brauchen: Herausforderungen und Geborgenheit.

Orientierung in der Lerngruppe

Das gegenseitige Kennenlernen ist ein zentrales Anliegen der ersten Tage in der Schule. Ein wichtiger Ort, um sich kennenzulernen und das Gefühl der Zusammengehörigkeit zu wecken, ist der tägliche Morgenkreis. Gemeinsame Kreisspiele fördern das ungezwungene Aufeinanderzugehen und geben scheuen Kindern die Möglichkeit, den anderen langsam näherzukommen. Mit unterschiedlichen Namensspielen lassen sich die vielen Namen schneller merken und dabei erste Kontakte knüpfen. Das tägliche Erzählen wichtiger Erlebnisse im Morgenkreis fördert die Kommunikation und hilft, sich ein Bild voneinander zu machen. Wichtig ist hierbei, dass auch die Lehrerin von sich erzählt, denn die Kinder wollen etwas von ihr erfahren, um Vertrauen zu ihr aufzubauen.
Wenn schon in den ersten Tagen ein gemeinsames Produkt hergestellt wird, unterstützt dies das Gefühl, eine Gruppe zu sein. Das Herstellen einer gemeinsamen Arbeit, zu der jedes Kind einen Beitrag geleistet hat, verdeutlicht die Zusammengehörigkeit und macht sie auch nach außen sichtbar. Eine solche Arbeit könnte beispielsweise ein gemeinsam gestaltetes Poster sein, das von jedem Kind ein Foto enthält. Wird es außen an die Klassenraumtür gehängt, macht es die anderen Klassen auf die neue Lerngruppe aufmerksam.
Das Herstellen eines Telefon- und Adressbuches fördert die Kontaktaufnahme der Kinder auch außerhalb der Schule. Wenn die örtlichen Gegebenheiten es zulassen, ist auch ein gemeinsamer Spaziergang, der an den einzelnen Wohnungen der Kinder vorbeiführt, möglich. Er erleichtert es den Kindern, herauszufinden, wer in ihrer Nähe wohnt und wer sich gegenseitig besuchen kann.
Neben gemeinsamen Aktivitäten brauchen die Kinder auch schon zu Anfang Freiräume, in denen sie ungezwungen und unbeobachtet Kontakt zueinander aufnehmen oder bereits bestehende Freundschaften pflegen können. Gelegenheiten hierfür sind z.B. ganz freie Spiel- und Arbeitsphasen oder gemeinsame Zeiten auf dem Spielplatz oder Pausenhof.

Praxis Praxisbeispiele

Klassenposter

In der ersten Schulwoche machte ich von jedem Kind ein Portrait-Foto. Aus diesen Fotos bastelten wir ein Poster, mit dem wir uns den anderen Kindern der Schule vorstellen wollten.
Aus Tonpapier hatte ich ein lila Haus mit Dach vorbereitet. Jedes Kind bekam nun einen Zettel von einem Merkzettelblock und sein Foto. Von den Fotos schnitten die Kinder den Hintergrund weg und klebten sie dann auf ihr Zettelchen. Die Zettel mit den Fotos wurden als Fenster in das Haus geklebt. Das schafften die Kinder gut allein, ich assistierte nur ein bisschen bei der Anordnung.
Nun mussten die Fotos noch mit den Namen der Kinder versehen werden. Jeder Gruppentisch bekam hierzu einen Stempelkasten, mehr hatten wir leider nicht. Jetzt wurde probiert, den eigenen Namen zu stempeln.
Wer das ausreichend geübt hatte, bekam ein Klebeetikett und stempelte seinen Namen darauf. Der Name wurde dann unter das entsprechende Foto geklebt. Name und Foto der Lehrerin gehörten natürlich auch auf das Plakat. Für das Dach stempelten zwei Kinder: Klasse 1c.

Als alle fertig waren, hängten wir das Poster außen an die Klassentür. Hier fand es zur Freude der Kinder große Beachtung. Häufig standen Kinder aus anderen Klassen davor und suchten bekannte Gesichter.

Adressenbuch

Für die Kinder ist es in der Schulanfangszeit wichtig, neue Freundschaften zu knüpfen. Dazu brauchen sie auch außerhalb der Schule die Möglichkeit, Kontakt zueinander aufzunehmen. Deswegen stellten wir in der zweiten Schulwoche ein Adressenbuch her.

Eine Praktikantin machte von jedem Kind ein Foto. Alle Kinder bekamen die Hausaufgabe, ihren Nachnamen, die Adresse und die Telefonnummer aufschreiben zu lassen.

Am nächsten Tag besprachen wir im Stuhlkreis, wie wir für jeden ein Buch machen könnten. Da wir jede Seite 24 mal brauchten, bot sich eine gute Gelegenheit, die Freinet-Druckerei einzuführen. Die Kinder waren sowieso schon neugierig darauf zu erfahren, was man mit den „falschen" Buchstaben macht. Also setzten jeweils zwei Kinder gemeinsam ihren Text. Gut, dass eine Praktikantin da war, die den Kindern alles in Ruhe erklären konnte. Die ganze Woche über waren immer zwei Kinder mit dem Setzen und Drucken beschäftigt.

Am Ende der Woche waren dann alle Blätter fertig. Jetzt mussten die Fotos ausgeschnitten (wir hatten sie fotokopiert) und aufgeklebt werden. Da die meisten Kinder die Namen der anderen noch nicht lesen konnten, stellte jedes Kind einen Klassensatz seines Blattes her. Im Stuhlkreis gab jeder jedem eine Seite.

Jedes Kind legte für sein Buch die Reihenfolge der Seiten fest und holte sich dann stärkeres Papier für den Umschlag. Dann wurde alles gelocht. Ein Geschenkband diente als Bindung. Wer wollte, konnte noch Klasse 1c auf den Umschlag schreiben und ihn verzieren.

Kennenlernen der Schule

Im Gegensatz zu den meisten Kindergärten sind Schulen in der Regel große Gebäude mit vielen Räumen und langen Fluren. Sich hier sicher auszukennen und den Weg zur Klasse allein zu finden, ist eine wichtige Voraussetzung für Selbständigkeit in der Schule. Möglichst schnell sollten den Kindern der Weg zur Toilette und zum Pausenhof bekannt sein. Eine Führung durch die ganze Schule, Keller und Dachboden eingeschlossen, verschafft einen ersten Überblick über das Gebäude und macht Wege und Ortsbeschreibungen besser einschätzbar.

Wegen der vielen Kinder, die hier zusammentreffen, stellt der Aufenthalt auf dem Pausenhof in der Anfangszeit für manche Kinder ein Problem dar. Die Orientierung auf dem Hof ist für die Kinder einfacher, wenn sie ihn zunächst außerhalb der offiziellen Pausenzeiten kennenlernen. Dann ist er fast leer und besser überschaubar. Allmählich wächst von allein die Neugier darauf, hier gemeinsam mit allen Kindern die Pause zu verbringen und Geschwister oder Freunde zu treffen.

Für die Kinder fast ebenso wichtig wie das Kennenlernen der Räumlichkeiten ist es zu wissen, welche Personen es in der Schule außer der Klassenlehrerin noch gibt und was sie hier tun. Von besonderer Bedeutung für die Kinder sind der Hausmeister, die Sekretärin und die Schulleiterin, weil sie bei auftretenden Problemen weiterhelfen können.

Als eine besondere Möglichkeit, den Kontakt zwischen jungen und älteren Kindern zu fördern, wird an vielen Schulen das Prinzip der Patenklassen praktiziert. Die älteren Kinder unterstützen die Erstklässler beim Schulanfang und übernehmen es beispielsweise, ihnen die Schule zu zeigen und sie auf den Pausenhof zu begleiten.

Miteinander arbeiten braucht Regeln

Fast alle Situationen, die die Kinder und die Lehrerin in den ersten Schultagen im Klassenraum miteinander erleben, sind für die Beteiligten in dieser Konstellation neu. Deswegen gibt es auch noch keine verlässlichen Verhaltensregeln, auf die man gemeinsam zurückgreifen kann. Natürlich braucht man nicht für jede Situation eine Regel und die Kinder haben auch schon woanders gelernt, welches Verhalten von ihnen erwartet wird. Aber ob diese Regeln in der Schule auch gelten, das ist noch unsicher. Es macht wenig Sinn, den Kindern einen Katalog von Regeln vorzugeben. Verhalten lernt man durch Verhalten und in den Situationen selbst wird erkennbar, ob Regeln gebraucht werden und welche sinnvoll sind.

Erfahrungsbericht

Am zweiten Schultag war es Zeit, einen Gang durch das Schulhaus zu machen. Ich erklärte den Kindern, dass in den anderen Klassen Unterricht stattfindet und alle deswegen ganz leise sein müssen. Das konnten sie nachvollziehen und es war ein erstes Beispiel dafür, dass wir in der Schule Rücksicht aufeinander nehmen müssen.
Unser erstes Ziel war das Sekretariat. Die Sekretärin hatte sich trotz der vielen Arbeit, die sie besonders in den ersten Schultagen hat, ein bisschen Zeit für uns genommen. Sie zeigte den Kindern ihren Schreibtisch und den Computer – auch ein Blick in die vollen Schränke wurde gewährt. Als die Kinder die vielen Stempel bestaunten, bekam jeder ein Zettelchen und durfte sich darauf einen Schulstempel machen.
Nun besuchten wir die Rektorin im Nebenzimmer. Die Kinder hatten sie schon bei der Einschulungsfeier gesehen. Sie erzählte den Kindern, dass sie für wichtige Entscheidungen wie z.B. die Klasseneinteilung zuständig ist, aber auch als Lehrerin in zwei Klassen unterrichtet. Die Kinder stellten viele Fragen – dabei wurde auch geklärt, dass die Schule nicht der Rektorin gehört. Wir verabschiedeten uns und gingen weiter ins Lehrerzimmer. Dort saßen zwei Kolleginnen, die sich den Kindern vorstellten und erklärten, warum sie jetzt nicht in einer Klasse sind. Besonders interessant war hier der Fotokopierer.
Im Erdgeschoss trafen wir den Hausmeister in seiner Loge an. Auch er erzählte den Kindern, was er in der Schule zu tun hat und stellte klar, dass er die Schule nicht putzt und auch keine Kinder unterrichtet. Dann zeigte er den Kindern noch, wo sie verlorene Gegenstände suchen können oder gefundene abgeben. Er versprach den Kindern, dass er ihnen im Winter auch einmal den Heizungskeller zeigt.
Nun fehlten eigentlich nur noch die Toiletten. Einige Kinder kannten den Weg dorthin schon. Hier besprachen wir die Zeichen für Mädchen und Jungen an der Tür und die Notwendigkeit, sich nach dem Toilettengang die Hände zu waschen. Wieder zurück im Klassenzimmer wurden noch viele Fragen beantwortet. Einige Kinder erzählten, wo die Klassenräume ihrer Geschwister liegen. Ein bisschen kannten sich jetzt alle in dem großen Gebäude aus.

Schon in der ersten Erzählrunde im Stuhlkreis beispielsweise wird klar, dass nicht alle Kinder reden können, wann sie wollen. Einige Kinder werden schon von ihren Geschwistern gehört haben, dass man sich in der Schule meldet. Unsicher ist aber noch, ob das auch in dieser Klasse gilt. Das bedarf der klaren Absprache. Weitere Gesprächsregeln wie warten, bis man drankommt, jemandem zuhören und ihn ausreden lassen, müssen geklärt und geübt werden.
Viele Regeln sind für die Kinder einsichtig, wenn sie aus einer konkreten Situation heraus gemeinsam verabredet wurden. Es wird aber selbstverständlich immer wieder nötig sein, auf diese Regeln hinzuweisen und die Einhaltung einzufordern. Die Zeit und Geduld, die zu Anfang in die gemeinsame Erarbeitung von Regeln investiert wurde, geben den Kindern wesentliche Orientierung für die weiteren Schuljahre.
In den ersten Schultagen kommen neue Arbeitstechniken auf die Kinder zu wie beispielsweise das Bearbeiten von Arbeitsbögen, das Abheften im Ordner, der Umgang mit Schere und Klebstoff. Die sorgfältige Einführung der Materialien am Anfang ist Voraussetzung für einen langfristigen sachgerechten Umgang damit. Es erspart viel Arbeit, wenn Arbeitsbögen von Anfang an mit Namen gekennzeichnet werden.
Wenn fertige Arbeiten ohne sofortige Kontrolle durch den Lehrer in einem Ablagekorb abgelegt werden, können sich die Kinder ohne Wartezeiten einer neuen Aufgabe zuwenden und die Lehrerin kann sich die Arbeiten später in Ruhe ansehen. Wichtig ist ein fester Platz für alle Arbeitsbögen, denn um welchen Lernbereich es sich handelt, können die Kinder selbstständig nicht unterscheiden.
Um die Kinder nicht zu überfordern, sollte schon bei der Planung der ersten Schultage daran gedacht werden, dass möglichst nur eine der für das Arbeitsverhalten grundlegenden Situationen täglich vorkommt.
Bevor die in der Klasse vorhandenen Arbeitsmaterialien zielgerichtet im Unterricht eingesetzt werden, brauchen die Kinder Zeit, sie spielerisch kennenzulernen und im Sinne des Wortes zu begreifen. Eine gute Gelegenheit hierfür sind offene Unterrichtsphasen, in denen sich die Kinder ohne Aufgabenstellung mit dem Spiel- und Arbeitsmaterial beschäftigen.

Stuhlkreis

Damit der Stuhlkreis künftig schnell und reibungslos zustande kommt, üben wir dies in den ersten Schultagen immer besonders. An den ersten zwei Unterrichtstagen baue ich den Stuhlkreis schon vor dem Unterricht auf, damit die Kinder wissen, wie er aussehen soll. Am dritten Tag kommen die Kinder allein in den Stuhlkreis. Hierzu gibt es eine feste Regelung: Eine Tischgruppe kommt nach der anderen in den Kreis. Alle Kinder einer Tischgruppe sitzen nebeneinander, so ersparen wir uns ständiges Stühlerücken. Nach einigen Wochen haben die Kinder dann soviel Routine, dass das Zusammenkommen des Stuhlkreises nur noch ab und zu geübt werden muss.

Arbeitsmaterialien einmal anders

Auch am dritten Schultag fing der Unterricht mit einer Freiarbeitsphase an. Einige Kinder saßen in der Leseecke und schauten sich Bücher an, andere spielten mit unterschiedlichen Materialien. Ich half Sladjan, mit dem Stempelkasten seinen Namen auf einen Arbeitsbogen zu stempeln. Alle schienen friedlich beschäftigt zu sein.
Als Sladjan mit dem Stempeln fertig war, schaute ich in die Leseecke und dachte, mich trifft der Schlag. In einer Ecke hatten Mira, Jan, Dennis und Wendy alle greifbaren Materialien (Steckwürfel, Puzzlespiele, Jongliertücher, Magnetbuchstaben usw.) verteilt. Es schien, als sei kein einziges Spiel mehr komplett an seinem Platz. Ich schimpfte mit den Kindern. Vollkommen verständnislos angesichts meines Ärgers erklärten sie mir, sie hätten Kaufmannsladen gespielt und das hätte ich schließlich vorher erlaubt.
Ich hatte mir leichtfertigerweise aber keine Gedanken darum gemacht, was sie eigentlich verkaufen wollten. In mühevoller Kleinarbeit versuchten wir nun, alle Gegenstände an ihren Platz zurückzusortieren, für alle anderen Kinder Zeit zum Malen oder Lesen, aber nur am Platz.

Unterrichtsinhalte

Das gemeinsame Lernen in der Schulanfangsphase braucht Unterrichtsinhalte, die nicht allein von fachdidaktischen Gesichtspunkten bestimmt werden. Es werden vor allem Inhalte benötigt, die das gegenseitige Kennenlernen, das Erarbeiten von Regeln und die ersten Zugänge zur Schriftsprache aufeinander beziehen und in einen Zusammenhang bringen.
Die Arbeit an den Namen der Kinder, die in den ersten Schulwochen ein zentraler Unterrichtsinhalt ist, gibt neben dem gegenseitigen Kennenlernen auch vielfältigen Anlass zur Betrachtung grundlegender Komponenten von Schriftsprache. Beim Heraushören von am Anfang gleich klingenden Namen und dem Vergleich der entsprechenden Namensschilder lässt sich beobachten, dass Sprechen und Schreiben im engen Zusammenhang stehen: Was gleich klingt, sieht auch (meistens) gleich aus.
Beim Zuordnen von Gegenständen, die den gleichen Anlaut wie die Namen der Kinder haben, wird akustische Differenzierung trainiert und das Gliedern von Wörtern in einzelne Laute vorbereitet. Optisches Differenzieren wird geübt, wenn die Buchstaben des eigenen Namens mit den Buchstaben in Zeitschriften verglichen und die wiedererkannten ausgeschnitten werden. Es lassen sich auch die Längen der Namen vergleichen und die Anzahl der Buchstaben zählen. Beim Stempeln von Namen werden Buchstaben wiedererkannt und in die richtige Reihenfolge gebracht.
Erste kleine Unterrichtsprojekte stärken das Gruppengefühl und bestätigen die Kinder in ihrer Erwartung, dass in der Schule interessante Dinge passieren und es Wichtiges zu entdecken gibt. Dies ist von besonderer Bedeutung, um die Motivation, mit der die Lernanfänger in die Schule gekommen sind, langfristig aufrechtzuerhalten.
Beim gemeinsamen Lernen erfahren die Kinder, dass nicht alle das gleiche können, z.B. gibt es Kinder, die schnell gleiche Laute erkennen und andere, denen das noch schwerfällt. Diese Unterschiede in der altershomogenen Gruppe auszuhalten, wird nicht einfach sein. In dieser Situation ist es für die Kinder wichtig zu erfahren, dass sie in der Schule zeigen können, was sie schon wissen, dass es hier aber für alle auch darum geht, etwas dazuzulernen. Es liegt in der Verantwortung der Lehrerin, den Kindern zu vermitteln, dass Lernen mitunter ein mühevoller Prozess ist, der aber mit vielen Erfolgserlebnissen belohnt wird.

Praxis Praxisbeispiele

Namenwand

Mit der Arbeit am Namenposter begannen wir in der Mitte der ersten Schulwoche. Ich hatte ein Säckchen mit vielen kleinen Gegenständen mitgebracht. Für jedes Kind gab es einen, der denselben Anlaut hatte wie der Name des Kindes. Für Jens, Jana und Johannes unterschiedliche Dinge zu finden, war gar nicht so einfach. Da musste auch schon so etwas Belangloses genommen werden wie ein Joghurtbecher.

Im Stuhlkreis erklärte ich den Kindern, dass in diesem Säckchen für jedes Kind ein Gegenstand sei. Sarah griff als erste hinein und zog einen kleinen Tennisschläger heraus. Wer weiß, für wen ich das mitgebracht habe? Schnell kam jemand darauf, dass der für Tom sein könnte. Und so holten wir nacheinander einige Gegenstände aus dem Säckchen.

Als es zu unruhig wurde, legten wir das Säckchen mit dem Hinweis „Morgen geht's weiter" beiseite. Am nächsten Tag beendeten wir diese Arbeit im Stuhlkreis. Für die Einzelarbeit hatte ich für jedes Kind ein Schildchen vorbereitet. Hierauf klebten die Kinder ihren Namen mit aus Zeitschriften ausgeschnittenen Buchstaben. An der Pinnwand hatte ich alle Anfangsbuchstaben der Namen der Kinder aufgehängt. Jetzt pinnten die Kinder ihre Namenskärtchen darunter. Später wurden auch die Gegenstände aus dem Säckchen dazugehängt.
In der nächsten Woche brachte ich eine Auswahl von Bildkarten in den Stuhlkreis mit. Auch hier suchte sich jedes Kind eine Karte aus, die zu seinem Namensanlaut passte. Diese Bildkarten wurden ebenfalls zu den Namen an die Pinnwand gehängt.

Miniprojekt: Rot-Tag

Unser Rot-Tag war ein voller Erfolg. Alle Kinder und die Lehrerin waren fast vollständig rot angezogen. Der Tag begann natürlich mit dem Begutachten der Kleidung, super, einige sogar mit roten Söckchen und roten Schuhen! Sarah war traurig, dass sie bei ihrem Vater keine roten Sachen hatte. Vielleicht sollte ich solche Aktivitäten doch zwei Tage vorher ankündigen!
Dann sangen wir das Lied: „Rot, rot, rot sind alle meine Kleider." Danach zeigte jeder, welchen roten Gegenstand er mitgebracht hatte. Viele rote Autos, ein roter Ball und sogar ein roter Waschlappen! Ich hatte ein rotes Tagebuch mit. Aline und Laura hatten gleich Lust, hineinschreiben und lautierten richtig: „Heute ist Rottag." Die mitgebrachten Gegenstände wurden auf dem Ausstellungstisch auf einem roten Tuch ausgestellt.
Gemeinsam lautierten wir jetzt das Wort „rot". Das war einfach. Alle schrieben dann das Wort mit roten Stiften in ihr Heft. Wer verschiedene rote Stifte hatte, schrieb das Wort mehrmals. Nach der großen Pause malten wir noch mit Wasserfarben: Zeichenblätter wurden in unterschiedlichen roten Streifen eingefärbt.
Daraus wurden am nächsten Tag Häuser ausgeschnitten und anschließend auf eine blaue Tapete geklebt – unsere Rotstadt. Zum Abschluss des Tages gingen wir auf den Hof zum Klettergerüst und machten dort ein Foto von uns allen. Rote Weingummis kauend gingen die Kinder nach Hause.

Mein rechter Platz ist leer

Sozialform: Kreisspiel

Die Kinder sitzen im Kreis, ein Platz bleibt frei. Das Kind links vom Platz ruft: „Mein rechter, rechter Platz ist leer, ich wünsche mir (z.B.) Martin her." Schnell setzt sich Martin auf den freien Platz.
Nun darf sich Martins Nachbar ein anderes Kind auf den freigewordenen Platz wünschen.

Variationen:

- Jedes Kind bekommt einen Tiernamen,
- Jedes Kind zieht den Namen eines anderen Kindes aus der Klasse. Der Name wird nicht verraten. Man weiß also nicht, wer kommt, wenn Martin gerufen wird.

Hatschi - Patschi

Sozialform: Kreisspiel

Alle Kinder sitzen im Kreis. Ein Kind geht vor die Tür.
Nun wird eines der Kinder zu Hatschi - Patschi ernannt. Das draußen wartende Kind wird wieder in den Kreis geholt. Es beginnt bei einem Kind zu fragen:
„Wie heißt Du?" Der Gefragte antwortet mit seinem Namen.
Das geht jetzt so weiter, bis Hatschi -Patschi gefunden ist.

Namensgymnastik

Sozialform: Kreisspiel

Alle Kinder sitzen oder stehen im Kreis. Einer sagt: „Ich heiße Anna und mache so ..." Dabei führt das Kind eine Bewegung aus. Alle: „Sie heißt Anna und sie macht so ..."
Reihum ist nun jeder im Kreis dran, seinen Namen zu sagen und eine Bewegung vorzumachen.

Variation:

- Alle vorherigen Namen und Bewegungen werden auch gemeinsam wiederholt, wenn der neue Name gesagt wurde.

Namensball

Material: Ball

Sozialform: Kreisspiel (besonders geeignet für die Wiese oder die Turnhalle)

Alle Kinder sitzen oder stehen im Kreis.Die Lehrerin wirft in der Kreismitte den Ball hoch und ruft den Namen eines Kindes. Das Kind läuft in die Mitte, prellt den Ball wieder hoch und ruft einen anderen Namen. Das gerufene Kind läuft in die Mitte usw.

Variation:

- Mit einem Luftballon anstelle des Balls wird das Spiel ruhiger und entspannter. Man kann es dann auch im Klassenraum spielen.

1. Löwenjagd

Bei weiteren Durchgängen die Nummern 6 und 7 ersetzen:

Uh, ein Schilf	hohes dichtes Schilf *ritsch ratsch*
Uh, ein Fluss	ein breiter, reißender Fluss *prusten, Armbewegung*
Uh, Matsch	ekliger, glibberiger Matsch *pitsch, patsch (Füße)*
Uh, ein Dschungel	ein dichter, undurchdringlicher Dschungel *zisch, zasch*
Uh, eine Höhle	eine dunkle, unheimliche Höhle

Dieser Text wird gesprochen und mit entsprechenden Gebärden begleitet:

Vorsichtig an der Wand lang,
immer an der Wand lang,
ich fühle etwas feuchtes, haariges...Hilfe, der Löwe!
Schnell nach Hause.
Weg zurück durch den Dschungel usw. (schnell)
Tür auf, Tür zu, ins Bett,
Decke über den Kopf.
Ich gehe nie wieder auf Löwenjagd!

Löwenjagd (Fortsetzung)

1. Gehen wir auf Löwenjagd!
2. Fangen wir den dicksten!
3. gesprochen/alle: Ich hab keine Angst!
   (kräftig an die Brust trommeln)
4. Sieh mal all die Blumen!
5. Schöner Tag!

Die Teile 1-5 werden von den Kindern und dem Lehrer gemeinsam ausdrucksstark gesungen bzw. gesprochen. Dabei wird rhythmisch abwechselnd mit Händeklatschen und auf die Oberschenkel patschen begleitet.

6. gesprochen/nur die Lehrerin: Uh, ein Baum!
7. gesprochen/alle: Ein großer, dicker Baum!
   (Hand über die Augen legen)
8. Können wir nicht drübergehn,
9. Können wir nicht druntergehn.
10. Können wir nicht außen rumgehen!

Auch bei 6-10 wieder rhythmisch wie oben begleiten.

11. gesprochen/alle: Müssen wir klettern!
    (Alle klettern pantomimisch den Baum hoch)
12. gesprochen/alle: uh, geschafft.

Jetzt geht es wieder mit 1. los. Das ganze Ritual läuft immer wieder gleich ab, nur Nummer 6/7 wird jedesmal ersetzt, die Hindernisse ändern sich.

Himpel und Pimpel

Text und Musik: Detlev Jöcker

Refrain:
Himpel und Pimpel
heißen meine Füße.
Sind die besten Freunde,
mögen sich so sehr.

2. Himpel läuft nach rechts hin,
Pimpel hinterher.
Beide kommen wieder,
laufen ist so schwer.

Refrain:
Himpel und Pimpel...

3. Himpel will jetzt tanzen,
Pimpel hinterher.
Beide werden müde,
tanzen ist so schwer.

Musik und Text: Detlev Jocker
Aus: Komm du kleiner Racker; Menschenkinder Verlag Münster

Spielvorschlag für Kinder (Körperspiel)

„Setze dich auf einen Stuhl und schiebe den Po ein bisschen nach vorne. Nun stelle beide Füße auf die Hacken." Besonders lustig wird das Spiel, wenn es mit nackten Füßen durchgeführt wird.

Refrain:

Himpel	• *Der rechte Fuß beugt sich nach vorne.*
und Pimpel	• *Der linke Fuß beugt sich nach vorne.*
heißen meine Füße.	
Sind die besten Freunde,	• *Beide Füße bewegen sich hin und her*
mögen sich so sehr.	• *und reiben sich aneinander*

Strophe 1:

Himpel springt nach oben,	• *den rechten Fuß hoch*
Pimpel hinterher.	• *den linken hinterher*
Beide fallen runter,	• *beide fallen runter.*
springen ist so schwer.	

Strophe 2:

Himpel läuft nach rechts hin,	• *Der rechte Fuß läuft nach rechts.*
Pimpel hinterher.	• *Der linke Fuß läuft nach rechts.*
Beide kommen wieder,	• *Beide kommen wieder zurück.*
laufen ist so schwer.	

Strophe 3:

Himpel will jetzt tanzen,	• *Den rechten Fuß ein Stück anheben und hin- und herbewegen.*
Pimpel hinterher.	• *Der linke Fuß macht es ebenso.*
Beide werden müde,	• *Beide fallen nach unten.*
tanzen ist so schwer.	• *Die Beine an den Stuhl heranziehen und beide Füße flach auf den Boden stellen.*

Das Wachmacherlied

Text: L. Kleikamp
Musik: Detlev Jöcker

Strophe

Refraine

Instrumentalbegleitung

Text: Lore Kleikamp. Musik: Detlev Jöcker. Aus 1, 2, 3 im Sauseschritt; Menschenkinder Verlag Münster

Hallo, guten Tag

Text und Musik: Michael Suljie

1) Hallo guten Tag, wir fang'n jetzt an
Hallo guten Tag, wir fang'n jetzt an
Hallo guten Tag, wir fang'n jetzt an,
wir fang'n jetzt einfach an,

2) Hallo guten Tag, so klatschen wir, (3x)
wir klatschen in die Hände.

3) Hallo guten Tag, so patschen wir, (3x)
wir patschen auf die Knie.

4) Hallo guten Tag, so stampfen wir, (3x)
wir stampfen mit dem Fuß.

5) Hallo guten Tag, so schnipsen wir, (3x)
wir schnipsen mit den Fingern.

6) Hallo guten Tag, so nicken wir, (3x)
wir nicken mit den Köpfen.

7) Hallo guten Tag, so zwinkern wir, (3x)
wir zwinkern mit den Augen.

(die Melodie des Liedes kann auch eine Strophe lang gepfiffen, gesummt, gebrummt oder mit der Silbe „la" gesungen werden…)

Öffnung des Unterrichts

Die Arbeit mit den Konfetti-Materialien fördert einen kindgerechten, differenzierenden und individualisierenden Anfangsunterricht. Das Gelingen der Öffnung des Unterrichts hängt neben den veränderten Unterrichtsmaterialien vor allem auch davon ab, wie der Unterricht organisiert ist und welche Bedingungen die Kinder in ihrem Klassenraum vorfinden. Ein Klassenraum, der zum selbstständigen Arbeiten auffordert, und ein Unterrichtsvormittag, der neben gemeinsamen Aktivitäten den Kindern auch Zeit lässt, eigenen Vorlieben und Interessen nachzugehen, wirken sich positiv auf das Lernverhalten der Kinder und das Arbeitsklima in der Klasse aus und kommen den Anforderungen an einen zeitgemäßen Grundschulunterricht entgegen.

Lernumgebung

Für fünf oder sechs Unterrichtsvormittage in der Woche ist der Klassenraum das „Zuhause" der Kinder. Deswegen ist es wichtig, den Raum so zu gestalten, dass sich alle gern in ihm aufhalten und sich darin wohl fühlen. Durch eine ansprechende Gestaltung und die Ausstellung von Zeichnungen, Bildern und anderen Arbeitsergebnissen drückt er Vorlieben und Interessen seiner „Bewohner" aus, zeigt wer hier lernt und wie gelernt wird.

Es wird oft unterschätzt, welche Bedeutung die funktionale Einrichtung und Gestaltung des Klassenraumes für die Umsetzung von pädagogischen Zielen hat. Kinder, die Selbstständigkeit, Zusammenarbeit und soziales Miteinander lernen sollen, brauchen dafür eine Umgebung, die solche Verhaltensformen fördert und nicht behindert. Kindorientierter, entdeckender und binnendifferenzierender Unterricht braucht eine anregungsreiche Lernumgebung, die zur Auseinandersetzung mit Materialien und Lerninhalten auffordert. Die Einrichtung des Klassenraums unterstützt selbstständiges Lernen, wenn sie berücksichtigt, dass unterschiedliche Aktivitäten gleichzeitig und ohne größere gegenseitige Behinderungen stattfinden können und ein Wechsel der Arbeitsformen reibungslos möglich ist.

Anordnung der Tische und Stühle

Eine sehr wichtige, häufig wiederkehrende Arbeitsform in der Klasse ist das gemeinsame Kreisgespräch. Es findet in der Regel mindestens einmal am Unterrichtsvormittag statt. Der Klassenraum sollte so eingerichtet werden, dass stets die Möglichkeit besteht, sich im Gesprächskreis zu versammeln. Wie können die Tische und Arbeitsecken am besten angeordnet werden, dass genug Raum bleibt, um sich ohne hohen Aufwand im Kreis zusammenzusetzen? Ist der Klassenraum eher klein, kann ein Kissenkreis eine Alternative zum Stuhlkreis bieten. In manchen Klassen wird der Stuhlkreis auch um einen Gruppentisch herum aufgebaut. Dies spart Platz, schränkt aber die Möglichkeiten für Bewegungsübungen, Kreisspiele o.ä. ein.
Manche Kinder haben ein besonders großes Bedürfnis nach Sicherheit. Deshalb hat jedes Kind in der Klasse einen festen Sitzplatz an einem der Gruppentische. Mit dieser Regelung wird von Anfang an flexibel umgegangen: Wenn mit einem anderen Partner oder in einer anderen Gruppierung zusammen gearbeitet oder gespielt wird, werden die Sitzplätze für diese Zeit entsprechend getauscht.

Da der Wechsel zwischen den unterschiedlichen Arbeitsformen (Einzel-, Partner- und Gruppenarbeit) relativ häufig vorkommt, werden Tische und Stühle möglichst so angeordnet, dass der Aufwand hierbei relativ gering ist. Den größten Spielraum für unterschiedliche Arbeitsformen bieten Gruppentische. Es muss dabei häufig in Kauf genom-

men werden, dass nicht alle Kinder direkt zur Tafel sehen können. Frontales Arbeiten mit Blick zur Tafel ist jedoch nur punktuell notwendig. Die Kinder können sich dann in die Kinositzordnung (s. S. 125) setzen oder ihre Tische kurzfristig umstellen.
Wenn genug Platz in der Klasse vorhanden ist, empfiehlt es sich, noch ein oder zwei Einzelarbeitsplätze einzurichten, um Kindern die Möglichkeit zu geben, sich mit ihrer Arbeit zurückzuziehen. Auch Arbeitsplätze auf Fluren oder in Vorräumen bieten einzelnen Kindern oder kleinen Gruppen die Möglichkeit des Rückzuges.

Lernecken

Um das selbstständige Arbeiten der Kinder zu fördern ist es sinnvoll, Lern- und Arbeitsmaterialien frei zugänglich aufzubewahren. Die Einrichtung von Funktionsecken zu bestimmten Lernbereichen und Aktivitäten (z. B. Stempeln, Drucken, Bauen) erleichtert es den Kindern, sich im Materialangebot zurechtzufinden und gibt in freien Arbeitsphasen Orientierung. Welche Lernecken in der Klasse eingerichtet werden, ist von den räumlichen Bedingungen und den Arbeitsschwerpunkten abhängig und wird sich mit der Veränderung der Bedürfnisse der Klasse vielleicht auch im Laufe des Schuljahres ändern.
Für das erste Schuljahr sind besonders eine Leseecke, eine Schreibecke sowie eine Matheecke wichtig. In der Leseecke finden die Kinder Leseangebote jeder Art: Lexika, Sachbücher zu den verschiedensten Themen, erste Lesehefte usw. Bücherkisten aus der Leihbücherei können das Angebot ergänzen. Ein Sofa, ein Teppich und eventuell eine Leselampe sorgen für eine lesefördernde Atmosphäre und laden zum Ansehen und Lesen der Bücher ein.
In der Schreibecke fordern vielfältige Schreibmaterialien und -werkzeuge wie Stempelkästen, Schreibmaschine, Holzbuchstaben, eventuell ein Computer oder eine Freinet-Druckerei zum Schreiben und Drucken auf. Darüber hinaus wären in der Klasse z. B. folgende Funktionsecken denkbar: eine Bastelecke, eine Experimentier- oder Forscherecke, eine Spielecke oder eine Theaterecke. Neben der Aufbewahrung von Materialien sollten die Lernecken, wenn möglich, Platz für das Lernen und Arbeiten bieten. Flächen zur Ausstellung von Entdeckungen und Arbeitsergebnissen vervollständigen die Einrichtung der Lernecken.
Die Ordnungsstrukturen und Arbeitsweisen in den Lernecken werden im ersten Schuljahr mit den Kindern besprochen und eingeübt. Bereits zu Anfang des Schuljahres prall gefüllte Regale erschweren den Kindern die Orientierung und die Übersicht. Daher ist es sinnvoll, die zur Verfügung stehenden Materialien auf die Lernfortschritte der Kinder abzustimmen und nicht mehr benötigte Materialien regelmäßig auszusortieren.

Ausstellungsflächen

Besondere Würdigung und Anerkennung kommen sichtbar ausgestellten Schülerarbeiten zu. Sie dokumentieren den Stand der momentanen Arbeit und zeugen von Entwicklungsfortschritten. In der Klasse können also gar nicht genug Pinnwände vorhanden sein. Auch an den Wänden entlang gespannte oder quer durch den Raum gezogene Wäscheleinen bieten Platz für die Ausstellung von Schülerarbeiten. Materialsammlungen zu bestimmten Themen oder Projekten benötigen Platz auf Ausstellungstischen oder Fensterbänken.

Ablagen

Es ist hilfreich, wenn jedes Kind einen eigenen Ablagekorb oder ein eigenes Aufbewahrungsfach in der Klasse hat. Dort werden Arbeitsmaterialien wie Wachsmalstifte, Farbkasten, Schnellhefter, Hefte und andere Dinge, die nicht täglich in der Schultasche benötigt werden, aufbewahrt. So haben die Kinder weniger zu tragen und es ist gewährleistet, dass die Materialien auch da sind, wenn sie in der Schule gebraucht werden. Jedes Kind hat außerdem in der Klasse einen dicken Ordner, in dem fertige und vom Lehrer kontrollierte Arbeitsbögen abgeheftet werden.
Ein guter Platz, um nicht fertiggestellte Arbeiten der Kinder aufzubewahren, ist eine Hängeregistratur. Wenn darin für jedes Kind eine eigene Mappe vorhanden ist, ist das Wiederfinden der eigenen Arbeiten für die Kinder ganz leicht und die Lehrerin erhält schnell einen Überblick, wer noch an das

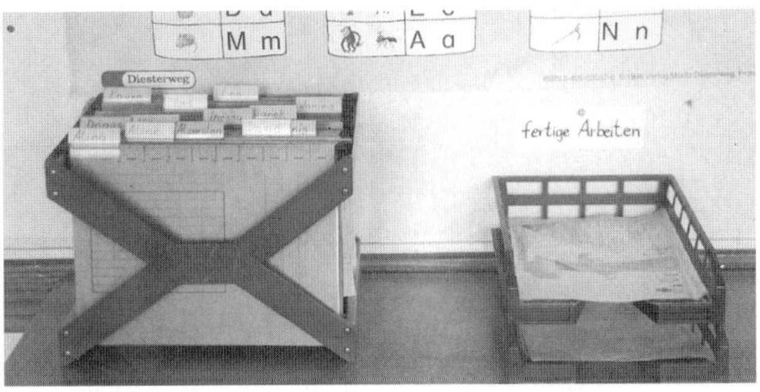

Fertigstellen von angefangenen Arbeiten erinnert werden muss.

Symbole für den Unterricht

Rhythmisierung des Unterrichts

Unterricht, der vom Kind ausgeht und die Kinder an der Gestaltung ihrer Lernprozesse beteiligt, braucht neben einer anregungsreichen und motivierenden Lernumgebung auch eine andere Unterrichtsorganisation. Die Gestaltung des Unterrichtsvormittags trägt wesentlich dazu bei, kindgeleiteten und binnendifferenzierenden Unterricht zu ermöglichen und selbstgesteuertes Lernen zu initiieren.
Dies bedeutet, dass im Unterricht Raum ist für selbstständiges Arbeiten und individuelle Lernprozesse. Der Ablauf des Unterrichtsvormittags lässt es zu, dass die Kinder gleichzeitig unterschiedlichen Aktivitäten im Klassenraum nachgehen können, z. B. bei der Bearbeitung von Tages- oder Wochenplänen und in Freiarbeitszeiten. Daneben wird das individualisierende und differenzierende Lernen ergänzt durch die gezielte Förderung von Gruppenprozessen und die Stärkung der Klassengemeinschaft (Gesprächskreise, Klassenvorhaben). Gerade wenn die Arbeitsprozesse stark individualisiert sind, ist es wichtig, darauf zu achten, dass die Arbeitsergebnisse der einzelnen Kinder wieder in die Gruppe zurückgeführt und ausgetauscht werden, damit die Kinder einen gemeinsamen Rahmen für die Arbeit haben und miteinander in Kontakt bleiben.
Täglich wiederkehrende Elemente des Unterrichtsvormittages gliedern den Schultag und geben ihm Struktur. Die verschiedenen Unterrichtselemente (wie z. B. Morgenkreis, gemeinsames Frühstück, Freiarbeit, gemeinsamer Abschied) versuchen die Individualisierung der Arbeit und die Förderung der Gruppenprozesse in Einklang zu bringen. Günstig ist es, wenn die einzelnen Bausteine des Unterrichtsvormittages täglich ungefähr an gleicher Stelle wiederkehren. Das macht den Kindern die vor ihnen liegende Zeit leichter überschaubar und es hilft ihnen, sich den Schultag einzuteilen. Die Eigenständigkeit der Kinder wird unterstützt, wenn sie einschätzen können, was sie erwartet und wann sie ihren Bedürfnissen wie essen, trinken, eine bestimmte Arbeit zu Ende bringen, mit einem Freund ein Spiel spielen, ein mitgebrachtes Buch vorstellen, nachgehen können.
Hilfreich ist die Verwendung von Symbolkärtchen (Piktogrammen) für die einzelnen Abschnitte des Vormittags. Werden diese z. B. mit Magneten in der entsprechenden Reihenfolge an der Tafel festgehalten, fällt den Kindern die Orientierung im Schulvormittag leichter und die Entwicklung von Zeitvorstellungen wird dabei unterstützt. Zu wissen, was im Laufe des Vormittages geschehen wird, schafft Sicherheit und trägt zum entspannteren Arbeiten bei. Die Piktogramme ermöglichen es den Kindern, Verantwortung zu übernehmen und sich an der Vorbereitung des nächsten Unterrichtsabschnittes zu beteiligen, indem sie schon in den Stuhlkreis kommen, ihre Turnbeutel holen oder Ähnliches. Die wöchentliche Rhythmisierung des Unterrichts mit Wochenanfangs- und Wochenschlussritual (z. B. Spielstunde am Montagmorgen, Abschlusskreis am Freitag), festen Lesezeiten usw. unterstützt die Entwicklung von zeitlichen Vorstellungen über einen längeren Zeitraum hinaus und gibt weitere Sicherheit.

Offener Unterrichtsbeginn

Der Beginn des Unterrichtsvormittages mit einer Freiarbeitsphase bietet den Kindern einen individuellen Start in den Schulalltag nach ihrem eigenen Tempo. Sie haben Zeit, langsam innerlich in der Schule anzukommen und sich wieder auf die Gruppe einzustellen. Ungezwungen können sie Kontakt zu anderen Kindern aufnehmen, im kurzen Privatgespräch mit der Lehrerin schon die wichtigsten Neuigkeiten erzählen oder das Geschehen erst mal abwartend beobachten. Für viele Kinder ist diese Form des Tagesanfangs sehr wichtig, können sie doch so die Hektik, die vielleicht schon zu Hause oder auf dem Weg zur Schule entstanden ist, abstreifen und die eben hinter sich gelassenen

Erlebnisse verarbeiten. Sie haben danach ihren Kopf frei für das inhaltliche Arbeiten.
In der morgendlichen Freiarbeitsphase können sich die Kinder selbst aussuchen, was sie tun wollen, z. B. in der Leseecke Bücher ansehen, mit Bauklötzen bauen, mit anderen Kindern ein Lernspiel spielen, an Karteien arbeiten oder die am Vortag angefangenen Arbeiten beenden. In dieser Zeit haben die Kinder auch die Möglichkeit, mit den in der Klasse vorhandenen Materialien vertraut zu werden oder neue Materialien kennen zu lernen. Auch für die Lehrerin ist diese morgendliche Freiarbeitsphase eine wichtige Zeit. Sie kann in Ruhe das Arbeitsverhalten einzelner Kinder beobachten und zurückhaltenden Kindern helfen, den Kontakt zu anderen Kindern aufzunehmen. Neue Arbeitsmittel und Lernspiele können von der Lehrerin in einer kleinen Gruppe von Kindern eingeführt werden. Diese Kinder sind danach Experten, die anderen Kindern zeigen, wie mit diesen Materialien und Spielen gearbeitet wird.
Ein eindeutiges mit den Kindern verabredetes Zeichen beendet die freie Arbeitszeit und fordert zum Aufräumen auf. Als Signal könnte Musik vom Kassettenrecorder dienen. Weitere Möglichkeiten: Ein Instrument wird angeschlagen, die Lehrerin klatscht in die Hände, eine Kinderuhr gibt die Zeit an, zu der aufgeräumt wird. Danach beginnt dann eine gemeinsame Unterrichtsphase, z. B. der Morgenkreis.

Gemeinsames Arbeiten

Kreisgespräche

Der Stuhlkreis ist im Unterrichtsvormittag der Platz für gemeinsame Aktivitäten. Hier erlebt sich die Klasse als „Wir", als feste Lerngruppe. Damit bildet die Arbeit im Stuhlkreis einen sehr wichtigen Gegenpol zur Freiarbeit und der Arbeit mit Tages- und Wochenplänen, die einen stark individualisierenden Charakter haben. Der Stuhlkreis hat einen sehr wichtigen Stellenwert im kindorientierten Unterricht und sollte möglichst jeden Tag stattfinden. Je nachdem, was im Kreis stattfindet, kann die Kreissituation auch schon in den ersten Schulwochen bis zu einer Unterrichtsstunde dauern.

Das Zusammensein im Kreis kann viele verschiedene Funktionen haben, wobei der täglich stattfindende Morgenkreis sicher eine der wichtigsten ist. Bevor die gemeinsame Arbeit anfängt, kommen die Kinder im Kreis zusammen. Hier haben sie Gelegenheit, den anderen wichtige Erlebnisse vom letzten Nachmittag oder Wochenende mitzuteilen („... ein Zahn ist ausgefallen, Mama hat Geburtstag, ein neues Spielzeug wird vorgestellt, auf dem Weg zur Schule gab es einen Unfall, ..."). So können die Kinder ihr Mitteilungsbedürfnis stillen, den anderen mitgebrachte Dinge zeigen und auch mal im Mittelpunkt der Aufmerksamkeit stehen. Die Kinder erfahren, dass es wichtig ist, was sie zu sagen haben und dass dieses auch für andere interessant sein kann. Im Sprechen weniger geübte Kinder bekommen durch die Erzählungen anderer positive Sprachvorbilder und lernen, dass es auch wichtig ist, wie man etwas sagt. Ganz nebenbei wird in dieser Runde der sprachliche Ausdruck geschult und Sicherheit im Sprechen vor einer Gruppe trainiert. Es ist schön zu beobachten, wie zu Anfang sehr schüchterne Kinder allmählich an Selbstvertrauen gewinnen und irgendwann von ihren Erlebnissen berichten.

Neben der Funktion als Erzählkreis bietet der Morgenkreis auch Gelegenheit, die Gemeinsamkeit der Lerngruppe zu fördern, Wir-Gefühl aufzubauen und die Kontaktaufnahme der Kinder untereinander zu unterstützen. Das gemeinsame Singen, basale und rhythmische Übungen, Kreisspiele, das Vorlesen von Geschichten und das gemeinsame Feiern der Geburtstage sind ebenfalls wichtige Bestandteile des Morgenkreises. Außerdem werden hier Probleme besprochen, die einzelne Kinder miteinander haben, aber nicht allein bewältigen können. Gemeinsam mit den anderen Kindern wird nach einer Lösung gesucht. Dabei lernen auch die anderen Kinder Beispiele dafür kennen, wie sie Konflikte lösen könnten.
Das Besprechen und Planen der für den Tag anstehenden Arbeiten ist eine weitere zentrale Funktion des Morgenkreises. Die Kinder berichten, welche

Aufgaben sie erledigen wollen und was noch vom Vortag zu beenden ist. Dies ist ein erster Schritt, die Kinder aktiv in die Planung ihrer Arbeit mit einzubeziehen und ihnen Verantwortung für die eigene Arbeit zu übergeben. Der Lehrer stellt neue Aufgaben vor und teilt mit, welche Aufgaben unbedingt erledigt werden müssen. Mit einer klaren Vorstellung dessen, was heute zu tun ist, beginnen die Kinder die individuelle Arbeitszeit.
Im Stuhlkreis wird auch an fachlichen Unterrichtsinhalten und Projekten gearbeitet. Der Lehrer nutzt die konzentrierte Atmosphäre und die Möglichkeit, sich schnell aufeinander zu beziehen, um neue Unterrichtsinhalte vorzustellen. Im Kreis lässt sich mitgebrachtes Material auf dem Fußboden oder auf einem Ausstellungstisch gut sichtbar zeigen und die Kinder können sich spontan dazu äußern. Zur genaueren Betrachtung können unproblematisch Dinge von Kind zu Kind weitergegeben werden. Die von den Kindern zu gemeinsamen Vorhaben und Projekten geäußerten Ideen können vom Lehrer und für alle gut sichtbar auf Plakate geschrieben werden. Am Ende eines Projektes werden die Ergebnisse der Arbeitsgruppen im Stuhlkreis vorgestellt und so der ganzen Gruppe zugänglich gemacht. Es ist für jedes Kind wichtig zu erfahren, dass es einen Teil zum gemeinsamen Vorhaben beigetragen hat und dass alle kleinen Ergebnisse für die gemeinsame Arbeit von Bedeutung sind. Im Stuhlkreis ist der Platz für gemeinsame Übungsspiele oder die Einführung neuer Materialien.

Im Laufe des Schuljahres werden die Funktionen des Stuhlkreises immer vielfältiger. So werden beispielsweise im Gesprächskreis auch die Arbeitsprozesse reflektiert. Kinder und Lehrer tauschen aus, welcher Teil der Arbeit besonders interessant war oder viel Spaß gemacht hat, und sie machen sich Gedanken, warum vielleicht etwas nicht so gut geklappt hat oder mit wem man gut oder nicht so gut arbeiten konnte. Zu diesem Zweck bietet es sich auch an, einen Wochenschlusskreis in der Klasse zu institutionalisieren. Am Ende der Woche versuchen sich die Kinder gemeinsam zu erinnern, was in der letzten Woche passiert ist und was sie alles Neues gelernt haben. Vielleicht nehmen sich einzelne Kinder schon etwas für die nächste Woche vor oder äußern den Wunsch zur Arbeit an einem bestimmten Thema. So werden die Inhalte der vergangenen Woche noch einmal vergegenwärtigt und es wird eine Brücke geschlagen zu dem, was in der nächsten Woche kommt.

Frontale Arbeitsphasen

Auch im geöffneten, differenzierenden Unterricht gibt es Inhalte, die mit allen Kindern gleichzeitig erarbeitet und besprochen werden, wie beispielsweise das gemeinsame Lautieren, das Üben der Schreibrichtung eines neuen Buchstabens oder die Einführung eines neuen Arbeitsmittels. Häufig finden solche gemeinsamen Arbeitsphasen im Stuhlkreis statt. Wenn die Tafel für die Arbeit benötigt wird, setzen sich alle Kinder, die mit dem Rücken zur Tafel sitzen, auf den Fußboden vor die anderen Stühle. So kann jeder gut sehen und mitarbeiten.
Ist eine längere Arbeitsphase vor der Tafel notwendig oder haben die Kinder nicht im Stuhlkreis zusammengesessen, bietet sich die *Kinositzordnung* vor der Tafel an. Für diese Sitzordnung bauen die Kinder ihre Stühle in mehreren Reihen versetzt vor der Tafel auf. In der Mitte bleibt ein kleiner Gang frei, damit man auch an die Tafel gehen kann, um zu schreiben oder etwas zu zeigen. Die Veränderung der Sitzordnung signalisiert den Kindern auch, dass es jetzt um eine neue Aufgabe geht. Die Aktivität beim Umstellen der Stühle und die damit verbundene Bewegung macht es den Kindern leichter, im Anschluss konzentriert bei der Sache zu sein.

Auf dem Weg zum selbstständigen Arbeiten

Lernen in Stationen

Besonders zu Anfang des Schuljahres könnte das Lernen in Stationen ein erster Schritt hin zu individuelleren Arbeitsformen sein. Hierbei werden unterschiedliche Aufgaben zu einem inhaltlichen Schwerpunkt angeboten und diese von den Kindern nacheinander bearbeitet. Die Arbeit an Lernstationen kann beispielsweise eingesetzt werden, um bereits erarbeitete Unterrichtsinhalte in unterschiedlichen Formen zu üben, um sich einem neuen Unterrichtsgegenstand auf handelnder, entdeckender Ebene anzunähern oder um nach und nach die in der Klasse vorhandenen Spiele und Materialien einzuführen.
Die Aufgabe der Lehrerin ist es hierbei, die unterschiedlichen Aktivitäten an den Stationen vorzubereiten und zu strukturieren. Die Kinder können sich aus dem gesamten Angebot entweder eine Aufgabe aussuchen oder die Reihenfolge bestimmen, in der sie die Aufgaben bearbeiten wollen. Da nicht alle Kinder alle Aufgaben bearbeiten müssen, lernen die Kinder bei dieser Arbeitsform, sich zu entscheiden, was ja nicht für jedes Kind einfach ist. Beim Stationenlernen lassen sich für die Kinder und die Lehrerin gut erste Erfahrungen mit unterschiedlichen Aktivitäten zu einem gemeinsamen

Thema in der Klasse sammeln, und es lässt sich schnell beobachten, wer bei der selbstständigen Arbeit noch besondere Unterstützung braucht.

Die Aufgaben an den Stationen können ganz unterschiedliche Schwerpunkte oder Anforderungen haben. Eine Stationenrunde zu den Namen der Kinder könnte beispielsweise so aussehen: Es werden Namen geknetet, die Buchstaben der Namen aus Zeitschriften ausgeschnitten, es wird gestempelt und der Name in unterschiedlichen Farben geschrieben. An einem anderen Tisch wird ein Uhu/Sand-Bild angefertigt und auf dem Fußboden der Name in Kleisterpapier geschrieben.
Bevor mit den unterschiedlichen Arbeiten begonnen wird, stellt die Lehrerin die Angebote im Stuhlkreis vor. Jede Aufgabe ist schon an einer Tischgruppe oder in einer Ecke auf dem Boden vorbereitet. Es macht die Arbeit einfacher und für die Kinder überschaubarer, wenn an einigen Stationen bereits bekannte, schon bei anderer Gelegenheit eingeführte Aufgaben ausliegen und nur ein oder zwei der Angebote wirklich neu sind. Jedes Kind entscheidet sich bereits im Stuhlkreis, mit welcher Aufgabe es beginnen will.
Wer eine Arbeit beendet hat, macht an einer anderen Station weiter. Schon im Stuhlkreis wurde verabredet, wie viele Kinder höchstens an einer Station arbeiten können, wie der Arbeitsplatz verlassen wird, bevor man zur nächsten Station wechselt und ob die bearbeiteten Stationen in irgendeiner Form (z. B. in einem Ausweis) dokumentiert werden sollen. Am Ende der Stationenarbeit ist es sinnvoll, im Stuhlkreis über die Erfahrungen bei der Arbeit zu sprechen, um das Arbeitsverhalten zu reflektieren und die Eignung der einzelnen Aufgaben zu überprüfen.

Tages- und Wochenplan

Ein weiterer Schritt auf dem Weg zum selbstständigen Lernen ist die Arbeit mit einem Tagesplan. Im Gegensatz zum Stationenlernen ist der Tagesplan ein Angebot von Pflichtaufgaben, die im Laufe des Vormittags in einer vorgegebenen Zeit von allen Kindern bearbeitet werden sollen. Die Pflichtaufgaben dienen dem Erreichen der verbindlichen Lernziele. Darüber hinaus gibt es im Tagesplan frei wählbare Aufgaben, die den Kindern die Möglichkeit geben, ihren individuellen Interessen nachzugehen.
Die Arbeit mit dem Tagesplan wird in kleinen Schritten eingeführt. Zu Anfang wird beispielsweise nur die Reihenfolge von zwei zu erledigenden Aufgaben freigestellt. Beide Aufgaben werden im Stuhlkreis vorgestellt und die Kinder entscheiden sich, mit welcher Arbeit sie beginnen wollen. Ein anderer möglicher Einstieg in die Arbeit mit einem Tagesplan: Im Stuhlkreis werden zwei alternative Arbeitsangebote zum selben Thema vorgestellt. Jedes Kind entscheidet, welche der beiden Aufgaben es erledigen möchte. Nach Beendigung seiner Arbeit kann sich das Kind dann eine Beschäftigung aus dem in der Klasse angebotenen Material suchen. Um das Angebot für die Kinder überschaubarer zu machen und der Lehrerin die Übersicht zu erleichtern, können zunächst zwei bis vier Angebote für die individuelle Arbeit vorgegeben werden. Nach und nach wird der Spielraum erweitert und allmählich zu einer freien Auswahl des Angebots übergegangen.
Der Tagesplan stellt hohe Anforderungen an das Arbeitsverhalten der Kinder. Sie müssen lernen, sich die Zeit einzuteilen und mit ihr auszukommen, sich für die Reihenfolge von Aufgaben zu entscheiden, Arbeiten zu Ende zu bringen und sich falls notwendig um Hilfe zu bemühen. Die Arbeit mit Tagesplänen bereitet im überschaubaren Rahmen freies Arbeiten vor und hilft, die wichtigsten Aspekte des Arbeitsverhaltens einzuüben.
Ein weiteres Anliegen der Arbeit mit Tagesplänen ist die Differenzierung und die Individualisierung von Lernprozessen. Jedes Kind kann nach seinem individuellen Tempo arbeiten und sich entsprechend seines momentanen Niveaus weiterentwickeln. Dies setzt voraus, dass die Pflichtaufgaben schon differenziert mit unterschiedlichem Schwierigkeitsgrad angeboten werden. Es ist erstaunlich zu beobachten, wie gut sich die meisten Kinder einschätzen können und über ihr Können und ihre Schwierigkeiten Bescheid wissen. Die Arbeit mit

Karteien oder das Verfassen eigener Texte lassen zu, dass alle Kinder ihrem Leistungsvermögen und ihrem Arbeitstempo entsprechend an der gleichen Aufgabenstellung arbeiten können.
Die Arbeit mit einem Wochenplan erweitert die Arbeit mit Tagesplänen auf den Zeitraum einer Schulwoche. Als Grundsatz gilt, dass die Kinder selbstständig von der Lehrerin festgelegte Aufgaben bearbeiten und darüber hinaus Zeit für eigene Vorhaben bleibt. Für die Arbeit am Wochenplan stehen im Laufe der Woche mehrere Unterrichtsstunden zur Verfügung. Die Reihenfolge der Aufgaben wählen die Kinder selbst aus und sie sind auch verantwortlich dafür, dass sie alle Pflichtaufgaben schaffen. Die Arbeit mit Wochenplänen beinhaltet einen hohen organisatorischen Aufwand, da alle Aufgaben so übersichtlich angeboten werden müssen, dass man den Arbeitsauftrag auch Tage später noch entnehmen kann. Lehrerinnen und Kinder müssen eine Form finden, auch über mehrere Tage die Übersicht über bereits Geleistetes zu behalten. Um zu verhindern, dass die Arbeit mit Wochenplänen nur das Abarbeiten von Arbeitsbögen beinhaltet, ist besondere Sorgfalt und Kreativität bei der Auswahl der Aufgaben erforderlich. Auch der Wochenplan sollte so gestaltet sein, dass den Kindern viel Zeit für individuelle Aufgabenstellungen bleibt.

Freie Arbeitsphasen

Neben der Erledigung von Pflichtaufgaben gibt es im Laufe der Schulwoche auch ganz offene Arbeitsphasen. In Zeiten der Freiarbeit sind die Kinder selbst Organisatoren des Unterrichts und nicht die Lehrerinnen. Die Kinder suchen sich eine Aufgabe aus dem in der Klasse vorhandenen Angebot aus oder verfolgen eigene Vorhaben.
In den ersten Freiarbeitsstunden kann es hilfreich sein, wenn sich die Kinder bereits im Stuhlkreis für eine bestimmte Arbeit entscheiden. Das zeigt den

Kindern, dass es nicht egal ist, was sie tun und ob sie etwas tun, und es gibt Kindern, die noch Schwierigkeiten haben, sich für eine Arbeit zu entscheiden – Gelegenheit, sich an anderen zu orientieren. Es entsteht weniger Unruhe, weil alle bereits eine bestimmte Arbeit vor Augen haben, wenn sie den Stuhlkreis verlassen. Manchmal kann es vorkommen, dass jemand zu gar nichts Lust hat. Dann hängt es von der Einschätzung der Lehrerin ab: Ist es in Ordnung, wenn sich dieses Kind heute ein bisschen ausruht oder anderen zuschaut, oder sollte dem Kind eine Arbeit vorgegeben werden.
Freie Arbeitsphasen brauchen bestimmte Spielregeln, die vereinbart und eingehalten werden müssen, damit diese Zeit nicht zum Stress für alle Beteiligten wird. Viele Arbeiten oder Spiele erfordern es, dass sich die Kinder dabei unterhalten. Wenn daraus jedoch große Unruhe wird und andere sich nicht mehr auf ihre Arbeit konzentrieren können, ist ein deutliches Zeichen zur Wiederherstellung der Arbeitsruhe erforderlich. Beispiele hierfür sind: das Anschlagen eines Beckens, die Kinder heben einen Arm, ein entsprechendes Schild wird an die Tafel gehängt. Dann werden alle Arbeiten unterbrochen und es wird in der Klasse mucksmäuschenstill. Die Kinder werden an die notwendige Arbeitsruhe und an das leise oder flüsternde Sprechen erinnert. Nicht für alle Kinder ist es selbstverständlich, dass angefangene Arbeiten zu Ende gebracht und Materialien und Spiele ordentlich weggeräumt werden, bevor eine neue Aufgabe begonnen wird.
Im Anschluss an die ersten freien Arbeitsphasen haben die Kinder die Möglichkeit, im Stuhlkreis von ihren Erfahrungen zu erzählen. Einzelne Kinder berichten, was sie in der Freiarbeitszeit getan haben, warum sie sich mit der entsprechenden Aufgabe beschäftigt haben und was sie erreicht haben. Dies kann anderen Kindern helfen, Strategien für die eigene Arbeit zu gewinnen. Natürlich wird auch das Arbeitsverhalten reflektiert. Gemeinsam wird überlegt, was schon gut geklappt hat und was beim nächsten Mal noch besser gemacht werden kann.

Übungen zur Entspannung

Ein Wechselverhältnis zwischen Anspannung und Entspannung im Unterrichtsvormittag unterstützt ein günstiges Lernklima in der Klasse und trägt zur ganzheitlichen Entwicklung der Kinder bei. Neben aktiven Phasen, in denen die Kinder Gelegenheit haben, ihrem Bewegungsdrang nachzugehen und motorische Unruhe abzubauen, sind auch Momente, die die Möglichkeit der völligen Entspannung bieten, ein bedeutender lernfördernder Faktor. Entspannungsübungen entlasten im

Schulvormittag und helfen, dem Schulstress entgegenzuwirken. Sie schaffen eine entspanntere Atmosphäre im Klassenraum und unterstützen die Förderung der Sozialkontakte und des verständnisvollen Umgangs miteinander. Viele Kinder haben auch ein Bedürfnis nach Ruhe und es lässt sich beobachten, dass gerade unruhige Kinder immer wieder nach den Entspannungsübungen fragen, wenn sie in der Klasse eingeführt wurden.

Entspannungsspiele berücksichtigen das Wechselspiel zwischen Aktivität und Ruhe. Nach einer Bewegungsphase werden die Kinder zur Ruhe geführt. Bleiben die Kinder am Ende der Übung noch einige Minuten ruhig liegen oder sitzen, unterstützt dies den Moment des Loslassens.

Unsicherheit schafft Unruhe und wirkliche Entspannung setzt erst ein, wenn die Kinder wissen, was auf sie zukommt. Die Wirkung der einzelnen Übungen wird verstärkt, wenn sie häufiger eingesetzt werden. Die Auswahl von drei oder vier Übungen, die regelmäßig wiederkehren, ist wirkungsvoller als eine abwechslungsreiche Palette.

Bei allen Massagen wird Körperkontakt zwischen den Kindern vorausgesetzt. Sich darauf einzulassen, ist nicht für alle Kinder einfach und setzt Vertrautheit mit der Lerngruppe voraus. Es gibt Kinder, die besonders unsicher sind und die Nähe und Berührung durch andere nur schwer ertragen können. Oft hilft es ihnen, wenn die Lehrerin mit ihnen arbeitet oder wenn sie einmal zusehen dürfen, was passiert. Damit die anderen Kinder nicht abgelenkt werden, bleibt das Zuschauen die Ausnahme.

Gemeinsame Aktivitäten

Ein weiterer wichtiger Bestandteil der Grundschularbeit sind die gemeinsamen Aktivitäten. Bei solchen Anlässen öffnet sich die Klasse nach außen und lässt andere an ihrer Arbeit teilhaben oder nimmt selbst an der Arbeit von anderen teil.

Feste und Feiern sind für die Förderung der Klassengemeinschaft unerlässlich und ein wichtiger Bestandteil des Schullebens. Oft sind sie die Höhepunkte des Schuljahres und schon die gemeinsame Vorbereitung wird zum Erlebnis. Viele der in der Grundschule gefeierten Feste gehen über den Rahmen der Klassengemeinschaft hinaus und beziehen Eltern, Geschwister oder Parallelklassen ein. Einen Anlass für Feste bietet häufig der Wunsch, Arbeitsergebnisse aus der Klasse einem Publikum zu präsentieren und den Erfolg der eigenen Arbeit nach außen zu tragen.

Andere Feste nehmen die Gelegenheit wahr, den Kreis der Klassengemeinschaft um Eltern und Geschwister zu erweitern und das Zusammengehörigkeitsgefühl zu stärken. Hierzu gehören besonders die Feste des Jahreskreises wie Drachenfest, Laternenfest, Weihnachtsfeier und viele andere, die gerade den Eltern Gelegenheit geben, sich näher kennen zu lernen und durch die Vorbereitung der Feste aktiv am Schulleben teilzunehmen.

Gemeinsame Aktivitäten wie beispielsweise Klassenfahrten, Lesenächte in der Schule, Zelten auf dem Schulhof öffnen den normalen Unterrichtsrahmen und bieten für Schüler und Lehrerinnen die Möglichkeit, sich auch in ganz anderen Situationen kennenlernen. Ohne Zweifel tragen solche Unternehmungen in ganz besonderem Maße zur Stärkung der Klassengemeinschaft bei und bleiben allen Beteiligten dauerhaft in Erinnerung.

Ein weiterer wichtiger Bestandteil der Öffnung der Schule sind gemeinsame Ausflüge und der Besuch außerschulischer Lernorte. Häufig können Eltern die Besichtigung von Betrieben, bei Feuerwehr, Polizei oder einer Bäckerei organisieren. Fast überall sind die Kinder gern gesehen, da sie den Arbeitsalltag der Gastgeber auflockern, und sie bekommen erfahrungsgemäß meistens sehr viel zu sehen. Viele der Eltern haben schließlich interessante Berufe und können den Kindern helfen, Einblick in andere Zusammenhänge zu bekommen. Außerschulische Lernorte sind ein wichtiger Bestandteil der Grundschularbeit, weil sie den Blick der Kinder auf die sie umgebende Welt erweitern helfen und dabei durch die Sachkompetenz der Betreuer vor Ort nachhaltiges Wissen vermitteln.

Erfahrungsberichte

Rhythmisierung des Unterrichtsvormittages (1)

Schon vom dritten Schultag an begann in meiner Klasse der Unterricht jeden Morgen mit 20 Minuten Freier Arbeit. In dieser Zeit eroberten sich die Kinder nach und nach die in der Klasse vorhandenen Materialien, manchmal wurde auch ein Spiel von zu Hause mitgebracht. Es ließ sich gut beobachten, wie im Laufe des Schuljahres immer wieder andere Materialien im Mittelpunkt des Interesses der Kinder standen. Zu Anfang waren es besonders die Bücher in der Leseecke und die Bauklötze, später dann bestimmte Lernspiele und die Arbeit mit den Konfetti-Heften und am Ende des Schuljahres ganz besonders die Arbeit an der Schreibschrift.

Ich kümmerte mich in diesen 20 Minuten besonders um Kinder, denen es schwer fiel, allein Kontakt zu den anderen aufzunehmen oder die in einzelnen Lernbereichen zusätzliche Unterstützung brauchten.

An der Tafel hing eine Kinderuhr, auf der man eine Zeit einstellen kann. Dort wurde angezeigt, wann die Freiarbeitsphase zu Ende war. Einige Kinder entwickelten sich schnell zu Spezialisten für das Beobachten der Uhr und erinnerten die anderen an das Aufräumen.

Dann trafen wir uns im Stuhlkreis und sangen zunächst ein Lied oder machten ein Bewegungsspiel. Es folgte die tägliche Erzählrunde, in der die Kinder von für sie wichtigen Ereignissen berichteten. Im Anschluss daran wurde täglich gemeinsam lautiert und wenn nötig andere neue Inhalte erarbeitet. Dann besprachen wir den Tagesplan: Die Arbeit an der Konfetti-Kartei und eine Aufgabe aus dem mathematischen Bereich gehörten meistens dazu – wenn wir nicht gerade mit einem Miniprojekt beschäftigt waren. Mit Piktogrammen wurde an der Tafel festgehalten, was zu tun war, wann Pausen waren oder Sport- oder Musikstunden. Danach wurde entweder mit den Aufgaben des Tages begonnen oder es war schon Zeit für das Frühstück.

Nach der großen Pause wurde für eine Weile in Ruhe gearbeitet. Die Kinder erledigten die anstehenden Aufgaben möglichst ohne meine Hilfe. Wenn sie doch einmal nötig war, hängte das Hilfe suchende Kind sein Namensschild an die Tafel. Häufig war es den Kindern zu langweilig, zu warten bis sie an der Reihe waren, und sie hatten inzwischen schon selbst eine Lösung für ihr Problem gefunden.

Regelmäßig zum Abschluss des Unterrichtstages gab es nochmals eine Zeit der gemeinsamen Aktivität. Meistens las ich etwas vor, manchmal spielten wir zusammen oder wenn wenig Zeit geblieben war, sangen wir ein Lied. Mir war es sehr wichtig, dass die Kinder am Ende des Schultages nicht einzeln davon stürmten, sondern dass der Tag wirklich gemeinsam beendet wurde.

Rhythmisierung des Unterrichtsvormittages (2)

In meiner Klasse hat sich im Laufe des Schuljahres ein Tagesablauf eingespielt, der auf die besonderen Bedürfnisse der Kinder und meinen persönlichen Unterrichtsstil abgestimmt war. Täglich fand in der ersten Stunde Teilungsunterricht statt, es war also nur die Hälfte der Kinder anwesend. In diesen Stunden mit der Kleingruppe machten wir vor allem mündliche Übungen, bei denen jedes Kind häufig zu Wort kam.

Sobald alle Kinder der Klasse anwesend waren, setzten wir uns zum Morgenkreis zusammen. Nach der allgemeinen Begrüßung wurde festgestellt, welche Kinder nicht oder wieder anwesend waren. Es folgte eine ausführliche Erzählrunde, in der die Kinder von ihren Erlebnissen berichteten oder mitgebrachte Dinge zeigten. In der Mitte des Kreises lag ein kleiner Teppich, auf dem diese Dinge ausgestellt wurden.

Das Erzählen im Morgenkreis und die Zeit für mündliche Übungen in der Kleingruppe waren in meiner Klasse besonders wichtig, weil es viele Kinder gab, die nur wenig Deutsch sprechen konnten. Sie brauchten Gelegenheiten, sich zu äußern, um so ihren aktiven Sprachgebrauch zu verbessern. Außerdem bekamen sie in diesen Situationen durch andere Kinder oder mich positive Sprachvorbilder, die für die sprachliche Weiterentwicklung der ausländischen Kinder so dringend nötig waren.

Dann wurde im Morgenkreis etwas Neues eingeführt. Dies konnte eine Zahl, ein Lernspiel oder ein Lied sein. Häufig führten wir an dieser Stelle auch Übungen durch, die der Förderung der akustischen oder optischen Wahrnehmung dienten. Weitere Bestandteile des Morgenkreises waren rhythmische oder basale Übungen, Stilleübungen oder ich las weiter aus dem Vorlesebuch vor. Dann wurde besprochen, was die Inhalte des Tagesplans waren. Diese Stunde im Morgenkreis empfanden wir oft als zu kurz und wir mussten uns häufig beeilen, um noch 10 Minuten Zeit für das gemeinsame Frühstück zu haben. Die folgende Hofpause konnten die Kinder nun zum Spielen und Toben nutzen.

Vom geschilderten Ablauf des Morgenkreises wurde nur selten abgewichen, z. B. wenn eines der Kinder Geburtstag hatte – dann wurde gemeinsam gefeiert.

Arbeit mit dem Tagesplan

Bereits in der zweiten Schulwoche begann ich in meiner Klasse mit einem einfachen Tagesplan. Die verschiedenen Aufgaben wurden im Stuhlkreis erklärt und dann mit einfachen Symbolen an der Tafel festgehalten. Da der Plan zu Anfang nur zwei, nach zwei Wochen dann drei Aufgaben enthielt, konnten die Kinder selbst überblicken, welche Aufgabe sie schon erledigt hatten und mussten dies nicht irgendwo ankreuzen. Neben die Symbole schrieb ich schon einzelne Wörter wie z. B. rechnen, lesen, malen, um die Kinder zum Lesen anzuregen. Die Symbole hatten die Kinder selbst erfunden, somit gab es keine Probleme beim Entschlüsseln der Aufgaben.
Interessant waren die unterschiedlichen Strategien der Kinder, mit denen sie die Arbeit anfingen. Schon im Stuhlkreis erzählten einige: ‚Ich fange mit dem Rechnen an, das macht mir am meisten Spaß,' oder ‚Ich beeile mich ganz doll mit den Aufgaben. Und dann habe ich ganz viel Zeit, mit meinem Freund weiter an der Raumstation zu malen.' Der Tagesplan war so bemessen, dass auch noch Zeit für eigene Vorhaben blieb. Allerdings erwies sich hier der Tagesplan schnell als zu eng. Für etliche Kinder war die Erledigung der Planaufgaben sehr anstrengend, danach waren sie geschafft. Nur eine Aufgabe zu stellen erschien mir auch keine Alternative zu sein und so entschied ich mich für einen Zwei-Tagesplan. Diese Lösung schien für meine Klasse die richtige zu sein, auch langsam arbeitende Schüler hatten so noch Zeit, eigenen Interessen nachzugehen. Allein die Reihenfolge der Aufgaben bestimmen zu können, machte vielen Kindern Spaß und sie genossen es, in ihrem Tempo arbeiten zu können. Natürlich gab es auch Kinder, denen ich bei der Arbeit zur Seite stehen musste und die schnell abgelenkt waren. Aber da der größte Teil der Kinder ohne mich auskam, hatte ich genug Zeit für die anderen.
Im Laufe des Schuljahres gingen wir dann allmählich zu freieren Aufgabenstellungen über. Aber zu Beginn des Schuljahres erschien mir die Arbeit mit dem Zwei-Tagesplan eine gute Möglichkeit zu sein, den Kindern und mir genug Überblick und Sicherheit bei der Arbeit zu geben und gleichzeitig zu lernen, Entscheidungen in Bezug auf das eigene Lernen zu treffen.

Übernachtung in der Schule

Nachdem der Hausmeister den Kindern unserer Klasse eine Führung über den Dachboden angeboten und ihnen dabei auch das Schulgespenst vorgeführt hatte, war die Idee geboren: Eine Übernachtung in der Schule, sozusagen genau unter dem Gespenst, das wär's! Nach einem Tag Bedenkzeit besprachen wir die Idee mit den Kindern. Natürlich waren sie Feuer und Flamme. Und so machten wir gleich einen Termin für die übernächste Woche fest. Wir planten alles ganz genau mit den Kindern und die Eltern wurden in einem Brief informiert. Der Aufwand sollte für alle Beteiligten so gering wie möglich gehalten werden.
Endlich war der lang ersehnte Tag da. Abends gegen 19 Uhr kamen die Kinder satt und mit Luftmatratzen und Schlafsäcken bepackt in die Schule. Mit den Eltern war abgesprochen, dass sie beim Aufpumpen der Matratzen helfen und sich dann unauffällig aus dem Staub machen würden. Ohne dass wir es so richtig merkten, waren die Eltern verschwunden – und der Fußboden ließ keine Lücke zwischen den Betten mehr frei. Theo hatte sich ganz zufällig ein Plätzchen neben mir gesucht, ansonsten schien niemand ängstlich zu sein. Wir spielten noch zusammen, schlichen mit Taschenlampen durch die Schule, sangen und ich las lange vor. Dabei schliefen ganz von selbst die ersten Kinder ein. Welch ein Zufall: In dieser mondlosen Nacht konnten wir durch das vorhanglose Fenster den Kometen Hale-Bopp sehen. So gegen halb zwölf waren dann auch

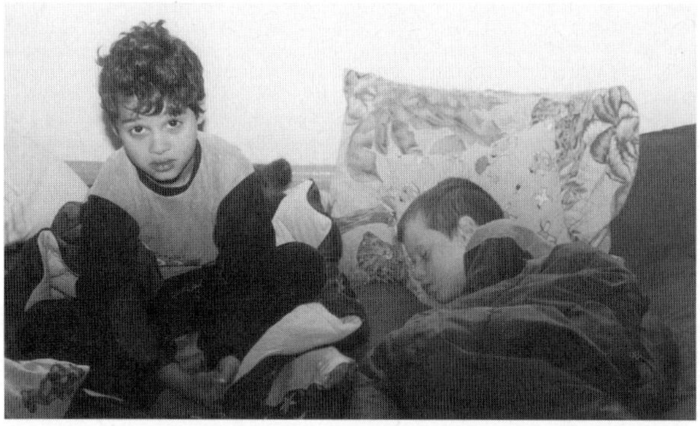

die hartnäckigsten Wachbleiber eingeschlafen und wir Lehrerinnen machten es uns noch ein bisschen in der Nachbarklasse gemütlich. Als wir zurückschlichen, schlief alles friedlich und das blieb völlig überraschend auch bis morgens um sechs Uhr so.
Um kurz vor sieben waren wir dann alle im gemütlichen Geplauder. Allmählich war es Zeit aufzustehen, denn wir wollten angezogen und gewaschen sein, bevor die anderen Kinder kamen. Dann wurden die Betten zusammengepackt, das Gepäck auf den Flur gebracht und Tische und Stühle wieder hereingeholt.
Alle Kinder hatten Geschirr mitgebracht und meine Kollegin ging mit einigen Kindern für das Frühstück einkaufen. Nach dieser ungewöhnlichen Nacht schmeckte es besonders gut. Nach dem Frühstück hatten wir noch bis um 11 Uhr Zeit für uns und dann wurden die Kinder von ihren Eltern abgeholt.

1. Wetterbericht

Ein Kind sitzt auf seinem Stuhl, die Lehne zur Seite gedreht, so dass der Rücken frei ist. Der Partner steht hinter dem Kind. (Natürlich kann die Massage auch liegend am Boden gemacht werden.)

Die Lehrerin erzählt den Wetterbericht:

Draußen ist es hell und warm. Die Sonne scheint. *Beide Hände ruhen nebeneinander zwischen den Schulterblättern.*

Du spürst die Wärme auf deinem Rücken, sie strahlt durch deinen ganzen Körper. Ein leiser Wind kommt auf.

Mit den Handflächen sanft über Kopf, Schultern und Rücken streichen.

Es fängt an zu nieseln. *Leichtes Fingertippen auf Schultern und Armen, eventuell auch auf dem Kopf.*

Der Regen wird immer stärker. *Mit allen Fingerkuppen kräftig auftippen.*

Ein starker Wind bläst kräftig über den Rücken. *Die glatten Handflächen streichen über Schultern und Rücken.*

Ein Blitz zuckt am Himmel! *Mit den Zeigefingern wird rechts und links neben der Wirbelsäule ein Blitzzeichen gemalt.*

Nun beginnt es auch noch zu schneien und eine dicke, schwere Schneedecke legt sich auf die Schultern, die Oberarme und den Kopf. *Von der Wirbelsäule aus mit den Handflächen vorsichtig nach außen streichen, auf dem Kopf auch vorsichtig und langsam vom Scheitel nach unten streichen.*

Als sich das Wetter etwas beruhigt hat und die Sonne wieder scheint, kommen die Kinder aus den Häusern. Sie bringen ihre Schlitten mit und klettern ganz hoch auf den Berg. *Fingerspitzen klettern mit Druck neben der Wirbelsäule hoch bis zum Halsansatz.* Und jetzt setzen sich die Kinder auf ihre Schlitten und rutschen husch den Berg hinunter!

Die Handflächen sausen neben der Wirbelsäule den Rücken hinunter.

2. Das kleine Nilpferd

Es war einmal ein kleines Nilpferd. Meistens spielte es mit seinen Geschwistern in der Nähe des heimatlichen Teiches. Eines Tages wollte es wissen, was hinter dem Teichrand war, es machte sich auf den Weg. Aber es kam nicht weit, es entdeckte nämlich einen herrlichen Schlammtümpel. In ihm suhlte es sich ganz genüsslich. *Mit der ganzen Handfläche über den Rücken streichen, die Daumen kreisen dabei extra.*

Gegen Abend kehrte es zu seiner Mutter zurück. Seine dicke Lederhaut war über und über mit Schlamm bedeckt. Die Mutter beschloss, ihr Nilpferdkind gründlich zu baden. Zuerst ließ sie das Wasser der Dusche auf seinen Rücken laufen, von oben nach unten, mehrmals, bis der Schlamm aufgeweicht war. *Mit leichtem Druck gleiten die Fingerspitzen von oben nach unten über den Rücken.*

Dann seifte sie dem Nilpferdkind den Rücken ein, ganz von oben bis unten, kreuz und quer. Dann wurde die Seife wieder abgespült. *Die flachen Hände streichen mit etwas Druck über den Körper.*

Dabei bemerkte sie, dass noch einige hartnäckige Dreckspritzer auf der Haut waren, die sie nacheinander herauszupfte. *Mit allen Fingerspitzen gleichzeitig vorsichtig die Haut rollen.*

Als endlich all der Schmutz abgewaschen war, rubbelte sie ihr Kind trocken, so lange, bis die Haut richtig durchblutet war. *Mit kreisenden Bewegungen mit den Handflächen kräftig über den Rücken streichen.*

Dann massierte sie ihrem Kind den Rücken, von der Halswirbelsäule bis zum Becken. Das mochte das Nilpferdkind besonders gern.

Anschließend cremte sie den Rücken ganz sanft ein und legte ihrem Kind zum Schluss die warmen Hände beruhigend auf den Rücken.

Die Hände bleiben noch eine Minute auf dem unteren Rücken liegen.

3. Abends, wenn ich schlafen geh

Ein Kind liegt auf einem Kissen am Boden, der Partner sitzt auf seinem Kissen daneben. Die Hände des sitzenden Kindes ruhen auf dem Kreuzbein des Partners. Die Lehrerin erzählt eine Geschichte, die sitzenden Kinder führen dazu die verschiedenen Massagetechniken zunächst nur auf dem Rücken, bei mehr Vertrautheit mit der Übung auf dem ganzen Körper ihres Partners aus.

Es ist Abend. Du liegst in deinem Bett. Auf dir spürst du dein schweres Federbett. Die Wärme des Bettes breitet sich langsam in deinem Körper aus. Du fühlst dich wohl. Aber irgend etwas ist noch nicht in Ordnung. Du stehst noch einmal auf und schüttelst deine Bettdecke auf.

Mit vorsichtigen Bewegungen macht der Partner eine Handkantenmassage auf dem Rücken. Die Wirbelsäule wird ausgelassen. Etwa eine Minute. Dann werden die Hände wieder auf das Kreuzbein gelegt.

Nun liegst du wieder in deinem Bett. Wohlig streckst du dich aus. Die Wärme der Bettdecke breitet sich in deinem Körper aus. Du spürst, wie du immer schwerer wirst. Du bist kurz vor dem Einschlafen. Aber etwas stimmt immer noch nicht. Du stehst nochmals auf und klopfst dein Kissen aus.

Mit vorsichtigen Bewegungen führt der Partner die Massage aus. Mit hohlen Handflächen wird der Rücken abgeklopft. Etwa 1 Minute. Dann liegen die Hände wieder auf dem Kreuzbein.

3. Abends, wenn ich schlafen geh (Fortsetzung)

Nun krabbelst du wieder unter die Bettdecke. Endlich ist alles so, wie es sein sollte, warm und gemütlich. Du streckst dich aus, ziehst dir die Decke über die Ohren und fühlst dich wohl. Allmählich wanderst du ins Traumland. Gerade bist du an dem Punkt, wo man nicht mehr weiß, ob man schon schläft oder noch wach ist. Da spürst du etwas auf deiner Bettdecke. Deine Katze kommt zu dir ins Bett.

Nun macht der Partner eine Katzenpfötchenmassage. Die Fäuste werden vorsichtig von den Fingernägeln über die Fingergelenke bis zu den Handwurzelknochen gerollt. Wieder eine Minute über den ganzen Rücken, dann die Hände wieder auf das Kreuzbein legen.

Endlich ist auch die Katze zur Ruhe gekommen. Noch spürst du auf der Bettdecke den sanften Druck ihrer Pfoten. Langsam versinkst du ins Traumland. Aber einschlafen kannst du nicht, die Katze hat dein Bett wieder zerwühlt. Du stehst noch einmal auf und streichst das Laken glatt.

Nun lässt der Partner vorsichtig die Handflächen über den Rücken kreisen, die Daumen führen extra kreisende Bewegungen aus. Wieder etwa eine Minute, dann die Hände auf dem Kreuzbein ruhen lassen.

Nun ist alles ganz kuschelig und allmählich schläfst du ein...

Für etwa eine Minute ist Stille, dann heben die Partner vorsichtig die Hände vom Rücken. Die Liegenden spüren wieder den Boden unter ihrem Bauch, strecken sich, drehen sich auf die rechte Seite und öffnen langsam die Augen.

1. Riese und Zwerg

Ein Bewegungsspiel

Alle Kinder stehen auf. Wir machen uns ganz groß. Noch größer! Wir strecken uns. Jetzt sind wir Riesen. Wir gehen in die Hocke. Wir machen uns ganz klein. Jetzt sind wir Zwerge.

Heute ist Sonntag. Der große Riese (alle strecken sich ↑) und der ganz kleine Zwerg (alle gehen in die Hocke ↓) wollen mit dem Zug verreisen. Der große Riese (↑) hat verschlafen. Der kleine Zwerg (↓) läuft zum Bett des großen Riesen (↑) und zupft an der Bettdecke.

Da schaut der Riese (↑) aus seinem Bett, macht zwei große Schritte aus seinem Bett, erst einen Schritt mit dem rechten Bein, dann einen Schritt mit dem linken Bein. „Es ist schon spät", sagt der kleine Zwerg (↓). Da nimmt der große Riese (↑) den kleinen Zwerg (↓) unter den Arm und läuft mit ihm schnell zum Bahnhof. (Kinder laufen mehrmals um die Klasse.)

Aber sie erreichen den Zug nicht mehr. Da gehen der kleine Zwerg (↓) und der große Riese (↑) müde nach Hause. (Die Schüler gehen zum Platz.)

Sie setzen sich in einen Sessel und ruhen sich aus.

– Eine Minute Stille. –

Nun recken wir uns und sind wieder wach.

Immer, wenn die Klammern auftauchen, strecken sich alle ↑ oder gehen in die Hocke ↓ .

2. Tierluftballons

Die Kinder liegen zusammengekauert auf dem Boden. Sie sind schlaffe Luftballons.

Da kommt die große Luftpumpe und bläst langsam die Ballons auf. *Lehrer atmet mit kräftigen Stößen laut und langsam aus.*

Jedes Kind wird zu einem Luftballontier, wie man sie auf der Kirmes sieht. Jeder überlegt sich, welches Tier er wird. Mit jedem Stoß der Luftpumpe wächst der Luftballon ein bisschen. Langsam kann man das Tier deutlicher erkennen.

Wenn alle Luftballons aufgeblasen sind, schweben sie zur Musik durch den Raum.

Nanu, da entweicht ja ganz langsam die Luft! Sie waren wohl doch nicht richtig zugeknotet. Bald liegen die schönen Luftballons wieder schlaff auf dem Boden.

3. Begrüßungsspiel

Man braucht: ruhige Musik, etwas Platz

Die Kinder verteilen sich gleichmäßig im Raum. Sie kommen zur Ruhe und gehen mit Beginn der Musik ruhig durch den Raum.

Die Musik wird leiser und der Lehrer sagt an, wie sich die Kinder begrüßen sollen. Wird die Musik wieder etwas lauter, gehen alle weiter und begrüßen sich.

Und so könnten die Ansagen lauten:

- Nickt euch zu.
- Gebt einander die Hand.
- Nennt euren Namen.
- Berührt euch vorsichtig mit den Fingerspitzen.
- Berührt euch mit dem großen Zeh.
- Begrüßt euch, indem ihr euch seitwärts mit den Schultern berührt.
- Berührt euch mit dem Ohr.
- Stupst euch vorsichtig mit dem Po an.
- Umarmt euch.

4. Kleine grüne Männchen

Man braucht: Musik

Die Kinder liegen auf Kissen in der Klasse verteilt. Es läuft eine leise Traummusik.
Die Kinder haben die Augen geschlossen und warten auf die kleinen grünen Männchen.
Mit ruhiger, entspannter Stimme lässt die Lehrerin sie erscheinen:

Mit einem Fallschirm springt eine Gruppe kleiner grüner Männchen aus einer Raumsonde ab. Sie schweben durch die Luft, der Erde entgegen.
Eins landet in deinem Haar. Es wirft den Fallschirm weg und setzt sich auf deine Stirn. Vorsichtig schaut es sich um und befühlt deine Stirn. Es gefällt ihm!
Dann rutscht es deinen Nasenrücken herunter und landet auf dem Kinn. Da baumelt es mit seinen kleinen grünen Beinchen. Vorsichtig krabbelt es am Kinn herunter, läuft über deine Schulter, erst die rechte, dann die linke.
Ganz schnell rennt es den Arm runter, hüpft über deine Hand und flitzt den Arm wieder hoch. Im Ellbogen kitzelt es ein bisschen.
Jetzt wird das kleine grüne Männchen mutig, es erkundet den ganzen Körper.

Je nach der Situation der Kinder kann man die Erkundungsfreude des kleinen grünen Männchens hier ausdehnen. Manchmal hüpft es, manchmal springt es, manchmal tanzt es sogar.
Bis dieser leise Pfiff ertönt, den nur die kleinen grünen Männchen hören können. Dann müssen sie alle ganz schnell verschwinden.

Für eine Minute ist noch Stille, dann drehen sich die Kinder auf eine Seite, räkeln sich, öffnen langsam die Augen. Manche Kinder wollen noch erzählen, wo sie das Männchen ganz besonders stark gespürt haben.

Basales Lernen

Schulanfängerinnen und Schulanfänger sind keine „leeren Blätter“. Schon vor ihrer Geburt und im Laufe der ersten Lebensjahre haben sie vieles gelernt, insbesondere den Gebrauch ihrer Sinne.
Wenn alle Sinne effektiv zusammenarbeiten, kann ein Kind sich auf die Anforderungen der Schule konzentrieren, Inhalte aufnehmen und verarbeiten. Bei einem guten Zusammenspiel aller Sinne verfügt das Kind auch über ein gutes Körpergefühl. Es kann sich spüren und fühlt sich wohl in seiner Haut. Wird das Kind zudem noch von seiner Umgebung angenommen und unterstützt, entwickelt sich das Selbstvertrauen, das für die Bewältigung der neuen schulischen (und außerschulischen) Anforderungen nötig ist. Damit sind wichtige Voraussetzungen für eine altersgerechte kognitive Entwicklung und somit auch für den Schriftspracherwerb geschaffen.
Das Zusammenspiel aller Sinne wird **Sensorische Integration (SI)** genannt. Die Nahsinne (siehe Tabelle 1 auf Seite 137) bilden hierbei die Basis für das sensorische System. Sie stellen das Bezugssystem für die Aufnahme und Verarbeitung der übrigen Informationen bereit. Um ein gutes Zusammenspiel zu erreichen, müssen alle Sinne immer wieder angeregt und gefördert werden (siehe Tabelle 2: Übersicht nach Ayres auf Seite 138).
Viele Verhaltens- und Lernprobleme sind die Folge davon, dass die sensorische Integration unterentwickelt oder verzögert ist. Ursachen hierfür können (abgesehen von organischen Defekten) u. a. sein: Bewegungsmangel, Reizmangel, aber auch Reizüberflutung. Regelmäßige Übungen zur Weiterentwicklung der Sinne und ihrer Koordination können dazu beitragen, Lernprobleme zu mindern oder zu verhindern.

Wenn Sie die Kinder Ihrer Klasse während unterschiedlicher Arbeitsphasen, beim Sport und in den Pausen beobachten, werden Sie vielleicht feststellen, dass einige Kinder
- sich im Klassenraum oder in der Turnhalle nicht orientieren können,
- noch nicht sicher auf ihren Stühlen sitzen,
- noch nicht balancieren oder einen Ball fangen können,
- ein wenig ausgeprägtes Körpergefühl haben und beim Gang durch die Klasse Gegenstände herunter werfen,
- das Überkreuzen der Körpermitte vermeiden und somit wahrscheinlich Schwierigkeiten beim Schreiben haben,
- Schwierigkeiten haben, Bewegungsabläufe zu planen,
- die Hand beim Schreiben verkrampfen,
- beim Ausmalen von Formen Umrandungen und beim Schreiben Linien nicht einhalten können,
- noch nicht in der Lage sind, Laute zu hören und nachzusprechen,
- sich auf einem Schreibblatt nicht orientieren können (oben, unten, links, rechts),
- sehr rasch ermüden,
- sich nur für sehr kurze Zeit konzentrieren können,
- sich nicht mehr als einen Arbeitsauftrag merken können.

In solchen und ähnlichen Fällen bieten sich im Unterricht vielfältige Möglichkeiten für gezielte basale Übungen an. Sie sollten nicht nur im Förderunterricht – aber auch da – stattfinden.
Die nachfolgend beschriebenen Übungen, die sich in unserem Unterricht besonders bewährt haben, fördern vorwiegend folgende Bereiche:

Taktil-kinästhetische Wahrnehmung (Berührung, Tastsinn, Bewegungsempfindung)

Vestibuläre Wahrnehmung (Gleichgewicht, Schwerkraft)

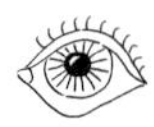
Visuelle Wahrnehmung (Sehen)

Auditive Wahrnehmung (Hören)

Körperwahrnehmung (Körperschema, Raumlagebewusstsein, Regulierung des Muskeltonus, Grobmotorik und Bewegungsplanung)

Lateralisation und Koordination der beiden Körperseiten (und damit: Zusammenwirken der beiden Gehirnhälften)

Feinmotorik (im Finger-Hand-Bereich, im Bereich der Augen und der Zungen- und Mundmotorik)

Auge-Hand-Koordination

Es hat sich als günstig erwiesen, jeweils eine der Übungen gemeinsam im Morgenkreis durchzuführen. Übungen mit Bewegung lassen sich gut in

einen rhythmisierten Schulvormittag einbauen, wenn die Konzentration der Kinder sinkt. Einzel- oder Partnerübungen können in Freiarbeitsphasen von den Kindern selbst gewählt werden.
Wenn Kinder von sich aus nach einer Bewegungspause verlangen, sollten Lehrer/innen das ernst nehmen und diesem Wunsch – wenn möglich – nachkommen. So werden Kinder langsam dafür sensibilisiert zu spüren, wann sie eine kleine Pause einlegen sollten, um sich danach wieder mit neuer Energie den schulischen Anforderungen widmen zu können.

Es lohnt sich, einige methodische Grundsätze bei der Durchführung basaler Übungen zu beachten:

- Erklären Sie den Kindern und den Eltern, dass diese Übungen mit zum Unterricht gehören und beim Lernen helfen.
- Bemühen Sie sich um ein Gespür für den „richtigen Zeitpunkt", zu dem Sie diese Übungen anbieten.
- Ermutigen Sie alle Kinder mitzumachen – aber zwingen Sie keines dazu.
- Seien Sie besonders sensibel bei Übungen mit Berührungen und respektieren Sie Kinder, die dabei (noch) nicht mitmachen wollen. Es gilt die Regel: Wer nicht mitmacht, verhält sich so, dass die anderen nicht gestört werden.
- Achten Sie darauf, dass Sie die Kinder mit Ihrem Angebot nicht aus intensiven Arbeitsphasen herausreißen.

Basale Übungen fördern und unterstützen die Entwicklung der Kinder. Aber sie sind kein Therapieersatz! Wenn Sie die Vermutung haben, dass es sich bei einem Kind nicht nur um eine Entwicklungsverzögerung, sondern um eine schwerwiegende Wahrnehmungsstörung handelt, holen Sie sich Hilfe bei einem Experten: Psychologe, Kinderarzt, Ergotherapeut, Physiotherapeut oder Logopäde. Hilfe bieten auch die vor Ort ansässigen Sozialpädiatrischen Zentren (SPZ). Sprechen Sie mit den Eltern und raten Sie ihnen, eine fundierte Diagnose erstellen zu lassen, damit dem Kind rechtzeitig und professionell geholfen werden kann.
Im Anfangsunterricht sind basale Übungen besonders wirkungsvoll, da zu diesem Zeitpunkt die sensorische Integration noch nicht völlig abgeschlossen ist. Die Wirkung der Übungen wird verstärkt, wenn sie kein isoliertes Übungsangebot sind, sondern eingebettet sind in einen handlungsorientierten Unterricht, bei dem die Kinder durch konkretes Tun und mit allen Sinnen lernen. Das ist in dieser Altersphase nicht nur für die Kinder mit Wahrnehmungsschwierigkeiten, sondern für alle Kinder eine wichtige Basis für das kognitive Lernen.
Nachfolgend werden Übungen zur Schulung der basalen Wahrnehmung in unterschiedlichen Zusammenhängen vorgestellt. Zunächst finden sich *Übungen*, die *im Morgenkreis oder in Kleingruppen* durchgeführt werden können. Anschließend sind *Übungen* aufgelistet, *für die Freiarbeitsmaterialien bereitgestellt werden sollen.* Mit diesen Spielen beschäftigen sich die Kinder einzeln, in Partner- oder Gruppenarbeit während Freiarbeitsphasen. Alle Spiele werden nach und nach im Morgenkreis eingeführt.
Schließlich gibt es noch *Übungen, die in Freiarbeitsphasen von den Kindern selbstständig durchgeführt werden können.* Auch bei diesen Spielen ist eine gemeinsame Einführungsphase erforderlich. Es sind mittlerweile eine Vielzahl von Büchern auf dem Markt, die sich dem basalen Lernen widmen. (Siehe Literaturauswahl auf S. 159f)
Grundlage jeglicher Lernfähigkeit ist die sinnliche Wahrnehmung. Man unterscheidet die körpernahen und die körperfernen Sinne.

Tabelle 1

körpernahe Sinne beginnen sich schon während der embryonalen Phase zu entwickeln und differenzieren sich nach der Geburt weiter aus	körperferne Sinne entwickeln sich nach der Geburt und ergänzen die körpernahen Sinne
Berührungs- oder Hautsinn (taktile Wahrnehmung) Eigen- oder Bewegungssinn (propriozeptiv-kinästhetische Wahrnehmung) Gleichgewichtssinn (vestibuläre Wahrnehmung)	Riechen (olfaktorische Wahrnehmung) Schmecken (gustatorische Wahrnehmung) Hören (auditive Wahrnehmung) Sehen (visuelle Wahrnehmung)

Durch eine entsprechende Stimulierung der Sinnesorgane und eine gelungene Reizverarbeitung im Gehirn werden auf unterschiedlichen Entwicklungsstufen folgende Fähigkeiten erworben:
ein funktionierender Gleichgewichtssinn, eine angemessene Körperspannung (Muskeltonus), die Wahrnehmung des eigenen Körpers mit seinen Bewegungsfunktionen (Körperschema), die Koordination beider Körperseiten (Lateralisation), die Fähigkeit zur Bewegungsplanung, das Erreichen einer angemessenen Aufmerksamkeitsspanne, emotionale Stabilität, Sprache und Sprechvermögen, Koordination von Auge und Hand, eine gute visuelle Wahrnehmung, die Fähigkeit zur zweckgerichteten Aktivität.
Die folgende Tabelle nach A. Jean Ayres gibt Ihnen eine Übersicht über die verschiedenen Entwicklungsstufen. Zu beachten ist, dass die Entwicklung nicht linear und in Sprüngen erfolgt, sondern die verschiedenen Ebenen fließend ineinander greifen. Alle Funktionen entwickeln sich gemeinsam, aber einige leiten zu anderen über.

Tabelle 2

Die Sinne, Integration ihrer Reizeinwirkungen und ihre Endprodukte

Sinnessysteme	*1. Ebene der Integration*	*2. Ebene der Integration*	*3. Ebene der Integration*	*Endprodukte*
Auditives System (Hören)			Sprechvermögen Sprache	
Vestibuläres System (Schwerkraft und Bewegung)	Augenbewegungen Haltung Gleichgewicht Muskeltonus Schwerkraftsicherheit	Körperwahrnehmung Koordination der beiden Körperseiten Bewegungsplanung	Augen-Hand-Koordination	Konzentrationsfähigkeit Organisationsfähigkeit Selbsteinschätzung Selbstkontrolle Selbstvertrauen Akademisches Lernvermögen Fähigkeit zum abstrakten Denken und Verarbeiten von Gedanken Spezialisierung jeder Seite des Körpers und des Gehirns (Lateralität)
Propriozeptives System (Muskeln und Gelenke)		Aktivitätsniveau Aufmerksamkeitsspanne Emotionale Stabilität	Visuelle Wahrnehmung Zweckgerichtete Aktivität	
Taktiles System (Berührung, Tastsinn)	Saugen Essen Mutter-Kind-Bindung Wohlbefinden bei Berührung			
Visuelles System (Sehen)				

nach: A. Jean Ayres, Bausteine der kindlichen Entwicklung, Springer-Verlag Berlin, Heidelberg, New York 1992

Beim *Spielen* lernen die Kinder, auf andere Rücksicht zu nehmen. Diese soziale Fähigkeit erleichtert es ihnen, *Freunde* zu finden und sich in der *Klassengemeinschaft* wohl zu fühlen.

Massagen verbessern das Körpergefühl. Ein gutes Körpergefühl führt dazu, dass Kinder sich *geschickter bewegen* und *Aggressionen abgebaut* werden. Sie haben genug Selbstvertrauen, um in positiver Weise auf den anderen zuzugehen.

Schaukeln fördert die Ausbildung des Gleichgewichtssinnes. Ein guter Gleichgewichtssinn ist die Voraussetzung für das Erlernen von *Lesen und Schreiben.*

Klettern fördert das Vertrauen der Kinder in die eigene Geschicklichkeit. Es schult die Grob- und Feinmotorik. Das Kind kann den *Bleistift sicher halten* und sich *auf das Schreiben konzentrieren.*

Puzzle-Spiele fördern das genaue Sehen. Wer gut sehen kann, kann die Augenbewegung an die *Lesegeschwindigkeit* anpassen.

Das *Jonglieren* (z. B. mit Tüchern) koordiniert beide Körperhälften und verstärkt damit auch die Zusammenarbeit der beiden Gehirnhälften. Nur wenn beide Gehirnhälften gut zusammenarbeiten, kann *Gelesenes auch inhaltlich verstanden* werden.

Kim-Spiele fördern das genaue Sehen. Wer gut sehen kann, kann *Buchstabenformen sicher erkennen, Wörter richtig abschreiben* und die *Zeilenführung einhalten.*

Fingerspiele und *rhythmische Sprechverse* – unterstützt durch Bewegung – fördern die Wahrnehmung von Klang und Betonung von Wörtern. Diese Fähigkeit ist nötig für eine *Sinnentnahme beim Lesen* noch unbekannter Wörter.

Lesen Sie laut und schnell:

Morgenstern	
Abendstern	**Springende**
Zwergelstern	**Singende**
	Wegende

Alles klar?

Jonglieren und *Tischtennisspielen* fördern das Zusammenwirken von Auge und Hand. Das richtige Zusammenspiel von Auge und Hand ermöglicht erst das *Schreiben.*

Fadenspiele fördern die Fähigkeit, die Mittellinie des eigenen Körpers zu überkreuzen. Beim *Schreiben* wird diese Fähigkeit benötigt: A H Q M T X

Das *Gehen auf Stelzen* und das *Hüpfen mit dem Hüpfball* reguliert den Tonus (= die Spannung der Muskeln in der richtigen Stärke je nach Situation). Stimmt der Tonus, kann sich ein Kind länger *konzentrieren* und verkrampft nicht beim *Schreiben.*

Beim *freien Spielen* lernen die Kinder, sich an Regeln zu halten. Diese Fähigkeit erleichtert ihnen das *Leben in der Klassengemeinschaft.*

Hier fehlt etwas

Sozialform: Kreis oder Kleingruppe
Material: Tablett mit 6 bis 8 Gegenständen

Das Tablett mit den Gegenständen steht in der Mitte des Kreises.
Die Kinder betrachten und benennen die Gegenstände.
Sie schließen die Augen. Die Lehrerin oder ein Kind nimmt einen Gegenstand weg. Nun muss festgestellt werden, welcher Gegenstand fehlt.

Lebendes Memory

Sozialform: Klassenverband oder Kleingruppe
Material: Teppichfliesen

Zwei Kinder gehen vor die Tür.
Die Mitspieler sind lebende Memorykarten. Die Kinder bilden Paare. Jedes Paar denkt sich eine Tierstimme aus. Die „Karten" mischen sich und stellen sich auf Teppichfliesen.
Die beiden Mitspieler werden hereingeholt. Die „Karten" sind stumm. Nur wenn sie z. B. am rechten Fuß berührt werden, geben sie den Tierlaut von sich. Man darf zwei „Karten" berühren. Sind sie identisch, so kann man sie behalten (die Mitspieler stellen sich an den Rand).

Nach Klängen „turnen"

Sozialform: Kreis
Material: Orff'sche Instrumente, Glocke, „Körperinstrumente" (klatschen, stampfen, schnipsen, patschen)

Die Kinder sitzen mit geschlossenen Augen im Kreis (oder liegen entspannt auf dem Rücken). Sie bewegen sich nach vorher vereinbarten akustischen Zeichen, z. B.:
Ton 1: Augen öffnen
Ton 2: aufstehen
Ton 3: hinsetzen
Ton 4: hinknien
Ton 5: auf den Stuhl steigen
Ton 6: hinlegen

Es hat sich bewährt, mit 2 – höchstens 3 – unterschiedlichen Klängen zu beginnen.

Detektivspiel

Sozialform: Kreis
Material: –

Ein Kind steht im Kreis und wird von allen anderen genau betrachtet. Ein Kind aus dem Kreis verlässt den Raum. An dem Kind in der Kreismitte wird etwas verändert (z. B. ein Schnürsenkel aufgemacht, die Brille abgesetzt etc.). Das Kind wird hereingerufen und stellt nun fest, was an dem Kind verändert wurde.

Variationen:
- Drei Kinder werden betrachtet, an jedem wird etwas verändert.
- Die Veränderung ist nur schwer feststellbar (z. B. einen Knopf öffnen etc.).

Rhythmus aufnehmen

Sozialform: Kreis
Material: –

Die Lehrerin klatscht einen einfachen Rhythmus vor: z. B. lang-kurz-kurz-lang
Die Kinder hören erst zu und klatschen den Rhythmus mit.

Variationen:

- Ein Kind beginnt zu klatschen.
- Anstatt zu klatschen: patschen, stampfen oder schnipsen.
- Die Kinder setzen das Klatschen in Stampfen, Patschen oder Schnipsen um.
- Ein Rhythmus wird von einem Kind zum anderen weitergegeben, bis er einmal im Kreis herumgegangen ist.

Klang hören

Sozialform: Kreis
Material: Klangschale (oder Triangel)

Eine Klangschale (oder Triangel) wird angeschlagen. Die Kinder schließen so lange die Augen wie sie den Ton hören können.

Variation:
Die Hände liegen auf den Oberschenkeln. Wenn die Klangschale angeschlagen wird, bewegen die Kinder ihre Hände in die Höhe. Sie sind oben angekommen, wenn der Ton verklungen ist.

Verstecktes Geräusch

Sozialform: Kreis
Material: Spieluhr oder Wecker

Ein Kind verlässt den Raum. Es wird eine Spieluhr oder ein tickender Wecker im Raum versteckt. Das Kind findet das Versteck, indem es dem Geräusch folgt.

Variation:
Die Spieluhr wird hinter dem Rücken eines Kindes versteckt.

Geräuscheraten

Sozialform: Kreis
Material: Tablett mit verschiedenen Dingen, mit denen man Geräusche erzeugen kann (Glocke, Pfeife, Klapper etc.)

Die Geräusche werden vorgemacht. Die Kinder schließen die Augen. Es wird ein Geräusch gemacht. Die Kinder zeigen oder benennen die Geräuschquelle.

Variation:
Es werden mehrere Geräusche hintereinander gemacht. Die Kinder zeigen oder benennen die Geräuschquellen in der richtigen Reihenfolge.

Die eigenen, die anderen

Sozialform: Kreis
Material: –

Die Kinder sprechen den Vers und führen die Bewegungen aus.

Sprechvers:

(1) Die eigenen	(4) die anderen	(7) Hu!
(2) die anderen	(5) die eigenen	(8) Ha!
(3) die eigenen	(6) überkreuz	

Bewegungen:
(1) 4x auf die eigenen Oberschenkel patschen
(2) 4x auf die Oberschenkel der rechten Nachbarin patschen
(3) wie 1
(4) wie 2 , diesmal aber die linke Nachbarin
(5) wie 1
(6) 1x überkreuz auf die eigenen Oberschenkel patschen
(7) beugen, die Hände berühren den Boden
(8) aufstehen, beide Arme werden weit nach oben gestreckt

Stille-Hände-Post

Sozialform: Stuhlkreis
Material: –

Die Kinder sitzen eng beieinander im Kreis und fassen ihre Nachbarn so an, dass die Hände nicht zu sehen sind.
Von einem Kind wird ein Händedruck „abgeschickt“ (an die Nachbarin weitergegeben). Es nennt den Namen des Kindes, bei dem der Händedruck ankommen soll. Dieses zeigt dann die Richtung, aus der der Händedruck bei ihm angekommen ist.

Variation:
Es wird ein Rhythmus abgeschickt, den das benannte Kind dann klatscht, stampft oder patscht.

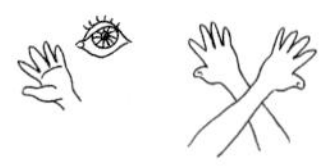

Säckchen im Kreis

Sozialform: Sitzkreis
Material: Sand-(Bohnen-)säckchen, Wäscheklammern

Jedes Kind hat eine Wäscheklammer in der rechten Hand. Die Bohnensäckchen werden in Schreibrichtung (von links nach rechts) mit Hilfe der Wäscheklammern im Kreis weitergereicht.

Variationen:
- Weiterreichen eines Blatt Papiers.
- Weiterreichen eines Bierdeckels, auf dem ein Gegenstand ist (z. B. ein Spielzeug, eine Feder, ein brennendes Teelicht).

Überkreuz-Tanz

Sozialform: ganze Klasse
Material: rhythmische Musik

Die Kinder tanzen nach Musik und führen dabei nacheinander unterschiedliche Überkreuzbewegungen aus, z. B.:

- rechte Hand an linkes Knie – linke Hand an rechtes Knie
- rechte Hand an linken Fuß – linke Hand an rechten Fuß (vor dem Körper und hinter dem Körper)
- rechter Arm nach vorne, gleichzeitig linker Fuß nach hinten – linker Arm nach vorne, gleichzeitig rechter Fuß nach hinten
- Kinder denken sich weitere Überkreuzbewegungen aus

Balance-Akt

Sozialform: ganze Klasse
Material: Sand-(Bohnen-)säckchen

Die Kinder gehen mit Sandsäckchen auf dem Kopf durch den Raum. Sie achten darauf, dass die Säckchen nicht herunterfallen.

Variationen:
- Auf ein Zeichen werden die Sandsäckchen auf die Hand, den Fuß usw. gelegt.
- Sie übersteigen Hindernisse (Stuhl, Tisch usw.).
- Auf ein Zeichen wird die Gangart gewechselt (hopsen, in der Hocke, auf Zehenspitzen gehen).

„Seiltanz"

Sozialform: Kleingruppe
Material: Ein Streifen Tesakrepp, der auf den Boden geklebt wird (auch mit einem Seil möglich)

Die Kinder balancieren auf der Linie vorwärts.

Variationen:
- Rückwärts gehen
- Balancieren mit einem Sandsäckchen auf dem Kopf
- Gehen auf Laufdollis
- Balancieren mit geschlossenen Augen (barfuß)

Einbeinstand

Sozialform: Stuhlkreis
Material: Tibetanische Klangschale

Eine Klangschale wird angeschlagen. Die Kinder stehen so lange auf einem Bein wie sie den Ton hören können.

Variation:
Beim Anschlagen der Klangschale wird eine andere Stellung eingenommen, z. B. auf Zehenspitzen stehen, in die Hocke gehen etc.

Balltransport

Sozialform: Kleingruppe oder ganze Klasse
Material: Papprollen (Innenteil einer Küchenrolle) und Tennisbälle

Die Kinder erhalten je eine Papprolle und balancieren darauf einen Tennisball. Sie gehen damit durch den Raum, ohne sich zu berühren oder den Ball zu verlieren.

Variationen:
- wie oben, aber mit zwei Papprollen
- Während des Transportierens werden Hindernisse überquert, z. B. über einen Stuhl steigen, unter dem Tisch durchkriechen etc.

Liegende Acht

Sozialform: Kleingruppe
Material: große Papierbögen (Tapetenrollen), Wachsmalstifte, Walzermusik

Die Kinder malen auf großen Papierbögen liegende Achten (Beginn in der Mitte nach links oben). Sie wechseln nach eigenem Bedürfnis die Farben.

Variationen:
- Malen nach Walzerklängen
- Malen mit der rechten, der linken Hand, mit beiden Händen
- Liegende Achten werden mit der Hand in die Luft gemalt, im Raum gelaufen
- Liegende Acht mit Mittelstrich, mit Mittelschleife

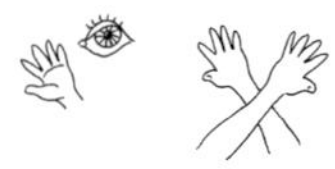

Glas im Kreis

Sozialform: Kreis
Material: Ein Glas, Wasser

Ein Glas wird halb mit Wasser gefüllt und mit einer Hand im Kreis herumgegeben. Nach jeder Runde wird Wasser zugegossen, bis das Glas voll ist.

Variationen:
Es werden mit einer Hand weitergereicht:
- eine Qigong-Kugel
- ein brennendes Teelicht auf einem Bierdeckel
- ein aufgeblasener Luftballon auf der flachen Hand

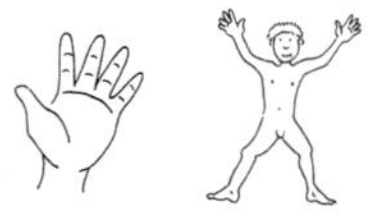

Berührungen zeigen

Sozialform: Kreis,
später: Partnerarbeit
Material: –

Ein Kind schließt die Augen und wird am Körper zwei- oder dreimal an verschiedenen Stellen berührt. Es zeigt dann die berührten Stellen in der richtigen Reihenfolge.

Variationen:
- Das Kind nennt die berührten Stellen in der richtigen Reihenfolge.
- Es gibt die Berührungen in der richtigen Reihenfolge an das nächste Kind weiter.

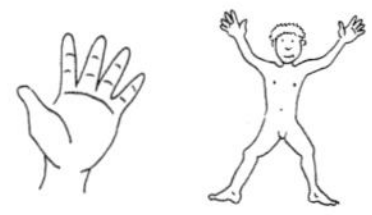

Autowaschanlage

Sozialform: ganze Klasse oder Gruppe
Material: –

Diese Übung ist möglich, wenn die Kinder der Klasse schon an Übungen mit Berührungen gewöhnt sind:

Die Kinder bilden kniend eine Gasse, die soweit ist, dass ein Kind darin entlangkrabbeln kann. Ein Kind wünscht sich, wie es von den anderen „gewaschen" werden will, z. B. wie ein sehr schmutziger Bus (kräftig), wie ein altes, kleines Auto (vorsichtig), wie ein neues, sehr teures Auto mit empfindlichem Lack (sehr sanft) etc. Die Kinder, die die Waschanlage darstellen, berühren dann dieses „Auto" entsprechend seinen Wünschen.

Glas und Deckel

Sozialform: Einzel- oder Partnerarbeit

Material: Schachtel mit ca. 8 verschieden großen Behältern (z. B. Schraubgläser) mit den passenden Deckeln

Ablauf: Die Kinder ordnen den Behältern ihren Deckel zu. Die Selbstkontrolle liegt im Arbeitsergebnis.

Variation:

- Die Kinder ordnen die Deckel den Behältern mit geschlossenen Augen zu.
- Die Kinder ordnen die Deckel der Größe nach.
- Statt Gläsern werden Schachteln mit Deckeln in unterschiedlichen Formen (Dreieck, Kreis, Rechteck etc.) benutzt.

Geräuschememory

Sozialform: Einzel- oder Partnerarbeit

Material: 10 bis 12 leere Filmdosen werden paarweise mit Material gefüllt (Sand, Reis, Steine, Zucker u. ä.). Die Paare haben jeweils unterschiedliche Deckel (grau und schwarz). Jedes Paar wird zur Selbstkontrolle an der Unterseite mit gleichen Aufklebern (z. B. farbigen Punkten) markiert.

Ablauf: Ein Kind schüttelt eine Dose und hört das Geräusch. Es sucht durch Schütteln den „Partner". (Selbstkontrolle)

Variationen:

- Jedes Kind einer Gruppe hat eine Dose in der Hand. Alle gehen durch den Raum und finden ihren Partner.
- Die Kinder sitzen paarweise in einer Reihe Rücken an Rücken. Eine Reihe hat die grauen, die andere Reihe die schwarzen Dosen. Auf ein Zeichen schüttelt ein Kind seine Dose. Der Partner antwortet.

Tast-Sack

Sozialform: Partnerarbeit

Material: Stoffsäckchen mit ca. 10 verschiedenen Gegenständen, Karten mit den Bildern der Gegenstände

Ablauf: Ein Kind zieht eine Karte und sucht nur durch Tasten den passenden Gegenstand aus dem Sack.

Variation:
Auf dem Kärtchen stehen die Namen der Gegenstände.

Tast-Paare

Sozialform: Einzel- oder Partnerarbeit

Material: Luftballons oder kleine Stoffsäckchen, die jeweils paarweise mit Materialien gefüllt sind, z. B. Sand, Büroklammern, Bohnen usw.

Ablauf: Ein Kind tastet mit einer Hand einen Ballon ab, die andere Hand sucht den „Partner"

Variationen:
Statt Luftballons können auch Stoffsäckchen verwendet werden, in die Gegenstände eingenäht worden sind.

Jonglieren

Sozialform: Einzelarbeit

Material: Jongliertücher

Ablauf: Die Kinder jonglieren mit einem Tuch, indem sie dieses schräg vor dem Köper in die Luft werfen und mit der anderen Hand wieder auffangen.

Variationen:
Jonglieren mit
- zwei Tüchern
- drei Tüchern
- Jonglierbällen
- Jongliertellern
- einem Devil-Stick
- einem Diabolo

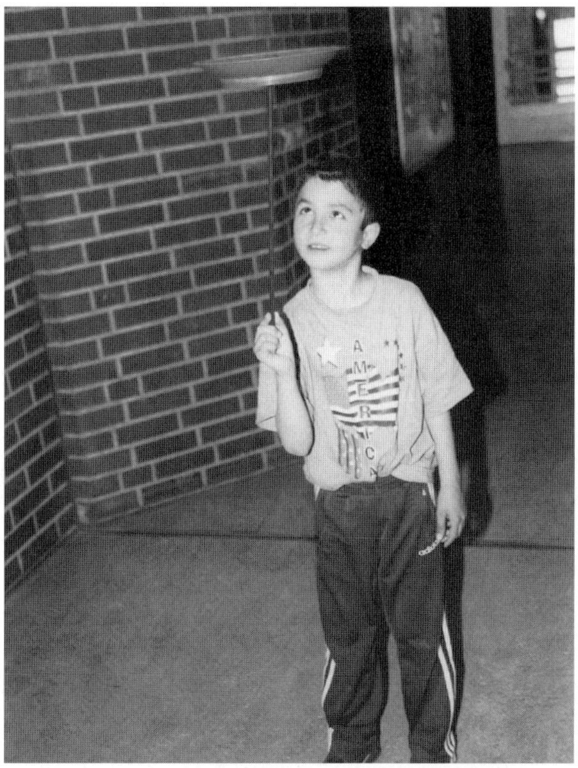

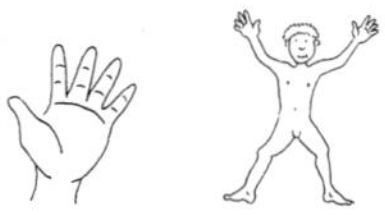

Was hat mich berührt?

Sozialform: Partnerarbeit

Material: Ein Korb mit unterschiedlichen Bürsten, Pinseln, Federn etc.

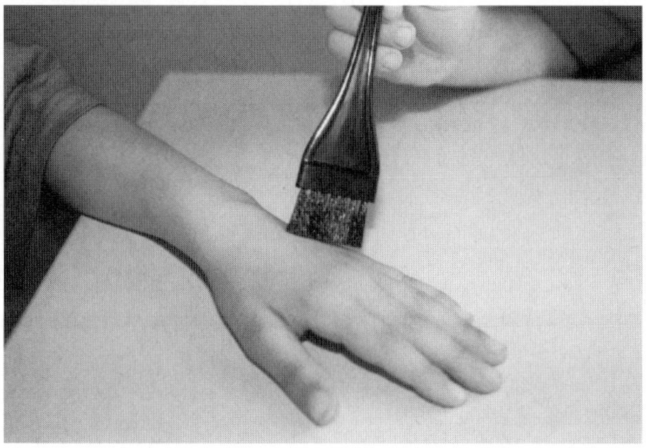

Ablauf:

- Die Kinder berühren sich selbst mit den Bürsten, Pinseln etc. und stellen fest, welche hart oder weich ist, sich angenehm oder unangenehm anfühlt.
- Ein Kind schließt die Augen und wird mit unterschiedlichen Gegenständen berührt. Es zeigt oder benennt den Gegenstand.
- Ein Kind wird hintereinander mit verschiedenen Gegenständen berührt (3 bis 4). Es zeigt anschließend auf die Gegenstände in der richtigen Reihenfolge.
- Ein Kind äußert seinen Wunsch, mit welchem Gegenstand es an welcher Körperstelle berührt werden möchte. Das Partnerkind führt diesen Wunsch aus.

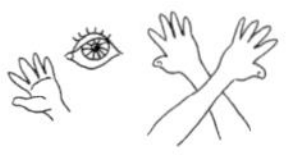

Erbsen-Transport

Sozialform: Einzelarbeit

Material: Gefäß mit Erbsen, Pinzette, Seifenablage mit Noppen

Ablauf: Das Kind transportiert mit Hilfe der Pinzette die Erbsen einzeln auf die Seifenablage. Um die Schreibrichtung zu üben, steht das Gefäß links, die Seifenablage rechts vor dem Kind.

Variation:
Tischtennisbälle etc. werden mit Hilfe einer großen Holzzange von einem Gefäß in ein anderes gelegt.

Sortieren

Sozialform: Einzelarbeit

Material: Fondueteller, Erbsen, Bohnen, Linsen, Pinzette

Ablauf: In der großen Vertiefung eines Fonduetellers liegen Erbsen, Linsen und Bohnen durcheinander. Das Kind sortiert mit einer Pinzette die drei Materialien jeweils in die drei kleinen Vertiefungen des Tellers.

Schätze sieben

Sozialform: Einzelarbeit

Material: Gefäß mit Sand, unter den kleine „Schätze" (Edelsteine, Sternchen, bunte Buchstaben etc.) gemischt sind, kleines Sieb, leeres Gefäß

Ablauf: Ein Kind siebt den Sand in das leere Gefäß und legt die „Schätze" zur Seite – so lange, bis keine „Schätze" mehr zu holen sind.

Schüttübung

Sozialform: Einzelarbeit

Material: größeres Gefäß gefüllt mit Linsen, drei bis vier kleinere Gefäße, einige Löffel in unterschiedlichen Größen

Ablauf: Die Linsen aus dem großen Gefäß werden mit Hilfe eines Löffels in die kleineren Gefäße umgefüllt. (Damit die Bewegungen in Schreibrichtung – von links nach rechts – ausgeführt werden, steht das große Gefäß links, die kleinen rechts).

Variationen:

- Statt Linsen werden Erbsen, Hirse, Reis oder Sand benutzt.
- Es werden sehr kleine oder flache Löffel bereitgelegt.
- Das große Gefäß enthält mit Lebensmittelfarbe gefärbtes Wasser; dieses wird vorsichtig in kleinere Gefäße (Becher, Tassen) umgefüllt. (Die Teile stehen auf einem Tablett. An ein Tuch zum Wischen denken!)

Mundball

Sozialform: Einzelarbeit

Material: 2 Eierbecher, ein Tischtennisball

Ablauf: 2 Eierbecher stehen direkt hintereinander, der Tischtennisball liegt im vorderen Becher. Das Kind pustet behutsam und befördert so den Ball in den hinteren Eierbecher.

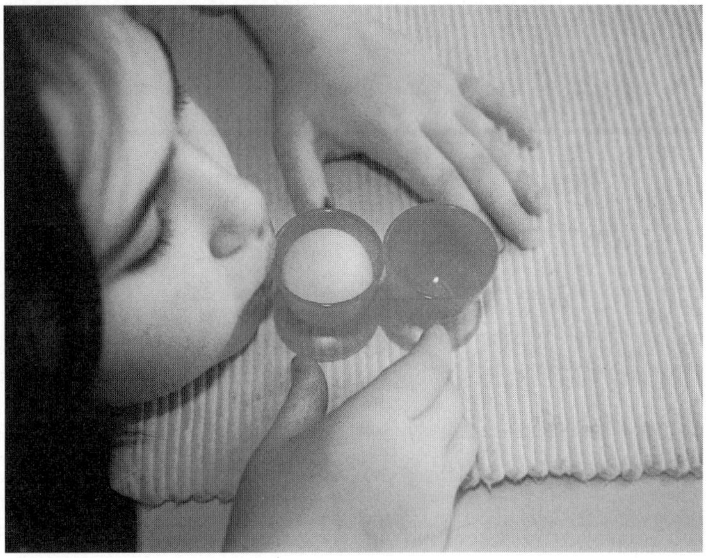

Variation:
Es wird mit einem Strohhalm gepustet.

Fühl-Memory

Sozialform: Einzelarbeit

Material: Kartonquadrate, auf die paarweise verschiedene Materialien geklebt worden sind, z. B. Samt, Sandpapier, Lackpapier usw.

Ablauf: Das Kind ordnet mit geschlossenen Augen die Quadrate paarweise.

Variationen:
- Es werden nur Sandpapiersorten unterschiedlicher Körnung verwendet.
- Es werden Stoffpaare unterschiedlicher Dicke, Struktur verwendet.

(in Freiarbeitsphasen selbstständig durchführbar)

Schlangenlauf

Sozialform: Partnerarbeit

Material: lange Schnur

Ablauf: Ein Kind geht von Punkt A nach Punkt B in einer Schlangen- oder Zick-Zack-Linie. Die Partnerin/der Partner legt diesen Weg mit einer Schnur nach.

Variation:
Der zurückgelegte Weg wird auf ein Blatt Papier aufgezeichnet.

„Seiltanz“

Sozialform: Kleingruppe

Material: Ein Streifen Tesakrepp, der auf den Boden geklebt wurde
(auch mit einem Seil möglich)

Ablauf: Die Kinder balancieren auf der Linie vorwärts.

Variationen:
- Rückwärts gehen
- Balancieren mit einem Sandsäckchen auf dem Kopf
- Gehen auf Laufdollis
- Balancieren mit geschlossenen Augen (barfuß)

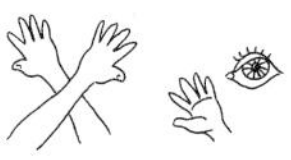

Holzacht

Sozialform: Einzelarbeit

Material: Holzacht, Glasmurmeln in unterschiedlichen Größen

Ablauf: Eine Murmel wird von der Mitte der Holzacht aus nach oben gerollt. Das Kind verfolgt den Weg der Murmel mit den Augen.

Variationen:
- Das Kind rollt eine große Murmel.
- Das Kind rollt mehrere kleine Murmeln.
- Zwei Kinder stehen sich gegenüber und bewegen gemeinsam die Holzacht so, dass die Murmel in der Bahn bleibt.

Bewegung auf dem Flur

Sozialform: Einzel-, Partnerarbeit

Material: Rollbrett, Seil, Gegenstände aus der Federtasche

Ablauf: Wenn Kinder nach einer Bewegungspause verlangen, kann diese gut auf dem Flur durchgeführt werden. Zwei Kinder nehmen das benötigte Material mit und führen die (in der Klasse schon eingeführten) Bewegungen durch:
- Mit dem Seil den Flur rauf und runter springen
- Auf einem Rollbrett (kniend oder auf dem Bauch liegend) Gegenstände von einer Seite des Flurs zur anderen transportieren
- Gegenstände aus der Federtasche (Radiergummi, Bleistift etc.) balancieren, ohne sie fallen zu lassen (auf dem Kopf, auf dem Handrücken der ausgestreckten Hand, auf der Schulter, auf dem Ellbogen, im Nacken, auf der Stirn – gehend, hopsend, in der Hocke gehend etc.)

Lernen in Zusammenhängen

„Warum fällt eigentlich die Fliege nicht von der Decke?" Mit dieser Frage kommt Michael eines Morgens in die Schule. Sein Lehrer überlegt und muss zugeben, dass er es selbst nicht wirklich weiß. „Ich glaube, sie hat an ihren Füßen Saugnäpfe, damit kann sie sich an der Decke festhalten", ist seine etwas unsichere Auskunft. „Aber ich schau mal nach, ob ich es herausfinden kann." Am nächsten Morgen bringt er einen Zeitschriftenartikel über die „Stubenfliege" mit in den Unterricht. Im Morgenkreis ist der Artikel Thema. Die Fotos werden gezeigt, der Lehrer erklärt, was er in dem Beitrag Interessantes über die Fliege erfahren hat, unter anderem auch, wie sie es schafft, an einer Zimmerdecke zu landen und dort haften zu bleiben. Alle sind sehr aufmerksam und staunen über die Fähigkeiten und Leistungen des Insekts. Dies hat Wirkungen auch über den Tag hinaus. Fliegen werden jetzt in der Klasse anders wahrgenommen. Sie sind nicht mehr nur kleine lästige Wesen. Ihnen wird sichtbar mehr Beachtung entgegen gebracht.

Schulanfänger sind wissbegierig und neugierig. Sie nehmen – wie schon im Vorschulalter – ihre unmittelbare Umwelt aufmerksam wahr, beobachten vieles, stellen Vermutungen an über Zusammenhänge, entwickeln Hypothesen darüber, wie etwas funktioniert oder suchen Antworten auf Fragen, warum etwas so ist, wie es ist oder erscheint. „Sie sehen die Welt als Ganzes, geheimnisvoll vielleicht, aber nichtsdestoweniger ganz. Sie teilen sie nicht in kleine, luftdicht verpackte Kategorien auf, wie wir Erwachsene es gerne tun. Für sie ist es natürlich von einer Sache zur einer anderen sprunghaft überzugehen." (John Holt, Wie Kinder denken, Weinheim und Basel, 1979, S. 156). Kinder verbinden diese „Sachen" und Eindrücke miteinander auf ihre eigene Art und konstruieren dadurch ihre Vorstellungen von der Welt immer wieder neu. Ständig werden neue Eindrücke, Erfahrungen und hinzugewonnenes Wissen in bekannte Muster eingeordnet. Die Denkstrukturen im Gehirn unterliegen dabei einem ständigen Erweiterungs- und Revisionsprozess. Dass sich der Aufbau des Wissens und Könnens der Kinder auf diese Weise als ständiger Denk- und Problemlöseprozess auffassen lässt, dazu haben Lernpsychologie, Lernbiologie, Neuro- und andere Bezugswissenschaften in den letzten Jahrzehnten zahlreiche Beiträge geliefert. Diese Erkenntnisse auf Schule und Unterricht zu übertragen ist nun ständige Aufgabe der Lehrer/innen.

Im Grunde sind die obigen Feststellungen nicht neu. So hat Frederic Vester beispielsweise schon 1975 auf die Notwendigkeit der Berücksichtigung der Gesetze des biologischen Lernens hingewiesen. Das Lernen über möglichst viele Eingangskanäle ist z.B. eine von dreizehn Regeln aus der Lernbiologie, die er im Anhang seines Buches „Denken, lernen, vergessen" (Stuttgart 1975) auf den Seiten 141 bis 143 zusammenfassend formuliert.

Neben aktuellem Wissen über das Lernen von Kindern erfordern auch die Bedingungen „veränderter Kindheit", durch Schlagwörter wie „Lernen aus zweiter Hand", „veränderte Familienstrukturen", „Medienkindheit" gekennzeichnet, einen „veränderten Unterricht" und eine „neu gedachte" Schule, die den Kindern von Anfang an Raum lässt, sich mit ihrer gesamten Person und dem bisher entwickelten „Selbst" in den Lehr-/Lernprozess einzubringen.

Ein Unterricht, in dem dies möglich ist, geht häufig von „Situationen" aus, lässt sich ein auf aktuelle Lernanlässe oder auf spontane Fragen der Kinder, geht ihnen nach und leistet so einen elementaren Beitrag zur Erweiterung des Wissens und Könnens. Vieles ist in einem Unterricht, der sich von dem beschriebenen Verständnis leiten lässt, nicht im Einzelnen von vornherein zu planen und festzulegen. Doch wird der Rahmen für den Unterricht, d.h. die Festlegung auf bestimmte Lernfelder, Themen und Fragestellungen, in der Regel von der Lehrerin vorgegeben. Der Lehrerin wird demzufolge abverlangt, abwägend zu erkennen und zu entscheiden, welche Inhalte, Sachen, Themen ein längeres Verweilen und die vertiefende Auseinandersetzung lohnen.

Der Unterricht geht in erster Linie von „Ereignissen, Begebenheiten oder Konstellationen von Sachverhalten aus, die unmittelbar zum Denken und Handeln herausfordern und damit Lernprozesse auslösen" (vgl. den Rahmenplan für die Grundschule des Bundeslandes Hessen). Der Kontext von Leben und Lernen wird auch in der Schule aufrecht erhalten, an die Wahrnehmungen und Erfahrungen der Kinder wird angeknüpft. Der Unterricht schafft Situationen und Gelegenheiten, in denen Kinder zugleich leben und lernen.

Solche Situationen können sich zufällig ergeben. Sie werden dann als „fruchtbare Momente" genutzt, z.B. wenn

- der erste Schnee fällt,
- jemand einen besonderen Gegenstand mitbringt,
- plötzlich ein Fuchs vor dem Klassenfenster erscheint,
- ein kranker Vogel auf dem Schulhof gefunden wird,
- die spontane Frage eines Kindes im Raum steht.

Sie können aber auch planmäßig unter exemplarischen Gesichtspunkten arrangiert und vorbereitet werden (z.B. in themenorientierten Unterrichtseinheiten oder projektorientierten Vorhaben, wie sie von der Lehrerin konzipiert oder im Konfetti-Themenordner vorgeschlagen werden). Lernen in Situationen schließt dabei systematisierendes Lernen nicht aus, im Gegenteil. Systematisierende Lernsequenzen zu bestimmten Themen und Schwerpunkten bauen auf dem integrativen Lernen in Situationen auf. Die in Handlungen und beim Umgang mit „Sachen" und mit „Sprache" gesammelten Erfahrungen werden auf einer neuen Ebene bewusst gemacht und kategorisiert - immer unter Mitbeteiligung der Kinder. So lernen sie etwas über Sachen, z.B. warum im Herbst die Blätter ihre Farbe verändern, nachdem sie zuvor in vielfältigem sinnlichen Erleben und in handelndem Umgang mit Naturmaterialien (Blätter, Früchte usw.) die Jahreszeit „Herbst" erfahren haben. Auch beim Sprachlernen bilden vielfältige Spracherfahrungen und -aktivitäten die Grundlage für eine Bewusstmachung. So können die Kinder z.B. im Sportunterricht durch Ausprobieren von Bewegungsmöglichkeiten an einer Bank erfahren, was „Turngerätewörter" (auf – hinauf, um - herum, usw.) sind – irgendwann, Schuljahre später, werden sie dann Verhältniswörter oder Präpositionen genannt. Oder: Das Sachthema „Katze" führt dazu, sich mit der Konsonantenverbindung „tz" auseinander zu setzen und der überraschend vor dem Klassenfenster erschienene Fuchs führt u.a. zu „chs"-Wörtern.

Der Unterricht lebt dementsprechend in hohem Maße von den Situationen, die ihn ausmachen. Von der Auswahl und dem Umgang mit den „Situationen" ist es nicht unwesentlich abhängig, ob Kinder den Unterricht als für sie mehr oder weniger bedeutsam und sinnstiftend erleben. Die Lebens- und Erfahrungswelt der Kinder ist dabei Dreh- und Angelpunkt des Unterrichts. Die Kinder werden stets in das Prozessgeschehen miteinbezogen; sie erleben sich als handelnde Subjekte, die sich aktiv mit den Inhalten auseinander setzen und selbst über ihr Lernen bestimmen. Soziale Erfahrungen wie

- auf andere angewiesen zu sein,
- sich in der Gruppe zu einigen,
- Misserfolge zu erleben,
- Fehler zu machen und anzunehmen,
- Konflikte aushalten zu müssen,

sind dabei ein weiteres wichtiges Lern- und Erfahrungsfeld. Darum lernen und arbeiten die Kinder von Anfang an nicht nur allein, sondern häufig auch mit einem Partner oder gemeinsam in der Gruppe.

Aus konkreten Lebenssituationen entstehen auf diese Weise Lernanlässe, die die Kinder in ihrem Wissen und Können herausfordern. Kinder treten mit der Lehrerin oder mit dem Lehrer in einen gemeinsamen Erfahrungsprozess. Das Prinzip der Situationsorientierung schlägt so eine Brücke zwischen Kindergarten und Grundschulpädagogik. Gerade dem Anfangsunterricht der ersten beiden Schuljahre kommt hier eine elementare Bedeutung zu. Die Schulerfahrungen der Kinder in dieser Zeit wirken in hohem Maße auf deren Grundeinstellungen, Haltungen und Meinungen prägend und leitend. Erlebt das Kind diese positiv, baut es eine anhaltende Lernmotivation auf. Diese wird dann in der Regel eine positive Ausstrahlung auf die gesamte Schulzeit haben.

Neben unmittelbaren Situationen mit der Gelegenheit zum spontanen und entdeckenden Lernen bietet ein themenorientierter Unterricht, der sich einem Wochenthema oder 2-Wochenthema widmet, bzw. „Vorhabenunterricht" oder projektorientierter Unterricht (alle Bezeichnungen meinen Ähnliches) vielfältige Möglichkeiten, sich ausgehend von einem Sachthema zusammenhängend mit einer „Sache" zu befassen. Solche Themen können sich aus ganz unterschiedlichen Sachfeldern ableiten, so sind „Schmetterlinge", „Wo wir wohnen", „Bären", „Gespenster", „Sonne, Mond und Sterne" oder „Titanic" gleichermaßen denkbare Themenschwerpunkte. Die Wochenstunden mehrerer Lernbereiche werden zusammengefasst, um sich am Stück einem Thema mit unterschiedlichen Aktivitäten widmen zu können. Die Bündelung der Stunden begünstigt die Gründlichkeit und Kontinuität des Arbeitens ohne störende Unterbrechungen. Es wird so vermieden, dass sich die Kinder innerhalb einer Schulwoche jeweils nur kurzfristig mit einer zu großen Zahl unterschiedlicher Themen beschäftigen müssen. Lernaktivitäten, die regelmäßiges tägliches Üben nötig machen, werden entweder in die jeweilige Themenarbeit eingebunden (z.B. das Lesen von Texten zum jeweiligen Thema) oder ausgegliedert (z.B. Mathematik, Sport, Musik). Besonders fruchtbar ist die Verknüpfung der Lernbereiche Sprache und Sachkunde. Sprachlernen geschieht nicht inhaltsleer, sondern stets über die Auseinandersetzung mit einer Sache, einem Thema – dem jeweiligen „Klassenthema". Sachlernen bedient sich der Sprache als Erklärungs- und Verständigungsmittel. Liegen die Stunden der Lernbereiche, die gebündelt werden sollen, in der Hand einer Lehrerin, ist der projektorientierte Unterricht problemlos zu organisieren. Unterrichten mehrere Lehrerinnen in den betreffenden Zeiten, bedarf es regelmäßiger Absprachen und Verständigungen untereinander.

Seit langem sind Formen themenorientierten Arbeitens, Freie Arbeit, Wochenplanunterricht usw. bewährte Formen der Grundschularbeit. Sie haben inzwischen auch Eingang in die Lehrpläne einzelner Bundesländer gefunden. Als Mini-Projekt, Tagesprojekt (s. Rot-Tag, Kap. III. 2.), Arbeit an einem Wochenthema und später (ab 2. Halbjahr etwa) als Arbeit an einem Mehr-Wochen-Thema sind sie schon in Klasse 1 eine wichtige Lern- und Arbeitsform. Im Anfangsunterricht gehen die Kinder besonders unbefangen und motiviert an die Aufgaben heran. Positive Erfahrungen ihres Könnens, die Würdigung ihrer Arbeitsergebnisse und die Präsentation vor anderen beim projektorientierten Lernen stärken ihre Lernmotivation und ihre Leistungsbereitschaft.
Das verbundene Lernen in Situationen enthält zahlreiche produktive Momente und Chancen. Zusammengefasst sind es folgende Merkmale und Leitgedanken, die sich mit dem Prinzip „Lernen in Zusammenhängen" verbinden:

1.
Die Ganzheitlichkeit und Unmittelbarkeit kindlicher Wahrnehmung ist der wichtigste Ausgangspunkt für den Unterricht. Daher wird im Unterricht in der Regel von „Schwerpunktthemen" ausgegangen, denen lernbereichsverbindend in unterschiedlichen Aktivitäten nachgegangen wird. Lernen vollzieht sich in erster Linie als *verbundenes, integratives Lernen.* Der Zugang zum Thema wird stets durch verschiedene Zugriffsweisen eröffnet.

2.
Da Lernen heute als ein aktiver, selbstgesteuerter Prozess des Lernenden aufgefasst wird, werden die Kinder in möglichst viele Entscheidungsprozesse miteingebunden. Im Unterricht sind sie von Anfang an in der *„Subjektrolle"* und übernehmen – soweit wie möglich – einen Teil der Verantwortung für ihr Lernen selbst. Der Unterricht bietet ihnen immer wieder Gelegenheiten zur Reflexion ihrer Lernerfahrungen. Ihre Leistungen und ihr Können werden gewürdigt und herausgestellt. Lerngespräche mit der gesamten Gruppe geben Anlass, das Bewusstsein für das eigene Lernen zu entwickeln. Kindern mit Entwicklungsverzögerungen und Lernproblemen helfen individuelle Lerngespräche. Sie geben ihnen konkrete Hilfen für ihr Weiterkommen und erweitern ihr Repertoire an Lern- und Arbeitstechniken.

3.
Sinnliches Erfahren und elementare Empfindungen sind die Grundlage der Aneignung neuen Wissens und Könnens. Gefühle und Empfindungen machen ein Lernen mit „Kopf, Herz und Hand" erst möglich und vollständig. Die Emotionen geben unserem Denken und Handeln Sinn und Richtung. Daher werden viele „Sachen" möglichst mit mehreren Sinnen erfahren. Die emotionalen Beziehungen und Assoziationen der Kinder zu den jeweiligen Themen sind für den Unterricht ein unverzichtbarer Bezugspunkt.

4.
Lernen braucht *Zeit.* Die ausführliche, intensive Arbeit an einem Thema ist nach diesem Verständnis mehr wert als das „Durchnehmen" vieler Dinge. Vom Nicht-Wissen bis zur Einsicht liegen viele Schritte bis zum wirklichen Verstehen. Phasen des Herumprobierens sind dabei überaus wichtig. Die gemeinsame Verständigung über ein Thema in Sachgesprächen braucht viel Zeit.

5.
Nachhaltiges Lernen vollzieht sich in erster Linie *aktiv und handelnd.* Durch natürliche Lernsituationen, in denen Kinder ausgiebige Gelegenheiten zum handelnden Umgang und zur Eigentätigkeit haben, werden ihnen unmittelbare Erfahrungen ermöglicht. Dies ist die Grundlage für dauerhaftes Behalten und Verstehen. Der Unterricht bietet den Kindern daher möglichst viel Raum für das konkrete Tun mit vielfältigem Material für Experimente, zum Basteln, Bauen, Weben usw.

6.
Der *Schriftspracherwerb,* dessen Erwerb Aufgabe der ersten Schuljahre ist, wird nicht isoliert, mechanisch trainiert und erworben, sondern ist *eingebettet in das Lernen in Zusammenhängen.* So ist das Erlernen des Schreibens und Lesens in erster Linie abhängig von Aufgaben, die die Kinder zum Schreiben und Lesen animieren und herausfordern und vom vielfältigen Gebrauch der Schriftsprache. Kurz gefasst gilt: Schreiben und lesen lernen die Kinder durch das Schreiben und Lesen in sinnvollen Situationen. Schreiben und Lesen sind dabei jedoch nicht Selbstzweck, sondern stets Mittel zum Zweck, es dient der persönlichen Mitteilung und dem Kundtun von etwas. Wichtig ist, was geschrieben wird und welche Bedeutungen es transportiert. Antrieb des Lernens ist dabei das innere Bedürfnis, etwas Neues über ein Thema zu erfahren oder sich mit anderen darüber auszutauschen.
Die Erfahrung, dass ihre schriftsprachlichen Äußerungen bei anderen Resonanz finden, stärkt die Motivation für weiteres Lernen. So wird beim Lernen in Zusammenhängen nicht nur die Sachkompetenz (ich weiß jetzt mehr über eine Sache als vorher), sondern auch die Kompetenz im Umgang mit Schrift erhöht.

7.
Die Verschiedenheit der Kinder und die Unterschiede in ihren Entwicklungsständen machen einen Unterricht notwendig, in dem die Kinder die Möglichkeit haben, sich *auf mehreren Niveaus* und *mit unterschiedlichen Zugriffsweisen* mit einem Thema auseinander zu setzen. Das Prinzip des „Alle machen zur gleichen Zeit das Gleiche" wird den unterschiedlichen Lernvoraussetzungen nicht gerecht. Der Unterricht muss jedem Kind auf seiner individuellen Entwicklungsstufe Möglichkeiten zur Weiterentwicklung bieten. Bei einem solchen Unterricht haben die Kinder dann auch kein Problem zu akzeptieren, dass Dilek etwas anderes tut als Sandra. Wichtig ist nur sich über einige Regeln des Miteinander in differenzierenden Arbeitsphasen zu verständigen und einen Konsens darüber herzustellen, wie diese Zeit zum Lernen und Arbeiten zu nutzen ist.

Praxis

Praxisbeispiele

Gemeinsames Frühstück

In meiner Klasse gibt es häufig Anlässe für ein gemeinsames Frühstück. Die Mitbeteiligung der Kinder an der Planung stärkt die Beziehungen untereinander und fördert das Zusammenwachsen.
Das erste Klassenfrühstück planen wir kurz vor den Herbstferien. Der Vorschlag dazu wird von den Kindern begeistert aufgenommen. Dann schreiben oder malen die Kinder auf, was sie am liebsten frühstücken würden. Die Notizen werden im anschließenden Gesprächskreis vorgelesen und schriftlich an der Tafel festgehalten. Anschließend stellen wir fest:
Wir brauchen Brötchen bzw. Brot, Butter, Erdbeermarmelade, Honig, etwas Fleischwurst, Salami, Käse und viel Schokoladen-Nuss-Creme. Dazu werden noch Äpfel, Bananen und eine Wassermelone gewünscht. Bei den Getränken entscheiden sich die Kinder für Mineralwasser, Milch und Kakao.
Anschließend überlegt sich jedes Kind, was es für das gemeinsame Frühstück mitbringen kann und notiert es sich auf einem kleinen Notizzettel. Damit ist die Planung für das erste gemeinsame Frühstück bereits abgeschlossen.
Es entsteht schließlich ein umfassendes Frühstücksbuffet – ein gelungener Start in die „ersten richtigen Ferien" in Klasse 1.
Zur Karnevals- bzw. Faschingszeit schlagen die Kinder vor wieder gemeinsam zu frühstücken. Dieses Mal übernehmen sie dabei selbstständig einige Planungsschritte. Sie überlegen jeweils am Gruppentisch, welche „Sachen" für das Frühstück benötigt werden und legen fest, was und wieviel jedes Kind mitbringen soll. Manche kommen sogar auf die Idee, Tischdecken, Servietten oder Teelichter mitzubringen. Bei vier Gruppen klappt die Planung und Durchführung reibungslos. Am fünften Gruppentisch gibt es jedoch Probleme und Missstimmung, weil Sebastian die Brötchen und Tim die Butter vergessen haben. Andere Gruppen sind aber bereit, dem Tisch etwas abzugeben, so dass auch dieses Frühstück letzten Endes zu einem ungetrübten Ereignis wird.
Das dritte gemeinsame Frühstück im Schuljahr findet am letzten Schultag vor den Sommerferien statt. Sabrina schlägt vor, einen Obstsalat zu machen. Ich nehme den Vorschlag auf, die Kinder besprechen in Gruppen, welches Obst sie sich für den Salat vorstellen und notieren ihre Wünsche. Dann besuchen wir gemeinsam den nahe gelegenen Markt. Mit dieser Einkaufsliste und etwas Geld (etwa 5 DM aus der Klassenkasse) kann sich jede Gruppe die benötigten Früchte selbst kaufen. Die Verkäuferin habe ich vorher angesprochen. Sie zeigt sich kooperativ, ist den Kindern gegenüber sehr aufgeschlossen und gibt noch hilfreiche Tipps. Die Zubereitung des Obstsalates in der Klasse macht den Kindern viel Freude und die fertigen Salate der einzelnen Gruppen schmecken wirklich gut.
In der Nachbarklasse hat die Kollegin eine „Küchenecke" eingerichtet. Eine Herdplatte zum Zubereiten heißer Getränke (Kakao, Tee) oder zum Eier kochen usw. ließ sich ohne besondere Probleme mit Hilfe der Eltern auftreiben. Sie hat jetzt in der Küchenecke ihren festen Platz. Jedes Kind hat sein eigenes „Frühstücksgeschirr" mitgebracht: Becher, Teller, Besteck. In einem Regal steht es stets zur Benutzung bereit. Im Regal wird weiteres Küchenzubehör aufbewahrt (Schneidemesser, Kelle, ein Topf usw.), so dass Dinge gleich parat sind, wenn sie für ein gemeinsames „Essen-und-Trinken-Projekt" gebraucht werden. Im Winterhalbjahr gab es in der Klasse an jedem Vormittag „Teepause". Die Eltern hatten einen Teedienst organisiert, so dass an jedem Vormittag eine Mutter (oder ein Vater) zur verabredeten Zeit den Tee fertig zubereitet hatte, der dann den Kindern zur Verfügung stand. Die Kinder konnten hinterher selber ihre Becher ausspülen und dann weiter „im Tagesprogramm" arbeiten.

Garcias Katze

Garcia berichtet seit einigen Tagen im Morgenkreis von den vier kleinen, süßen Kätzchen, die seine Katze „Weißpfötchen" vor kurzem geboren hat.

Immer hören die anderen Kinder interessiert und aufmerksam zu. Die Kinder stellen viele Zusatzfragen. Garcia antwortet so gut er kann. Er genießt die Rolle des Katzenexperten ganz offensichtlich. Der Wunsch nach einer originalen Begegnung mit den Kätzchen wächst. Wir denken nach, ob es sinnvoll und möglich wäre an einem Vormittag die Kätzchen zu uns in die Klasse zu holen. Garcia überlegt und berät sich mit seiner Mutter. Schließlich finden wir eine Lösung. Wir verabreden für einen der kommenden Tage einen Treffpunkt auf dem Schulhof, denn Sandra hat eine Katzenallergie. Für sie ist die Begegnung mit den Tieren in der Klasse nicht zumutbar. Vor dem Treffen sprechen wir nochmals darüber, wie man mit den kleinen Kätzchen umgehen sollte: sie behutsam – wenn überhaupt – berühren und streicheln, sich leise verhalten usw. Aufgeregt sehen alle dem bevorstehendem Augenblick der Begegnung entgegen, lautlos – fast auf Zehenspitzen –, begeben wir uns auf den Schulhof. Die kleinen Tiere sind wirklich anrührend. Sie haben gerade die Augen geöffnet. Garcias Mutter erlaubt jedem Kind, einmal ein kleines Kätzchen für kurze Zeit im Arm zu halten. Ich dokumentiere die Situation, indem ich zahlreiche Fotos aufnehme. Nach einer Weile gehen wir wieder in den Klassenraum, um die Tiere nicht über Gebühr dem Stress der ungewohnten Situation auszusetzen.

Es ist wirklich ein Erlebnis. Am folgenden Tag bringe ich die Fotos mit und lege sie im Morgenkreis aus. Jedes Kind nimmt sich seines. Eine Aufgabe im Tagesplan ist, das Foto aufzukleben und es mit einem passenden Text für das Fotobuch zu versehen.

Nun treten noch mehr Fragen zu Geburt und Lebensweise von Katzen auf, die wir in vielen Fällen nicht sogleich zufriedenstellend beantworten können. Ich notiere die Fragen der Kinder jeweils auf eine Karteikarte. Aus der Jugendbücherei beschaffe ich mir eine Auswahl an Katzenbüchern. Auch die Kinder steuern Bücher zum Thema bei. In den nächsten Tagen suchen sie in den Büchern nach den benötigten Antworten auf ihre Fragen und schreiben sie auf die Rückseite der Karteikarten. So entsteht allmählich eine „Katzen-Kartei". Die Kinder nutzen sie in Phasen differenzierender Arbeit, fragen sich gegenseitig ab und vergleichen ihre Antworten mit den Angaben auf der Rückseite der Karten. Weitere Aktivitäten zum Thema „Katze" begleiten in den nächsten „Katzen-Tagen" den Unterricht: Vorlesen von Katzen-Geschichten, Malen von Katzenbildern (schlafende Katze mit ihren Jungen), Singen des „Katzentatzentanz"-Liedes. In unseren Klassenwortschatz nehmen wir wichtige Katzen-Wörter auf: Katze, Kater, säugen, Fell, putzen, Milch usw. Die ungewöhnliche Schreibweise des Wortes Katze ist Anlass, weitere Wörter mit „tz" zu suchen". Sie werden in ein kleines „tz"-Buch geschrieben. Garcia hält uns über die Entwicklung der Katzenkinder auf dem Laufenden. Wir sind froh und erleichtert, dass nach einigen Wochen für jedes Kätzchen endlich ein neues Zuhause gefunden wurde.

Das Titanic-Projekt

Alles begann mit einer Zeichnung. Philipp hatte ein Bild der „Tetanek" gezeichnet und es Anfang Februar mit in die Schule gebracht. In der Klasse zeigt er es seinen Freunden.

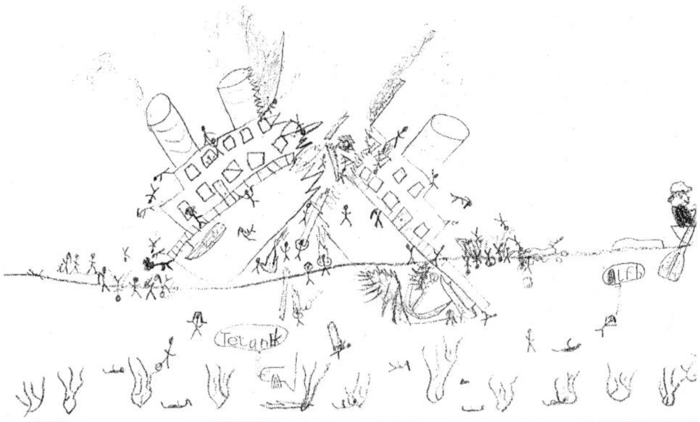

In der Leseecke unterhält er sich mit Sebastian und Timi über das Bild. Die beiden Freunde haben bei aller Anerkennung von Philipps künstlerischen Talenten auch kritische Einwände.

„Du hast das Rettungsboot viel zu groß gemalt. Eigentlich passt die Titanic nicht auf ein großes Bild", meint Timi. Sebastian ergänzt: „Außerdem ist die Titanic nicht so untergegangen. Ich habe im Fernsehen gesehen, dass die Schrauben noch einmal aus dem Wasser gekommen sind und die Titanic dann in die Tiefe gezogen wurde." Die drei Jungen kommen zu keiner befriedigenden Lösung über ihre unterschiedlichen Auffassungen. So äußern sie den Wunsch mehr über die Titanic zu erfahren. Gemeinsam vereinbaren wir ein Gespräch mit allen Kindern, da allgemein das Interesse am Thema „Titanic" sehr groß zu sein scheint. Aus dem geplanten kurzen Gespräch wird nichts - es zieht sich immer mehr in die Länge. Eine Stunde lang unterhalten wir uns über das Schiff, die Passagiere und den Untergang der Titanic. Dabei sind die Kinder nicht nur hochmotiviert und hellwach, sondern auch umfassend informiert. So sprechen wir beispielsweise darüber, warum Stahl bei so geringer Temperatur brechen kann oder klären den Begriff „Querschotten". Nach der Gesprächsrunde sind nicht nur die Kinder, sondern auch ich als Lehrerin vom „Titanc-Fieber" ergriffen. Das geplante Schwerpunktthema „Obst und Gemüse" wird bis auf weiteres verschoben.

Dieser ersten Gesprächsrunde schließt sich am Anfang der folgenden Woche eine Fragenrunde an. Wir sammeln im Montagskreis mehr als 50 Titanic-Fragen, die ich kurz notiere. Anschließend werden sie auf vorbereiteten Karten von den Kindern aufgeschrieben. Auf diese Fragen wollen wir in der folgenden Zeit Anworten finden. Dazu benötigen wir jedoch weitere Informationen – unser Wissen reicht bei weitem nicht aus (Einige Fragen können wir leider auch bis zum Ende nicht klären, z.B. die Frage: Wieviel wog der Kapitän?).
Über längere Zeit sammeln die Kinder Zeitungsausschnitte und Artikel aus Zeitschriften, bringen Bücher, Seiten aus dem Internet oder schriftliche Informationen von Eltern – oder auch Nachbarn – zum Thema mit und in gemeinsamen Gesprächen können viele Fragen beantwortet werden. Sie werden auf die jeweiligen Fragekarten notiert. Gleichzeitig entsteht die Idee, die gesammelten Fragen mit der Bitte um Antwort an einen Titanic-Experten zu schicken. Der entsprechende Brief dazu wird von den Kindern entworfen und notiert. Wir schicken ihn dann nach Hamburg, denn dort findet zur Zeit unseres Projekts eine vielbeachtete Titanic-Ausstellung statt. Gemeinsam mit der Parallelklasse entwickelt sich über mehrere Wochen hinweg ein lernbereichsübergreifendes Projekt zum Thema.

Welch intensives Lernen in Zusammenhängen möglich ist – auch mit Kindern einer ersten Klasse –, wenn man sich einmal auf ein für die Kinder bedeutsames Thema einlässt, ist vor Ort im Unterrichtsgeschehen zu erleben. Im Einzelnen finden folgende Aktivitäten statt (sie sind nach Lernbereichen gegliedert):

Bereich Sprache:

- Erzähl- und Vorleserunde zum Thema (aus mitgebrachten Büchern, Zeitungsartikeln usw. vorlesen)
- Informationen einholen (aus verschiedenen Quellen Informationen zum Thema sammeln: aus Zeitschriften und Zeitungen, aus dem Internet, über die Eltern)
- Fragen und Antworten auf Karten notieren
- Blanko-Mini-Bücher gestalten (s. Kopiervorlagen)
- Titanic-Lese-Schreib-Mal-Bücher (DIN-A-5) bearbeiten und gestalten (Lesen der Informationen und Aufträge, zum Verfassen eigener Texte anregen, Zeichnen der Titanic, eines Rettungsbootes, Fragen beantworten etc.)
- eine Lesekartei erstellen (Bilder aus Zeitschriften, einem Titanic-Sachbuch usw. ausschneiden, mit einfachen Lesetexten versehen und dann auf ein DIN-A-4 Blatt kleben, anschließend in Prospekthüllen stecken)

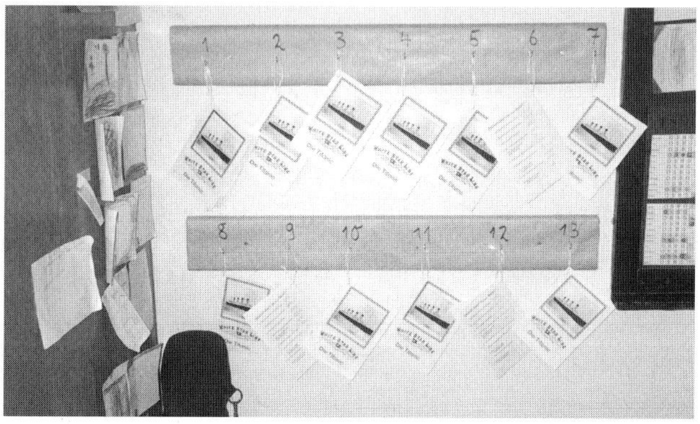

- Büchertisch bereitstellen (Morsezeichen kennen lernen / den eigenen Namen und SOS in dieser Geheimsprache schreiben)

Bereich Sachunterricht:

- Titanic bauen (aus Pappkartons, Legosteinen, Holzresten...)
- gemeinsam ein großes Rettungsboot bauen (z.B. aus Weidenruten)
- Versuche zu Schwimmen und Sinken durchführen (Ergebnisse in einer Tabelle notieren)

Bereich Mathematik:

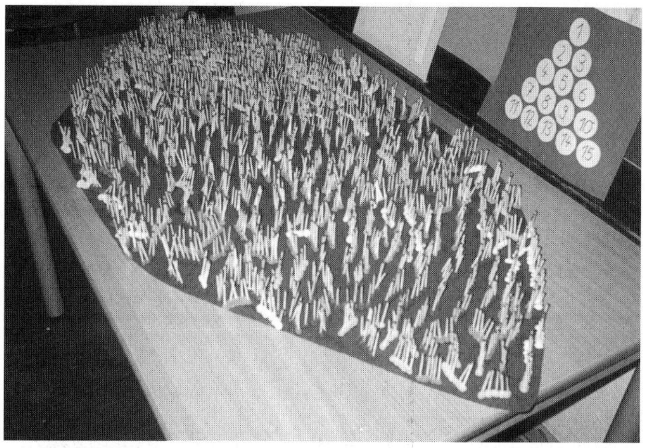

- Mengen- und Größenvorstellungen anbahnen und aufbauen: 2200 Streichhölzer in Knetballen drücken und aufstellen (zur Veranschaulichung der Anzahl der Passagiere), 269 Meter mit Wolle abmessen, anschließend die Wolle zu einem Knäuel aufrollen (zur Veranschaulichung der Länge des Schiffes)

Bereich Musik:

- graphische Notation kennen lernen, lange und kurze Töne (Morse-ABC),
- das Titanic-Lied singen

Bereich Kunst:

- Bilder und Zeichnungen anfertigen
- Malwettbewerb mit der Parallelklasse durchführen

Die obige Liste der lernbereichsspezifischen Aktivitäten und Angebote stellt nur eine Auswahl dar. Einige Aspekte des Themas werden nur kurz oder gar nicht erwähnt, z.B. das Leiden der Menschen beim Untergang. Die Idee einer Mutter, gemeinsam den Kinofilm zu besuchen, greifen wir nicht auf, da der Film für die Altersstufe nicht geeignet und zugelassen ist.

Vier Wochen lang beherrscht das Thema „Titanic" das Klassenleben. Den krönenden Abschluss bildet eine Titanic-Ausstellung, zu der wir die Eltern und später auch andere Schulklassen einladen. An dem feierlichen Tag der Ausstellungseröffnung werden die Gäste in der Aula begrüßt. Hier werden sie zunächst auf spielerische Weise „geprüft" und müssen einige Fragen zum Thema beantworten:

- Wo wurde die Titanic gebaut?
- In welchem Jahr ging die Titanic unter?
- Wer entdeckte das Wrack?
- …

Wie sich herausstellt, können die sieben Prüffragen von den Erwachsenen kaum, jedoch von allen Kindern beantwortet werden. Anschließend stellt die Klasse den Eltern ihr Projekt vor: Jedes Kind der beiden Parallelklassen hat dazu einen Satz auswendig gelernt. Der Reihe nach werden diese aufgesagt und die Eltern erfahren die gesamte Tragödie des Unglücks vom Untergang.

Dann werden die Ausstellungsräume (zwei nebeneinanderliegende Klassenräume) für die Eltern geöffnet. Die Kinder, die mittlerweile selbst zu Titanic-Experten geworden sind, führen die Eltern durch die Ausstellung und erklären die einzelnen Stationen. Viele erstaunte Eltern-Gesichter kann ich dabei beobachten. Die Begeisterung schlägt sich außerdem in überschwänglichen Würdigungs- und Anerkennungsworten im ausliegenden Gäste-Buch nieder.

Das Titanic-Projekt ist auch nach dieser Ausstellung noch nicht ganz abgeschlossen. Immer wieder bringen die Kinder neue Informationen in den Unterricht ein. So werden wir voraussichtlich auch in Zukunft dem Thema immer wieder neu begegnen.

Eines sollte man sich bei der Bewertung des Projekts vor Augen halten: Es kann nicht auf gleiche Weise in anderen Klassen beliebig wiederholt werden. Das große Interesse der Kinder war sehr stark durch aktuelle Gegebenheiten bestimmt, insbesondere durch die Medienaufmerksamkeit, die das Thema „Titanic" zu eben jener Zeit erhielt. Dennoch zeigt dieses Beispiel, zu welchen qualitativ hochwertigen Ergebnissen Kinder in einer ersten Klasse in der Lage sind, wenn sie selbstständig über einen längeren Zeitraum an einem Thema arbeiten dürfen, das für sie eine hohe Bedeutsamkeit hat. Dabei haben die Kinder auf einem solch hohen Niveau in Zusammenhängen gelernt und gearbeitet, das weit über die üblichen Anforderungen des Lehrplans hinausgeht.

Weitere Praxisbeispiele sowie Materialien, Impulskarten und Anregungen zu den Themen „Herbst", „Bauen", „Körper" und „Zähne", „Schnecken" und „Wasser“ sind im Konfetti-Themenordner enthalten. Hier finden sich außerdem Hinweise zur Planung von weiteren Projekten, ausführliche Informationen zum Sachunterricht mit KONFETTI.

Vorschläge zum Weiterlesen

Schulanfang – 1. Schuljahr

- Andresen, Ute: **Das erste Schuljahr**, Klett-Verlag, Stuttgart 1991
- Dräger, Monika (Hrsg.): **Der Anfangsunterricht in Regel- und Integrationsklassen**, Agentur Dieck, Heinsberg 1997
- Herbert/Meiers: **Leben und lernen im ersten Schuljahr**, Klett-Verlag, Stuttgart 1991
- Kowalczyk/Ottich: **Guten Abend: Elternabend**, AOL-Verlag, Lichtenau 1992
- Portmann, Rosemarie (Hrsg.): **Kinder kommen zur Schule**, Arbeitskreis Grundschule e.V., Frankfurt/Main 1988

Grundlagenliteratur zum Schriftspracherwerb

- Brügelmann, Hans: **Kinder auf dem Weg zur Schrift**, Libelle Verlag, Lengwil am Bodensee, 4. Auflage 1992
- Dehn, Mechthild, **Zeit für die Schrift**, Kamp Verlag, Bochum 1988
- Dehn, Mechthild, **Schlüsselszenen zum Schriftspracherwerb**, Beltz Verlag, Weinheim 1994
- Kruse, Norbert, **Lernen im Anfangsunterricht – Ansätze zu einer subjektwissenschaftlichen Grundlegung**, Ergebnisse Verlag, Hamburg 1996
- Reichen, Jürgen: **Lesen durch Schreiben**, Sabe Verlagsinstitut, Zürich 1987

Schreiben und Lesen

- Böhmer, Charlotte: **Authentisch Schreiben- und Lesenlernen**, Beltz Verlag, Weinheim 1995
- Burk, Karlheinz (Hrsg.): **Fördern und Förderunterricht**, Arbeitskreis Grundschule, Frankfurt, 1993
- Brinkmann/Brügelmann: **Offenheit mit Sicherheit – Ideenkiste Schrift-Sprache**, vpm , Hamburg 1993
- Bunk, Hans-Dieter: **ABC-Projekte**, Cornelsen Scriptor, Frankfurt/Main 1995
- Dehn/Hüttis-Graff/Kruse (Hrsg.): **Elementare Schriftkultur**, Beltz Verlag, Weinheim 1996
- Dräger, Monika: **Am Anfang steht der eigene Text**, Agentur Dieck, Heinsberg 1988
- Grimm, Ilga: **ABC mit allen Sinnen**, AOL-Verlag, Lichtenau/Baden 1991
- Hecker/Meyer/Nüchter/Schutte: **Schreib- und Lesewerkstatt Klasse 1**, Verlag an der Ruhr, Mülheim an der Ruhr 1993
- Landesinstitut für Schule und Weiterbildung des Landes Nordrhein-Westfalen (Hrsg.): **Arbeitshilfen für den Förderunterricht**, Soest 1990 (zu bestellen bei: Soester Verlagskontor, Jakobistraße 46; Best.-Nr. 2134)
- Mahlstedt, Dagmar, **Lernkiste Lesen und Schreiben**, Beltz Verlag, Weinheim 1994
- Spitta, Gudrun: **Kinder schreiben eigene Texte**, Cornelsen Scriptor 1983
- Spitta, Gudrun: **Von der Druckschrift zur Schreibschrift**, Cornelsen Scriptor 1988
- Wedel-Wolff, Annegret: **Üben im Leseunterricht der Grundschule**, Westermann Verlag, Braunschweig 1997

Offener Unterricht

- Bauer, Roland: **Lernen an Stationen in der Grundschule**, Cornelsen Scriptor, Berlin 1997
- Fisgus, Christel/Kraft Gertrud: **„Hilf mir, es selbst zu tun!"**, Ludwig Auer, Donauwörth 1994
- Heyer/Korfmacher/Podlesch/Preuss-Lausitz/Sebold (Hrsg.): **Zehn Jahre wohnortnahe Integration**, Arbeitskreis Grundschule e.V. (Band 88/89), Frankfurt 1993
- Landesinstitut für Schule und Weiterbildung des Landes Nordrhein-Westfalen (Hrsg.): **Arbeitshilfen zum offenen Unterricht**, Soest, 1990 (Best.-Nr. 2134, zu bestellen bei: Verlag für Schule und Weiterbildung, Postfach 11 50, 59193 Bönen)
- Landesinstitut für Schule und Weiterbildung des Landes Nordrhein-Westfalen (Hrsg.): **Kinder lernen selbständig**, Soest 1990 (Best.-Nr. 2138); Bestellung s. o.
- Nicolas, Bärbel: **Offener Unterricht zum Schulanfang**, Cornelsen Scriptor, Berlin 1997

Basales Lernen

- Arenhövel/Ringbeck (Hrsg.): **Fördern macht Spaß**, Verlag Ludwig Auer, Donauwörth
- Ayres, Jean: **Bausteine der kindlichen Entwicklung**, Springer Verlag, 2. Aufl. 1992
- Brand / Breitenbach / Maisel, **Integrationsstörungen**, edition bentheim, Würzburg 1995
- Brüggebors, Gela: **Körperspiele für die Seele**, Rowohlt Taschenbuch Verlag, Reinbek 1992
- Englbrecht/Weigert: **Lernbehinderungen verhindern**, Verlag Moritz Diesterweg, Frankfurt am Main 1994
- Klein, Jochen: **Spiele zur ganzheitlichen Lernförderung**, Lesen und Schreiben e.V., Hamburg 1994
- Löscher, Wolfgang: **Riech- und Schmeckspiele**, Don Bosco Verlag, München 1983
- Löscher, Wolfgang: **Hör-Spiele**, Don Bosco Verlag, München 1982
- Pauli/Kisch: **Was ist los mit meinem Kind? – Bewegungsauffälligkeiten bei Kindern**, Verlag Ravensburg 1992

- Seitz, Rudolf (Hrsg.): **Tast-Spiele**, Don Bosco Verlag, München 1993, 6.Aufl.
- Seitz, Rudolf (Hrsg.): **Seh-Spiele**, Don Bosco Verlag, München 1982
- Seitz, Rudolf (Hrsg.): **Tast-Spiele**, Don Bosco Verlag, München 1993, 6.Aufl.
- Zimmer Renate: **Handbuch der Sinneswahrnehmung**, Verlag Herder, Freiburg 1995

Stille, Bewegung und Entspannung

- Hering, Wolfgang: **Bewegungslieder für Kinder**, rororo Sachbuch 9681
- Langosch-Fabri, Hella: **Alte Kinderspiele neu entdecken**, rororo Sachbuch 9537
- Lenninger, Isolde: **Entspannung und Konzentration**, Verlag Cornelsen-Scriptor, Frankfurt am Main 1995
- Müller, Doris: **Phantasiereisen im Unterricht**, Westermann Verlag, Braunschweig 1994
- Portmann/Schneider: **Spiele zur Entspannung und Konzentration**, Don Bosco Verlag, München 1994
- Pousset, Raimund: **Fingerspiele und andere Kinkerlitzchen**, Verlag Cornelsen-Scriptor, Frankfurt am Main 1995
- Proßowsky, Petra: **Kinder entspannen mit Yoga**, Verlag an der Ruhr, Mühlheim an der Ruhr 1996
- Teml, Hubert: **Entspannt lernen**, Veritas Verlag, Linz 1991
- Teml, Hubert: **Komm mit zum Regenbogen**, Veritas Verlag, Linz 1993

Lernen allgemein

- Brügelmann, Hans: **Kinder lernen anders**, Libelle Verlag, Lengwil am Bodensee 1998
- Birkenbihl, Vera F.: **Trotz Schule lernen**, Gabal Verlag, Offenbach, 7. Auflage 1995
- Markova, Dawna: **Wie Kinder lernen**, VAK Verlag, Freiburg 1993
- Meister-Vitale, Barbara: **Lernen kann phantastisch sein**, Synchron Verlag, Berlin 1988
- Leitner, Sebastian: **So lernt man lernen**, Verlag Herder, Freiburg 1995

Übersicht zu den Kopiervorlagen

KV	Anzahl	Titel	Inhalt/Funktion	Beschreibung
1	3 Vorlagen	Hallo Partner	Würfelspiel zum Anlautvergleich	Seite 34
4	1 Vorlage	Autorennen	Kartenspiel zum Zeichenvergleich	Seite 30
5	1 Vorlage	Tabellen-Rap	Text zum Einprägen der Anlauttabelle	Seite 46
6	3 Vorlagen	Anlaut-Tabellen	Alternative Version der Anlauttabelle	
9	11 Vorlagen	Anlaute mit Bildern	Zum Herstellen von eigenen Materialien	
20	3 Vorlagen	Turmbau	Spielvorlagen zum Einprägen der Anlautbilder/-wörter	Seite 50
23	1 Vorlage	Anlautbilder	Zum Herstellen von eigenen Materialien	
24	1 Vorlage	Anlaut-Lotto	Kartenspiel zum Anlautvergleich mit den Tabellenwörtern	Seite 35
25	1 Vorlage	Besuch im Turm	Würfelspiel zum Anlautvergleich mit den Tabellenwörtern	Seite 49
26	4 Vorlagen	Konfetti-Express	Würfelspiel zu Laut-Buchstabenzuordnung	Seite 68
30	1 Vorlage	Seifenblasen-Spiel	Würfelspiel zu Laut-Buchstabenzuordnung	Seite 79
31	2 Vorlagen	Nimm zwei	Kartenspiel zum Erlesen einzelner Wörter	Seite 79
33	2 Vorlagen	Silbenpartner	Kartenspiel zum Erlesen von Silben	Seite 79
35	6 Vorlagen	Reimwerkstatt	Kartenspiel zum Erlesen von Reimwörtern	Seite 80
41	1 Vorlage	Domino	Kartenspiel zum Erlesen von Wörtern	
42	4 Vorlagen	Konfetti-Fix	Kartenspiel zum Erlesen von Wörtern und zur Laut-Buchstabenzuordnung	Seite 80
46	3 Vorlagen	Stummfilm	Kartenspiel zum Erlesen von Wörtern	Seite 81
49	2 Vorlagen	Ereigniskarten	Kartenspiel zum Erlesen kurzer Sätze	Seite 78, 81
51	4 Vorlagen	Blankospiele	Spielpläne als Ausgangsmaterial für Ereignisspiele	Seite 81
55	2 Vorlagen	Symbole für den Unterricht	Symbole für Tages- und Wochenpläne	Seite 66, 124
57	2 Vorlagen	Schreibproben	Vorlagen zur Beobachtung der Lernentwicklung	Seite 96
59	6 Vorlagen	Mini-Bücher	Zusatztexte zum Lesebilderbuch	Seite 70, 74
65	2 Vorlagen	Lese-Ausweis	Zum Eintragen von vorgelesenen Texten	Seite 76
68	3 Vorlagen	Bingo-Spiel	Ergänzung zum Bingo-Spiel (Bestellnummer MD 2059)	

Hallo, Partner!

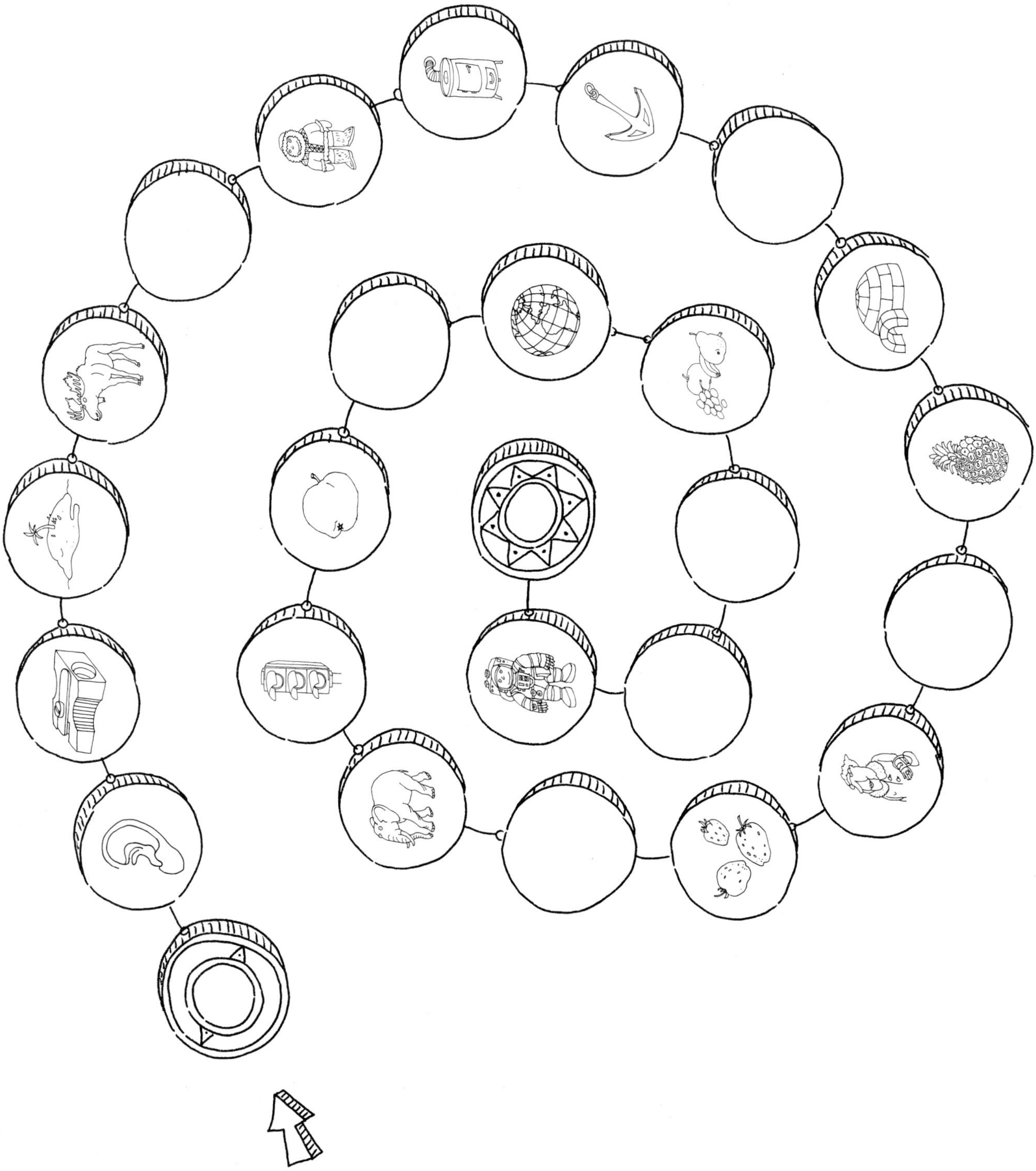

Hallo, Partner!

Hallo, Partner!

Autorennen

B - HI 30	WÜ- N 437	KN - AL 56
DO - G 437	B - OC 5	HH - AL 6
F - EH 88	P - O 295	DO - DU 27
F - EH 35	BN - UX 27	P - RN 10
WÜ - G 437	HU - IP 777	BN - EL 119
KN - AY 30	HH - LE 77	HU - EL 89

Tabellen-Rap

J wie Jacke, H wie Hut,
B wie Baum – das geht echt gut,
G wie Gabel, F wie Feder,
R wie Radio – das weiß jeder,
S wie Sonne – ich hab's raus –
D wie Dose, M wie Maus.

Eu wie Eule, Ei wie Eis,
Au wie Auto, ja ich weiß.
Ü wie Überholverbot,
Ölsardinen sind längst tot.
Ä wie Äpfel, U wie Uhr,
O – das ist 'ne heiße Spur.
Ganz zum Schluss, das ist doch klar,
folgen I und E und A.

Ch wie Chinese, L wie Leiter,
Mensch, das geht echt super weiter!
P wie Pinsel, K wie König,
jetzt fehlt mir nur noch ganz wenig.
W wie Wolke, bitte sehr,
Sch wie Schere – gar nicht schwer.
Z wie Zange, T wie Tasse,
N wie Nadel – fertig –

Klasse!

Konfetti

J j
H h
B b
G g
F f
R r
S s
D d
M m

Eu eu
Ei ei
Au au
Ü ü
Ö ö
Ä ä
U u
O o
I i
E e
A a

Ch ch
L l
P p
K k
W w
Sch sch
Z z
T t
N n

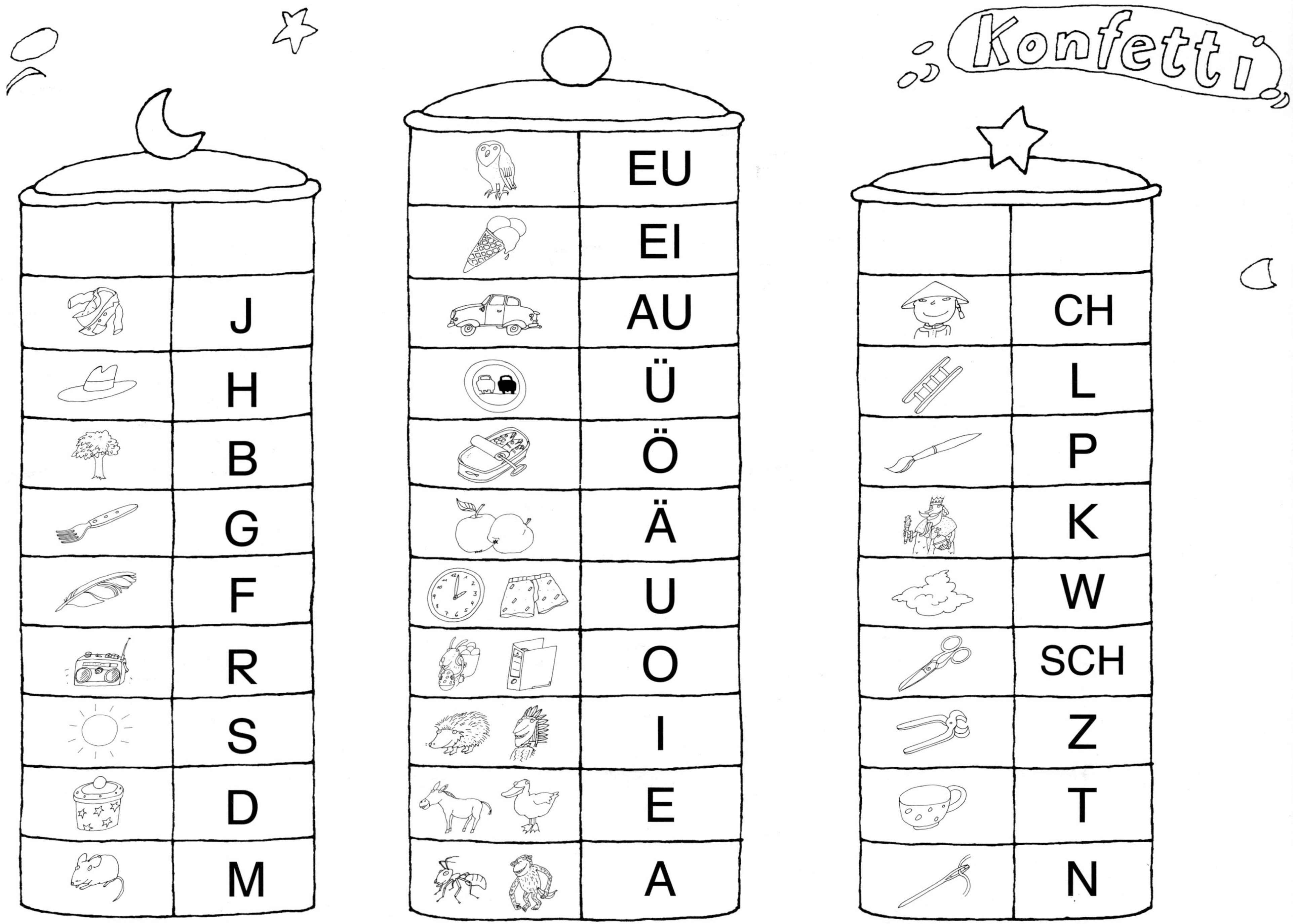
Konfetti
J
H
B
G
F
R
S
D
M
EU
EI
AU
Ü
Ö
Ä
U
O
I
E
A
CH
L
P
K
W
SCH
Z
T
N

Konfetti

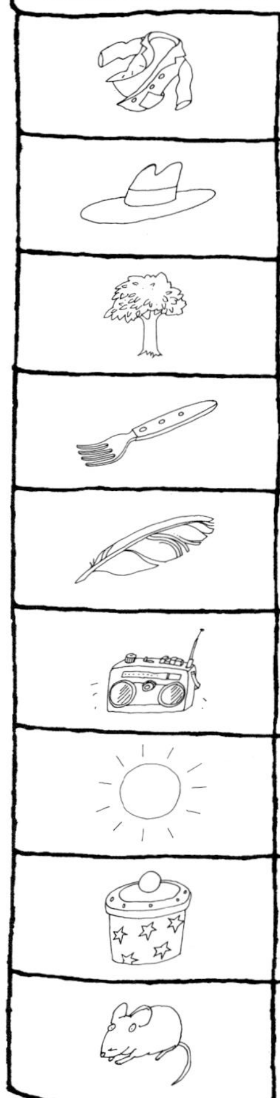

J	j
H	h
B	b
G	g
F	f
R	r
S	s
D	d
M	m

Eu	eu
Ei	ei
Au	au
Ü	ü
Ö	ö
Ä	ä
U	u
O	o
I	i
E	e
A	a

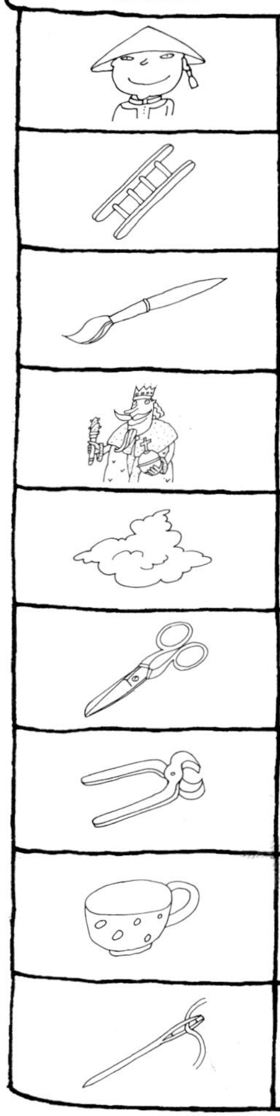

Ch	ch
L	l
P	p
K	k
W	w
Sch	sch
Z	z
T	t
N	n

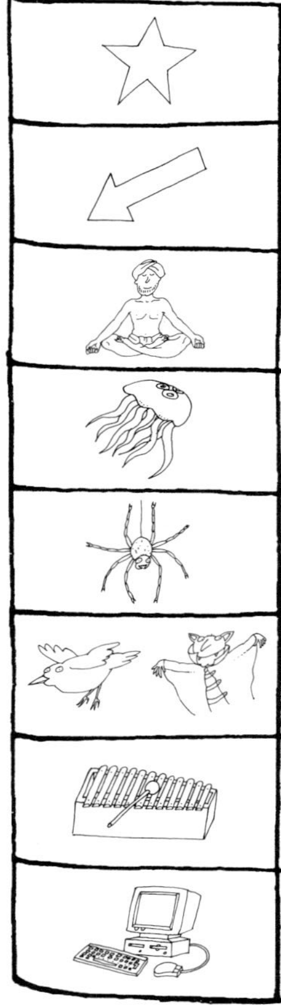

St	st
Pf	pf
Y	y
Qu	qu
Sp	sp
V	v
X	x
C	c

Bild- und Buchstabenkarten zur Anlauttabelle

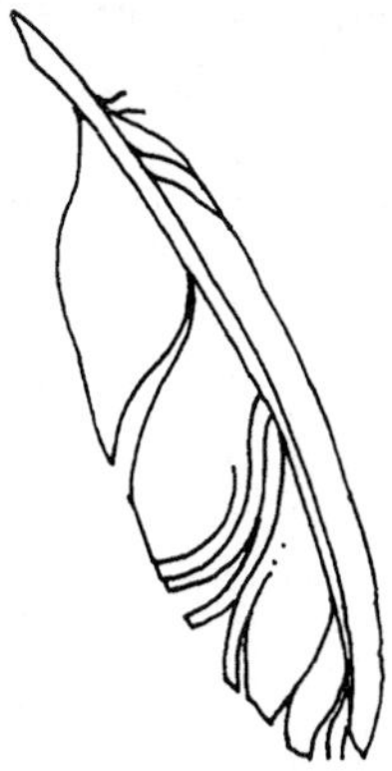

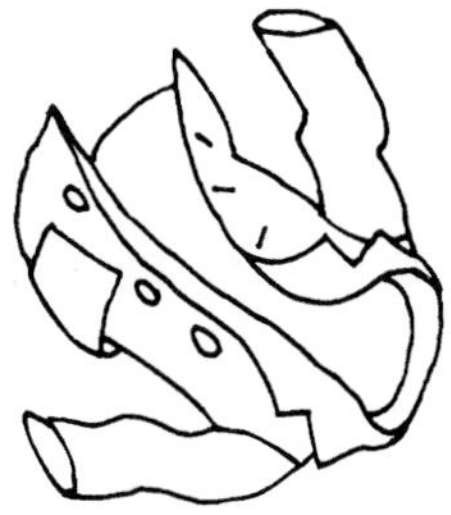

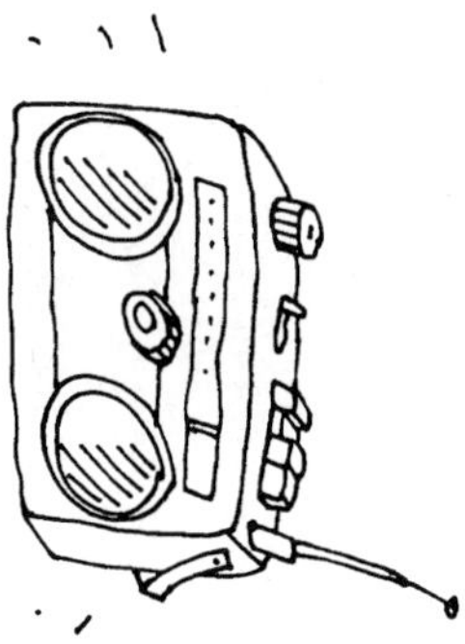

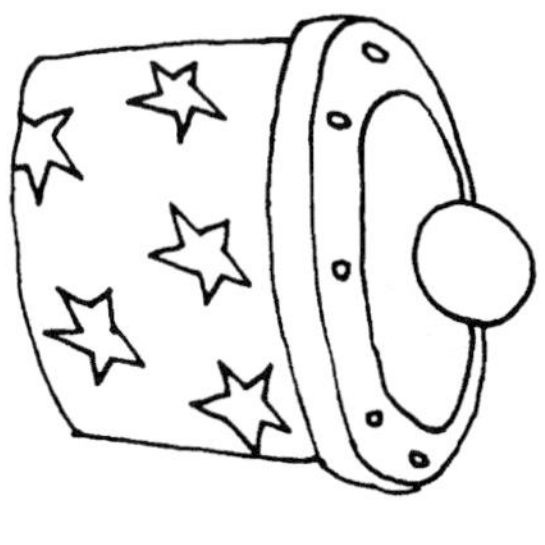

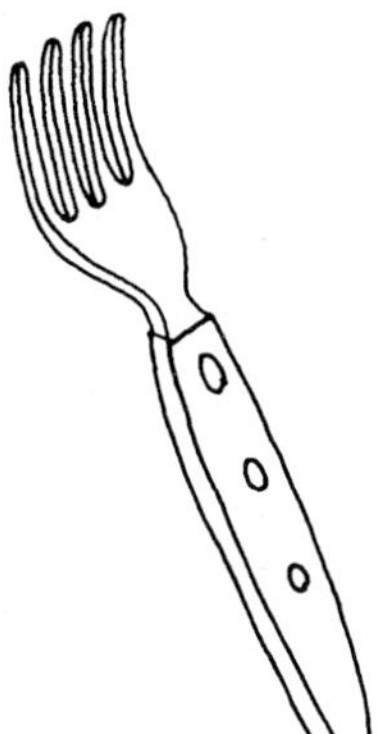

Bild- und Buchstabenkarten zur Anlauttabelle

J	j	F	f
H	h	R	r
B	b	S	s
G	g	D	d

Bild- und Buchstabenkarten zur Anlauttabelle

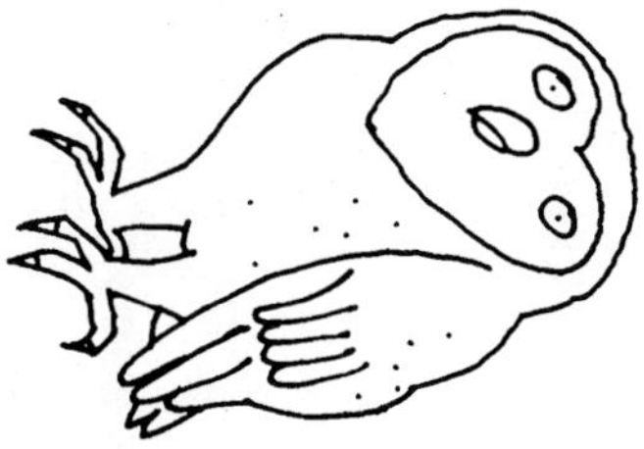

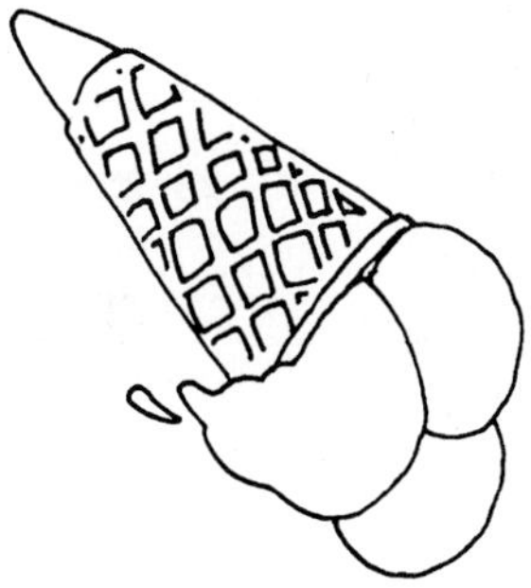

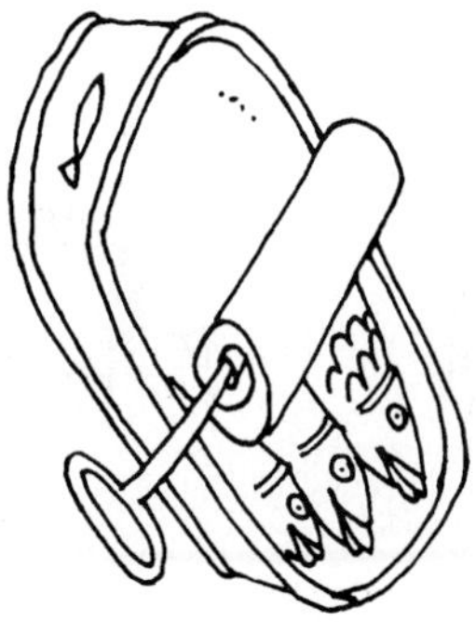

Bild- und Buchstabenkarten zur Anlauttabelle

Eu	eu	M	m
Au	au	Ei	ei
Ö	ö	Ü	ü
U	u	Ä	ä

Bild- und Buchstabenkarten zur Anlauttabelle

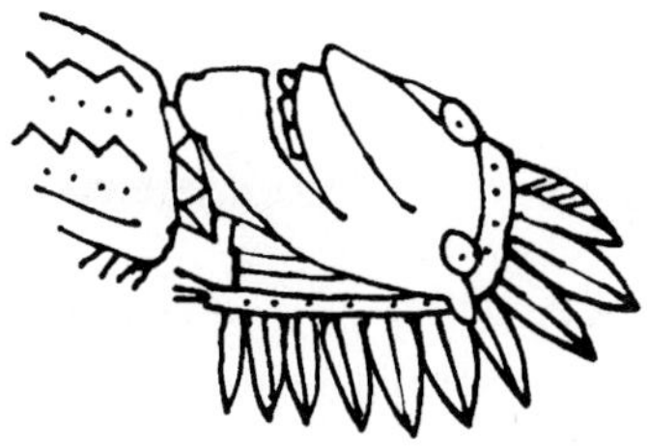

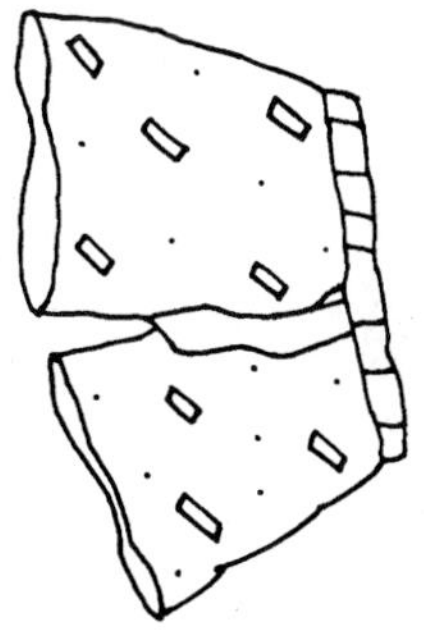

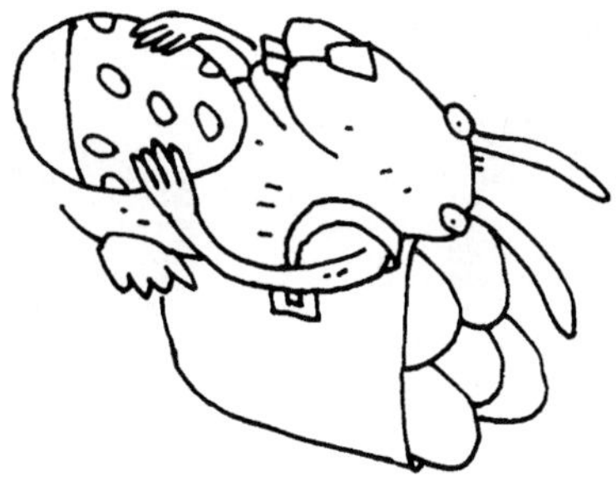

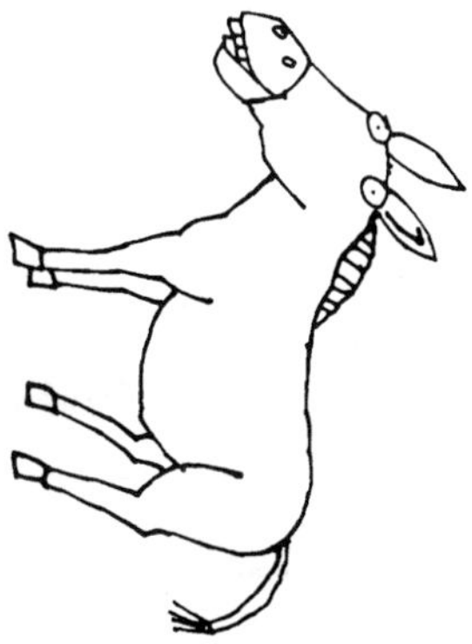

Bild- und Buchstabenkarten zur Anlauttabelle

U	u
O	o
O	o
I	i

I	i
E	e
E	e
A	a

Bild- und Buchstabenkarten zur Anlauttabelle

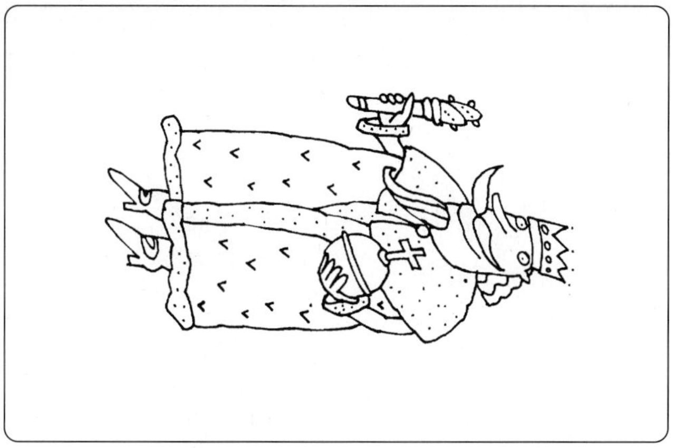

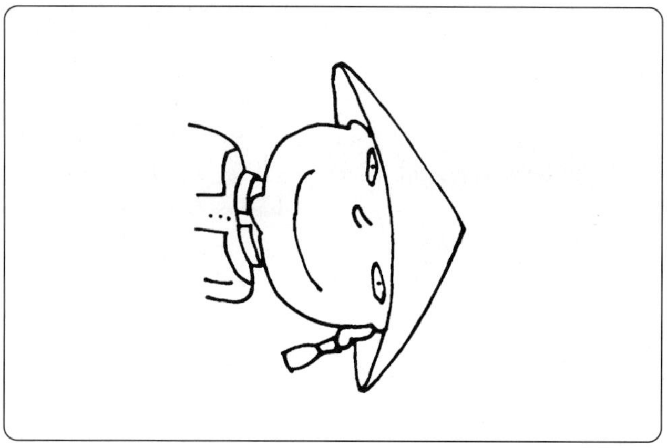

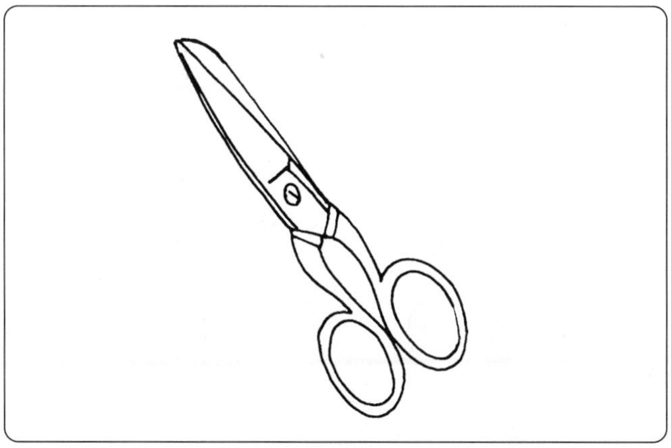

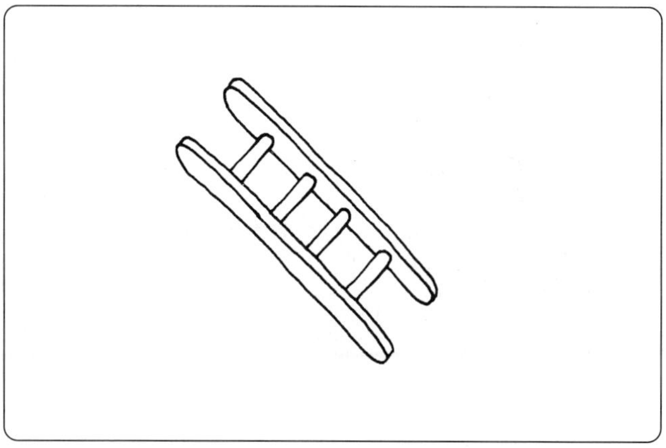

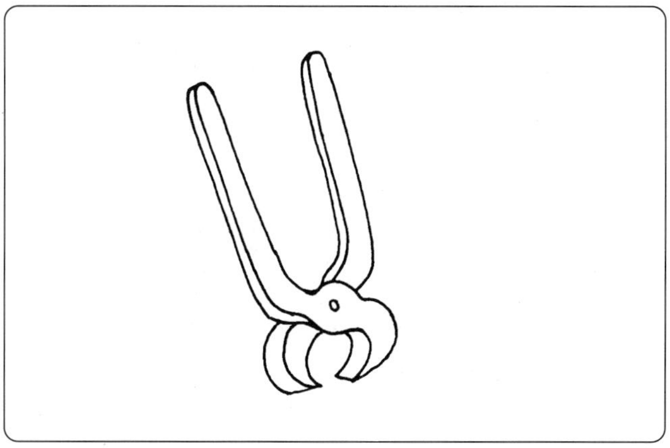

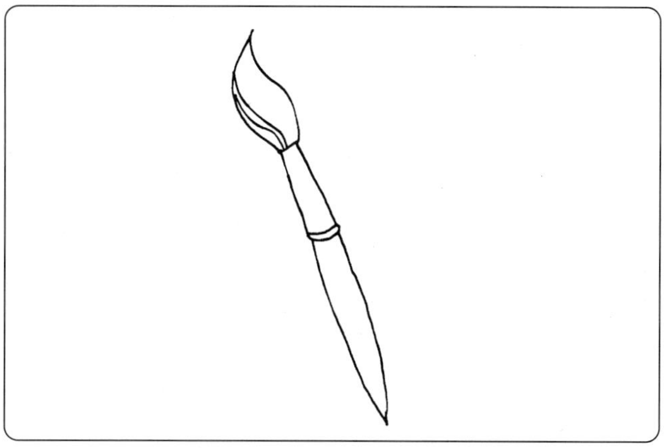

Bild- und Buchstabenkarten zur Anlauttabelle

A	a	K	k
Ch	ch	W	w
L	l	Sch	sch
P	p	Z	z

Bild- und Buchstabenkarten zur Anlauttabelle

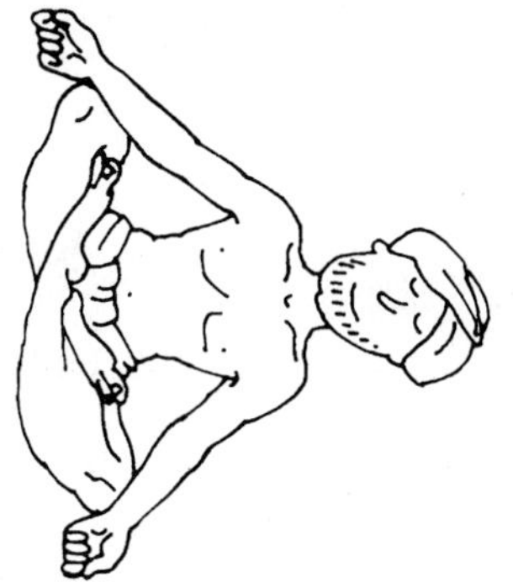

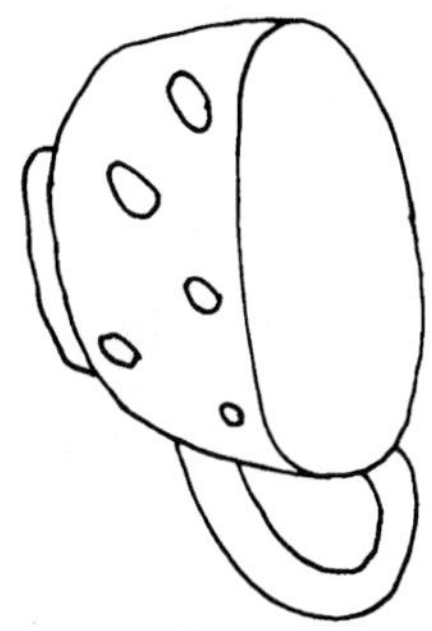

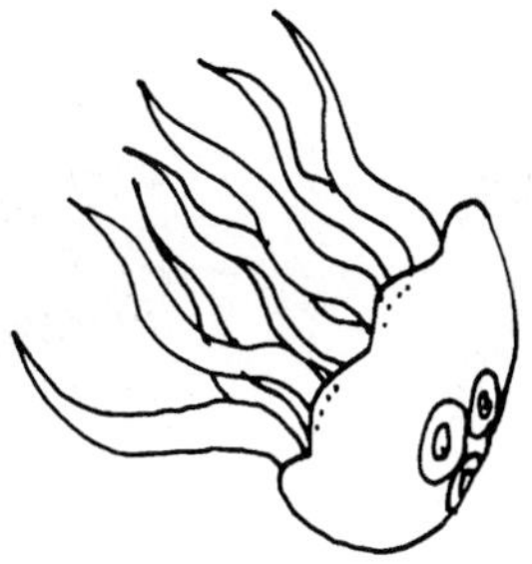

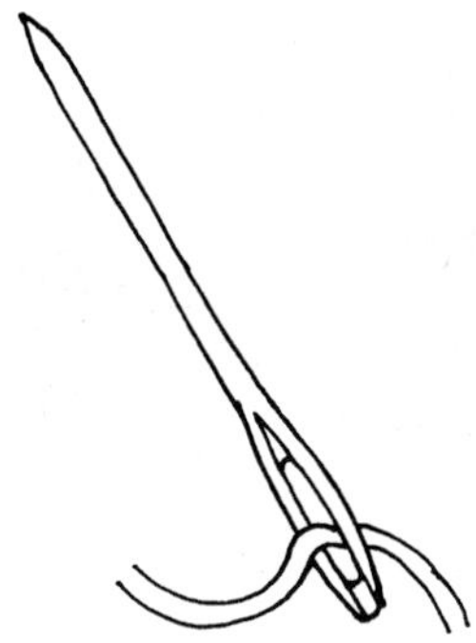

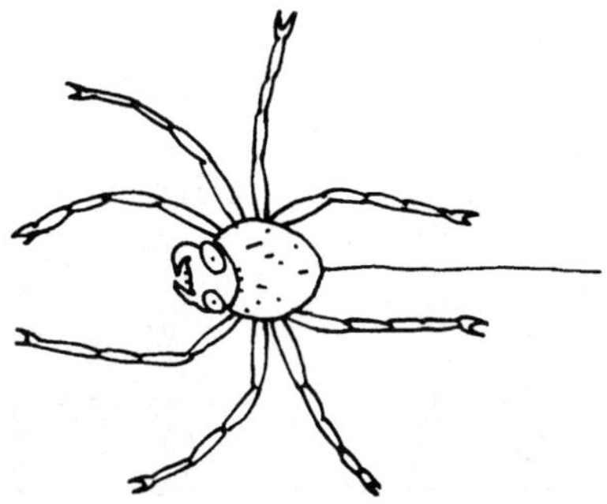

Bild- und Buchstabenkarten zur Anlauttabelle

T	t	Y	y
N	n	Qu	qu
St	st	Sp	sp
Pf	pf	V	v

Bild- und Buchstabenkarten zur Anlauttabelle

V v

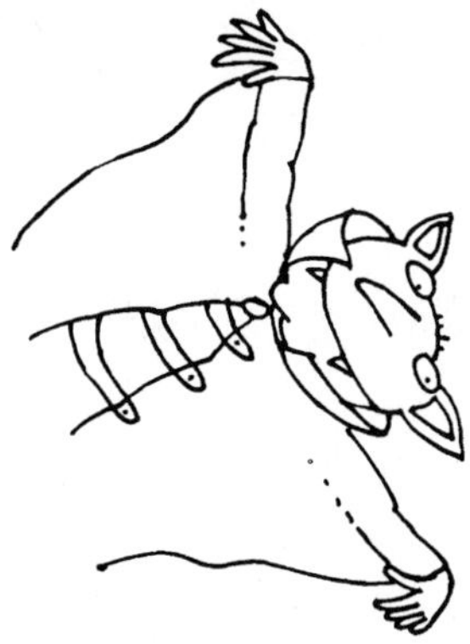

X x

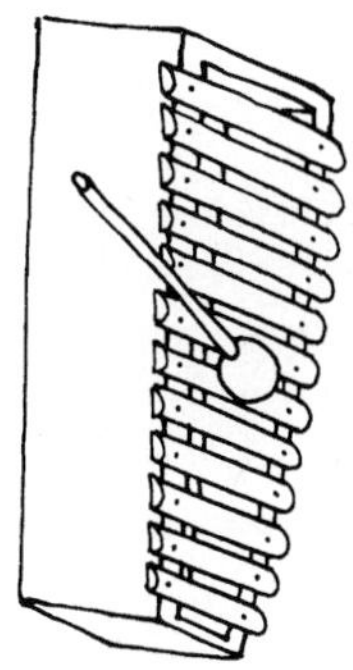

C c

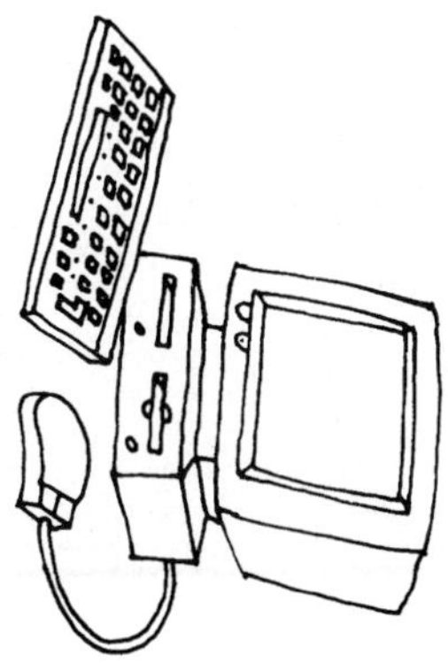

Turmbau

Turmbau

Turmbau

Anlautbilder

Anlaut-Lotto

Turm 1

Besuch im Turm

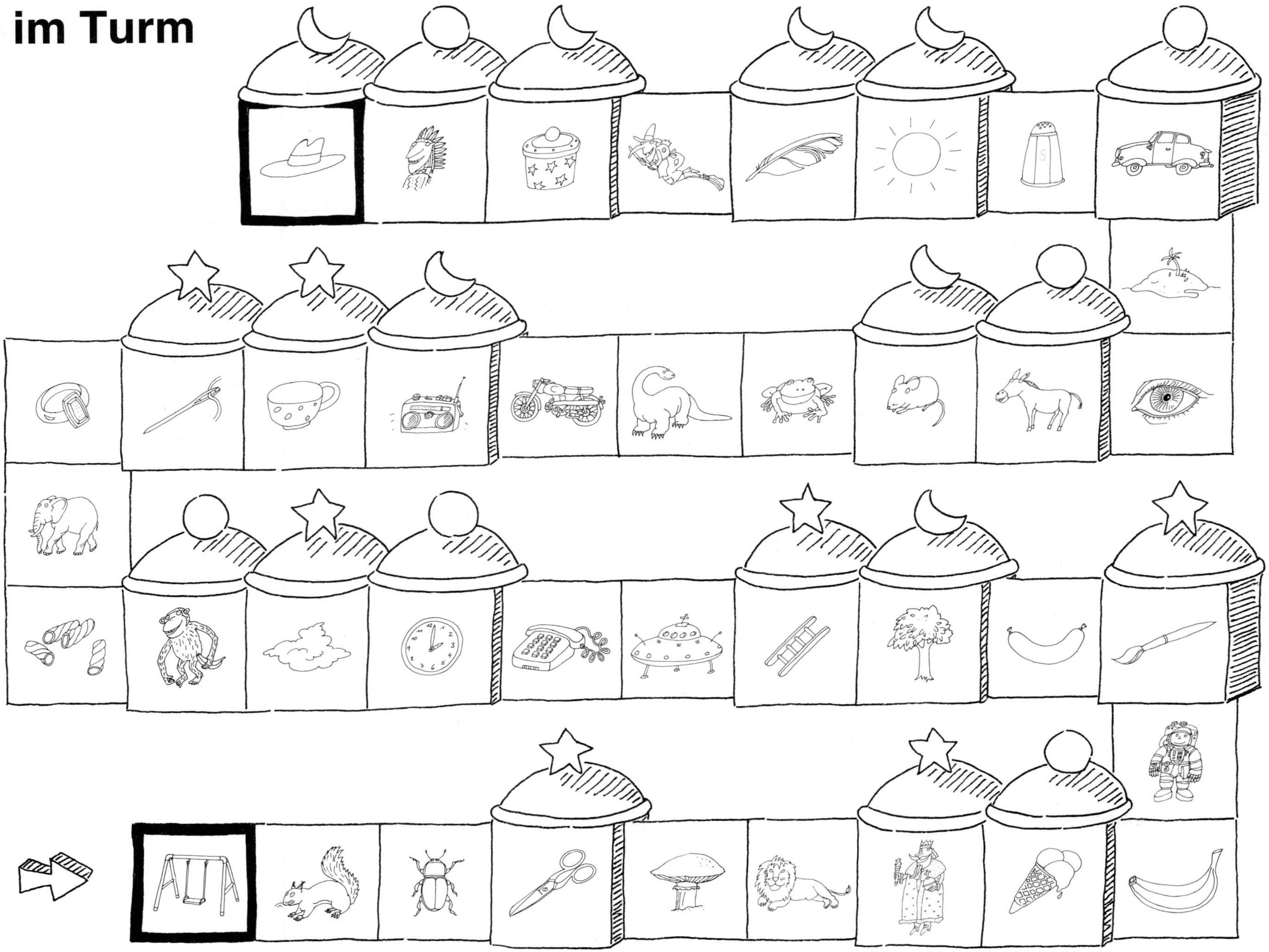

Konfetti-Express

Turm 1: J H B G F S R D M

Konfetti-Express

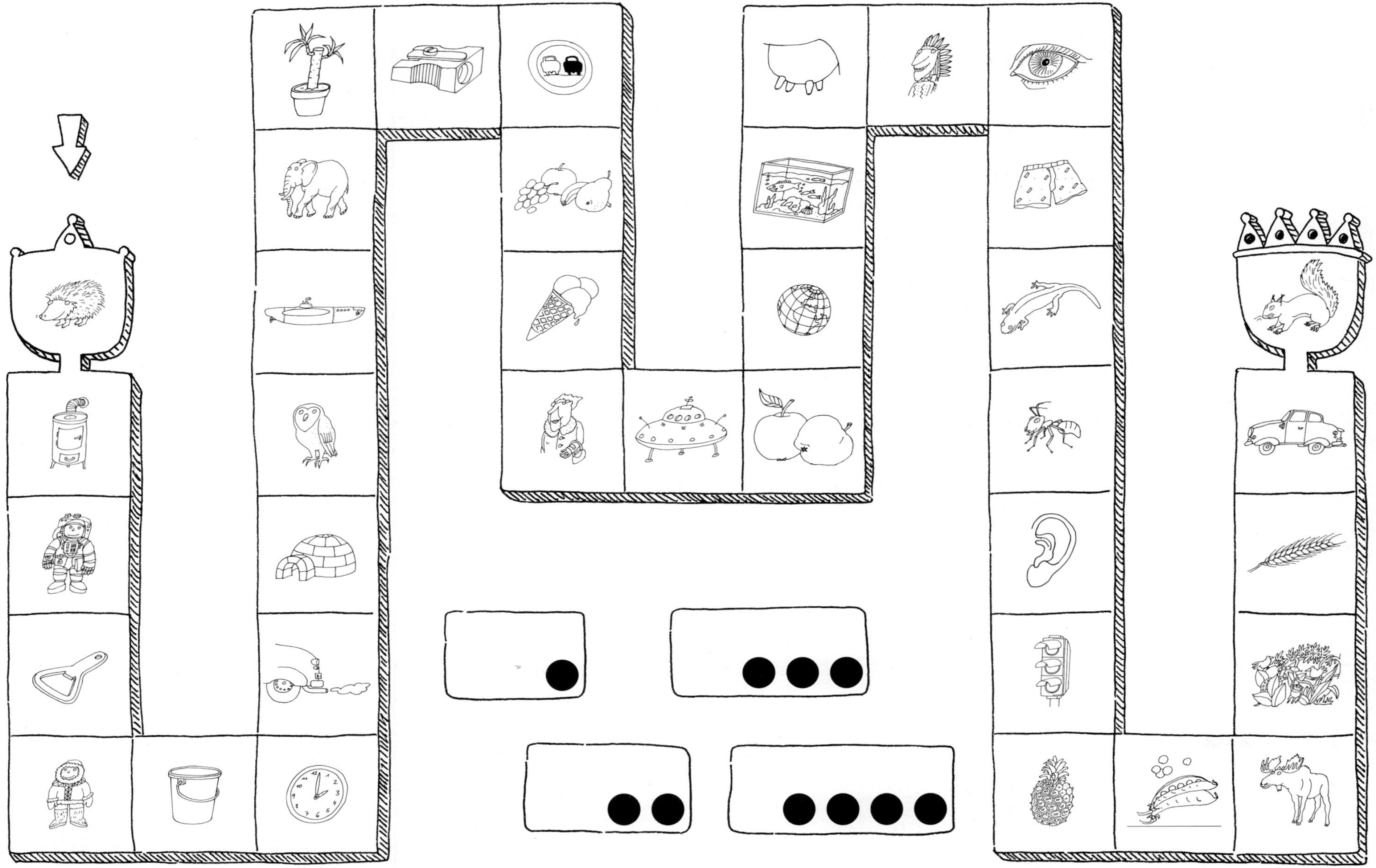

Turm 2: Eu Ei Au Ü Ö Ä U O I E A

Konfetti-Express

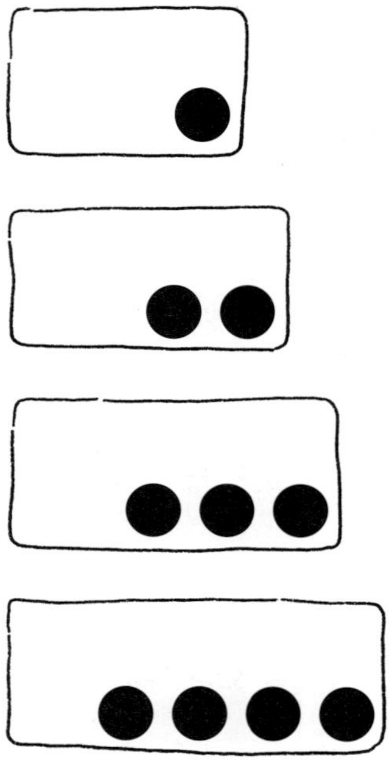

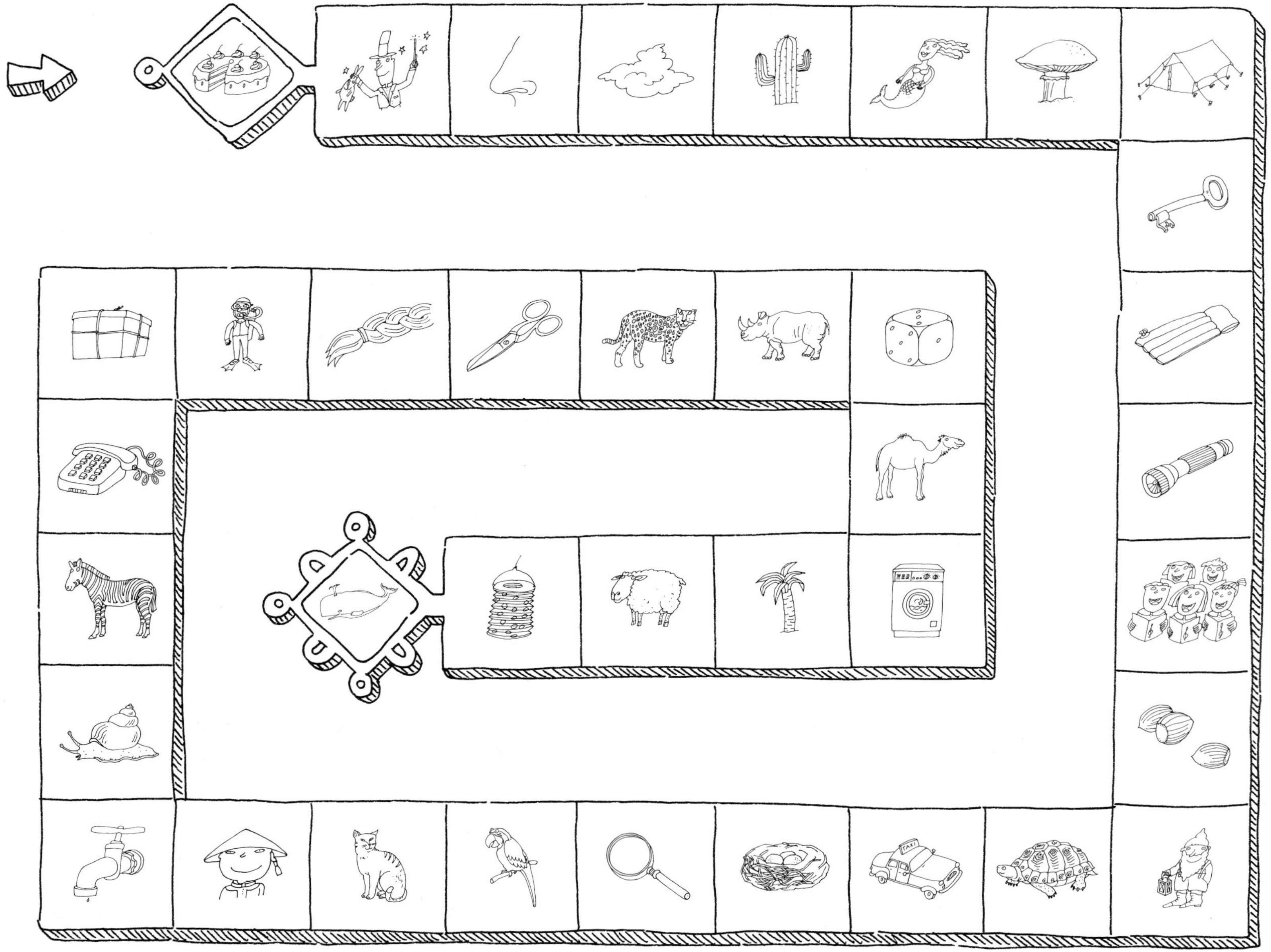

Turm 3: Ch L P K W Sch Z T N

Konfetti-Express

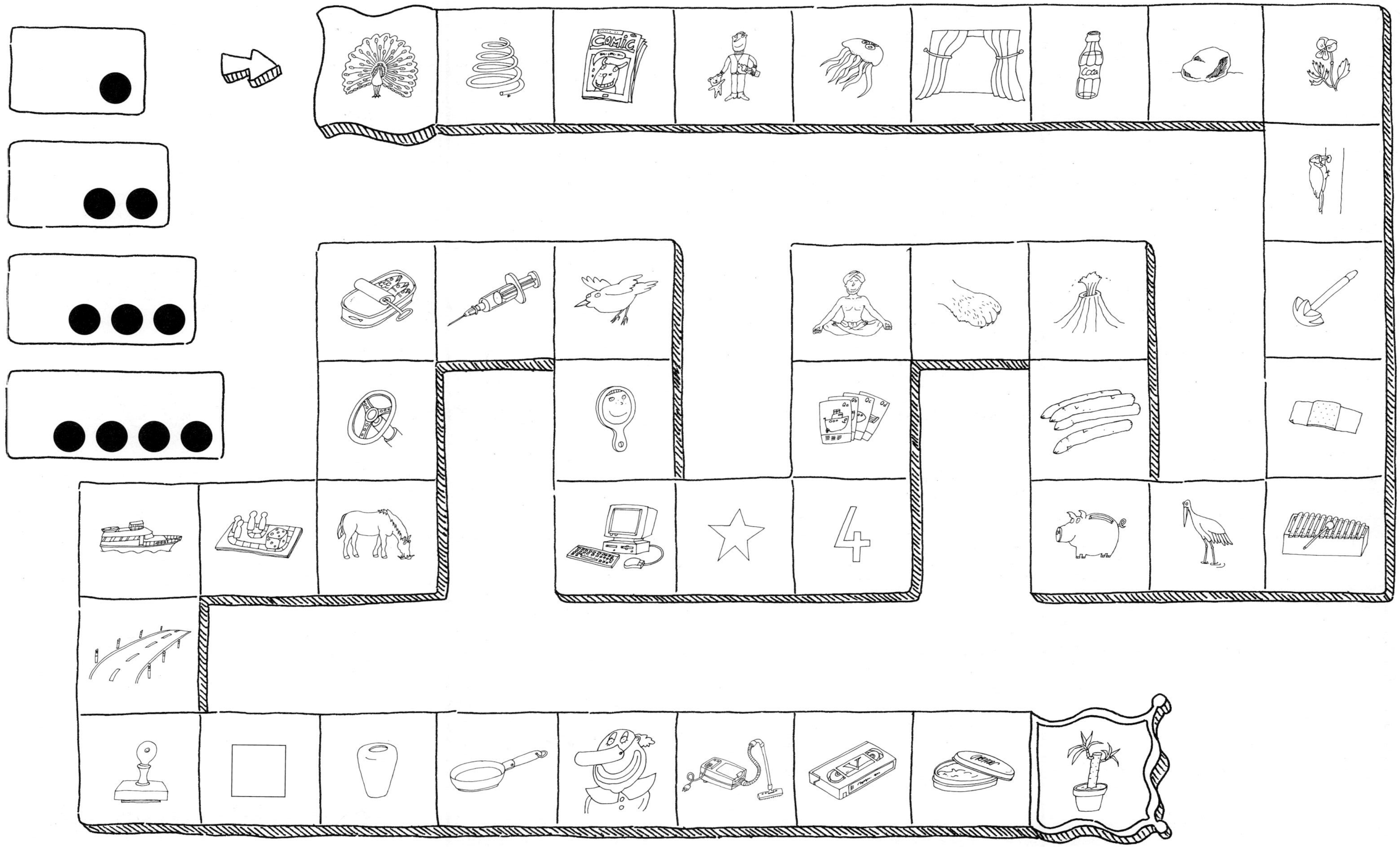

Turm 4: St Pf Y Qu Sp V X C

Seifenblasen-Spiel

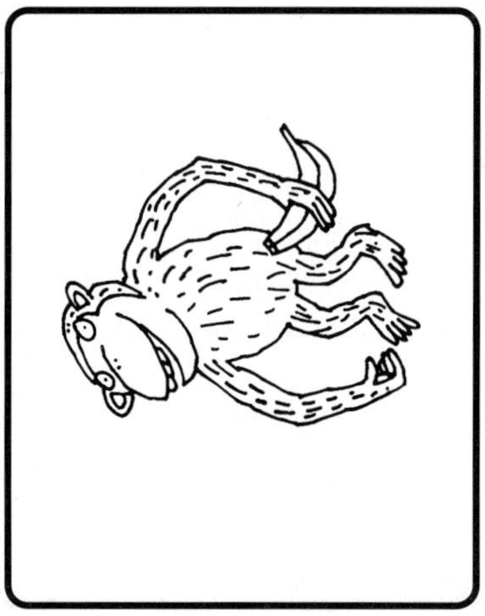

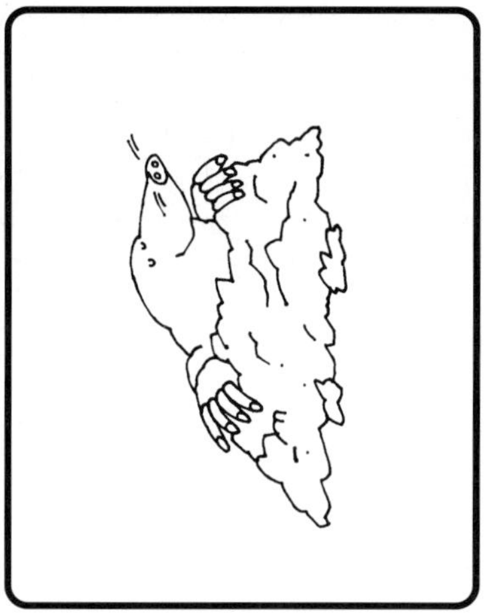

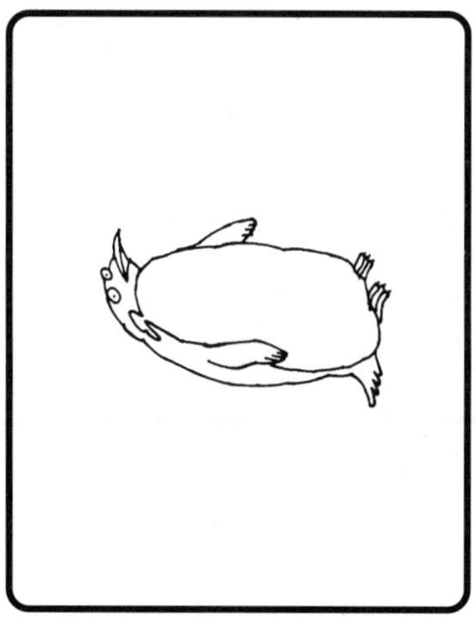
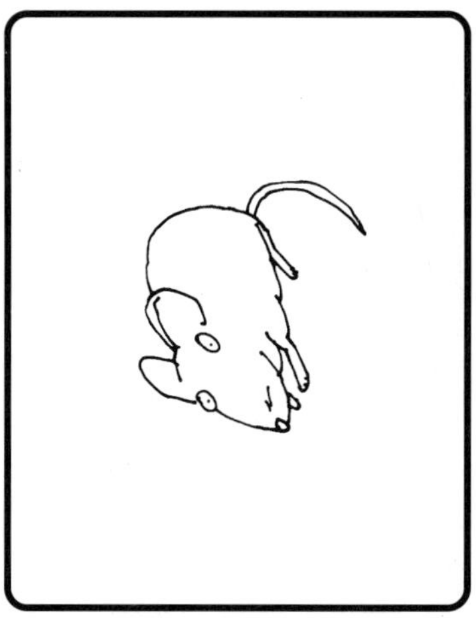

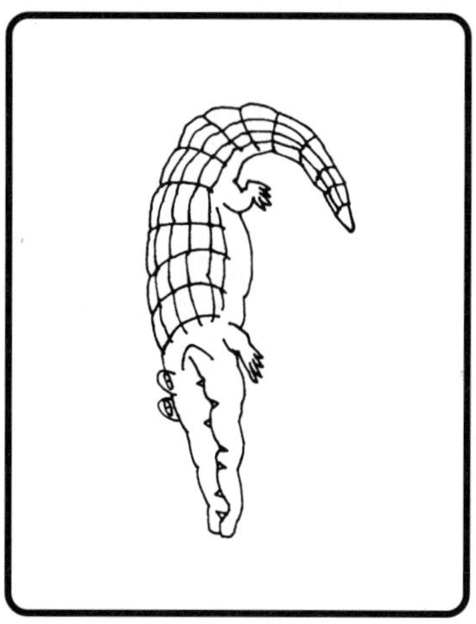

Nimm zwei

Krokodil	Pinguin	Elefant	Hase
Tiger	Küken	Maulwurf	Affe
Maus	Schaf	Fisch	Igel

Silbenpartner

Lö	we	Ka	mel
En	te	Rau	pe
Del	fin	Zeb	ra
Ka	ter	Bi	ber
La	ma	Kä	fer
Ra	be	Eu	le

Silbenpartner

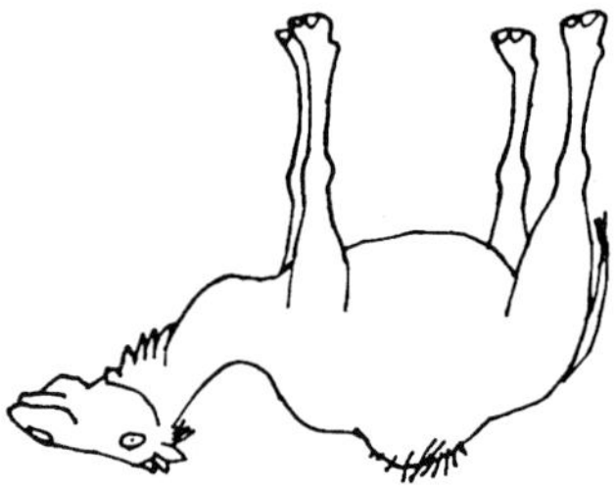

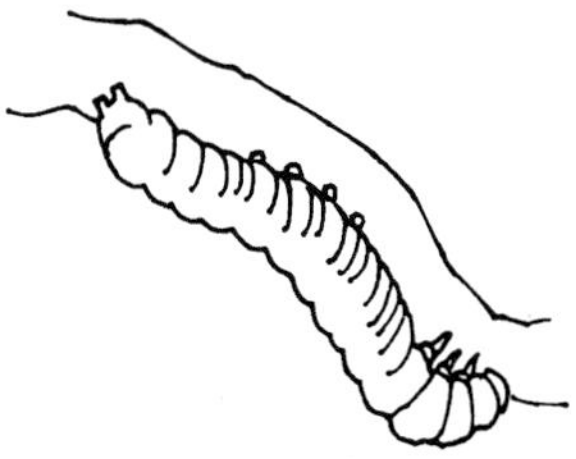

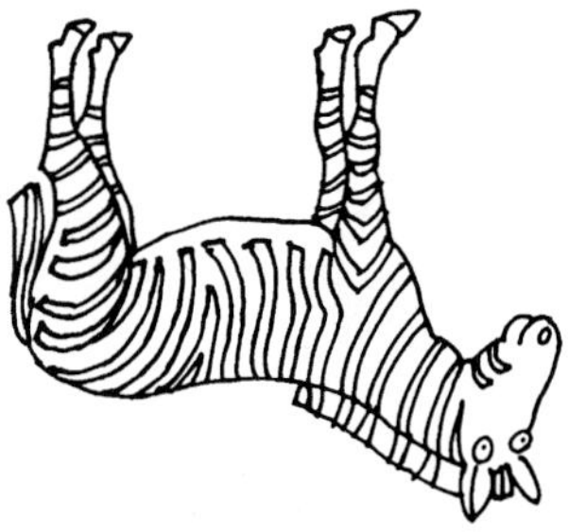

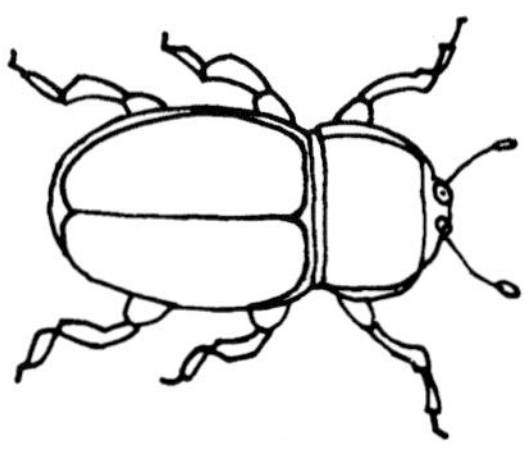
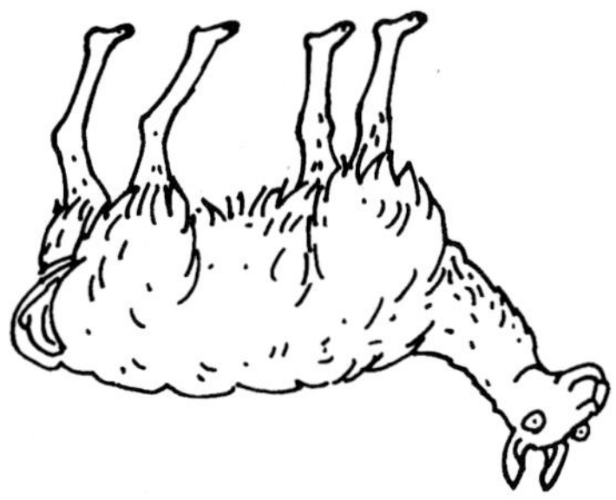

Reimschmiede 1

Haus	Maus	Grille
Brille	Kran	Schwan
Hase	Nase	Kuh

Reimschmiede 1

Die Grille,
die Grille

hat eine
neue Brille.

Die Maus,
die Maus

baut sich ein
kleines Haus.

Die Maus,
die Maus

baut sich ein
kleines Haus.

Der Schwan,
der Schwan

macht einen
Ausflug auf
den Kran.

Der Schwan,
der Schwan

macht einen
Ausflug auf
den Kran.

Die Grille,
die Grille

hat eine
neue Brille.

Die Kuh,
die Kuh

will einen
roten Schuh.

Der Hase,
der Hase,

der popelt
in der Nase.

Der Hase,
der Hase,

der popelt
in der Nase.

Reimschmiede 2

Schuh	Löwe	Möwe
Ratte	Matte	Schwein
Bein	Lamm	Kamm

Reimschmiede 2

Der Löwe,
der Löwe

macht Fotos
von der Möwe.

Der Löwe,
der Löwe

macht Fotos
von der Möwe.

Die Kuh,
die Kuh

will einen
roten Schuh.

Das Schwein,
das Schwein

tanzt gern
auf einem Bein.

Die Ratte,
die Ratte

sonnt sich
auf der Matte.

Die Ratte,
die Ratte

sonnt sich
auf der Matte.

Das Lamm,
das Lamm

kauft einen
neuen Kamm.

Das Lamm,
das Lamm

kauft einen
neuen Kamm.

Das Schwein,
das Schwein

tanzt gern
auf einem Bein.

Reimschmiede 3

Eule	Beule	Fisch
Tisch	Wurm	Turm
Wal	Schal	

Reimschmiede 3

Der Fisch,
der Fisch

rennt um
den Tisch.

Die Eule,
die Eule

hat eine
kleine Beule.

Die Eule,
die Eule

hat eine
kleine Beule.

Der Wurm,
der Wurm

wohnt oben
auf dem Turm.

Der Wurm,
der Wurm

wohnt oben
auf dem Turm.

Der Fisch,
der Fisch

rennt um
den Tisch.

Der Wal,
der Wal

trägt sonntags
einen Schal.

Der Wal,
der Wal

trägt sonntags
einen Schal.

Auge

Foto

Tor

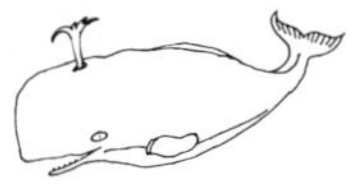

Löwe

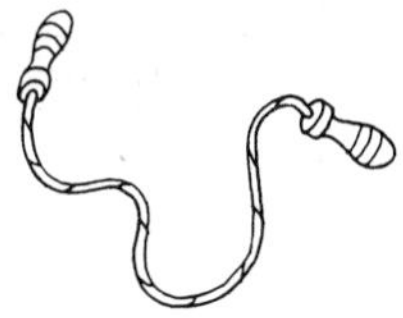

Hase

Salat

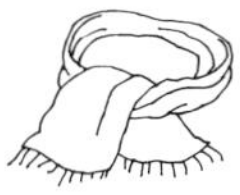

Nase

Baum

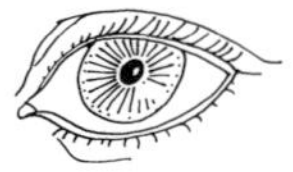

Dino

Lupe

Wal

Seil

Lama

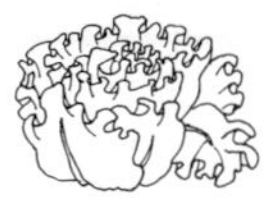

Schal

Oma

Geige

Konfetti-Fix

J	H	B
F	R	S
M	G	D

Konfetti-Fix

L	P	K
W	Sch	E
T	N	A

Konfetti-Fix

I	O	U
Ei	Au	Konfetti Name
Konfetti Im Fern- sehen	Konfetti Tier	Konfetti Beruf

Konfetti-Fix

Blume oder Baum

Fahr-
zeug

Kleidung

Etwas zum Trinken

In der Wohnung

Etwas zum Essen

In der Schule

Im Super-
markt

Pantomime-Spiel

Roboter	Affe	Hund	Frosch
Kater	Indianer	Hase	Elefant
Löwe	Telefon	Säge	Mikrofon
Eis	Banane	Schal	Schere

Pantomime-Spiel

Bauch	Luftballon	Flöte	Gitarre
Auge	Hals	Nase	Buch
lachen	malen	lesen	schreiben
singen	niesen	gießen	wischen

Pantomime-Spiel

schlafen	kämmen	gähnen	trommeln
flüstern	essen	rasieren	küssen
tanzen	werfen	hüpfen	weinen
husten	kitzeln	bellen	trinken

Ereignis-Kärtchen (für Blankospielpläne)

Lege beide Hände auf den Tisch!	Krieche unter den Tisch!	Lege die Hände auf den Rücken!	Gib deinem Nachbarn die Hand!
Huste einmal!	Ziehe an deinen Ohren!	Klopfe auf den Tisch!	Stehe auf!
Lege den Finger auf den Mund!	Schüttle den Kopf hin und her!	Niese dreimal!	Mache beide Augen zu!
Lege den Kopf auf den Tisch!	Setze dich ver-kehrt herum auf den Stuhl!	Mache eine Faust!	Setze dich auf den Tisch!

Ereignis-Kärtchen (für Blankospielpläne)

Gib deinen Mitspielern die Hand!	Male eine Maus an die Tafel!	Gehe wie ein Elefant um den Tisch!	Gehe zwei Felder vor!
Du darfst noch einmal würfeln.	Welcher Tag ist heute?	Zähle die Tische im Raum!	Schreibe deinen Namen an die Tafel!
Lache laut!	Klopfe 5-mal auf den Tisch!	Zähle die Mädchen in deiner Klasse!	Bringe deinen Nachbarn zum Lachen!
Gehe fünf Felder vor!	Gehe ein Feld zurück!	Nenne die Namen deiner Mitspieler!	Tausche mit deinem rechten Nachbarn den Platz!

Blankospiel

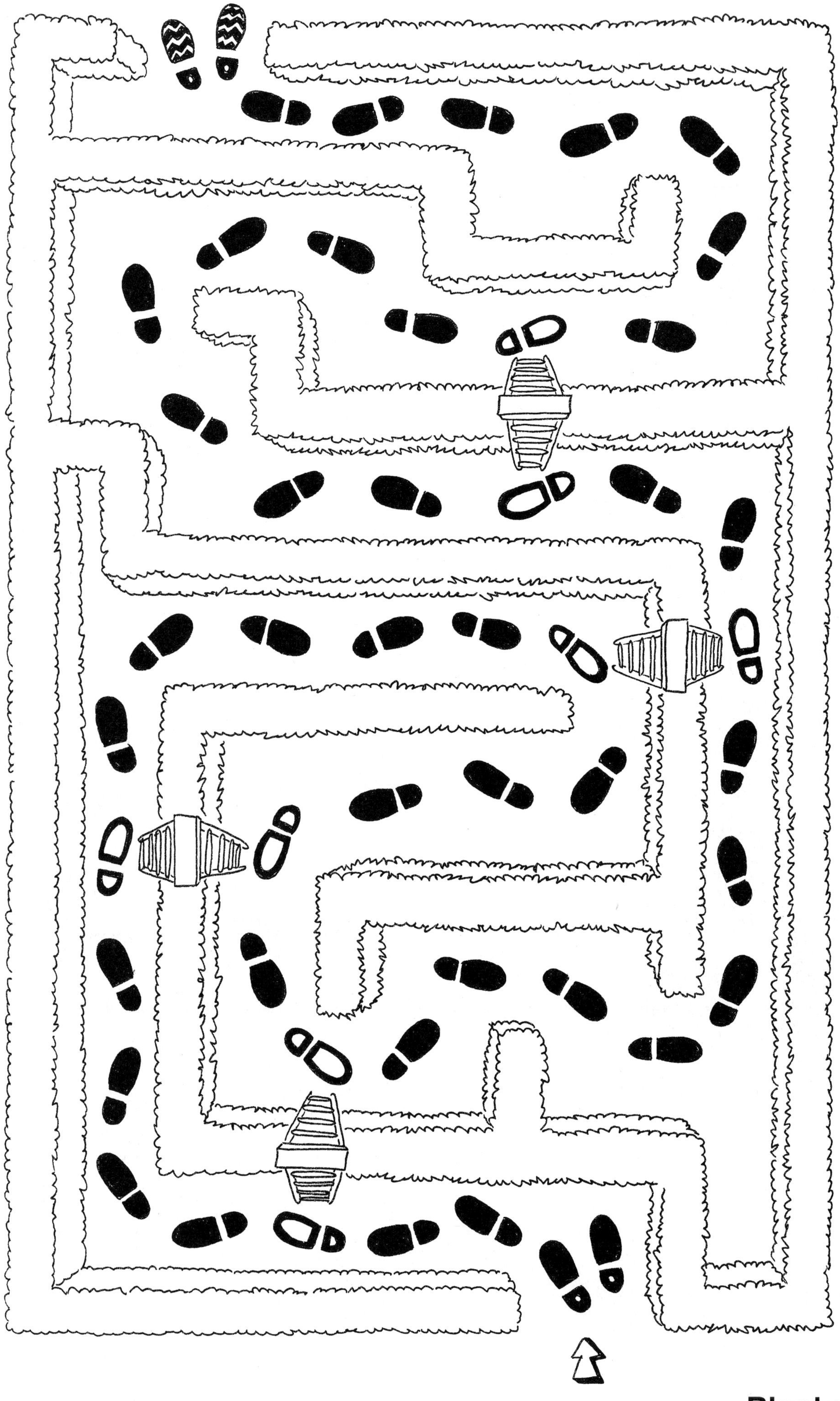

Blankospiel

Blankospiel

Symbole für den Unterricht

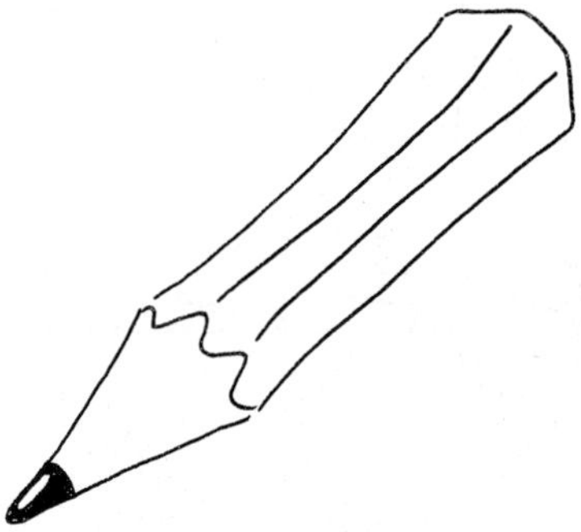

Schreiben

Lesen

Kartei

Mathematik

Basteln

Malen

Lernspiele

Musik

Projekt

Symbole für den Unterricht

Partnerarbeit

Gruppenarbeit

Hofpause

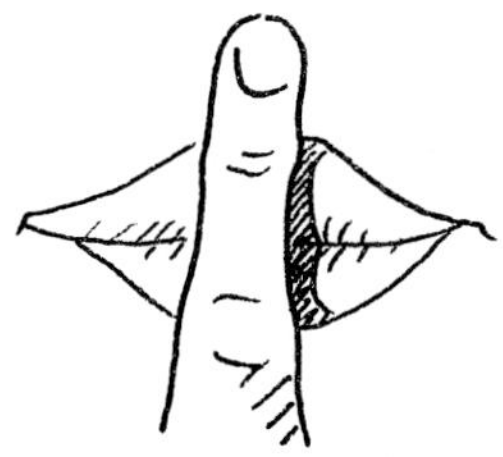

Stille

Freiarbeit

Stuhlkreis

Name: ____________________ Datum: ____________________

____

____

____

____

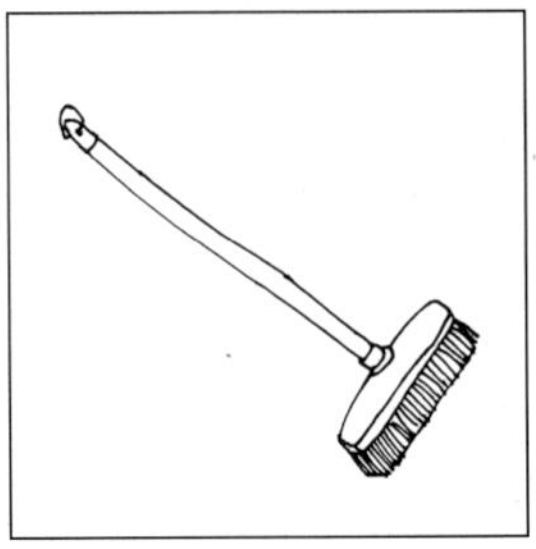

____

____

Name: ________ Datum: ________

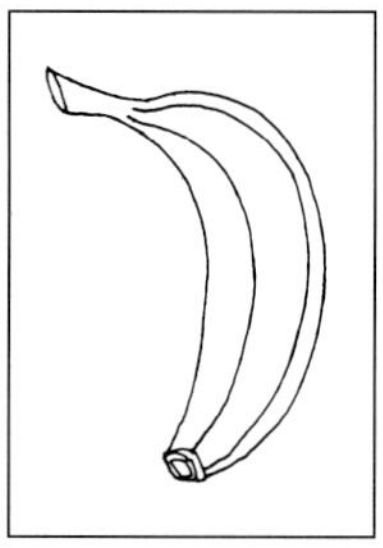
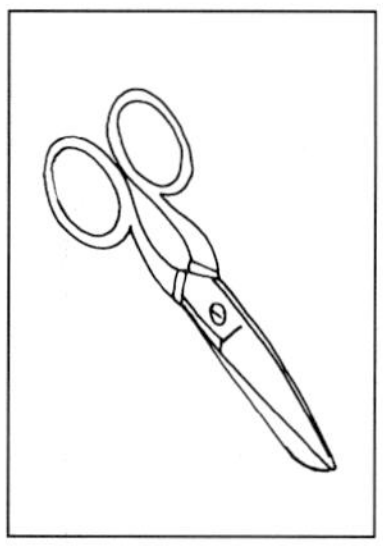

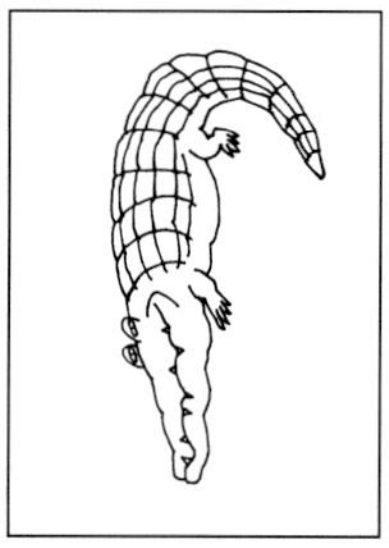
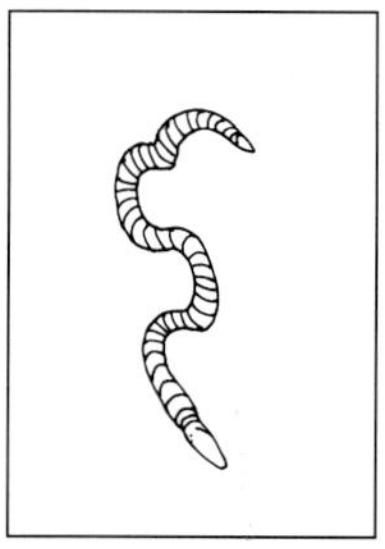
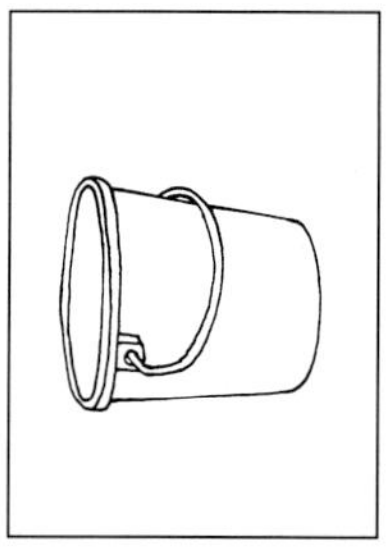

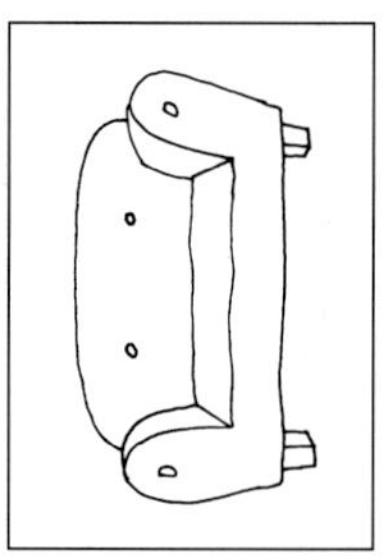

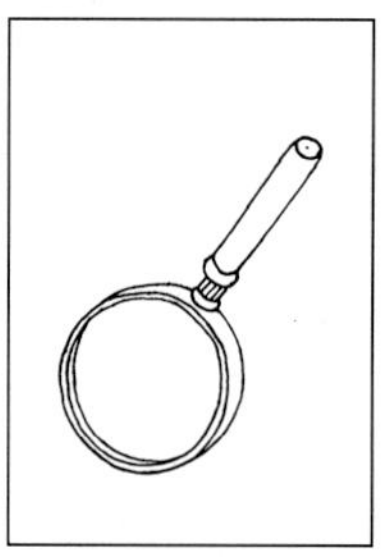
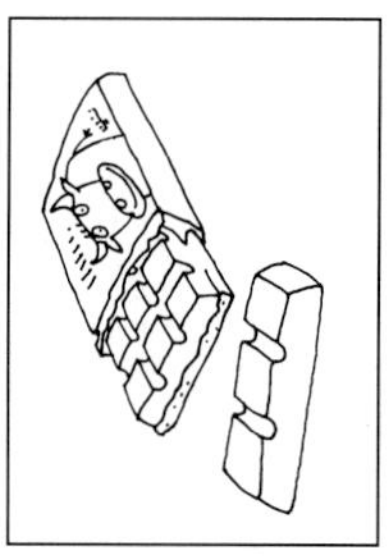

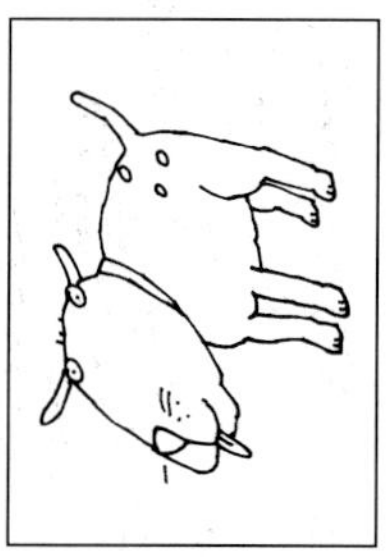

Auf welcher
Seite findest du...

...einen
Hasen?

Auf welcher
Seite findest du...

...viele
Knochen?

Auf welcher
Seite findest du...

...kleine
Dinos?

Auf welcher
Seite findest du...

...ein
Fahrrad?

Auf welcher
Seite findest du...

...eine
Eule?

Konfetti

Mini-Buch
1

**Auf welcher
Seite findest
du...**

Auf welcher
Seite findest du...

...den
Saturn?

Auf welcher
Seite findest du...

...eine
Fahne?

Seite 49

Zähle
die Katzen
auf dem Dach!
Es sind

Seite 74 und 75

Wieviele
Gespenster
siehst du?
Es sind

Seite 71

Zähle
die Hexenhüte!

Es sind

Seite 44

Zähle
die Mäuse!

Es sind

Seite 24

Zähle
die Buchstaben!

Es sind

Seite 11

Zähle
die Eier der
Schlange!
Es sind

Konfetti

Mini-Buch
2

Zähle!

Seite 4 und 5

Zähle
die Tiere!

Es sind

Hat Anna
einen Hasen?

Schreibt Lena
am Computer?

Hat Sven einen
Rollstuhl?

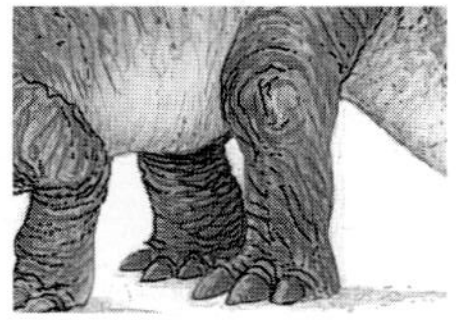

Hat der
Stegosaurus
einen langen Hals?

Konfetti

Mini-Buch
3

Ja
oder
nein?

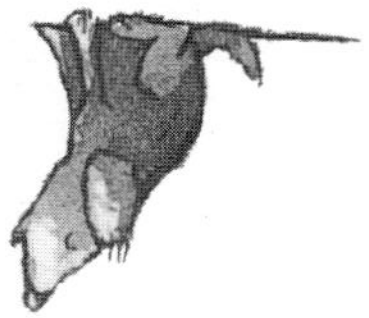

Ist der
Mond rund?

Hat unsere
Sonne neun
Planeten?

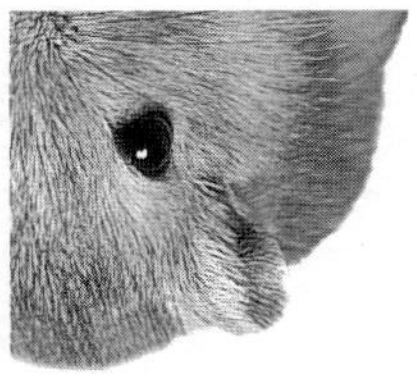

Ist Maxi
ein Affe?

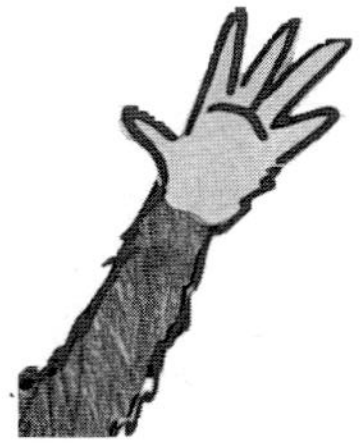

Welches Tier kann gut klettern?

Konfetti

Mini-Buch

4

Sport

Zu welchem Sport braucht man Schnee?

Was braucht man zum Tennis spielen?

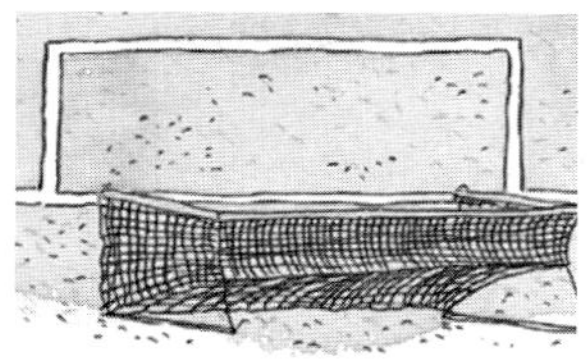

Wer bewacht beim Fußball das Tor?

Mit wem spielt Murat Basketball?

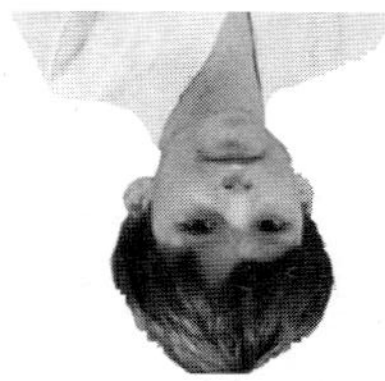

Welchen Judo-Gürtel möchte Tom haben?

Bei welcher Sportart gibt es einen Libero?

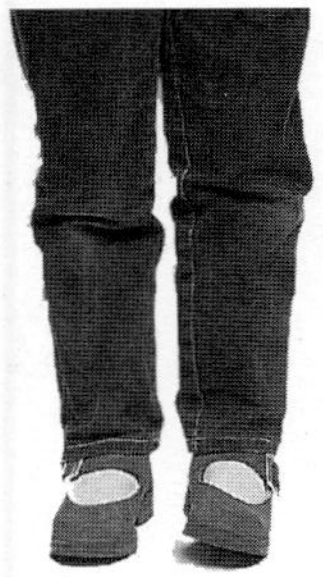

Wohin geht Tina nach der Schule?

Konfetti

Mini-Buch 5

Tina und Leon

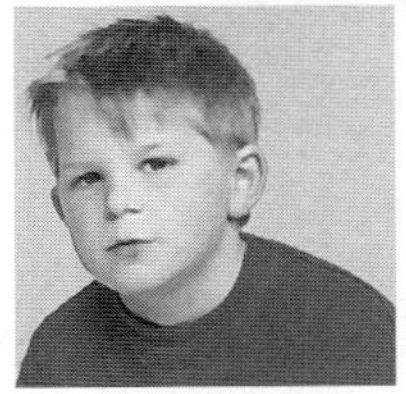

Wie heißt Leons Tante?

Für was spart Tina?

Wohin will Tina einmal fliegen?

Was macht Leon gerne?

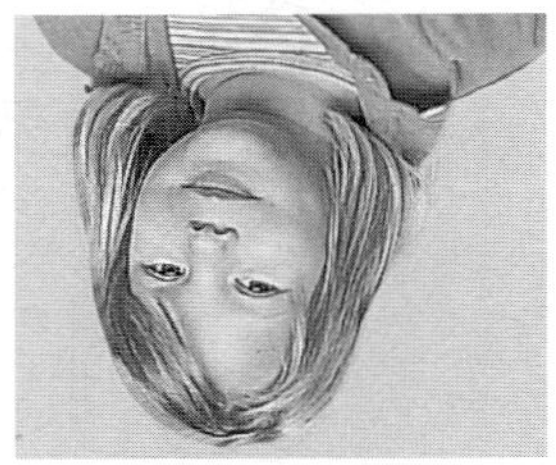

Wo schläft Tinas Bruder?

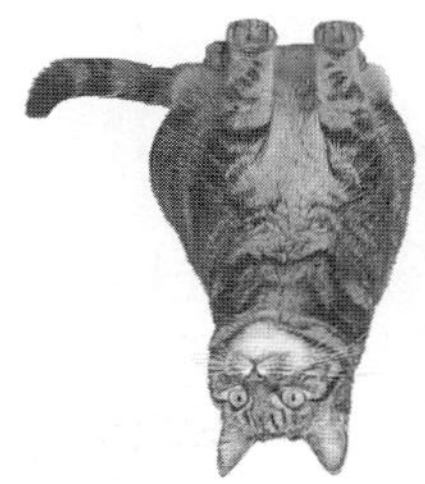

Wem gehört die Katze „Tiger“?

Wieviel Benzin braucht das sparsamste Auto der Welt für hundert Kilometer?

Konfetti

Mini-Buch 6

Für Lese-Profis

Wie heißen die Gespenster, die beim Gespensterfest tanzen?

Welche Aufgabe hat der Vorstopper?

Suche die Geschichte über Maxi, die Rennmaus. Wieviele Geschwister hat Maxi?

Was schreibt Lena auf Mamas Computer?

Woraus sind die Häuser im Schlaraffenland?

Welches Rätsel auf Seite 73 ist ganz leicht?

Titel	Ich habe zugehört

Lese-Ausweis

für

Titel	Ich habe zugehört

Titel	Ich habe zugehört

Erweiterung zu Bingo 1 (MD 2059)

J Jacke	R Radio	Au Auto	U Unter- hose
A Affe	G Gabel	E Esel	S Sonne
D Dose	I Indianer	Ei Eis	O Ordner
B Baum	M Maus	H Hut	F Feder

Erweiterung zu Bingo 2 (MD 2059)

Eu Eule	N Nadel	T Tasse	Ö Ölsar- dinen
Z Zange	Sch Schere	Ü Überhol- verbot	W Wolke
Ä Äpfel	K König	P Pinsel	L Leiter
Ch Chinese	M Maus	D Dose	S Sonne

Erweiterung zu Bingo 3 (MD 2059)

O Oster- hase	F Feder	U Uhr	B Baum
H Hut	A Ameise	Eu Eule	L Leiter
W Wolke	E Ente	K König	N Nadel
Sch Schere	T Tasse	Au Auto	I Igel